哈佛百年经典

两年水手生涯

[美]理查德·亨利·达纳◎著
[美]查尔斯·艾略特◎主编
廖　红◎译

北京理工大学出版社
BEIJING INSTITUTE OF TECHNOLOGY PRESS

图书在版编目（CIP）数据

两年水手生涯 /（美）达纳著；廖红译. —北京：北京理工大学出版社，2013.12（2019.9重印）

（哈佛百年经典）

ISBN 978-7-5640-8051-8

Ⅰ. ①两… Ⅱ. ①达… ②廖… Ⅲ. ①随笔—作品集—美国—现代 Ⅳ. ①I712.65

中国版本图书馆CIP数据核字（2013）第178165号

出版发行 / 北京理工大学出版社有限责任公司
社　　址 / 北京市海淀区中关村南大街 5 号
邮　　编 / 100081
电　　话 /（010）68914775（总编室）
　　　　　82562903（教材售后服务热线）
　　　　　68948351（其他图书服务热线）
网　　址 / http: //www.bitpress.com.cn
经　　销 / 全国各地新华书店
印　　刷 / 三河市金元印装有限公司
开　　本 / 700 毫米 × 1000 毫米　1/16
印　　张 / 24.75
字　　数 / 315千字
版　　次 / 2013 年 12 月第 1 版　2019 年 9 月第 2 次印刷
定　　价 / 67.00元

责任编辑 / 徐春英
文案编辑 / 王　彤
责任校对 / 周瑞红
责任印制 / 边心超

出版前言

人类对知识的追求是永无止境的，从苏格拉底到亚里士多德，从孔子到释迦摩尼，人类先哲的思想闪烁着智慧的光芒。将这些优秀的文明汇编成书奉献给大家，是一件多么功德无量、造福人类的事情！1901年，哈佛大学第二任校长查尔斯·艾略特，联合哈佛大学及美国其他名校一百多位享誉全球的教授，历时四年整理推出了一系列这样的书——《Harvard Classics》。这套丛书一经推出即引起了西方教育界、文化界的广泛关注和热烈赞扬，并因其庞大的规模，被文化界人士称为The Five-foot Shelf of Books——五尺丛书。

关于这套丛书的出版，我们不得不谈一下与哈佛的渊源。当然，《Harvard Classics》与哈佛的渊源并不仅仅限于主编是哈佛大学的校长，《Harvard Classics》其实是哈佛精神传承的载体，是哈佛学子之所以优秀的底层基因。

哈佛，早已成为一个璀璨夺目的文化名词。就像两千多年前的雅典学院，或者山东曲阜的“杏坛”，哈佛大学已经取得了人类文化史上的“经典”地位。哈佛人以“先有哈佛，后有美国”而自豪。在1775—1783年美国独立战争中，几乎所有著名的革命者都是哈佛大学的毕业生。从1636年建校至今，哈佛大学已培养出了7位美国总统、40位诺贝尔奖得主和30位普利策奖获奖者。这是一个高不可攀的记录。它还培养了数不清的社会精英，其中包括政治家、科学家、企业家、作家、学者和卓有成就的新闻记者。哈佛是美国精神的代表，同时也是世界人文的奇迹。

而将哈佛的魅力承载起来的，正是这套《Harvard Classics》。在本丛书里，你会看到精英文化的本质：崇尚真理。正如哈佛大学的校训："与柏拉图为友，与亚里士多德为友，更与真理为友。"这种求真、求实的精神，正代表了现代文明的本质和方向。

哈佛人相信以柏拉图、亚里士多德为代表的希腊人文传统，相信在伟大的传统中有永恒的智慧，所以哈佛人从来不全盘反传统、反历史。哈佛人强调，追求真理是最高的原则，无论是世俗的权贵，还是神圣的权威都不能代替真理，都不能阻碍人对真理的追求。

对于这套承载着哈佛精神的丛书，丛书主编查尔斯·艾略特说："我选编《Harvard Classics》，旨在为认真、执著的读者提供文学养分，他们将可以从中大致了解人类从古代直至19世纪末观察、记录、发明以及想象的进程。"

"在这50卷书、约22000页的篇幅内，我试图为一个20世纪的文化人提供获取古代和现代知识的手段。"

"作为一个20世纪的文化人，他不仅理所当然的要有开明的理念或思维方法，而且还必须拥有一座人类从蛮荒发展到文明的进程中所积累起来的、有文字记载的关于发现、经历以及思索的宝藏。"

可以说，50卷的《Harvard Classics》忠实记录了人类文明的发展历程，传承了人类探索和发现的精神和勇气。而对于这类书籍的阅读，是每一个时代的人都不可错过的。

这套丛书内容极其丰富。从学科领域来看，涵盖了历史、传记、哲学、宗教、游记、自然科学、政府与政治、教育、评论、戏剧、叙事和抒情诗、散文等各大学科领域。从文化的代表性来看，既展现了希腊、罗马、法国、意大利、西班牙、英国、德国、美国等西方国家古代和近代文明的最优秀成果，也撷取了中国、印度、希伯来、阿拉伯、斯堪的纳维亚、爱尔兰文明最有代表性的作品。从年代来看，从最古老的宗教经典和作为西方文明起源的古希腊和罗马文化，到东方、意大利、法国、斯堪的纳维亚、爱尔兰、英国、德国、拉丁美洲的中世纪文化，其中包括意大利、法国、德国、英国、西班牙等国文艺复兴时期的思想，再到意大利、法国三个世纪、德国两个世纪、英格兰三个世纪和美国两个多世纪的现代文明。从特色来看，纳入了17、18、19世纪科学发展的最权威文献，收集了近代以来最有影响的随笔、历史文献、前言、后记，可为读者进入某一学科领域起到引导的作用。

这套丛书自1901年开始推出至今，已经影响西方百余年。然而，遗憾的是中文版本却因为各种各样的原因，始终未能面市。

2006年，万卷出版公司推出了《Harvard Classics》全套英文版本，这套经典著作才得以和国人见面。但是能够阅读英文著作的中国读者毕竟有限，于是2010年，我社开始酝酿推出这套经典著作的中文版本。

在确定这套丛书的中文出版系列名时，我们考虑到这套丛书已经诞生并畅销百余年，故选用了“哈佛百年经典”这个系列名，以向国内读者传达这套丛书的不朽地位。

同时，根据国情以及国人的阅读习惯，本次出版的中文版做了如下变动：

第一，因这套丛书的工程浩大，考虑到翻译、制作、印刷等各种环节的不可掌控因素，中文版的序号没有按照英文原书的序号排列。

第二，这套丛书原有50卷，由于种种原因，以下几卷暂不能出版：

英文原书第4卷：《弥尔顿诗集》

英文原书第6卷：《彭斯诗集》

英文原书第7卷：《圣奥古斯丁忏悔录 效法基督》

英文原书第27卷：《英国名家随笔》

英文原书第40卷：《英文诗集1：从乔叟到格雷》

英文原书第41卷：《英文诗集2：从科林斯到费兹杰拉德》

英文原书第42卷：《英文诗集3：从丁尼生到惠特曼》

英文原书第44卷：《圣书（卷Ⅰ）：孔子；希伯来书；基督圣经（Ⅰ）》

英文原书第45卷：《圣书（卷Ⅱ）：基督圣经（Ⅱ）；佛陀；印度教；穆罕默德》

英文原书第48卷：《帕斯卡尔文集》

这套丛书的出版，耗费了我社众多工作人员的心血。首先，翻译的工作就非常困难。为了保证译文的质量，我们向全国各大院校的数百位教授发出翻译邀请，从中择优选出了最能体现原书风范的译文。之后，我们又对译文进行了大量的勘校，以确保译文的准确和精炼。

由于这套丛书所使用的英语年代相对比较早，丛书中收录的作品很多还是由其他文字翻译成英文的，翻译的难度非常大。所以，我们的译文还可能存在艰涩、不准确等问题。感谢读者的谅解，同时也欢迎各界人士批评和指正。

我们期待这套丛书能为读者提供一个相对完善的中文读本，也期待这套承载着哈佛精神、影响西方百年的经典图书，可以拨动中国读者的心灵，影响人们的情感、性格、精神与灵魂。

主编序言

理查德·亨利·达纳，1815年8月1日出生于美国马萨诸塞州剑桥市。在早期殖民时期，他的祖先就定居于此。他的祖父——弗兰西斯·达纳，曾是美国首任驻俄罗斯部长，后来又成为马萨诸塞州最高法院首席大法官。他的父亲是位著名作家。1831年，达纳就读于哈佛大学，但在大学三年级开学前夕，一场严重的麻风病使他的视力严重下降，以致不能学习。由于对漫长而枯燥的康复期感到厌烦，他决定做一名水手而不是乘客，开始一次航海旅行。1834年8月14日，他搭乘一艘开往加利福尼亚——叫作“朝圣者”的双桅横帆船，从波士顿出发。他两年的航海经历就是现在这本书的主题。

达纳于1836年回到波士顿，第二年12月他又重新回到哈佛大学，成为同学中的佼佼者，并于1838年6月毕业。此后在学习法律的同时，他在哈佛大学教授语言艺术。1840年，他在波士顿开设了自己的工作室。在法学院学习期间，他写下了现已出版的这个航海故事。1841年，也就是故事完成的第二年，他出版了《海员的朋友》一书。这两本书都在英国再版，使得他声名大噪。

有了多年处理涉及海员权利案件的法律实践经验后，他加入自由土地党，开始积极参与到政治活动中来。在《逃亡奴隶法》执行期间，他作为法律顾问代表逃犯沙得拉、西姆斯和彭斯。但他也因为这种热心遭受了严重的攻击。他在这些案件中的出色表现和他作为作家的名声，使得他在1856年的英国之旅中获得了极大的社会认同。三年后，由于过度劳累，他的身体健康水平每况愈下。他开始环游世界，再次游历了加利福尼亚，他在此的观察也记录在本书的附言中。

在返航时，林肯总统任命他为美国马萨诸塞州地区检察官。在华盛顿最高法院，涉及"战利品缘由"时，他处理战时海上捕获的私有财产的观点，为他赢得了更卓越的法律声誉。战争结束后，由于在重建政策上与约翰逊总统意见不合，他辞去了地方检察官一职，重新当起了律师。在1878年，他再次选择了放弃，这次是为了到欧洲为国际法论文的准备出一分力，但在真正开始工作前夕，也就是1882年1月6日，达纳在罗马逝世，被埋葬在济慈与雪莱安葬的新教徒公墓。

达纳的人生写照，与他不经意间在他第一部伟大巨著的画作中的气质相符。对苦难者和被压迫者的同情，青年时期在商船上展现出的勇气、无私和公正的性格特征，始终贯穿于他漫长而卓越的律师和公民生涯。

《两年水手生涯》一书在英美两国一经发行，其价值就立刻得到认同，同时在文学中所想要刻画的生活面貌是最生动、最准确的。威廉·克拉克·罗素——写航海故事的最著名的英国作家之一——称其为"有史以来最伟大的航海图册"，其具体的描述能与笛福的巨著相媲美。在当今，其价值与趣味比其在刚著成时更显重要，因为，纯粹的人性因素还跟原来一样，对老船上日常生活和加利福尼亚沿岸贸易场面的描写，以及对发现金矿以前的加利福尼亚已经转变成文明社会的描述，都为其增添了在历史上的重要性。叙述者自然的文学技巧也为其增添了不少光彩。这些事件，比如对瑞典人山姆和约翰的鞭打、坡因特康塞普申地区的干燥大风、圣巴巴拉的婚宴舞曲、烤炉中的堪萨斯人、圣佩德罗的葬礼、“阿勒特”号的好望角环行，都已成为文学世界中最令人难忘的故事。

查尔斯·艾略特

原出版序言

在没有说明发行这个故事的原因之前，我不愿把这个故事公之于众。因为《库伯先生的领航员》和《红色的海盗》中已有许多关于航海生活的描写，而在没有为出版找到正当理由之前，我需要认真考虑为众多航海故事添写一篇是否合理。

我确信除了埃姆斯的《水手的草图》这一带有娱乐性，但草草而作的散漫的作品之外，所有宣称写航海生活的书籍都是由那些有海员经历的人员，或乘客等一类人写作而成的。而这些人中，很少有人真正想讲述一些真实的故事。

首先，人生的历程，日常的职责、纪律、爱好和军舰的习俗都与商船上的生活有着很大的差异。其次，无论这些书多么富有娱乐性，写得多么优秀，无论在作者眼中这些描写多么真实，对“戴着手套”（如同这个短语的字面意思一样）、像绅士一样的航海员来说都是平淡无奇的，对只和同行的水手打交道的、只通过大副与水手交流的海军军官来说也是平淡无奇的。他们得从一个不同于普通水手的视角来看待整个事情。

除了每个人对所没有经历过的生活的图展所表现的兴趣外，在后来，还表现出对普通水手的大量关注，一种代表他们的强烈的同情也觉醒了。但我相信没有一本写他们生活和经历的书，是由真正经历过、真正了解自己生活的人写成的。就像来自船楼里的声音还从未被听到过。

在接下来的篇章中，我打算将我在美国商船上两年多一点的普通水手生活准确而真实地讲述出来。这是根据我那时经历的航程，对发生过的事件的记录而写成的。在文章中，我坚持还原每一个事实，努力展示每个事件真实的特性。这样做使得我时不时会使用一些强烈而粗鄙的表达方式，在一些情况下，展现出令人痛苦或快乐的场景。但是当觉得没有必要展现这些场景的真实特征时，我总是尽量避免这样做。我的计划是展现出一个普通水手在海上的真实生活——无论是光明面还是黑暗面，也正是这样的计划使我决定出版这本书。

也许很多读者会对书中的某些描述感到不解，但是从我自身的经验，和我从别人那儿得知的，在没有经验的情况下通过想象与新生活的习俗和习惯相关联的平淡事物的事实，进行新条件下生活的描写，我们就很难注意到对专业知识的需要。数千人读过《红色的海盗》里关于美国护卫舰从英吉利海峡逃脱和布里斯托商人的追赶和失事后，极有兴趣地按照精细的航海演习，他们对船只一无所知，却依然带着崇拜和热情想要熟悉专业细节。

在准备讲述这个故事时，我小心翼翼地避免在任何表达形式中把自己与其混为一谈，但是我把那些发生在我身边的事情写在结语里，这样我就能礼貌地引起读者的注意，他们后续反映的观点给我提供了许多建议。

正是这些理由和一些朋友的建议使得这篇故事得以出版。如果它能引起大多数读者的兴趣，就能使水手们的福利得以被关注，或是提供一些关于真实情况的信息，以帮助提升他们在人类中的地位，以任何标准提高他们的宗教信仰和道德规范，减小他们日常生活中的困难。在文章的最后会给出这些问题的答案。

理查德·亨利·达纳

1840年7月，于波士顿

目录 Contents

第一章　分　别

8月14日，是朝圣者号双桅横帆船从波士顿附近的合恩角，向北美西海岸航行的决定性的一天。当它在下午准备好满上帆之后，我在十二点带着一个装着足够两三年航行装备的箱子出现在甲板上。如果可能的话，我会下定决心彻底改变生活，以长期在学习和研究中缺席的代价进行治疗。微弱的视力迫使我放弃我的追求，而且似乎没有药物能够治愈。

我从剑桥大学的一位穿着紧身礼服、戴着礼帽和羔皮手套的大学生，很快变为身着宽松的帆布裤子、方格衬衣和防水油布帽的水手。虽然只是一定程度的转变，但我相信自己会成功转型为一名水手，可这样却很难骗过那些熟手老练的双眼，当我把自己想象成海王星一般风趣时，毫无疑问，对甲板上的所有人来说，我就是个不折不扣的新手。每个水手都会在衣服上做上特别的符号，而且穿戴的方式也是新手学不来的。他们把裤子卷到大腿处，把格子衬衫宽松地系在腰间，长及脚踝，把一顶矮帽檐的黑得发亮的帽子挂在后脑勺那儿，用一根一英寸宽的黑布条蒙住左眼，然后用一个特别的结系在黑色的丝绸围巾上，还有其他许多的小细节，这些多是老水手的标志，也会使新水手立马露出马脚。除了穿着上和他们不一致外，我的肤色和双手也足以把我和那些老水手区别开来。他们有着黝黑的脸颊，迈着大大的步伐，左摇右摆，他们那半张着的、古铜色的、粗糙的双手横向挥舞着，就像随时准备着要抓住一根绳子似的。

“带着头脑中所有的不如意”，我加入了这支队伍，被拖入溪流，在晚上去抛锚。第二天，我们为出海作准备，用钢绳副帆做传动装置，穿过顶桅帆桁，安装防擦装置，把火药搬上甲板。在第二天晚上，我第一次站岗。出于恐惧，在前半夜我几乎都是清醒着的，当他们叫我的时候我都没听见。由于感到自己责任重大，当我走上甲板时，我规规矩矩地在船头和船尾之间巡逻，并仔细地巡查。我对来换班的老水手的冷酷感到很吃惊，因为他舒适地躺在一艘长长的船里，打起盹儿来。他认为，船在一个平静的夜晚，停泊在一个安全的港湾，这样就已经是一次充分的警戒了。

第二天是星期六，微风从南边吹来，我在甲板上领航，托起锚，开始拍击海岸。我离开了来送别的朋友们，利用最后的机会看了这城市和著名的事物最后一眼，因为在船上没有时间可供我们用来感伤。当在一个浅水湾停靠时，我们发现海湾上吹来的风，迫使我们把锚抛在路上。我们在那儿停留了一天，晚上才离开。我在晚上十一点开始站岗。我接到命令去问船长风是否是从西方吹来。半夜时分，风吹来了，在呼叫船长之后，我被命令去叫所有的船员。我是如何完成这项任务的，我自己也不知道，但是我很确定我没有大喊大叫，像大副一样喊道：“所有人员，锚出水，啊嘿哟。”所有人立马行动起来，帆被降下来，桅杆被支起来，然后我们开始把锚拖出水面，这是我们最后一次紧紧抓住美国这片土地。我只学会了这些准备工作中的一小部分。

对船了解甚少使我感到迷茫。我常常得到一些令人费解的命令，而且得马上执行。我总是匆匆忙忙，把那些奇怪的号叫和行动混为一谈，这使得我非常困惑。世界上没有比一个未出过海的人开始做水手这样令人感到无助和值得怜悯的事情了。最终，这些指示船员托起锚机的奇怪的、拉长着的声音，在几个月后开始变得可以理解了。我开始听到从船头传来的水的撞击声，潮湿的夜风使船倾斜而行，随着庞大的隆起前行。

我们漫长的航程正式开始了。这是正式地向我的祖国道声“晚安”。

第二章　第一印象——出海咯！

我们在海上度过的第一天是安息日。因为我们是刚出发，船上有许多事情等着我们去做，我们一整天都在工作，到了晚上站岗时间表安排出来了，所有的事情都安排妥当了。当我们被叫到船尾分组站岗时，我仔细地观察了船长的行为习惯。分好组后，他嘴里叼着一根烟，在后甲板上来回踱着步，作了一番简短而极具特色的演说。

“伙计们，漫长的航行已经开始了。如果我们相处融洽，我们的日子也会好过一点。但，要是我们不能好好相处，那么我们的日子就像是在地狱里漂流。我可以告诉你们，你们现在需要做的就是服从命令，像男人一样履行你们的职责，这样你们的日子就好过多了；反之，那么日子将过得很艰难。如果我们齐心协力，你们会发现我是一个聪明人；反之，你们会发现我就是个‘大流氓’。这就是我想要说的。到甲板下去，在左边的站岗！”

当时我在右边，或者说是第二轮站岗的，我有机会在海上站第一班岗。S是个年轻小伙子，像我一样也是第一次出海。我们是一同站岗的。因为他是老水手的儿子，也在波士顿的会计室待过，我们有相似的朋友和话题。我们谈了许多，比如，波士顿啊，我们朋友的工作啊，我们的航行啊，等等。直到他去瞭望台换岗，留下我一个人，谈话才结束。现在我可以好好想想了。我第一次感受到大海的沉静。长官在后甲板上走来走去，我是没有权利去那儿的。他们中有人在前甲板上谈话，我不想加入他们，所以我走开了。不论我再怎么沉迷于大海的美丽，星星的明亮和从它们身旁飘过的云朵，我都记不起来了，能想起的就是我与社会对生活的理性的欣赏已经分离开了。但，这看起来似乎很奇怪，在那时和在后来的日子里，我都沉醉在这些思考之中，想通过这些思考使我不要对我所失去的变得麻木。

但我的所有梦想被长官的一声命令打碎，我接到命令是在风来时整理帆桁。我看到水手们迎风而上时的表情，当乌云出现时，我们就要准备迎接坏天气，听船长说他想在十二点以前到达墨西哥湾流。在几分钟之内，就会听见八声钟响，得到去站岗的命令，我们就会下去。现在我开始体会到水手生涯的不易。我住的统舱里放着一些还未存放的一卷卷绳索，闲置的帆、老舟和船舶备品。此外，这里并没有搭建供我们睡觉的床铺，我们也不能钉些钉子来挂衣服。大海水面上升，使船摇得很厉害，一切都被摇得翻来覆去、乱七八糟的。

水手们说道：“这简直就是一团乱，啥都飞起来了，啥也抓不住。”一根粗大的缆索也从我身边被吹走了。我的帽子、靴子、床垫子、毯子顺着船的方向滑过来滑过去，有的则被风吹走了，有的卡在箱底或被一圈圈绳索卡住，坏掉了。更糟的是，我们不能点着灯去找东西。我也恰巧感觉到强烈的晕船症状，使得我无精打采，毫无生气。我在帆布旁躺下来，期待随时能听到“啊嘿！全体船员！”这样的呼声，暴风雨将很快来临。不久，我听到密集的雨点打在甲板上的声音。很明显，站岗的水手正在忙活着，因为我能听到他们大声地不停地下命令，脚步的踏踏声，滑轮的吱吱声，和伴随着即将来临的暴风雨的一切声响。在短短几分钟内，船舱盖被打开，使得甲板上的噪音和骚动越发嘈杂。“啊嘿！所有船员！快速到甲板上来，下卷风帆，减速！”这样的大声呼喊充斥着我们的耳朵。船舱盖很快被关上了。当我在甲板上醒来，一番新的景象和新体验展现在面前。这艘小小的双桅横帆船正迎风前行，正如我所见，船都随风向后倾斜了。

浩瀚的大海冲击着船头，发出剧烈的声响，就像是重锤发出的声响。海水飞越过甲板，湿透我们全身。上桅帆吊索被放开，巨大的帆展开来，向后撞击着桅杆，发出雷鸣般的巨大声响。风吹着绳索呼呼地响，松开的绳子到处飞，我不断得到对我来说又刺耳又难懂的命令，且须马上执行。水手们一边使劲拉着绳子，一边用他们嘶哑的声音、独特的张力大声吆喝着。

除了这些，我晕船的症状没有好转，这使我很难受，没有力气去抓住任何东西，而且当时还是伸手不见五指。这是我第一次得到命令上桅杆收上桅帆时的状况。

我是怎么熬过来的，现在也记不清了。我使出全身力气，坚持往上爬。我并没有起到很大的作用，因为我记得从上桅帆上下来之前，有好几次都感觉不舒服。很快帆被卸下，我们又可以到下面去了。船底污水发出的那种不可言喻的令人作呕的气味，使得统舱变成逃离阴冷潮湿的甲板的避难所。我经常阅读他人的航海经历，但我感觉好像没有谁的经历有我的那样糟糕。除了所有的不幸，我不由得想起两年航行生涯中度过的第一晚。当我们在甲板上时，我们的状况都不怎么好，因为长官不停地命令我们做这做那，他说这有助于我们运转。任何事物都比船下的情况好得多。我记得很清楚，当我晕船时，我就走到舱口，我总是很快就能吐出来。这的确是很好的催吐剂啊。

这样的情况一直持续了两天。

8月20日，星期三。

到今天早上为止，我们已经连续站了四个通宵的岗了。当在四点钟来到甲板上时，我们发现一切似乎开始好转。水面降低了，风也小了，星星也一闪一闪地眨巴起眼睛来了。在情感方面我也经历了相对的改变。但因为我的病，我的身体一直很虚弱。我面朝东方，等待黎明破晓，看见清晨第一道曙光。已经有许多关于海上日出的描写，但却永远也比不上岸边日出那样的美景。它需要鸟儿的歌唱，人们初醒时的哼哼声，和从树丫、山顶、塔尖和房顶洒下的一缕阳光做伴，赋予其生命与精神。即使海上日出没有那般美丽，但却没有什么能与广阔海洋上的黎明破晓的美景相媲美。

天刚灰蒙蒙的时候，东方地平线被一些事物所占据，在深水面上投射出模糊的光线，同周围那片浩瀚无际、深不可测的大海联系起来，给人一种孤独、恐惧、忧郁的不祥之感，这种感觉在自然界的其他事物中是体会不到的。这种感觉随着光线的明亮渐渐消失。当太阳升起时平凡枯燥的海上生活开始了。

“前进，装上水头泵”，上级这样的命令总是把我从这样的沉思中唤醒。我发现没有时间可供我做这样的白日梦，天一亮我们就得行动起来。叫醒那些“懒汉”，比如，木匠、厨子、膳务员等人之后，我们就装上水头泵，开始清洗甲板。这活儿是在海上每天早上都得干的，一干就得两小时。我没有足够的力气挺过这两小时的劳作。我们干完活后，冲个澡，卷起绳索，然后我就坐在桅杆上，等待七点的钟声敲响，这意味着早饭时间到了。上级看着我懒散的样子，命令我去给主桅杆从头到尾上润滑油。船有点摇晃，我已经三天没有吃过东西。我禁不住想告诉他得等到早饭后，但我必须勇敢面对困难。而且，如果显露出一丝无精打采或迟疑畏惧，我就会立马被摧毁。所以我拿上润滑油，爬上了主桅杆。离桅杆底部，也就是杠杆的支点越远，船摇得越厉害。润滑油的气味刺激着我考究的嗅觉，使我的胃里犹如翻江倒海般难受。当我回到甲板上时，我高兴极了。几分钟后，七点的钟声敲响了，钟声久久回绕在空中，站岗的水手叫喊着，我们就去吃早饭了。现在我不由得想起那个厨子的建议。他是个思想单纯的美国人。“伙计们，”他说道，“现在你们身无分文，在这船上还没有得到一点好处。你们得开始一个新的计划，抓住这船上一切的好处，吃光丰盛的罐头牛肉和面包。我保证在到达好望角之前把你养得身体倍儿棒，长得像他们一样强壮。”当涉及乘客的利益时，这无疑是个好的建议，除了晕船时。

我描述不出那半磅冷的罐头牛肉和一两块小饼干在我体内发生的变化。我是个新手。我们得在下面站岗到下午，所以我有一点属于自己的时间。十二点前，我都在撕咬着厨子给我的一片巨大的冷的罐装牛肉。当我们到甲板上时，我觉得自己有点像个男人了，有足够的精神学习海外勤务了。下午两点左右，我们听见从上面传来的大声的呼喊：“出发了！”很快我们看到两艘帆船迎风而上，向我们的反方向驶去。这是我第一次在海上看到帆船。从那时起，我一直认为这比其他任何景象都有趣、美丽。它们向我们的背风面驶去，已经叫不应了。但是船长能看到它们船尾用玻璃做的名字。它们是来自纽约的“海伦·玛”号和来自波士顿的“布里格·美人鱼”号。它们都是向西行驶到达我亲爱的祖国。

8月21日，星期四。

今天天气晴朗，风速正好，一切都是那么愉快，充满生机。现在我开始不那么晕船了，海上生活开始步入正轨。在六声钟响后，也就是下午三点，我们看见一艘帆船出现在我们船头左方。就像每个新水手一样，我紧张地向它喊话。它向我们驶过来，放下主桅第二层，两艘船就这样头对头，向对方致敬，就像两匹被主人驾驭的战马似的。

这是我看过离我最近的一艘船。我惊奇地发现在这看似平静的海上船摇晃得是那么厉害。它一头扎进海里，然后船尾又慢慢落下，巨大的船头又升起来，露出亮闪闪的铜身，而船尾和船首肘板又沉下去，就像带有盐水的古老海王星的水闸。它的甲板上站满了乘客，他们都大喊着“出发咯”。看他们的穿着打扮，可能是来自瑞士和法国的移民。用法语向我们打过招呼，但是没有得到我们的回应，然后又试着用英语和我们打招呼。这是来自勒阿弗尔开往纽约的卡罗琳号。我们希望从她那里得到一些关于五天前从一艘波士顿前往美国西北海岸的桅横帆船朝圣号的信息。然后它离去了，把我们留在这茫茫大海中继续前行。这一天在愉快中过去了，我们已经习惯了规律且舒适的天气，习惯了常规的海上生活，这种生活只是偶尔被暴风雨、一艘帆船或一片陆地打乱。

第三章　船上的工作——热带地区

因为我们现在已经享受了很长一段时间的好天气，也没发生过什么惊扰我们平静生活的突发性事件，在这儿描写一下美国商人的工作、日常生活和习俗是再好不过的了，而我们这条船是相当典型的。

首先，船长是至高无上的。他不用站岗，高兴的时候走来走去。他不必对任何人负责，而且我们在任何事情上都要服从他，不许有任何质疑，即使是大副也不例外。他有权免掉他手下的职务，甚至能毁掉他，让他到前甲板上去干水手干的活儿。因为在我们船上没有乘客，也没有押运员，除了他自己的高贵，他没有人陪伴，也没有欢乐，除非他和其他船长不一样，但是他偶尔也会意识到他是拥有最高权力的人，进而使用他的权力。

大副是位一流的公使，机关工作人员，也是位现役指挥官。他是个中尉、大副、航海官，也是位事务长。船长吩咐他去做他希望他做的事情，然后让他监督和分配工作，同时保证出色地完成。大副（常常被叫做“杰出人士”）也会记录航海日志，他要对所有者和承保人负责，管理装载，安全保护和交货这类事务。他也凭借工作人员的职权和智慧，因为船长不会屈尊去和下级说笑，二副也没有人关心，所以大副觉得有必要讲一些粗俗的笑话或要一点小聪明来娱乐大伙儿，每当这时，每个人都会情不自禁地大笑起来。

人尽皆知，二副就是个跑腿儿的。他既不是官员，也不是水手。水手不把他当上级看，他会被迫到桅杆上去收帆并叠好。在休息时，也会让他刷沥青，上润滑油。水手们都叫他“水手的服务员”，因为他要给水手们提供细纱、双股细缆和一切在工作中需要的东西，还要照看大副那装有卷缠木槌和穿索针等的柜子这类事务。船长期望他保持自己的尊严，让别人服从他，和大副保持一定的距离，还要同水手们一起工作。他就是个得到的少，付出的多的人。一般来说，他的薪酬是普通水手的两倍，有吃饭睡觉的小屋。但是除了吃饭睡觉，其余时间，他几乎都得在甲板上。而且他得在第二张桌子上吃饭，也就是说，他吃的是船长和大副吃剩下的。

膳务员是船长的佣人，负责厨房工作。他不受其他人管制，甚至包括大副。这些特权常常使他成为大副的死对头，因为大副不喜欢这船上有谁不在他的管辖之中。水手们也不把他当作他们中的一员。所以他就只能得到船长的怜悯了。

厨子在厨房做活。他会把支持他的水手们的湿手套和湿袜子烤干，或在他们站夜岗的时候给他们点烟。膳务员、厨子、木匠和修帆工都不用站岗，但他们每天都要工作一整天。晚上他们可以睡个好觉，除非船长召集所有人的时候。

水手被分为两组，可以说成是分成两组站岗。大副掌管左舷侧的一方，而二副掌管右舷侧的一方。他们两组轮流站岗，每隔四小时换一班。比如说，如果大副带领的左舷一方第一天晚上从八点站岗到十二点，那么十二点的时候就该二副带领的右舷侧一方到甲板上站岗，左舷侧一方的则到甲板下，直到凌晨四点，又到甲板上换班站岗到上午八点，这称之为站早岗。因为他们在十二小时内要站八个小时的岗，而那些在半夜站岗的，也就是从十二点到四点的，就只站四小时。他们可享受“在甲板下上午班”，从上午八点到十二点。在军舰和商船上，一般是二十四小时轮流站岗，但我们的船就像大多数商船一样，是所有船员一起从十点工作到晚上，除非是遇上坏天气，那时我们会执行“双班制”。

对“轮流站夜岗”的解释，也许只对那些从未出过海的人有用。他们每晚都要换班，所以不必每晚都是同一组站岗。为了加强从四点到八点这一时间段的站岗效率，我们把这班分成两部分，或轮流站夜岗。一组从四点站到六点，另一组从六点站到八点。这样就把每天二十四小时分成七班而不是六班岗，因此两组在晚上就可以轮流站岗。因为轮流站夜岗是从黄昏时分开始直到第二天早上才结束，在站岗安排出来之前，他们都得在甲板上站岗。船长走上甲板，走到后甲板的上风舷那儿，大副站在下风舷处，二副站在舷梯附近。膳务员已经完成了他的工作，和厨子一起跑到甲板上来抽烟。水手们有的坐在锚机上，有的躺在前甲板上，抽着烟，唱着歌，或是讲述着一些古老的故事。八点钟的时候，钟敲了八下，另一组人到甲板下面去了。

破晓时分的换班和冲洗甲板预示着一天的开始。冲洗甲板，给饮水缸灌满淡水，卷起锁具通常要到七点半过后，所有人开始吃早饭的时候。八点，一天的工作开始了，直到太阳下山时才会结束，除了一小时的晚饭时间。

在我解释完之前，可以把船上的工作定义为一天的劳动，现在我想纠正一下许多新水手对水手生活的错误理解。听到别人说：“水手在海上不会感到无聊吗？他们能做些什么呢？”这样的话是再平常不过的事情了。这是一个人们常常会犯的错误，而水手们也很想纠正。

首先，船上的规矩是要求每个在甲板上的水手都得有事可做，除非是在晚上或是星期日。除了这些时间，你绝不会在一个秩序井然的船上看到站在甲板上发呆的或在一旁坐着、靠着的水手。上级的职责就是督促每个人干活儿，即使是没有事情需要做，水手还要去刮锚链上的锈迹。即使是在国家监狱里的犯人也不会这样规矩地干活，不会被这样密切地监视着。在干活时，水手们互相不允许说话，虽然他们也常在桅杆上干活儿时，或彼此挨得很近时说说话，但一看见上级来了就会马上打住。

关于水手们的工作，一个从未出过海的人是很难理解的。当我第一次出港，发现一两个星期以来我们的工作都是那样有规律，我想我们可能是在接受一些训练，这样的生活很快就会结束的，以后的日子我们就会无所事事，驾驶着船就行了。可是我却发现那样有规律的工作竟然持续了两年，而且在两年后，要干的活儿比以前还多。正如人们常说的，船就像女士手表，永远都修理不好。第一次出港，立帆的齿轮需要漂浮起来，所有运转的绳索需要检查，不适合使用的需要换掉，新的绳索要放好：固定索具要彻底检查，放回原处，用不同的方法修理。无论索具上有多少绳子或帆桁，都得装上所谓的防擦装置。防擦装置是由螺纹条、油浸帆布条、圆条和压条以及各种各样的卷缠——纱线绳、纺纱、双股细缆和捆扎材料组成的。在船上，取下，安装，或是单单修理防擦装置你都会发现在整个航程的工作时间总有两三个人一直在干着这些工作。

另一点值得注意的是，在船上用到的一些小工具，比如纺纱、双股细缆和捆扎材料等都是在船上制造的。船的主人会尽量收购大量的老舟让水手们拆掉，抽掉上面的纱线捆在一起，缠成小球状。这些纱线绳通常被用于各个方面，但最大的用途是制造纺纱。为了制造纺纱，每条船上都备有纺纱的绞盘。这种绞盘由一个转盘和纺锤组成，操作简便。天气好的时候，水手们就会在甲板上制作纺纱。大多数时候，我们会让三个水手来拉线和编织，制作纺纱。

另一些水手的工作是安装绳索。当固定索具松动了（常常发生这样的情况），用于捆扎的绳索和盖子都要被取下，索具被固定好，在绳索吊起来之后，捆扎的绳索和套都要更换，这是件不错的工作。船的各部分之间都有着类似这样的联系，不需更换的情况下几乎是不会去碰绳索的。除了这些，在漫长的航海过程中还要涂沥青、上润滑油、加油、涂漆、洗甲板等这些工作要做，而且记住这些都是站岗、掌舵、收帆、拢帆、撑桅杆、制作帆和扬帆、拉吊、搬运和上桅杆之外要做的事情。现在没人会问水手们在船上能干些什么了吧。

如果在干完这些之后，在把他们的生命和四肢暴露在潮湿阴冷的暴风雨中后，“一只幼熊躺在那儿：狮子和饿狼不会弄湿他们的毛发”，商人和船长认为他们一月不能挣到十二美元（不包括买衣服的钱），还有他们的罐头牛肉和干硬的面包。他们让水手们永无止境地拆旧麻绳。通常雨天的时候，水手们就干这样的活，因为雨天没有其他的活儿干。当大雨倾盆时，他们是不会让水手们在能避雨的地方闲逛、谈笑，舒服地过一天，而是让他们在不同的地方拆麻绳。我曾看到在船上很多地方都放有填絮材料，这样在经过赤道地区遇上坏天气时，水手们就不会无所事事。一些官员是那么急于想给水手们找些准备出海的活儿干，他们让水手们敲打锚（他们经常这样做），刮锚链的铁锈。费城教义问答书中这样说：“六天中你要尽力做你能做的事，在第七天，你就要打磨甲板和刮锚链的锈迹。”

当然这样的工作是不会一直持续到好望角，或是北极或南极的。但是我看到的是，当水刚刚开始结冰，就需要冲刷甲板。当到了穿水手大衣的季节，所有人都得干些和索具有关的活儿，手会冻得发麻，连穿索针都握不住。

我把话题扯这么远，是为了尽力给读者展现水手生活和工作真实的一面。我这样做是因为，有时，我们就是虚无的，一成不变地重复着这些工作，而在这里一起描写要稍好一点。然而，在结束这个叙述之前，为了展示新水手对船的属性了解甚少，我想说，造船工人在天气好的时候都会工作。这也可以说是——完美的海上秩序。

第四章　强盗——船上的麻烦——“到岸咯！”——帕姆佩罗冷风——合恩角

在8月21日，谈到卡罗琳娜事件之后，再没发生过什么事件打破我们单调的生活，直到9月5日，星期五，我们看到一艘帆船出现在我们船上风正横方向（左舷侧）。这是艘来自英国的双桅横帆船，从我们船尾处驶过，称他们四十九天前从布宜诺斯艾利斯出发前往利物浦。在它超过我们之前，又听见“起航咯”的呼喊声，于是我们在远离上风首舷处向后抛下锚链孔，我们再次起航。它从我们旁边经过时，向我们打招呼。我们认出这是条（前桅为横帆、主桅为纵帆）双桅帆船，主桅支索上挂着巴西的国旗。它可能是从巴西前往南欧，也可能是到葡萄牙的。

9月7日，星期日。

遇上了东北信风。这天早上我们第一次捕捉到了海豚，我很想去看看。看到海豚死亡后的颜色，我感到很失望。它们是很美，但也不像人们说的那样美。它们很难辨认。说句公道话吧，在阳光明媚的时候，没有什么能比得上海豚在几英尺[①]的水下游动时的那种美。他们是大海中最优雅、游得最快的动物。阳光照射在他们的身上，在他们的快速运动和变化中，阳光从水下反射出来，看起来就像是彩虹散发的光辉。

这天就像安息日一样愉快地度过了。甲板已经冲洗干净了，绳索也盘绕起来了，一切都井然有序。整天都是一次只有一组水手在甲板上站岗。水手们都穿着他们最好的白色水手裤，红色或格子衬衫。他们都没有事儿做，只是在必要的时候变换帆的方向。他们有的在看书，有的在谈笑，有的在抽烟，有的在补衣服。如果天气好，他们就会到甲板上坐在前甲板或锚机上干自己的活或看看书。

今天他们享受了所有的特权。到星期一的时候，他们又换上了涂满沥青的裤子，做好干六天活的准备。

为了提高安息日在水手们心目中的价值，他们在那天可以吃到一个布丁，或是可以叫作“达夫”的东西。这无非就是用面粉做的，吃的时候加点糖。它看起来很厚实，黑糊糊、黏糊糊的，但是看起来确实挺奢侈的，与罐头牛肉和猪肉简直就是绝配。许多卑鄙的船长用在回家途中一周享受两次达夫的条件来诱惑水手，以便与他们成为朋友。

在许多船上，这一天会安排一些宗教活动，但我们的船员背誓，从船长到最小的男孩都是如此，我们喜欢在安息日享受安静的时光，好好休息一天。

我们连续迎着东北信风前行了七天，直到星期一——9月22日。

当我们在七声钟响后，来到甲板上，我们发现另一组在上面掌管的水手在往帆上泼水，向船尾望去，黑色船身的飞箭式的双桅帆船正在全速追赶我们。我们立马行动起来，把所有的帆都挂起来，伸出船桨充当辅助

---

① 1英尺=0.3048米。

帆桁，从船头取来一桶桶的水继续泼在帆上，一直到九点，雨下起来的时候才结束。那船还在继续追赶我们，跟着我们转变方向，以便顺风行驶。船长用他的望远镜观察着那艘船，说那艘船全副武装，船上有很多人，但看不清他们的肤色。我们继续奋力顺风而行。那艘船知道我们正在加速前进，也顺风加速追赶。我们有另一个优势。风很小，我们扬起的帆比那艘船多。在前后都分别扬起顶桅帆和天帆，还有许多的辅助帆。而它是一艘双桅帆船（前桅为横帆、主桅为纵帆），只有中桅帆在前面。早上的时候，它还稍微有些领先，但在大雨过后，风变小了，我们开始把他们远远地甩在后面。所有人一整天都待在甲板上，我们作好战斗的准备，但如果它知道我们害怕的是什么的时候，要与它抗衡，我们能做的实在太少了。幸运的是，那天晚上没有月亮，夜晚也相当黑，我们熄了所有的灯，改变了我们的航线，希望能摆脱它的追赶。我们的罗盘箱里没有灯，但我们可以根据星象来控制航向，一整晚我们都保持安静，继续向和它相反的航线航行。

10月1日，星期三。

穿越了位于西经24° 24′ 的赤道，我第一次感觉到了自由，用老话来说，我把自己叫作海王星之子。我很高兴，没有经历大多数人都讨厌的启蒙，我也能夺冠。在越过线以后，你就不会被其过程所束缚，而是被称作是海王星之子，尽全力玩弄别人。这个古老的习俗现在很少出现，除非是经常做大量运动的船上的乘客。

有时水手们很清楚，姓F的二副是个懒散粗心的人，一点儿也不像个水手，船长对他很不满意。船长在这些事情上的特权是众所周知的，我们都预想到了这样一个难题。F先生（由于他的官职，暂且称他为先生）只算得上半个水手，只跑过很短的航程，大多数时候都待在家里。他老爸有点儿钱，想让儿子受点普通教育，但他出海后却懒散又不成器，很难获得成功，因为他和许多小混混不同，他没有做水手的潜质——不是块做水手的料。

他是个被船长讨厌、被水手们鄙视的官员。他曾和水手们一起拆过结绳，一起谈论过船长，一起玩，一起不守纪律。他的种种表现都让船长对他感到怀疑和不满。最后对于那些水手来说，他们更需要一个积极的、警戒的、善良的、最好能保持一点距离的上级。他还有其他一些恶劣的行为，他常常在站岗的时候睡觉被船长发现，每当这个时候，他会说“下次再睡着我就不干了”。为了防止他打瞌睡，他们用尽了办法，鸡笼也全部锁上了，因为船长不可能亲自在甲板上守着，也不允许任何一个官员这样做。

驶过赤道的第二天晚上，我们从八点站岗到十二点，最后两个小时是我掌舵。一晚上都在闪电，船长让监督我们站岗的F先生擦亮眼睛好好观察。很快就到我掌舵了，我发现他又昏昏欲睡起来，最后靠在船舱的扶梯上睡着了。不久船长来到甲板上，在我旁边站了一会儿，看着罗盘。最后F先生终于意识到了船长的存在，但是也假装不知道，自言自语地嘀咕着，为的是说明他没有睡着，然后头也没回地走到前面去了，命令水手松下主顶桅帆。在他转过身来时，他假装惊讶地看到船长居然在甲板上。可是这可不顶用。船长对他可是很“关注”的，一眼就识破了，于是就大发雷霆，真有船长的气势——“你就是懒鬼，一个一无是处的无赖。你就不是个男人，连个孩子都不如，比懒汉还懒，更不配做个水手！真不是个东西！你就不配有饭吃。你连马洪的懒汉都不如！”用上了很多水手中流行的语言。在训完后，船长让他回到船舱里，船长亲自来站岗。

早上七声钟响后，所有人被召集到船尾，船长宣布说F先生不再是船上的官员了，现在让我们从我们当中选一位来顶替他。通常是船长来宣布人选，但让水手们自己选择也是个很好的政策，水手们也感到很光荣。尽管如此，我们也要服从命令。水手们像往常一样不想选出一个我们永远也不能去责备的人，还是把选择权给了船长。他选出了一位出生在肯纳贝克河附近的积极聪慧的年轻水手。这个年轻水手已经参加过几次到坎顿的航行了。船长宣布道：“我任命吉姆·霍尔为二副。你们该做的就是像服从我一样服从他。记住他是霍尔先生。”F先生像个没事儿人一样走到前甲板。他丢掉了官位。现在年轻的前甲板水手吉姆成了霍尔先生，而F先生得交出他用餐的地盘。

10月5日，星期日。

那天我站的是早岗。天刚亮的时候，前甲板上传来“靠岸咯”的呼喊声。之前我没听到过这样的呼喊，也不知道是什么意思（很少人能在听到奇怪声音时能立马明白它的意思），但从他们视线的方向我很快明白其中的意思，在我们的上风舷方向出现了一片陆地。我们立即扬起辅助帆，逆风行驶，向陆地驶去。我们已经确定了航行的经度，根据船长的航海经线仪我们现在是在西经25°，但依据他的观察我们已经航行到更远的地方了。他不止一次怀疑到底是航海经线仪坏了还是六分仪坏了。最后陆地的出现解决了他的疑问，事实证明那些仪器都坏了，不能继续使用了。

当我们向海岸边跑去的时候，发现我们正在伯南布哥港口背面，用望远镜还能看见那儿的房屋，看到那儿的一座大教堂和奥林达镇。我们沿着海港旁的山行走，看见全帆缆双桅横帆船正在前行。下午两点，我们登上船，离开这片陆地，继续迎风而行。在太阳落山的时候，那片陆地已经消失在我们视线之中。在这儿我第一次看到传说中的双体船。它是由伐木捆扎而成的，有一个巨大帆，航行速度很快，看起来很奇怪，但却是公认的好船。好几次，我们都看到有几个人在要天黑的时候冒险驾着这种船出航。印第安人会驾驶这种船去捕鱼，他们不会害怕，因为，在某些季节，天气是很平静的。在驶离奥林达镇后，我们继续向好望角出发。

直到拉普拉塔河附近，我们这一路都没遇到什么奇怪的事情。在这一带可能会遇到来自西南方的猛烈的帕姆佩罗风。它对船只很具杀伤力，在周围几海里都可能会遇到，它们的速度仅次于闪电。船长让水手们保持警惕，注意观察，如果看到西南方有闪电出现，就立马减速行驶。在我站岗的时候，我们看到一次闪电。当时我正在下风舷梯处巡逻，看到下风船首处有闪电出现。我向过来巡查的二副汇报了情况。当时西南方很黑，大约十分钟后，我们看到远处有光在闪烁。原本来自西南方的大风，现在正向我们这儿吹来，船上一片死寂。我们立马爬上桅杆，拢起顶桅帆和顶上横帆，收起船首三角帆，挂起主帆和斜桁帆，竖起后桅桁，静待暴风雨的袭击。大雾伴着乌云快速向我们涌来，遍布于我们的视线范围，笼罩了在天际一头闪烁的群星。一瞬间，我们被笼罩其中，大雨冰雹在顷刻间落下，差点要了我们的命。它太过猛烈，我们只好听之任之。升降索随意地运转着，幸运的是，结果没有让我们大吃一惊，这条小船在这场大风中幸免于难，顺着风在水中左摇右晃吃力地行驶着。所有人员都被召集起来，开始收起上桅帆和斜桁帆，改变航线，拢起船首三角帆，扬起前顶桅支索帆，稍微改变一点方向，尽量使船在原来的航线上航行。

这是我第一次经历如此猛烈的大风，真的可以称作狂风。到达墨西哥湾的时候，我们收起了上桅帆。我认为这很重要，但是对老水手来说却没什么。我现在对船和我的工作已经很熟悉了，我就是在船上做事儿。我打帆绳的结也可以打得和别人一样好了。我遵从命令，和其他人一起爬到桅杆上，发现原来收帆也是一件非常有趣的事，一队人收前方上桅帆，另一队人收主帆，每个人都尽全力最先扬起上桅帆。在左舷侧站岗是很占优势的，因为大副从来不会上桅杆，但是我们的新任二副在我们刚刚把缩帆滑车推出来时就会迅速地跳到索具上，在其他人来到甲板之前，穿过迎风耳索。这样的话，我们总是能在他们之前高呼："顺风行驶。"打完结之后，拉下横桅索和拉索，在上桅帆的升降索上大声唱歌，让他们知道我们已经领先了。收帆是水手工作中最令人兴奋的部分。所有人都要为这忙活起来，在放下升降索后，不可浪费一分一秒——不得偷懒，不得犹豫。如果一个人动作稍慢，另一个就要去顶替他。最先上甲板的水手要到上风侧的耳索上，第二个到下风处的耳索（横帆角上），下两个到两侧的耳索上。其他人排在方帆的中央部位，彼此间隔一肘的距离。在收帆的时候，在横桅杆臂（杆臂最两端）是很光荣的，但在拢帆的时候，最强壮的、经验最丰富的人站在吊索上（或是臂杆中央），整理方帆的中央部分。如果二副够聪明的话，他不会让其他人抢去这个光荣的工作。但如果他缺乏航海技术、力量或者活力，比他更优秀的水手会抢去他的机会，这也会让他颜面尽失。

那晚接下来的时间，我们都保持警惕，直到第二天，因为狂风随时会到来。虽然没有了冰雹，但雨还下得很大。天气阴冷潮湿，让人感到很不舒服，更令人难受的是，我们没有准备厚衣服，只穿着单薄的衣服。我们很高兴能到甲板下站岗，这时可以穿上厚衣服、靴子，戴上防水帽。太阳落山的时候风小了一些，西南方也晴朗了起来。我们开始扬帆，一个接一个，在午夜之前把上横帆也挂了起来。

现在我们一心只想着合恩角，担心着寒冷的天气，做好一切必要的准备。

11月4日，星期二。

黎明时分，在我们左方出现了一片陆地。有两座大小不一、形状相似的岛。岛很高，从水岸起，蜿蜒着上升到中央。它们离我们太远了，看起来是一片深蓝色。几个小时后，我们到达了这两座坐落于东北部的岛屿，这两座属于福克兰群岛。我们在这两座岛屿及巴塔哥尼亚的大陆中间航行着。在日落的时候，站在桅顶的二副说在右船尾处看到了一片陆地。这很可能是斯塔顿岛。我们现在已经在合恩角一带了。北边吹来了和煦的微风，我们扬起了顶桅和上桅力帆，这次快速、愉快的航程充满了希望。

第五章　合恩角——参观

11月5日，星期三。

前几天晚上天气都挺好，我们能清晰地观测到麦哲伦星云和南十字星座。麦哲伦星云是由星际南边的三朵小星云组成——有两朵如银河一样灿烂，另一颗却是暗淡无光。这些都是我们刚跨越地平线看到的景象，很快我们就穿越了南回归线。南十字星座由四颗星构成十字架状，据说它是天空中最亮的星座。

那天（星期三）上午，风很柔，但到了下午，就变大了，于是我们拢起了顶桅帆，立桅帆仍然保持扬起。船长说如果可以，他会围着他们转。快到八点的时候（在那个纬度，太阳落山的时候）在前舷窗和后舷梯处都听到了大声的呼喊："啊嘿！所有人！"于是所有人急急忙忙地跑上甲板上，发现一片巨大的乌云正从西南方向我们袭来，染黑了整个天空。"到合恩角了！"大副喊道。我们还没来得及卸下帆，扯上桁，乌云就已经出现在我们面前了。顷刻间，大海打起巨浪，我从未见过如此凶猛的巨浪，就像在我们面前似的。这可怜的小船，没比更衣车好到哪儿去，被它吞没。船头完全没淹没在水中，海水涌入了首货门和锚链孔，没过了船首斜桅的支撑杆，像要把一切都吞噬掉似的。背风处的排水口的水高到可以没过腰部。我们迅速爬到桅杆上方，用最快的速度收起上桅帆，并拢起其他所有帆，做好了一切抵抗风暴的准备。但就算这样，也没用，船已经被这顶头大浪摧残得不成样子了，而这狂风刮得越来越凶猛。与此同时，雨雪、冰雹也来势汹汹地向我们袭来。我们扯下帆桁，拖出缩帆滑车，将前方上桅帆缩到最小，拢起主帆，让船在右舷抢风。现在我们的美好憧憬完全破灭了。我们都下定决心迎战顶头风和寒冷的天气。我们降下顶桅帆桁，将齿轮从滑车上拉回。但顶端牵制装置的其余部分仍旧留在那儿，甚至被吹到了天帆桅杆和立帆吊杆的位置。

整个晚上暴风雨都很猛烈——狂风大作，海上波涛汹涌。天快亮的时候（大约凌晨三点），甲板覆盖了一层厚厚的雪。船长让膳务员给每一位站岗的水手一杯格罗格酒。在我们驶往合恩角的途中，每天早上站早岗的水手都能得到一杯格罗格酒，所有收上桅帆的水手也能得到一杯。在日出时，乌云总算是散开了，风也小了许多，我们又按照航线开始出航。

11月6日，星期四。

这天上午天气也很晴朗，可是到了晚上同样的情景再次上演。这次在夜幕降临之前我们并没有停船，而是将上桅帆缩到最小，平衡地收缩斜桁帆和前主顶桅帆，尽力逆风行驶。这天晚上由我掌舵两小时，或像水手们说的，该我来玩转舵柄。因为没经验，我尽量做到最好让上级满意，在驶离合恩角的途中，无论是水手还是我自己都不愿放弃掌舵的机会。掌舵是件值得炫耀的事情，因为在遇上狂风，遭遇顶头大浪时，驾驶一艘迎风而行的船需要良好的技能，随时保持警惕。“在船倾斜时，要把舵柄松一松”就是掌舵的准则。船在波涛汹涌的海上航行时，一点小小的马虎，都会给海水机会淹没甲板，冲倒桅杆。

11月7日，星期五。

天快亮的时候，风开始变小。整个上午风平浪静，但我们都被笼罩在浓雾之中，躺在那儿，辗转反侧。风平浪静的时候也不像世界上大多数地区一样，因为海上随时可能会变得波涛汹涌且很难再平静下来，而平静总是很短暂。船在没有帆和船舵掌控的情况下，就像伐木漂在水上一样。我们必须用人力和支柱稳定住吊杆和横桅杆，把甲板下的东西捆扎好。现在我们发现上部累赘船具还有些用途，因为虽然船在波涛汹涌的大海上颠簸前行时，很容易失去控制或随船晃动，但在浪涌时，它们能保持船的稳定，使船能够低速平稳地通过。

这平静的早晨让我想起了一个刚开始忘记描述了的情景，但在我第一次听到鲸呼吸的声音时又想起来了。那天晚上，我们在福克兰群岛和史泰登大陆间行驶。我们从半夜十二点站岗到凌晨四点，来到甲板上时，我们发现一艘被浓雾笼罩的小船静静地停在那儿。海面看起来是如此光滑，如同在海上倒上了油似的。但海面下也时不时涌起一阵长而低矮的浪涌，把船轻轻荡起，却没有打乱玻璃般平滑的海面。在我们附近一群群鲸和逆戟鲸，由于浓雾的关系，我们看得不是很清楚，它们像是缓慢地游到水面，也许是躺在那儿，发出奇怪的、慵懒的、沉重而冗长的呼吸声，给人一种懒散而有力的感觉。一些站岗的水手睡着了，有的站在那儿一动不动，所以没有什么能打破这样的景象，我靠在舷墙上，听着这巨大的生物发出的低沉的呼吸声。我几乎幻想着能透过浓雾看到它那露出水面的黑色身躯。我能听到另一头鲸在远处呼吸着，直到像海洋广博的胸怀那样起伏的低矮而规律的浪涌与它那低沉冗长的呼吸融为一体。

夜幕降临时，大雾散开了，我们算是体会到了这寒风的威力。太阳落山后，风继续刮着，我们开始扯帆上桁，卸下帆，收帆，拢帆，直到我们把上桅帆缩到最小，扬起斜桁帆，把斜桁帆双倍缩小，并收缩好前桅。那晚大雪、冰雹、雨夹雪不停地打在我们身上，海浪不断向船头翻涌，吞没了小船的前部。由于船可以在原来的航线上航行，船长不让逆风停船。

11月8日，星期六。

这天初始虽有大雾，但很平静。但到了晚上又下起了冰雹、雪，刮起了狂风，我们又再一次把上桅帆缩到最小。

11月9日，星期日。

今天天气晴朗，直到十二点，船长观察到一些现象。这些现象对到合恩角都很有帮助，我们认为这很重要，因为整个航程中我们还没有一个不愉快的星期日，在船上唯一可以忍受的一天也就是星期日了。到时间去清理统舱和前甲板，整理好东西，稍微晒晒我们的湿衣服了。但这样的情况没有持续多久。在下午五六点钟的时候——好天气大约持续了三个小时——就听见召集在甲板上站岗的水手们的呼声："啊嘿！右舷侧所有水手！"随即所有船员也被召集起来，这下是真的到合恩角了。一大朵呈暗淡的蓝灰色的云正从西南方向我们袭来，我们尽力在被它包围之前收起帆（因为在上午大部分重量较轻的帆都被扬起），已经把重量较轻的帆拢起，将下桁大横帆扬起，拖出上桅帆缩帆滑车。当暴风雨来袭时，我们正在爬上前桅索具。瞬间，原本平静的大海变得波涛汹涌，天空也变得像黑夜一样黑。冰雹和雨夹雪疯狂地落下，使我们不能从索具上爬下。帆由于被雨水打湿变得很笨重，绳子和索具上全是雪，而当时我们也冻僵了，被这暴风雨迷了眼，所以花了很长时间才将它们收起。当我们回到甲板上时，小船被疯狂地卷入这巨大的顶头浪，左舷船头和船首也都受到冲击，船全部都被淹没。在这一霎时，站在位于前桅杆下的绞盘上方的大副命令道："放在那儿，拢起船首三角帆！"这并不是件好差事，而且很危险，但我们必须去做。一位属于前甲板的瑞典老人（船上最好的水手）从船首斜桅跳下来，另一个也得跟着跳。我就站在他们的旁边，跑到前面，把收帆索扔到绞盘上，从牙樯边木中间跳了下去。当我们从在上风侧的船首的三角帆上下来，站在踏脚索上抓住帆桅时，在绞盘后面的水手卸下船首三角帆。巨大的三角帆顺风飘动，使我们差点从吊杆上落下。有段时间，我们什么也不能做，只能死死抓住帆桅。船时不时会被卷入大海，有两次，我们被海水拽入水中，海水没过了我们的下巴。我们根本不知道是在水中还是在空中，当海水涌上来时，我们会被高高地抛在空中。每当约翰（一名水手）认为可以从吊杆上下去的时候，他会告诉水手离开船，卸下支索帆。但风是那样猛烈，大海涌起惊天大浪冲击船首，蔑视我们每次努力的尝试。在这种情况下，我们只能尽力做到最好。幸运的是，大浪没有再次撞击它了，我们也成功地将三角帆马马虎虎地拢起。我们来到支索帆网，满意地发现一切都是那么舒适。站岗的水手可以到甲板下去，因为我们全身都湿透了，而且天气很寒冷。整个晚上天气都是如此恶劣。

11月10日，星期一。

那天我们停了一段时间船，其余的时间我们都在将帆缩到最小在波涛汹涌、狂风大作的大海上航行，时不时还会下冰雹，飘起大雪。

11月11日，星期二。

同样的情况。星期三，同样的情况。星期四，同样的情况。

现在我们已经适应了合恩角的天气。船在低速行驶着，甲板上下一切都很安全，所以除了掌舵和站岗，我们很少有活儿干。我们的衣服全都湿透了，唯一的变化就是变得更加湿润。要想看看书，或是在甲板下去工作是不可能的，因为我们都太累了，舱口也被关上了，所有的一切都是又湿又黑又脏又恶心，船也晃来晃去，让人感到很不舒服。只有当站完岗之后，才能到甲板下面去，拧干我们湿透了的衣服，把它们晾起来，换上干衣服，睡个好觉，直到换岗。水手在哪儿都能睡着——风声、水声、敲击木头铁块的声音都不能把他们吵醒——而且我们能很快入睡。当舱口响起三声叩击声或听到那不受欢迎的呼喊声“啊嘿！所有右舷侧的水手！八点了！听到了吗？”（这就是他们通常叫水手站岗时的呼喊模式）这时，我们就得起来，到那阴冷潮湿的甲板上去。我们唯一感到高兴的是在晚上和早上时候，可以喝到一壶热乎乎的茶水（或是水手们所尊称的“神仙水”），因为加了糖，喝起来甜甜的。虽然这顿饭不怎么好，但温热的茶让人感到很舒服，而且还就着压缩饼干和冷的罐头牛肉，也算是一顿大餐啊，但即使享受这样一顿大餐也掺杂着一些不确定性。我们得自己到厨房拿属于我们的牛肉和茶水，在我们到甲板下去之前，还可能会失去它们。我见过的许多人的牛肉都被拿走了，拿走牛肉的人就直直地躺在甲板上。这些牛肉对水手们来说很重要，但最终还是失去了。我记得一位年轻的英国人，一次他拿着一壶茶，在厨房站了十分钟，等着到前甲板去享用（想要知道他在想什么太容易了），终于轮到他上甲板了。当他刚走到绞盘末端时，大海涌起的巨浪将船首吞没。一时间，我们看不见他的踪影，只能看到他的头和肩。一瞬间，他的双腿被卷入海中，直到船尾被海水托起，水流到船首，他被高高地托起在船的一端，孤立无助，他死死抓住茶壶，而茶壶里除了海水什么也没有。在那一刻，无论什么也不能使他感到畏惧，或战胜他，这也是他幽默的地方。收回双腿后，他朝在舵盘那儿的那个人挥着拳头，摇摇晃晃地向甲板下走去，他走过来的时候说：“开不起玩笑的，就不是个水手。”这次被没入水中并不是最糟糕的事情，最糟糕的是当你领过了茶水补贴后，就不能从厨房拿到茶水了。然而水手们是不会让他一个人受苦的，他们总是会分一点自己的茶水给他。这是最好的情况，但损失要算在每个人头上。

几天后，同样的事情发生在了我身上。厨子刚给我们做了一锅大杂烩——就是把饼干压成面粉状，将罐头牛肉切成一小片一小片的，再加上一些土豆，然后一起下锅煮，用胡椒粉调味。我们很少能享受到这样的大餐，我是最后一个到厨房的，由我到下面拿吃的。直到舱口我都端得很稳，在我刚刚下楼梯的时候，汹涌的海水把船尾顶出了水面，接着又将船头顶起，接而把它狠狠地抛下，将梯子都冲到别处去了，我拿着小木桶加快速度跑到统舱里，可是那珍贵的大杂烩却撒了一地。不管你是怎么想的，一定是和海上的一切开了个大玩笑。如果你从桅杆上落下，落在帆上，因此而保住了小命，这看起来也没什么大碍，也没什么严重的。

11月14日，星期五。

现在我们已经快要到合恩角西部了，我们尽力向北边改变航线，因为肆意妄行的西南风使我们向巴塔哥尼亚航行。在下午两点的时候，我们看到一艘帆船在我们右舷侧横梁方向。四点的时候，我们辨认出那是艘只扬着上桅帆的大型船舶，它的航线与我们相同。当风小的时候，它就扬起主上横帆。船长刚看清他们扬的是什么帆，就下命令扬起前上横帆和船首三角帆。这位老水手——正如他的船和他跑过的短途航程一样——让他感到一丝羞耻。他展开了上桅帆，但他能做的也只有这些了，因为他已经降下上桅，驶离合恩角了。他跑下来找到我们，像捕鲸船一样回应我们的问候，位于从纽约出发到位于波基普西的新英格兰需要一百二十天。船长向我们保证，又说从波士顿到新英格兰还要多花二十二天。然后他们又谈论了一些关于纬度的话题，在这一话题上他们并没有达成一致。这艘船落在我们后面，在晚上都一直能看到它的踪影。天快亮的时候，风小了，我们支起了顶桅帆桁和天帆桁。在黎明时，船的前后都扬起了顶桅帆和天帆，我们的帆如云朵一样在头顶飘浮着。这个“话唠子”——水手们这样称呼这位老水手——支起了主上桅，扬起了帆，给我们发出了停船的信号。大约七点半的时候，他们的捕鲸船靠了过来，乔布泰瑞船长跳上甲板。他在太平洋一带很是出名。当我问一位来到船上的新手有关他们船长的事的时候，他对我说："难道你不认识乔布泰瑞吗？我以为每个人都认识他呢！"事实上，他是个单身汉，身高六英尺，穿着厚重的牛皮靴，棕色的帽子和裤子。除了黝黑的皮肤，他没有哪一点像个水手。但他从事鲸鱼贸易已经有四十年了。他说他有自己的船，也造船，出航。他的船员都是些新手，都是刚出道，用水手们的话来说就是，"乡巴佬进城"。泰瑞船长使我们船长坚信我们的账目有些出入，他在船上待了一天后，在黄昏时分，乘坐小艇回到他自己的船上去。而现在他的船在我们后面五六海里的地方。他一到我们船上就开始了他的奇谈，一直讲了四个小时，中间只作了短暂的休息。他讲到了他自己，秘鲁政治，都柏林护卫舰，詹姆斯·汤森勋爵，杰克逊总统和巴尔的摩的"安姆金"号的一些故事。他的故事简直是没完没了，让你没有什么好理由请他回到自己的船上。一位看起来头脑简单的年轻人来到他的船上，他看上去对船、绳索，或其他一切用具都不怎么感兴趣，只是仔细打量着家禽，弯下身去看看猪圈，然后说他想回家帮他老爸养猪。

八点的时候，我们向北边改变了我们的航线，向胡安·费尔南德斯群岛出发。

这天我最后看了一眼信天翁，在我们从合恩角返航时，大部分时间，它们都与我们为伴。从我在书本上读到关于鸟类的描写开始，我就对它们产生了浓厚的兴趣，看到它们后，我更是不会后悔。我们在船尾墙面板上用饵钩捉住了一两只。长长的拍动着的翅膀，修长的双腿，和直瞪瞪的眼睛构成了它们独特的外形。虽然它们的翅膀也很美丽，但我们在波涛汹涌的海上从合恩角返航时，见到它们在水面栖息，这是我见过的最美的风景。海面风平浪静，只有大浪在水面下不停翻涌着，我们看到这全身雪白的家伙就在前面，头埋在翅膀里，栖息在波浪上头。随着巨浪上下涌动，直至消失在巨浪与水面形成的空间中。很长一段时间，它都没被惊醒，直到我们船的声响渐渐靠近时，才惊醒了它。它抬起头，盯了我们一会儿，展开它宽阔的双翅，翱翔于天际。

第六章　一位船员的离去——迷信

11月19日，星期一。

这是我们日历中最不吉利的一天。早上七点的时候，我们在甲板下站岗，我们都被“啊嘿！所有人！有人落水了”的呼声惊醒。这不寻常的呼喊声使得所有人心中一紧。大家都匆忙跑到甲板上。船扬起了所有的辅助帆，正向后行驶寻找落水的人，那个男孩是在掌舵的时候离开船舵盘向船外扔东西的时候落的水。木匠是位老水手，他知道风很小，向下推舵柄，可以使船向后行驶。在甲板上站岗的水手们放下了救生艇尾小艇，去寻找。我到甲板上的时候，正巧赶上小艇。小船还没到宽阔的太平洋，我就知道落水的是谁了。他是乔治·鲍尔默，一位年轻的英国水手，上级们常常表扬他是位活跃、乐于助人的水手。船员们也说他是个积极热心的好伙伴。当时他爬上桅杆给主上桅顶安装皮带，为翼帆安装帆绳，他把皮带、龙骨墩、一捆升降绳和穿索针都挂在脖子上。在落水之后，他可能会立马沉入水中。我们在船尾，沿着他落水的方向打捞。虽然我们都知道已经没有机会把他救回来了，但是没有谁说过放弃，我打捞了近一个小时。我们做什么都打不起精神来，不愿说服自己放弃。最终我们还是回到船头，开始了我们的航程。

死亡在任何时候都是悲伤的，在海上更是如此。人在岸上死去，他的遗体有朋友陪伴，到处都有人为他悼念悲伤。可是当一个在海上遇难，不幸丢掉了生命，这只是个突发事件，给人一种可怕的神秘感，让人难以接受。一个人在岸上死去——你会护送他的遗体到墓园，为他立碑，对这样的事情有一定的心理准备。在发生这样的事情的时候，总有一些事情能帮助去接受它，在它过去之后，还会想起它。在你身旁突然被枪击的人，他残缺的身体仍然是个物体，可以作为物证。但是在海上——人就在你身旁——你能听到他的声音，可一瞬间，他不见了，什么也没留下，只有空缺的位置说明他已经不在了。也是在海上——用一个通俗的但很有表现力的话来说就是——你很想念他。水手们都坐在一块小树皮上一言不发，在这无边无际的大海上，好几个月以来，除了自己，他们没有看见任何身影，也没听到任何声音。突然间，他们中少了一个人，但他们总是会想起他，就像失去了自己的手脚似的。新的脸孔、新的景色也弥补不了这种失去的感觉。在统舱中总是空着一间床位，站夜岗的时候也少一个人。少了一个人掌舵，少了一个人和你一起张开桅横杆。你想念他的容颜，想念他的声音，因为你已经习惯了他的存在，能深刻体会到失去的痛苦。

所有的一切，这样的死亡显得格外庄严。而它也在很长一段时间里深深地影响着水手们。这样的时间里，上级对水手也显得格外仁慈，水手之间也显得更加友爱。船上更加安静，气氛更加严肃。再没有咒骂、大声嬉笑的声音了。上级都格外警觉，水手上桅杆的时候也更加小心谨慎。落水的水手很少被提及，水手也不再用粗俗的悼词来悼念——“安息吧！可怜的乔治就这样走了。他很快就能到达天堂！他了解他的工作，尽心尽职，是个好伙伴。”通常水手们还会作些祷告，因为他们信上帝，但他们对上帝的概念和观点都处于飘忽不定的状态。他们会这样祷告——“上帝不会苛责可怜的人”，他们的祷告无非就是些祈求来世不要再遭这样的罪，受到这样的待遇——“努力地工作，艰辛地生活，壮烈地牺牲，如果这样做，在死后也会下地狱的话，就太让人难受了”。我们的厨子是位单纯好心的美国老人，他是位虔诚的基督教徒，当在岸上时，他每天去两次教堂，星期日在厨房诵读《圣经》。他对水手们说，他们真是虚度了安息日，如果再这样，他们会像乔治那样在毫无准备的情况下突然离去。

但水手的生活还是不幸的时候多，幸运的时候少；痛苦的时候多，甜蜜的时候少。美好的事物总是与丑陋的事物联系在一起，庄严的事物与普通的事物联系在一起，严肃的事物与滑稽的事物联系在一起。

在叫卖这个可怜的家伙的衣物之前，我们不愿将这坏消息带回船上。然而，船长首先把所有人召集到船尾，问他们对救落水者所作出的一切是否满意，问他们是否继续还停留在这儿打捞。水手们都说这样做也是白费工夫，因为乔治根本不会游泳，而且身上的东西太多太重。所以我们继续按照航线航行。

航海的有关法律条文规定，船长必须对在航行途中死亡的水手负责，但是没有一条法律条文或是普遍的习俗规定，船长应该马上拍卖掉乔治的一切东西。水手们都可以参加拍卖，如果有水手拍到了什么东西，所需付的金额就在航行结束后从他们的工资中扣除。这样做的话，就避免了在航行中他的乔治的东西会带来什么麻烦和风险，而且这些衣物的价格都比岸上卖得高。因此，当他的箱子被抬到船尾时，我们立马兴奋地赶到了那儿。那些几天前还见他穿过的外套和裤子都被拿出来叫卖。他不在了，他的箱子被拿到船尾当储物箱用。现在船上没有一件物品是属于他的了。水手们都不愿意在航程中穿死人的衣物，他们不会轻易这样做，除非真的很喜欢那些衣物。

通常在人死后，都会流传出很多关于那个人的故事，乔治也不例外。

有人曾听他说过他后悔没有学习游泳，他还预言过他有可能会被淹死。另一个人说他都不知道违背自己的意愿来出航有什么好处，乔治来乘船，提前就把钱用完了，后来又很不愿离去，但又没有能力还钱，只能和我们一起航行。一个男孩也开始喜欢谈论乔治，他说前一天晚上和乔治一起站岗的时候，乔治和他谈到了他的母亲和他的家庭，这是他第一次在航程中谈到这个话题。

事情发生后的第二天晚上，当我到厨房去拿灯的时候，我发现厨子变得比以前健谈，于是我坐在帆桅杆上，给他机会让他说个痛快。我更是想找他谈谈，因为我发现他在水手中是最迷信的，而最近乔治的死更是触动了他。他说乔治曾经谈到过他的朋友，还说他不相信有人会在完全没有预兆的情况下突然死去，他讲了许多人死之前的一些梦和奇怪的行为来证明他的观点；他还讲了许多迷信故事和关于“飞翔的荷兰人”的传说；等等，这些事情被他描述得神秘莫测，很明显这些事情在他脑海中已经存在已久了。最终，他把脑袋探出厨房，小心翼翼地观察了一下，看看是否有人在偷听，然后很满意地缩回脑袋，悄悄地问我——

“我说啊！你知道那个乡巴佬木匠是哪里人吗？”

“知道，”我说，“他是个德国人。”

“德国哪里人？”厨子问。

“他是不来梅港人。”我回答道。

“你确定？”他问。

当我说木匠除了德语和英语外不会其他的语言时，厨子感到很满意。

“听你这么说我很高兴，”厨子说，“我还担心他是个芬兰人呢。不怕告诉你，一路上我都对他很礼貌。”

第七章　胡安·费尔南德斯群岛——太平洋

我们继续顺风而行，天气也一直很晴朗，直到11月25日，星期二。在黎明时分，我们看到了胡安·费尔南德斯群岛，就在我们前头，像是一朵碧蓝色的云从海上升起。那时我们可能离它只有七十海里左右，它是那么蓝，又高高矗立着，我把它误认为了一朵停留在岛屿休憩的云彩。我继续眺望着在它下面的岛屿，直到它慢慢变成了深绿色，现在我能分辨出它表面的差异了。最终我能看清楚树和岩石，在下午的时候，这座美妙的岛屿清晰地呈现在我们面前，我们径直驶向了岛上唯一的海港。太阳落山后不久我们到达了入口，我们发现了一艘智利的军舰从那儿驶出。它向我们打着招呼，船上一位官员，我们猜测他可能是美国人，向我们建议说，最好是在晚上之前就离开这儿，还说他们向瓦尔帕莱索行驶。我们立马驶向锚地，但是由于山边刮着风，正从罗盘的八点方向向我们吹来。直到快半夜的时候我们都没有到达锚地。我们派出一艘船一直在前方领航，当风撞击我们的船时，船上的水手就继续支起桅杆，一直持续到了大约十二点的时候，我们航行到了水深40英寻的海域。在我们离开波士顿103天后，我们靠岸。那晚下半夜，我们被分为三组轮流站岗。

在凌晨三点的时候，轮到我到甲板上站岗，我永远也不会忘记那种奇妙的感觉，我再次体会到了被大地所包围的感觉，感受到了从岸上吹来的微风拂面的感觉，听到了青蛙和蟋蟀的叫声。群山仿佛就悬在我们头顶，每隔一段时间，从山体中央就会传出大声的回音，深深地感染着我。我们看不到光亮，很难找出声音传来的原因。后来，以前来过这儿的大副告诉我们，那是智利战士发出的警告声。那些战士在半山腰上驻守关在洞穴里的犯人。我站完岗后就回到了甲板下面，感觉这一天过得很刺激。也许我该近距离地看看，或是踏上这片传奇的，我更想说成是变幻莫测的岛屿。

在黎明时分到吃早饭的那段时间，所有水手被召集起来。虽然那时大家都在忙活着把淡水装满桶之类的事情，我还是好好地欣赏了一下周围的事物。这个港口几乎被陆地所包围，它的前头是登陆处，由石头筑成的防波堤保护着，有两艘船停在那儿，哨兵在周围放着哨。在登陆处旁边，坐落着大约一百多座造型各异、大小不一的小屋和村舍。修建的最好的要数那座用泥土建成，刷成了白色的房子，而其他的那些房屋就如《鲁滨孙漂流记》中出现的那种用树枝搭建而成的屋棚一样简陋。当地官员的房屋则是最奢侈、最大的。房子上还安装带铁条的窗户，墙也涂上了厚厚的涂料，屋顶盖的是红瓦，但是就像岛上其他的房屋一样都只有一层高。在它旁边有座小教堂，上面挂着十字架。教堂是座又长又矮的灰色建筑，由一些与栅栏类似的东西围绕着。教堂里一面古老庄严的智利国旗迎风飘扬。当然，作为智利的要塞，这儿显得更加庄严。一个哨兵在教堂外面放哨，地方官员的屋外也有一个。一些看起来凶神恶煞，穿着露着脚趾的破鞋子，背着刺刀的战士在屋子周围巡视着，有的在登陆处等待着我们登陆。

山很高，看起来高及星际，但实际上没有那么高。他们远离岛中央，群山葱翠，树木苍然。我听说群山中还坐落着一些肥沃的村庄，一条条驮运路可以到达岛上的各个部分。

我永远也忘不了，我和我的朋友S由于急切地想要到岸上，而被水手们嘲笑了一番。当船长下命令说放下小艇时，我俩立马跳上前甲板，往衣兜里装满烟草，准备拿到岸上去卖。当上级喊道“四个人上船”时，我们急急忙忙地想第一个到船上去，享受用拖绳带领大船前进那半小时的快乐。当我们回到船上时，看到我们糗样儿的水手们都大声地嘲笑我们。

早饭过后，二副接到命令同五名水手一起到岸上去取些淡水。令我高兴的是，我就在其中。我们拉着空桶上岸了。幸运女神再次眷顾我们，因为水里淤泥太多，我们取不到水，地方官就让人到溪水上游去为我们取一些干净水。这样一来，我们就有两个小时的娱乐时间。我们在房屋附近，漫无目的地闲逛着，当地居民还给我们水果吃。附近的果树上结满了硕大的苹果、瓜果、葡萄、草莓和樱桃。我们听说樱桃树还是安森勋爵种的。士兵们都衣衫褴褛，饶有兴趣地问我们，可不可以卖些鞋子给他们。我怀疑他们根本没办法买到鞋子。他们很想用海贝、水果和我们换些烟草。他们也很想得到一些刀具，但是地方官员禁止我们向他们出售刀具。地方官员告诉我们，在那儿，除了士兵和少数一些官员，其他人都是来自瓦尔帕莱索的犯人，所以不让他们持有任何武器是很有必要的。这座岛原本是属于智利的，但被政府称作博特尼湾已经有两年了。地方官员——一个当过智利海军的英国人——和一位神父、六个工头、一队士兵驻扎在这岛上维持着这里的秩序。这并不是一件轻松的工作，就在我们到这儿的前几个月，一些犯人在晚上偷了一艘船，挟持一艘双桅横帆船靠岸，让船长和水手们都上岸到他们船上，带领他们出航。我们得知这个消息后，就全副武装，在晚上戒备森严，谨防犯人们在我们上岸时从我们这儿得到刀具。

我发现，最恶劣的犯人都被锁在半山腰上挖的一些洞穴里由哨兵监禁着，通过驮运路可以到达那里。白天，这些犯人在工头的带领下去修筑渡槽、码头和其他一些公共工程。其他犯人就住在他们自己搭建的房子里，和家人在一起，在我看来，这些人是世界上最慵懒的。他们除了在林子，房子周围、登陆处去散散步，看看我们，看看我们的船，其他什么活儿也不干，连说话都懒得加快语速。而那些重刑犯肩上扛着重物排成一队，被跟在后面拿着长鞭子、头戴宽边草帽的工头驱赶着，快速地跑着。至于为什么犯人之间会有这么大的差距，其中的缘由我也不清楚，因为地方官是这岛上唯一会讲英语的人，而他却不常和我待在一起。

我们装满淡水后，就回到了船上。不久，地方官穿着一件类似美国军官穿的那种制服，牧师穿着一件灰色的修道士服，头戴兜帽等全套装备，同留着大胡子、穿着军装的船长一起来到我们船上用餐。在晚宴上，远处的海面上出现了一艘大船，很快，我们看到一艘捕鲸船驶入海港。这艘船停留下来，一艘小船来到我们旁边，他们的船长来到我们船上。船长是位朴素的年轻教友派信徒，全身都穿着灰色的衣服。他们的船是来自新贝德福德柯提思号捕鲸船。他们过来是想看看有没有从合恩角附近来的船只，打听一些美国的最新消息。他们在我们船上待了一会儿，和水手们交谈了一下，下了我们的船后，就登上船出航了，很快就消失得无影无踪。

一艘从岸上驶过来的船，将地方官和他的随从——他们是那样称呼自己的——接走了。他们给船员一桶牛奶，一些海贝和一块檀香作为礼物。离开波士顿后，这是我们第一次喝到牛奶，我们很快就把它喝光了。我分到一块檀香。我知道它生长在岛中央的小山上。在弄丢了所有东西（小块檀香，一朵从岸上摘的小花，刚开始我把它戴在防水帽上，后来又小心翼翼地把它正藏在我的书里）后，我一直很后悔没有带些岛上的其他特产走。

在日落前大约一小时，我们装好淡水后，就开始起航了，但花了很长时间才出发，因为当时我们处在30英寻[①]的海域，遇上了从岛上吹来的狂风，风释放了其余的船首锚，由于来自南方的风在山间打转，不知会从哪

① 1英寻=1.8288米。

个方向吹过来，我们仍在原地旋转着，因此，锚链也缠绕在了一起。我们拉起锚链，费尽力气把它们解开，一会儿降下帆，一会儿升起帆，最终我们解开了锚链，出航了。当我们离开海湾的时候，星光灿烂，我们渐渐远离了这座高高矗立的岛屿，在它的美丽还没完全消失在眼前时，我最后看了看这世上我见过最传奇的地方，向它道别。从那时起，我真切地感受到自己对那种岛屿的留恋和一份特殊的情谊。毫无疑问，对它产生了留恋之情，可能是因为它是我离家以来见过的第一片大陆，也可能是它勾起了我对童年时代读过的《鲁滨孙漂流记》中的情节的回忆。说到这儿，我得说说岛上群山那高挺的、极具浪漫色彩的轮廓，植被翠绿，欣欣向荣，土地肥沃，处于广阔的南太平洋的独特的位置，这一切都使它增添了独特的魅力。

无论在什么时候，当我想到这片土地时，我都会尽力回忆出更多与它相关的细节。它位于南纬33° 30′，离瓦尔帕莱索大约三百海里，坐落于处于同一纬度的智利海岸。这座岛大约有十五公里长，五公里宽。我们停靠的海港（安森勋爵称它为坎伯兰海湾）是岛上唯一的海港。在主海湾（有时可尊称拓为海湾）两侧分别有两块小小的陆地可供船只登陆。西边的海湾是登陆的最佳地点，在那儿我们可以停靠在离岸上三锚索、水深30英寻的地方。这座海湾是朝向东北北部，实际上是由北向东的。这儿最危险的就是西南风，而它旁边那座最高的山是最安全的地方。最值得一提的是那儿渔产非常丰富。留在船上的两名水手没一会儿工夫就捉到了足够我们吃几天的鱼。其中一个水手来自马布尔黑德，他说他从未见到过这么多的鱼，也从没听说过渔产这么丰富的地方。这儿有鳕鱼、鲷鱼、银鱼，还有一些叫不出名字的鱼，还有一些我忘记了名字的鱼。

岛上水资源也非常丰富，小溪在每座山谷间欢快地流淌，从小山上奔涌而下。最大的一条小溪流淌于房屋所处的草原上，为居民们提供了充裕的水资源。我们用一个短木渡槽轻松地将水引到船上。这里的犯人也建造了一些防波堤，还打算修筑一些登陆处，供船舶停靠和装卸货物，在修筑完成后，智利政府将对靠岸的船只收取费用。

说到木材，我只能说这里的木材资源看起来也十分充裕。我们是在11月到岛上的，那时候，岛上还是一片春意盎然、生机勃勃的景象，到处绿树成荫。这些树都是主要的芳香植物，大部分都是香桃木。这儿的土地疏松而肥沃，不论在哪儿播上种，都会收获到小萝卜、郁金香、野苹果和许多其他水果。他们告诉我们，这儿有许多山羊，可是我们一只也没看到。他们告诉我们，要到山林里去才能看到。在这里我们只看到一些牛在山边狭窄的小道上奔跑。这儿的居民家家都养着狗，来自不同国家、不同种类、不同等级的狗。母鸡和小鸡也很丰富，这些鸡大多是由妇女们照料——这儿的男人们大概是这世上最懒惰的人了。事实上，通过我的观察，把美国人新发明的词“游手好闲的人”用在他们身上比用在西班牙裔美国人身上更加合适。这些男人身穿斗篷，站在那儿，啥也不做。他们穿的那种斗篷和印第安人的毯子差不多，但颜色要丰富一些。他们像模像样地把斗篷披在肩上，但据说西班牙的乞丐看到他们的装束都会把身上的破布给他们。虽然他们的鞋子破了许多小洞，衣兜里也分文不剩，但他们仍把自己打扮得大方得体。唯一能打乱他们单调生活的就只有那山间刮起的大风。当大风把他们搭在屋顶上的树枝吹落时，他们会追着被大风刮走的树枝跑几分钟。我们在岸上的时候，刮过一次风，这让我们有机会看看他们的笑话。如果他们用树枝搭建的屋顶没被风吹走，他们仍旧站在那儿；而那些屋顶被风吹走了的，则用西班牙语咒骂一番后，再整理整理自己的斗篷，然后再去追回他们的树枝。然而，他们并没有追多远就跑回来，继续无所事事地待在那儿。

也许没有必要说我们没有深入了解这座岛，但来过这座岛的人，都给予了它极高的评价。我们的船长和地方官在一些随从的陪伴下，骑着骡子，参观了大山。在他们回来的路上，我听地方官员请求船长在返航途中，在岛上稍作停留，并给了船长一大笔钱，请求船长从加利福尼亚帮他买些鹿回来，因为他说他们这儿没有鹿，而且他很想养一些。

平稳轻柔的西南风带领我们驶离了小岛。当我到甲板上站岗的时候，在南方地平线的一些低矮的星星中，我辨认出了那座小岛，虽然我的视力没有好到能看到岛上的陆地。在站岗快结束的时候，我看到天空中出现了一些信风云，虽然我们和它们不在同一纬度，但它们也挡住了我们的视线。第二天是11月27日，星期四。早上我们来到甲板的时候，发现我们又回到了广阔的太平洋上了。直到到达美国大陆西海岸我们都没有再见到一片陆地。

第八章　“涂沥青”——日常生活——“船尾解缆”——加利福尼亚

离开胡安·费尔南德斯群岛一直到达加利福尼亚的途中，我们再没见到过陆地或任何帆船，除了我们在船上的一些工作，一路上什么也没发生。我们遇上了东南信风，迎风行驶了大概三个星期。这三个星期里我们没怎么对帆进行调整，也没有支起横桅杆。船长利用好天气，让船作好向沿岸航行的准备。木匠得到命令将统舱的一部分改造成贸易室，因为我们现在才知道，船上的货物不会运到陆地，而是在船上以零售的方式出售。而这间贸易室就是用来摆放样品，存放轻便的货物，以及进行一般买卖的场所。同时，我们就忙活绳索有关的活儿。一切都安排妥当了，下桅支索跟随潮流咔嚓咔嚓地降下，或是咔嚓咔嚓地升起，制造了许多细纱和缠填材料。最后固定索具，船头和船尾都涂上了沥青。这是我第一次描写涂沥青的情景，对此我还有许多描述，因为几乎所有的事情都是关于我和我的朋友S的。水手们需要去干其他活儿，另一个年轻人M就来和我们一起干活。M的脚患有风湿病干不了这活儿，而山姆又因为年龄太小，力量不足也不能干这种活儿。由于风柔和而平稳，山姆几乎一整天都被安排去掌舵。所以涂沥青的活儿几乎都是我们的了。我们穿上短的防水服，提着一小桶沥青，拿着一束填絮，爬到桅杆上，一个人在前桅顶上，其余的人在船头，开始涂沥青。涂沥青是很重要的活儿，通常一艘远航的船，每隔六个月就要涂一次。到后来，我们这艘船也涂了好几次，但这次的大部分工作都落到了我和S身上，而我们在这方面还是新手，所以我们花了好几天时间才将它搞定。涂沥青的时候，水手们通常是从桅顶往下涂，从横桅索、后支杆、升降索的固定部分，上横桁升降索具，到滑行装置，等等。然后再给横桁臂涂沥青，回到船上，给升降索和踏脚索也涂上沥青。给支杆涂沥青要困难得多，这要借助水手们所谓的“踩踏”来完成。把一根长绳——顶上补助横帆升降索，或类似这样的绳索——从桅顶抛至支杆底部，将绳索绕过滑轮作为顶桅吊索，或水手们所谓的“吊索”，然后将帆脚索尾部缠绕在支杆上，另一端固定在甲板上，一个人需在这儿看着。这样一来，水手就可以提着沥青，拿着填絮，一边缓慢下降一边小心翼翼地涂抹。

水手就像在高空走钢丝似的，如果遇绳子滑动、断裂、松动，或是帆脚索松动，都可能落水或折断脖子而丧命，然而这是水手们从没考虑过的事情。他们一心只想着不要留白（没有涂到的地方），因为如果哪里没有涂好，他将要重新涂一遍；他们还要注意不要把沥青滴到甲板上，因为大副会责骂。我小心翼翼地给前支索涂上沥青，但最后发现给第二斜桅、斜桅撑杆和斜桁帆桁上的绳索涂沥青是最难操作的。在给这些地方涂沥青的时候你都得睁大眼睛，小心翼翼地涂。

这脏活儿也不可能干一辈子啊，星期六晚上我们终于把这活儿干完了，刮掉了甲板和围栏上的所有污点。最重要的是，我们将自己里里外外地清洗了一遍，裹起了沾满沥青的衣服和裤子，把它们放在那儿，等下次工作的时候穿。我们换上了干净的水手服，好好享受了一次属于水手们的星期六之夜。第二天也过得很愉快，事实上整个航程中只有一个星期日过得不怎么愉快，那就是离开合恩角的那个星期日，在合恩角我们简直是诸事不顺啊。星期一，我们开始给船上漆，为到港口作好准备。这活儿也是由水手们来干。任何一个远航过的水手，除了懂得航行的技巧外，也都懂得一点上漆的技巧。我们将船里里外外，从桅杆帽到水岸，都刷上漆。我们坐在绳子上，然后降下绳子，用刷子给船外部刷上油漆，我们的脚一半时间都泡在水里。当然，这必须在天气晴朗、海面平静时进行。我记得很清楚，在一个天气晴朗的下午，我正在给船的外部刷油漆，船以4海里每小时或5海里每小时的速度前行着，鲨鱼先驱——领航鱼就在我们旁边游动着。船长靠在围栏上观察着它，我们则安静地干着我们的活儿。

12月19日，星期五。

上漆的工作进行到了一半时，我们再次跨越了赤道。我第一次和他们有同样的感受，当他们发现他们自己生活在四季的变化之中，在12月中旬太阳的暴晒下跨越赤道，正如后来在7月4日，遇上冰川和风雪时我的感受一样。

12月25日，星期四。

那天是圣诞节，但我们并没有庆祝。唯一的变化就是晚餐是葡萄干布丁。水手们与膳务员吵了起来，因为他没有给他们糖浆。膳务员认为布丁可以代替糖浆。他没有想故意不给水手们糖浆吃。

这类的事情都是船上一些小吵小闹的事情。事实上，我们出航已经很久了。大家都对彼此感到厌倦，不论是前甲板上的水手还是后甲板上的都变得很急躁。当然，我们的新鲜供应已经吃光了，船长也不再给我们供应米饭，所以整个星期，除了罐头牛肉和罐头猪肉，我们没有其他的东西可吃。星期日例外，那天我们可以吃到一块很小的布丁。这更是让水手们感到不满，还有每天，甚至几乎每小时都在发生的小事让那些没有远航过的水手无法忍受，无法想象的——小冲突，战争的谣言——船舱里的小报告，话语和表情引起的误会——公开的谩骂，让我们感到一切都变得不对劲儿了。由于这些事情侵占了休息时间实在是没有必要。每次改变辅助帆只是让水手们得到“惩罚[①]”。

发生了这些事情后，我的朋友S和我请求船长将我们的铺位从我们以前住的统舱搬到前甲板下面的水手舱。令我们高兴的是船长批准了我们的请求，我们收拾好床铺，和前甲板的水手们住到了一起。我们现在才开始觉得自己像个水手了，而在统舱的时候，我们从未觉得自己是个真正的水手。在统舱里，无论你多么能干多么积极，都只能算个打杂的，——类似业余船员，或和船员有一点血缘关系的人。你就在上级的眼皮子底下，你不能跳舞、唱歌、玩耍、抽烟，发出一点噪音或是小声嘀咕（比如抱怨），或是参与水手们的娱乐，而且你得和膳务员一起住，这些膳务员经常充当调解员。水手们也从不把你当作他们中的一员。但如果你住在水手舱，那就和“锯木工的雇员一样不受约束”，就是一位水手。你会听到水手们的谈话，学习到他们做事的方式，他们身上的特性，和他们的谈吐举止。更重要的是，你能从他们的谈话和辩论中收集到大量关于航海技术、船上的习俗和外国风情，等等，稀奇古怪而且实用的信息。没有人能成为一名水手，或了解水手是干吗的，除非他在水手舱和水手们一起生活过——与他们一起进进出出，一起吃喝。我在水手舱住了一个星期后，什么样的诱惑也不会使我回到统舱，即使再遇上像离开合恩角时，最恶劣的天气，要待在密闭漏雨的水手舱，我也不会回到统舱去，一秒也不想去。另一件事是你在其他地方学不到的，在这里你可以学会做衣服，缝补衣

① “惩罚”常用于船上，我相信，在其他地方是不会用到这个词的。这个词语对水手们来说是非常生动形象的，意思是说让水手们做繁重的工作来惩罚他们。如果上级说“我要惩罚你”，那么你就死定了。如果你没有他优秀，那么你就得努力工作。

服，这对水手们来说是绝对必要的。当在甲板下值班的时候，他们大部分时间是用来做这些活儿的。而我在这儿也学会了这门手艺，后来还派上了用场。

回到船员们的话题上来。我们到了水手舱后，在分配面包分量的问题上产生了分歧，我们以为会吃一些亏。这让我们卷入了一场动乱之中。船长是不会屈尊向我们解释的，我们组成一个团体，一个瑞典人和船上年龄最大、最好的水手作为我们的发言人。每当回忆起那个场景，我都会微笑，特别是后甲板上船员的尊严和船长的雄辩。船长站在后甲板的上风舷那儿，看到我们向后甲板走去，他停下了脚步，他的表情和话语都想阻止我们。他对我们喊道："你们想干吗？"于是我们尽量用尊敬的语气述说了我们的不平，但他打断了我们，说我们越长越胖，越来越懒惰，干的活儿不够多，让我自己反省反省。这可把我们给激怒了，于是我们就和他争论了起来。但争论是没用的。他握紧了拳头，跺着脚，咒骂着，把我们赶回到前甲板。他的咒骂简直用尽了所有词汇——"滚回去！全部给我滚到前甲板去！看我怎么收拾你们！累死你们！你们干得还不够！你们给我小心点，不然我就把它变成地狱之船！……你们还没尝过我的厉害啊！我是从新英格兰来的，F—T——。我去过磨坊，磨过面，和过面，制作出合格的新英格兰玉米饼。热的时候吃起来很好吃，可是冷了就又酸又硬，——你们会发现我就是这样的人！"

船长后面的长篇大论我记得很清楚，因为这些话给我留下了深刻的印象。而"新英格兰的玉米饼"在后来也成了口头禅。我们请求赔偿行动很成功。不论怎么样这件事算是解决了，等船长冷静下来后，大副向他作了解释，晚上的时候我们又被叫到后甲板听他的长篇大论，当然还是责怪我们让他产生误解。我们壮起胆子向他暗示他没有给我们解释的机会，还是被他驳回。因此，虽然这件事过去了，但我们的怒火却没有熄灭，我们永远没有和平，只要船长继续站在船员对立面，我们就不能再好好沟通了。

太平洋一带气候舒适，我们继续航行着。太平洋真是应了它的名字，太平，除了在太平洋南部的合恩角，和西部临近中国和印度洋的区域会遇上风暴外，其他地方的温度都很舒适，不冷也不热。在回归线之间出现了一团薄薄的烟雾，就像一层薄纱，萦绕在太阳表面，没有阻挡或模糊了太阳的光线，但却降低了在大西洋和印度热带地区那火辣辣的太阳的温度。我们在东北信风的帮助下一路顺利地向西边航行着。当我们到达坡因特康塞普申所处的纬度时，我们离坡因特康塞普申西边只有几百海里的距离。在那儿经常会看到陆地。我们立马向正东方向改变航线，然后向着这个方向航行了几天。最终，我们在黄昏时分停船，因为这儿没有灯塔，只有冷冰冰的图标，我们担心会在晚上撞到沿岸的陆地。

1835年1月13日，星期二，黎明时分，我们在位于北纬34° 32′，西经120° 06′ 的坡因特康塞普申看到了一片陆地。我们想要去的圣巴巴拉港口，就在坡因特康塞普申南方50海里处，我们沿着海岸继续航行了一天一夜。

第二天早上，也就是1835年1月14日，在离开波士顿150天后，我们终于停靠在了宽阔的圣巴巴拉港口。

第九章　加利福尼亚——东南风

加利福尼亚一直延伸到了整个墨西哥西海岸，位于加利福尼亚湾和北边的德雷克爵士海湾之间，或是位于北纬22° 到38° 之间。加利福尼亚有两个区——一个是位于加利福尼亚湾和北纬32° 之间或临近这里的加利福尼亚下游或加利福尼亚老区（我认为分界线在托多斯桑托斯海湾和圣地亚哥港口之间移动），另外一个是加利福尼亚上游或加利福尼亚新区，其最南端的港口是位于北纬32° 39′ 的圣地亚哥海湾，以及最北端的港口是位于北纬37° 58′ 的旧金山。旧金山坐落于由德雷克爵士发现的海湾，英国人以德雷克爵士的名字给这个海湾命名，墨西哥人称之为“加州小薄荷”。加利福尼亚将其政府设立于蒙特雷。蒙特雷也是沿岸唯一一个海关，每艘想在沿岸进行贸易的船只在进行买卖之前，都要到这儿进货。我们想要在沿岸贸易，就得先去蒙特雷。但是船长却下命令让船停靠在沿岸的中心港口圣巴巴拉，等待居住在那儿的代理人与这家公司交易船上的所有货物。

圣巴巴拉海湾，或是俗称的圣巴巴拉运河非常大，在其一旁有一片大陆（位于坡因特康塞普申以北和圣布埃纳文图拉以南），这儿的地形像一弯新月。在其对面20海里处还有三座大岛屿。这样的地势使之可以称为海湾。同时，它很宽广，常常会刮东南风和西北风，和开放泊地差不多。在东南风来之前整个太平洋的涨潮都会流向这儿，在浅滩激起惊天大浪。在东南风来临的季节，躺在靠近岸边的地方是极其危险的。

这风（东南风）是加利福尼亚沿岸的祸害。从11月到次年4月，（包括11月和次年4月的一部分时间）这一带正处于雨季，在这儿是很危险的。因此，在这几个月内，到这些港口的船只需停靠在离岸边3海里的地方，将滑结绳系在斜拉索上，便于在收到警报时，迅速起航。这一时期，唯一安全的港口是旧金山，北方的蒙特雷和南边的圣地亚哥。

我们是在1月到达加利福尼亚的，那时正处于东南风季中期，我们按照惯例将船停靠在离岸3海里，水深11英寻的水域，将滑结绳索和浮标都系在了斜拉索上，解开帆上的横桁臂束帆索，让其不要与绳索用纱缠绕在一起。我们完成了这些后，船长指挥着船靠岸，带回命令让大副在太阳落山之前派一艘船到岸上接他。我们没有赶上第一艘上岸的船，但令我高兴的是天黑之前还有一艘船要到岸上去，因为我们已经航行很长时间了，如果看不到陆地，或不能到陆地上去，就感觉日子越来越难熬。虽然平时我们在船上也懒懒散散不怎么认真，但这是船长第一次不在船上，我们感到更加自由。我们环顾四周，看看我们花了一两年时间才到达的地方，到底是个什么的地方。

首先，那天是美好的一天，天气很暖和，我们戴上草帽，穿着帆布裤，带好全部夏天的装备。由于那时还是隆冬时节，所以这样的天气可以说是很好的了。最后我们发现这儿的冬天温度不会低于零摄氏度，四季的变化也不甚明显，除了在漫长的雨季和东南风季的时候，人们才会穿上笨重的厚衣服。

这个大海湾包围着我们，水面很平静，几乎没有风打乱它的平静。但是到岸上去的水手们告诉我们海潮在沙滩上掀起了巨浪。只有一艘船停泊在港口——一艘又长又尖、大约300吨重的双桅横帆船，船上有倾斜桅和笔直的桅横杆，顶端挂着英国国旗。后来我们得知，这艘船是在瓜亚基尔建造的，当秘鲁在阿亚库乔这个地方打仗并赢得独立后，他们就用阿亚库乔给这艘船命名。这艘船的主人是个名叫威尔逊的苏格兰人，从事卡亚俄、桑威奇群岛加利福尼亚之间的贸易。我们发现，这艘船航行速度非常快，船上的水手都是桑威奇群岛上的居民。除了这艘船，没有什么能打破海湾的平静。海湾的两头向外伸出，就像是新月的两个角似的。向西的那头低矮而多沙，在这儿，当船只要向东南方航行时，船只需要一个很宽阔的泊位。另一端地势高而险峻，树木茂盛。我们听说这儿有一座叫作圣布埃纳文图拉的教堂，而这个地方就是以教堂的名字而命名的。教堂和圣巴巴拉的小镇坐落于新月的中间，锚地正对面有一块地势低矮平坦，稍微高于海平面的地方。虽然这儿没有树木，但却绿草如茵，三面被距离这儿15到20海里处的高山环绕。教堂在小镇后面一点点，是座大型建筑，或者可以说成是建筑群。教堂中央有座高塔，高塔上的钟楼挂着五口钟。整个教堂涂着厚厚的灰泥，远看非常漂亮。教堂也是船只靠岸的标志。小镇紧邻沙滩，大概只隔了半海里的距离。镇上的房屋都是用褐黏土建造而成的一层红瓦房，有的涂上了灰泥。我估计这儿有上百栋房子。在这些房屋中坐落着要塞或堡垒，都是用同一种材料造成，表面上看上去不怎么坚固。小镇的地理位置非常优越，前面是海湾，后面一座座小山将其围绕。唯一让它的美丽减分的就是那些小山上没有大树覆盖，那些大树都被十多年前一场大火给烧了，到现在小树都还没长大。一位居民向我描述了那场大火，那真是可怕、壮观的景象啊。整个山谷里的空气都变得很灼热，人们都被迫打包离开小镇到沙滩上住了几天。

太阳落山前，大副命令船上的水手们上岸，我也是其中一个。我们从英国双桅横帆船的船尾经过，拉着船走了好久才到岸上。我永远也忘不了我们第一次登上加利福尼亚沙滩时的情景。太阳刚落山，天开始变得朦胧，吹起了潮湿的夜风，太平洋开始涨潮，潮水撞击沙滩，发出剧烈的声响，激起巨浪。我们将船桨放在潮水中，在大浪外面等待着进去的好机会。一艘紧跟着我们，从阿亚库乔来的船来到我们旁边时，船上皮肤黝黑的桑威奇岛民用他们奇怪的口音谈论着、高喊着。他们知道我们是驾船的新手，想看看我们是如何冲进大浪的。然而正在掌舵的二副想学习他们的经验，不想先冲进大浪。最后，我们看到了他们是怎么操作的。他们大吼了一声后，乘着涌起的巨浪，昂起船头，几乎与我们的船尾垂直，然后再落入水中，他们用力划了三四次桨，到了巨浪的顶点，然后尽全力将船桨扔得越远越好，船刚碰到沙滩时就跳下去。然后死死抓住船，停靠在沙滩上。我们看到他们的操作后，立马知道怎么做了，我们也需要将船尾立起来，因为海水会撞击船舷或尾舷，会将船舷掀起，将船掀翻。我们用力划桨，当感觉到大海掌控住我们，以赛马般的速度推动我们前行时，我们就尽力扔掉木桨，抓住舷缘，准备好当船开始撞击，尚能使尽全身力气将它立起来时，就跳下去，抓住它。我们犹如离弓的箭一样向沙滩上奔去。抓住船，将船推上岸，然后捡起我们的木桨，站在船旁边，迎接船长。

见船长没有立马出现，我们就将木桨放在船里，让一个水手在那儿站岗，我们则到沙滩上到处转转，看能在这儿干些什么。海湾两端的这段沙滩大约有1海里长。沙滩上流散着平滑的细沙。我们占据中间唯一适合登陆的地方，从这儿一直到陆地上都有许多石头。从高水标到浅滩大概有20码（英美制长度单位，一码等于0.9144米），从这儿开始就出现了一些泥土。泥土很硬，是个骑马的好地方。天开始黑了，我们只能辨认出远处海面上那两艘船的轮廓，大海有规律地翻滚着。船只越靠近岸边，大海翻滚得越厉害。大海翻滚起的大浪笼罩着沙滩，即将落下撞击沙滩。当浪花腾起到最高处时，变成了雪白的泡沫。海水一浪接一浪地用力拍击着沙滩，就像是孩子将牌屋一段的卡片抽掉时，牌屋瞬间倒塌的情景。这时，桑威奇岛民调转了他们的船头，将其推入水中，往船上装兽皮和兽脂。因为我们接下来也要干这活儿，所以我们都好奇地看着。他们将船推到远处的海面，让船能漂浮起来。其中两名水手卷起裤边，分别站在船首两边，使船保持正确的航向。这可不是个简单活儿，因为除了要使很大的劲之外，海水几乎没过了他们的大腿。其他水手则从船那边向海水没不到的岸边，去拿干牛皮。这些牛皮中间部分比周围厚两倍，和木板一样坚硬。他们一次可以拿一两张牛皮，将其顶在脑袋上运到船上去。船上的人再把牛皮存放起来。他们必须将牛皮顶在脑袋上，以免被海水浸湿。我们发现他们个个都戴着厚厚的羊毛帽子。“看这儿，比尔，好好看看，待会儿你就得这么干！”站在船边的一个水手说道。“达纳，”二副对我说，“这可不像剑桥大学，是吗？这就是我所说的‘脑力劳动’。”说实话，这看起来真的不怎么激励人心。

搬完兽皮后，他们紧接着又开始搬运一袋一袋的动物油脂（袋子是用兽皮做的，大约和装米的袋子一样大），两名水手合作将一袋油脂放在各自肩上，一起抬到船上去，准备出航。这也是我们需要学习的。

掌舵的水手，站在船尾划着桨，在他后面的水手也坐在座位上划着桨，准备在船一浮起来时就奋力划出去。在船首的两名水手也各尽其职。最终，当大浪涌来将船浮起，他俩抓住船舷，和船一起冲了出去，直到船舷高过他们的腋窝处。然后他们又从船舷跑到船头，全身都湿透了。划桨的水手们也奋力地往前划，但是却不起作用。浪花又从后面涌过来，把他们托得老高老高的。船首的那两名水手再次跳入水中，这一次在他们奇怪的呼喊声的鼓舞下，成功将船划了出去。我们一直看着他们驶出海浪，掌控着他们的船消失在黑暗之中。

光着脚站在沙滩上，开始感觉到沙粒变得冰冷，青蛙也在沼泽里面叫了起来，海湾一头传来了一只孤独的猫头鹰的悲鸣声，由于距离很远，悲鸣声变得越来越柔和。我们觉得是去叫那个“老头儿”（我们通常是这样称呼船长的）下来的时候了。几分钟后，我们听到什么东西向我们走来的声音。是个骑着马的人。他骑着马向我们飞驰而来，在我们身旁勒住马，问了我们几句，看我们没什么反应，便骑着马飞驰而去了。他和印度人一样黑，戴着顶西班牙人的帽子，披着一件像毯子一样的外衣或是毛毯，穿着皮裤子，带着一把长刀。“这是我到过的第七座城市，没见过一个基督教徒。”比尔布朗说。“我同意！”汤姆说，“你还没见过更糟糕的呢。”谈话正在进行的时候，船长出现了，我们调转了船头，将船推到水里，准备出航。船长以前就来过这儿，掌握了些“诀窍”，所以由他来操作舵桨，我们则学着刚才那条船上的水手的做法做。我是水手中最年轻的，所以幸运地站到了船首，最后弄得全身都湿透了。其他水手将我们高高托起，然后从我们下面滑过，就像把我们抛向了空中。这就像一块平坦的木板漂浮在水面上一样。虽然浪花拍击得很厉害，但我们很顺利地就航行出来了。不久我们就到了平静的水域，浪花轻轻拍击着船身，当我们上船时，发现浪花已经高过了三角帆斜桁。

登上船后，我们拉起所有的小船，回到了水手舱，换下湿透了的衣服，吃了晚饭。晚饭后，水手们点起烟斗（那些有雪茄烟的水手），开始讲述起各自在岸上的所见所闻。接着开始谈论起关于岸上人们的生活、航程的长度、搬运兽皮，等等话题，直到听到八声钟响，所有人被召集到船尾，安排“锚更”。我们一晚上要站两小时岗，因为夜晚很漫长，所以每隔两小时就要换一班岗。二副要在甲板上值班到八点，所有人在黎明时分都会被召集起来。我们得到命令要仔细观测，一旦发现有刮东南风的迹象，就立刻向大副报告。我们得到命令，夜里在海上，每隔半小时就要敲一次钟。和我一起站岗的是位来自瑞典，名叫约翰的水手。我们从十二点一直站到两点。他站在左舷侧，我站在右舷侧。黎明时分，所有船员都被召集起来，我们又开始按照惯例，清洗、冲刷甲板等，然后在八点吃早饭。上午，从阿亚库乔来的一艘船，给了我们半头牛，这使我们有了一顿新鲜的晚餐。我们很高兴能吃到新鲜牛肉，大副说我们在岸上时应该以新鲜牛肉为生。吃晚饭的时候，厨子走上甲板，喊道："开动咯！"我们看到两艘帆船从岬角处过来。一艘是扬着顶上横帆的大船，另一艘是小型的双桅帆船（前桅为横帆、主桅为纵帆）。两艘船都扬起中帆，向我们驶来。船上的旗帜使我们感到不解，因为我们发现船是从热那亚来的，载着已分类货物，到岸上去进行交易。然后又乘风前进，驶离岸边，沿着岸边向旧金山出发。双桅帆船上的船员都是桑威奇岛民。其中一个还会讲一点英文，他告诉我们他们的船是来自欧胡岛的洛希奥特号，船长是奈伊，他们也参加了这次贸易。这艘船很小，水手们都叫经黄油盒子。这艘船和其他船，包括阿亚库乔号，都参加了这次贸易，这些船只都雇佣了英国人和美国人当官员，安排两三个人在艏楼干些有关绳索的活儿，依赖他们的航海技术。其他水手都是桑威奇岛民，这些人都很积极，在船上用处也很大。

吃过晚饭后，三位船长都到岸上去了，到了晚上才回来。到了港口后，所有的事情都交由大副来照料。船长要做的事情则很少，除非他是押运人。大部分时间，船长都会待在岸上。这对我们来说是一件好事，因为大副是个好脾气的人，不像船长那样严厉。虽然我们过了几天好日子，但后来的日子更难熬，因为船长是个严厉、精力充沛的人，而大副正好缺乏这些特性，所以这也会带来一些麻烦。我们已经开始遇到麻烦了。船长有好几次都当着水手的面指出了大副的错误。一些迹象表明他们之间有点不对劲。当船长怀疑大副对水手的管理太松懈，关系太密切的时候，他就会插手一切事务，掌管一切，这时水手们就遭殃了。

第十章　东南风——沿岸上的通道

晚上，太阳落山之后，南边和东边看起来很黑，我们得到命令仔细观测。要不是被召集，我们早就睡觉了。半夜的时候，我醒来，发现一个水手刚站完岗，点着灯从上面下来，他说已经开始刮起了东南风，大海也开始翻滚起来，他已经向船长作了报告。他衣服也没脱就倒在了船上。我知道，他这样是随时准备着被召集。我感觉船在向锚那边倾斜，锚链被海水猛烈冲击着，噼啪作响。我醒着躺在床上，等待着紧急集合。几分钟后，所有人被召集——听到了三声敲击舷窗的声音，随即又听到“啊嘿！所有人！都来出把力，扬帆！”我们立刻起床穿衣服，我们穿衣服穿到一半的时候，大副朝舷窗下面喊道：“快到甲板上来！水手们，快上来！不要让锚给拖住了。”我们立马跑到甲板上。“上桅杆，卸下上桅帆！”船长一见有人上来，便大喊道。我跳进绳索，看到阿亚库乔号的上桅帆也卸了下来，听到船上的水手们在帆片旁边唱着歌，就像回家时的情景一样。这也许启发了我们的船长。“老威尔逊”（阿亚库乔号的船长）在这一带有很多年了，了解这里的天气情况。我们也很快卸下上桅帆。按照惯例，桅杆两端都得留一名水手，对绳索进行详细检查，把帆擦亮，其他水手就将帆片拿下来整理。收紧帆脚索后，我们看到阿亚库乔号，在我们锚链孔的反方向，乘风破浪。它的斜桅杆和锋利的船头迅速向上升起，就像灰狗的头一样。真是一番美丽的景象。它就像只惊弓之鸟，展开双翅，直冲云霄。我们收紧上桅帆脚索后，在顶风位置支起前桅横桁，扬起前顶桅支索帆，漂起浮标，航行的一切准备就绪后，我们来到船尾，整理绕过船肋骨端头，穿过船尾载货门的滑结绳索。“一切准备就绪了吗？”船长问。“是的，是的，长官，”大副回答道，“可以出航了！一切都准备妥当了，长官。”铁锚链从锚链孔处被绞盘吊起，大风吹着前桅帆，使得船头摇摆不定，滑结绳索也绷得很紧。“到船尾去！”瞬间一切都好了起来，我们起航了。当船开始顺风行驶后，我们将前桅横桁调转向风，支起所有桅杆，扬起前帆和斜桅帆，将锚小心翼翼地抛下船尾处，回到铺位好好睡一觉。“奈伊也出航了。”船长对大副说。向船尾望去，我们看到那艘小型双桅帆船（前桅为横帆、主桅为纵帆）在我们后面扬帆航行着。

现在，吹起了清新的风，很快就下起雨来，天空乌云密布。但在我们远离这个点之前，船长是不会减速航行的。在船尾观测好了之后，我们就出海了，我们得到命令，上桅杆，半收起上桅帆，拢起前帆，半收起斜桁帆，很快我们开始减速航行了。遇上东南风，我们没有什么需要做的，离开沿岸后，要做的就是顶风停住，减速航行，等待着大风停歇。大风天气很少会超过两天，一般情况下，只会持续12个小时左右。但是风绝不会往南方吹，直到这一带降雨量增大。“到甲板上值班。”大副命令道。但关于该轮到谁站岗，我们产生了一些分歧。大副将他那组的水手派到甲板上值班，告诉我们下次出航的时候才轮到我们，这样问题才解决。我们留在甲板上直到换岗，在甲板上吹着清新的海风，雨不停地下着。当另一组水手上来时，我们站在（大横帆的）两侧下角，背着风，面向陆地。早上四点，又轮到我们站岗，天很黑，风很小，但雨下得前所未有的大。我们穿着雨衣，戴着大雨帽，无所事事，只好笔直地站在那儿，任由大雨倾盆落下。在海上，没有雨伞，没有可以避雨的地方。

当我们在甲板上站岗时，看到一艘小型双桅横帆船向我们漂浮而来，半张起前上桅帆，顶风停下船，像幽灵一般滑过。我们没听到有人说话，甲板上除了一位掌舵的水手，没有其他人。快到早上的时候，船长将头探出升降口，告诉掌管我们的二副，好好观测风向的变化，大风很有可能在无风的大雨天气后出现。事实正如船长所说的那样，几分钟后，海面风平浪静，船失去了舵效，雨也停了。我们扬起斜桅帆和下桁大横帆，调整了后桅桁，等待天气的变化。短短几分钟内，天气突变，大风从西北方向吹来。由于采取了一些预防措施，我们并没慌张，而是扬起横帆桁迎风航行。船长来到甲板上，稍微扯动下风转帆索，使帆桁与龙骨更接近平行，然后到后面看了看锚具。风向一变，天气也跟着起了变化，两小时后，狂风逐渐变成了柔和平稳的微风。一年中大部分时间，沿岸都会吹起这样的微风。从风的规律性来看，我们可以称其为信风。太阳升起来了，天气晴朗了，我们扬起最上桅的帆、副帆，一路顺畅地向圣巴巴拉航行。洛莉阿提就跟在我们后面很远的地方，远到几乎都看不见了，但我们却没见到阿亚库乔的身影。不久它又出现在海面，从圣罗莎岛驶出。它整个晚上在那儿顶风停船，躲避风浪。船长急切地想超越它，因为能打败号称在沿岸进行了六七年贸易、北太平洋上最好的航行者的阿亚库乔号，能使我们获得一定的声望。在风小的时候，我们在船头和主船体都扬起最上顶桅帆、天帆和副帆，这就比它有优势，因为威尔逊船长除了扬起顶上的横帆外，没有扬起其他的帆，而且每次在沿岸时，他都收起副帆。风很柔，很平稳，很长一段时间我们都泰然自若地航行着。转过弯后，我们都得使帆桁平行于首尾使更牢固，并突临迎风行驶。现在我们站在同一起跑点上，一不留神，它就能轻易地赶超上我们。最后他们说我们在顺风时，航行得很不错，但是也给了他们一个教训，如果我们用的不是皇家乔治的帆，他们将打败我们。

阿亚库乔号比我们早半小时到达登陆处，当我们赶上他们时，他们拢起了帆。这一仗他们打得确实漂亮。在不放下另一个锚的情况下，能在你的前一个抛锚位置处停下，要做到这些需要高超的航海技术。威尔逊船长在沿岸一带的水手中真的很了不起，因为他能做到这些，我跟随船长这么久以来，从来没见过他放下过第二只锚。迎风航行时，浮标没有多大的作用，我们将轻便的帆扯上帆桁，支起主上桅帆，放下一只小船，去将备用锚链固定在位于滑结绳索末端的浮标上。我们将另一头拉到了绞盘那儿，一直将它举起，直到我们到达滑结绳索，然后将滑结绳索拉到绞盘处，一直拉着船走到锚链处，船长也帮着将帆顶风，使帆张满。锚链已经穿过锚链孔，绕在绞盘上固定住，然后将滑结绳系在外部，拉到后舷窗处。这下就安全了。我们干完活儿后，大副告诉我们这只是加利福尼亚的一角，我们得作好在这儿过冬的准备。

我们拢好帆，吃过晚饭后，看到洛莉阿提号在我们附近，天黑之前他们也停靠了下来。太阳落下时，我们再次上岸，发现洛莉阿提已经在沙滩上等待着。会讲英语的桑威奇水手告诉我们他已经去过小镇了。我们的代理人R先生和其他乘客将要和我们一起去蒙特雷，他们的船将和我们一起出航。几分钟后，T船长同两位绅士、一位女士过来了，我们准备出航。他们带了很多行李，我们将这些行李放在了船尾。两名水手搀扶着那位夫人，费力地涉水来到船上，然后安全地将她安置在船尾。她对这次交易很有兴趣，而她的丈夫也很满意，说我们安排得很妥当，没有弄湿他的鞋子。我在后面划桨，所以听到了他们的谈话，知道其中一位绅士，也是唯一一个我能在黑暗中看得清楚的人。他年轻英俊，穿着欧式礼服，身披一件大衣，是公司的代理人。我们这艘船也归属于这家公司。另一位绅士一副西班牙城里人的打扮，是我们船长的弟弟，在沿岸做生意有很多年了。

船上那位女士就是他的夫人。她是位皮肤黝黑、长相精致的年轻女子，出生于加利福尼亚一户有钱人家。我也发现我们将要一起出航。我们一到甲板上，小船就被拉上来了，帆也松开来，绞盘绞动起来，滑结绳索和齿轮开始工作。大约花费了二十分钟，拉动绞盘，扬帆，支起桅横杆，我们顺利出航了，迎风向蒙特雷出发。洛莉阿提号和我们同时出航，也是驶往蒙特雷。但是她的航线和我们的不同，他们一路保持能望见陆地，而我们则与他们相反。很快我们就望不见他们了。风势对我们很有利，在一路上这样的天气很不寻常，因为这儿盛行风是直接吹向海岸的北风，于是北方是上风面，南方则是背风面。

第十一章　沿岸航行而上——蒙特雷

第二天天亮前，我们离开了这座岛屿，十二点，我们驶出了运河，离开了我们到这儿后的第一个登陆地——坡因特康塞普申。这是沿岸最大的一个点，是个无人居住的海岬，一直延伸到太平洋，因为多风而闻名。没刮风时，船只能从这儿顺利通过，特别是在冬季。当我们绕过这个点时，我们在两侧都扬起辅助帆，我们必须要改变风向，收起背风处的辅助帆。当船越靠近风，船的反应越强烈，我们迅速收起天帆，继续扬起上风处的辅助帆，支起前方桅横杆，让系艇桁靠近斜桁帆桁。现在挺过来了，风也变得很清新，船长很明显“充分利用她”。他的弟弟和R先生，看起来都很生气，对他说了些什么，但他说他了解这艘船，知道能承受得起些什么。很明显，他是在炫耀他的船，让他们知道他是如何张满风帆的。他站在上风面，抓住后支索，望着桅杆，看这些桅杆到底能承受住多大的风浪。一阵风解决了这个问题。接下来就听到“降帆”“扯（帆）上桁（或桅）”的喊声，一时间，顶桅帆、艏三角帆、补助帆，有的被降下，有的被扬起。这就是水手们所谓的“混乱”——一切都被释放，什么也没拉进来，一切都飞了起来。那位可怜的西班牙女士来到升降口扶梯，脸色苍白得像鬼，看起来害怕得要命。大副和前甲板一些水手设法拉起一些吹落在斜杠帆横桁臂上和水手身上，位置比较矮的辅助帆。将顶桅补助帆杆系紧后，再将其支起，看起来就像是一块鲸骨，在吊杆端箍处断了。我立马爬上桅杆去收起主上桅辅助帆，但在我爬上桅杆之前，大横帆的上下角索分离开了，帆飘走了，在上桅帆前旋转着，将自己撕成一片片布条。就在这时候，升降索也被撞散。以前收帆的时候我从来遇没到过这样的情况。在经过一番努力后，我终于将帆或者说残留的部分收到最上方，当船长向上望，对我大喊“上桅，达纳，拢起主顶桅帆”时，我已将帆固定起来了。从补助帆上下来后，我爬上桅顶横杆，这儿的情况更糟糕。上桅杆底部在未定横杆和桅杆上帆桁中段之间活动，顶桅以一个危险的角度压倒在下面的桅杆上，一切都在缓慢地运作，破裂，拉紧到了极限。

水手们唯一能做的就是服从命令。我爬上桅横杆，如果可能，这儿的情况比下面更“混乱”。操帆索已经松动，帆桁不停转动，就像收税栅门似的。正面帆已经被吹到背风面去了，背风面的过滤器也吹到了横桁臂上，天帆在我头顶飘动着、摇曳着。我向下望了望，但是他们却听不到我的呼喊声，因为下面每个人都在忙活着，风在咆哮着，帆也随风向四面八方飘动着。幸运的是，那时正当上午，光线很好，掌舵的水手往上面看了看，很快他明白了我的困境，通过无数信号和手势的交流后，终于找到一个人将有用的绳索收了起来。在这个间隙，我看了看下面。甲板上简直乱了套了，小船在水面上打转转，就像疯了似的。大浪不断拍击着，桅杆倾斜成45°。S在顶桅上方，一直在忙活着收帆，他尽力将吹走的帆收回来。在我下方的顶上横帆很快被扯上帆桁，这样一来就减轻了桅杆的负担。不久，我也很快将帆拢好，到了甲板上。但是我的一顶崭新防水油布帽却掉进了海里，这是最让我头痛的事情。我们尽全力干了约半小时，十五分钟后，我们被风暴袭击，风就被吹到我们前方去了。我们将中帆和风暴帆半张开。风暴来临时，大风向前改变方向，我们正对着坡因特康塞普申，向那儿驶去。但我们避过风暴后，又调转船头，再次离岸，怀着美好的憧憬，顶住猛烈的顶头风，乘风破浪向一百多海里以外的蒙特雷出发。天黑以前，天空又下起雨来。已经连续下了五天雨了。我们一直都谨慎地观测着。现在我们离岸已经有几百海里了。在这段航程中，我们发现前顶桅跳跃起来（无疑这只有在暴风雨时才会发生）。我们只好降下前上桅，尽量不在船头张帆。船上四位乘客都病得很厉害，所以这五天来我们几乎没见过他们。第六天，天放晴了，太阳出来了，但风还是很大，浪也高。我们仿佛又真的回到了海上：方圆几百海里内都没有陆地，船长每天都要晒晒太阳。乘客们终于出现了。我第一次有机会看到晕船的乘客是多么痛苦，多么绝望。离开波士顿三天后，我就克服了晕船的毛病，之后我变得强壮健硕，再也不晕船了。我可以在船上到处走动（因为船上没有乘客），独自享有这块地盘，因为可以到甲板上，吃饭、散步，和两个悲惨、脸色苍白的可怜虫比比，我感觉有一种优越感。这两个可怜虫老是在甲板上蹒跚而行，或是站在那儿头晕眼花地望着我们爬上桅头，或静静地坐在高高的帆桁两端干活。在海上，身体健康的人是不会同情晕船的水手的，他们总是在比较中显示出他们的男子气概。几天后，我们到达了皮洛斯点（派恩斯），它是蒙特雷海湾入口处的海岬。到达后，我们跑到岸上。我们能清晰地分辨出这座城市的面貌，发现这儿的树木比坡因特康塞普申南部覆盖面更广。事实上，后来我发现坡因特康塞普申的分界线可能在这座城市的两个面之间。当你往北边走，你会发现这儿的森林覆盖面积更广，看上去更加美丽，水资源很充裕。这就是蒙特雷的整体情况，旧金山和这儿也差不多。当你往南边走，你会发现这儿和圣巴巴拉、圣佩德罗，特别是圣地亚哥很相似，树木稀少，虽然土地肥沃，但很荒芜，而且地势平坦。

蒙特雷海湾的入口处非常宽敞，海湾两角之间大约隔了24海里。北边是维也纳，南边是皮洛斯。但当你走进小镇时，海湾就越变越窄。小镇坐落在东南末端的弯曲处，或是大峡谷，离海湾两端大约18海里，这让海湾变得很深。岸上绿树成荫（这儿有很多松树）。现在这里正处于雨季，大自然尽力将一切都染成绿色——小草、树叶和其他所有的植物。小鸟在树林里欢乐地歌唱，成群结队的野禽在我们头顶飞过。在这儿我们可以免于东南风的侵扰。我们将船停在离岸两锚链的地方，小镇就在我们正前方，看上去很漂亮。镇上的房屋都是粉刷过的，这可比圣巴巴拉的彩泥房子好看多了。这儿的房屋也盖着红瓦，与白墙和绿草相互辉映。百栋房子星盘棋布地坐落在小镇上。这儿和我见过的加利福尼亚一些小镇一样都没有街道，没有栅栏（除了有的地方围起来一小块地作为花园），所以这儿的房屋都是随意坐落于这绿树成荫的山坡上。由于都是些一层楼高的村舍，远远看去，美丽极了。

在一个晴朗的星期六下午，我们停泊在这儿时，太阳快要落山了，一切看上去都是那么美好。墨西哥旗帜在要塞小广场上飘扬着，在海面上也能听到阅兵场上士兵们的鼓声、号声，给美丽的景色增添了不少生气。每个人看到这样的景色都感到心旷神怡。我们感觉到了基督教（士兵们将基督教理解成文明）国家。我们对加利福尼亚的第一印象不怎么好：在圣巴巴拉的开放泊地，船只要停在离海岸三海里的地方，而且船只在东南风来临之前出海，乘风破浪，这儿的小镇看起来黑乎乎的，离沙滩1公里远，在这儿除了桑威奇岛民、兽皮、一袋袋的兽脂，其他什么也没有，什么响动也没有。再说到坡因特康塞普申的狂风，每个人都愿意说明我们对蒙特雷非常失望原因。除了这些，很快我了解到这儿几乎没有海浪，这对我们来说很重要。这天下午沙滩上如同鸭塘一样平静。

我们将代理人和乘客们送上岸，发现沙滩上有许多人在那儿迎接他们。这些人中有几位虽然穿着当地的服饰，但却说着英语。后来我才知道，他们有的是英国人，有的是美国人，与这儿的人结了婚，定居于此。

我们这次到这儿，我还完成了一件和我自己有关的事，也就是，我第一次学习航海技术——降下顶桅帆桁。在海上时，我看他们操作过一两次。我好不容易才求老水手教我这技艺。他认真地教我必要的步骤和恰当的顺序，建议我到港口时抓住机会尝试。我和二副关系很好，当他站在桅杆前面时，我告诉他我想尝试一下，让他见到大副时请求他让我上去尝试一下。于是，我得到了允许，爬上了桅杆，在脑中重复着操作的步骤和顺序，小心翼翼地按步骤操作，因为一步走错，全盘皆输。幸运的是，当帆桁触到甲板时，上级没挑出什么毛病，我听到大副说："干得好！"通过了，我如同在剑桥上学时看到拉丁测验试卷下面写了个"好"字时一样高兴。

第十二章　蒙特雷的生活

第二天是星期六，是商人们的假日。通常这天他们都会让一部分水手上岸，水手们都指望着这天能到陆地上去，他们已经在讨论谁可以上岸去。早上我们被召集起来，我们转向绳索，发现早先松动的中桅，快要掉下来了，需要换上根新的。上桅、顶桅、索具都需要固定。这简直太糟糕了。如果有什么事能激怒水手们，让他们觉得是超负荷劳动，那必定是他们的安息日被剥夺了。并不是说他们总是，或通常会虔诚地度过这一天，但这天是他们唯一的休息日。然而，这一天常常会被暴风雨，和不可推卸的各种工作剥夺去。如果没有什么紧急情况而使得他们不能在港口静静地舒舒服服地躺一躺，他们会觉得更加难以接受。这种情况下，只有一个原因，就是船长星期一要在船上会见海关官员，希望水手将船上打理妥当。杰克是船上的奴隶，但他有很多机会反对或拒绝他的主人。如果有危险，或必要的时候，或当他精力充沛时，他比任何人都卖力地干活，但这一刻，他感觉自己一直干活却什么也得不到，勤奋却无所得。他不可以拒绝干活，也不能不听从命令，上级安排给他的工作，他都得乐意接受。在海上待过三个月以上的人都知道怎样“像汤姆·考克斯那样工作”——“在船上转三圈，扯一扯闲话”。这天早上的情况就是这样的。“偷懒”就是最重要的事。让下面一个水手去拿个龙骨墩，他会翻遍所有的东西后才找到，而且不等上级催他两遍，他是不会递上来的。然后他会花上更多时间，把翻乱的东西重新整理好。穿索针没找到。刀需要磨得非常锋利，一般情况下，三四个人会等在磨刀石旁边。当一个水手爬上桅头，他会慢悠悠地从上面下来拿他忘了带的工具，当滑车弄好后，六个水手会使出少于三个人的力气“努力”地拉动。当大副不在的时候，他们就什么也不做。这都是些费力的活儿，到了八点，吃早饭的时候，水手们的活儿还是几乎没干过。

短暂的早饭时间，大家开始讨论起来。一个水手提议说拒绝干活儿，但不干活儿就是叛变，所以马上被否决掉。我记得有个水手搬出了“泰勒神父”（波士顿海员的传教士）。“泰勒神父”告诉过他们如果星期日也被命令去干活，他们不能违抗命令，这样就不会受到责备。吃过早饭后，谈话内容传到上级的耳朵里，他说如果赶快干完活，我们就能在下午划船去钓鱼。我们立马觉得有了盼头，要想不用整天干活，首先我们得干得越快越好。

于是，船上呈现出来一片新景象。两点前，本来要干两天的活儿，都被我们干完了。我们五个坐着小艇到皮洛斯钓鱼去了，但我们仍然不能上岸。在皮洛斯我们看到了和我们一起从圣巴巴拉出发的洛莉阿提号，顺着柔和的海风，缓慢前进。它整个上午都因无风停滞不前，到了下午才到。我们钓到了几个种类的鱼，其中鳕鱼和鲈鱼最多。F（前任二副）也和我们在一起，他钓到了一个又大又漂亮的珍珠贝。后来我们了解到这儿盛产海贝，一艘小型纵帆船会将海贝运往美国。

夕阳西下时，我们才回来，发现洛莉阿提号已经停靠在离朝圣者号一缆绳的地方。第二天我们早早地起床，打开舱口，仔细检查货物，作好接受检查的准备。

八点，五名海关官员来到船上，开始查货、验货，等等。

墨西哥税收法非常严苛，要求将货全部搬运到岸上，接受检查后，再装回到船上。但我们的代理人R先生成功地和海关官员交涉好，到最后两艘船上检查，免去搬货上岸的麻烦。这些官员都穿着当地流行的服装，戴着宽边帽。帽子通常是黑色或深棕色的，帽冠上还有一圈镀金的或有精致图文的带子，里面还系着丝带。他们穿着丝绸的，或是精致的印花棉布短夹克（这里没有人穿欧洲的有缘合身外套），衬衫扣子扣到脖子的位置。如果有马甲，他们还会穿上厚厚的马甲。他们的裤子宽松笔直，而且很长，通常是天鹅绒、棉绒或绒面呢等材料做成的。他们还会穿上短马裤和白色长筒袜。他们穿着深棕色的鹿皮皮鞋（印第安人制作的），而且上面有很多装饰。他们系吊裤带，但总是在腰上系着腰带，腰带通常是红色的，材质不一，系法不同。如果加上永远不变的宽大外套，就是加利福尼亚人的装束。最后一件衣服，宽大的外衣，象征着主人的身份和财富。"绅士或是贵族穿着用黑色或深蓝色阔幅布做的宽大外套，还有天鹅绒和饰品作为修饰。他们从这儿走上印第安人织的地毯。中产阶级穿的衣服就像一块宽大的桌布，中间有个洞，头就从洞里穿出去。这些衣服和地毯一样粗糙，但是色彩丰富，远看非常漂亮。墨西哥没有工人阶级（印第安人作为奴隶干所有的重活儿、累活儿、脏活儿）。在这儿每个有钱人都穿得像个贵族，而穷鬼也打扮得像个落魄的绅士。我经常看到相貌出众、彬彬有礼的绅士，穿着绒面呢或天鹅绒衣服，骑着装扮精美的骏马，他们也会穷到没饭吃的时候。

第十三章　贸易——一位英国水手

第二天，货物都摆放好后，我们开始交易。统舱里的贸易室已经装饰好了，摆放上了一些轻便的货物，和剩余一些货物的样品。M是同我们从波士顿一起来的一位年轻人，是船上的一名普通水手。他被带到前甲板，被任命为押运人的记账员。他有能力胜任这份工作，因为他在波士顿的账房里当过记账员。他的风湿病时不时会复发，这样他就碰不得水，在沿岸时，干不了水手干的活。我们会在船上生活一周或者十来天。人们会到船上来看看，买些东西——男人，女人，还有孩子。我们则乘小船来来回回地送货，搭载乘客，因为这些乘客没有小船。如果客人只买一纸包的针，那么他们就得自己打包，自己搬下船，乘坐其他船回去。当我们在船舱和小船上忙活的时候，代理人和记账员把买卖做得有声有色。我们的货物种类繁多，可以说是应有尽有。我们有各式各样的烈酒（装在木桶里出售），茶叶、咖啡、糖果、香料、葡萄干、糖浆、五金器具、陶瓷器皿、锡器、餐具、各种款式的衣服，产自林恩的靴子和鞋子，产自罗维尔的印花棉布和棉花、绉纱、丝绸，还有围巾、头巾、项链、珠宝首饰、女士用的梳子、家具，等等。事实上，只要你能想到的，这儿都有，从中国的烟花爆竹到英国的车轮，有十几对车轮还是上了铁边的。

加利福尼亚人都既懒惰又奢侈，他们自己不能自给自足。这里盛产葡萄，但他们却愿意花大价钱在我们这儿买产自波士顿的劣质酒，然后再将酒装在酒杯中以1里亚尔（旧时西班牙的货币单位，约合12.5美分）的价格在当地出售。他们用价值2美元的兽皮去换在波士顿价值75美分的东西，以3到4美元的价格去购买鞋子（多半是用他们自己产的兽皮做成的，只是到合恩角转了两圈回来的）。他们愿意花15美元买一双“鸡皮”靴。平均而言，这些东西的售价是波士顿的三倍左右。部分原因是因为政府收取的重税，毫无疑问，他们是聪明的，想要通过向进口产品收税，让自己的国家盈利。这些税收，远航所需的巨大支出，让许多商人都无法从事这样的贸易，除了一些财力雄厚的商人。几乎三分之二的进口产品都来自合恩角一带，五六年来都是由布赖恩特·斯特吉斯公司供货，我们的船也属于这家公司，这家公司是沿岸永久的代理商。

这种形式的贸易对我们来说很新鲜，虽然几天来我们一天到晚都在不停地干活儿，有时甚至会干到很晚，但我们很喜欢这种贸易方式。

我们一趟一趟地载乘客和他们的货物，来来回回，我们也了解到了很多关于他们的性格、服饰、语言方面的信息。男人们的服饰我在前面已经描述过了。这儿的女人们穿着用不同材料编制的长袍——丝绸的、绉纱的、印花棉布的，等等。长袍的样式和欧洲人的很相像。但当地的长袍袖子很短，女人们的手臂赤裸地露在外面，腰部很松，而且她们不穿紧身胸衣。她们的鞋子是用小山羊皮或绸缎制成的，腰带或皮带颜色亮丽。通常这些女人都会戴着项链或是耳环，但不戴帽子。在沿岸，我只见过一位戴帽子的女人。她是定居在圣地亚哥的一位美国海军上校的妻子。上校进口了一堆乱七八糟的稻草和丝带供他的新婚夫人选择。这儿的女人都留着齐肩的长发（发色几乎都是黑色或深棕色），有时披着，有时编成麻花辫。已婚的女人通常把头发用梳子高高盘起。她们唯一遮风挡雨的工具就是戴在头上的斗篷，她们总是将它戴得很低，几乎遮住了她们的脸。她们通常会在天气好的时候才出门。当她们在家或天气晴朗的时候坐在屋外晒太阳时，常常会戴上一块儿头巾和图案丰富的围巾，在头上系着一条有十字架、星星或其他装饰品的带子也很常见。她们的肤色也有多种，这要依据穿着、言行举止、社会地位来判定肤色，或是，换句话说，依据她们的西班牙血统是否纯正来判定肤色。如祖先从未和土著居民通过婚的，肤色就是纯浅黑色，有时可能同英国女人一样白皙。加利福尼亚，这样肤色的家庭很少见，而且都是一些官宦家庭，或是居住在这儿的退休官员，因为他们的财产都在这儿，而另一些就是犯了罪被流放到这儿的。这些人就形成了贵族，通婚的习俗，在每个方面都保持独立的制度。我们可以从他们的肤色、穿着、举止，或通过他们的言语，辨别出他们的社会地位，因为，他们都称自己是卡斯提尔人，而且都喜欢讲纯正的卡斯提尔语。下层社会的人们用卡斯提尔语进行一些比较粗俗的对话。从上层阶级开始，他们的等级依次往下排，排到越下层的，肤色越黑越混乱，直到排到纯种印第安人。这些印第安人只用皮带在腰上系紧一块布，就到处走。一般来说，每个人的社会地位都是由血统来决定的，第一眼见到他们就能判断出来。就算只有一点西班牙血统，四分之一或八分之一的血统都足够使其地位高于奴隶的地位。无论那个人多么粗俗、肮脏，他都能得到一套衣服——靴子、帽子、宽大外衣、马刺、长刀等全套装备，称自己是西班牙人，如果有机会继承财产，他还会得到一笔财产。

这儿的女人们极度偏爱裙子，这常常会毁了她们。一件精致的斗篷，或一条项链、一对耳环，就能轻易得到她们的芳心。一个女人住在只有两间房间，一层楼高的房子里，穿着亮闪闪的缎面鞋、丝质长袍，用着昂贵的梳子，戴着耳环项链，即使不是纯金的，至少也是镀金的，这种现象很平常。如果她们的丈夫不能满足她们在穿戴上的要求，她们就会接受别人赠与的礼物。她们曾在我们船上待了一整天，挑选那些精致的衣物、饰品，购买的频率让波士顿女裁缝和女侍者大为惊叹。

除了他们的穿着，我对他们优雅的嗓音和美妙的语调印象也极为深刻。我见到的每个戴着阔边帽，穿着毛毯似的外衣、肮脏的内衣、布满污渍的皮裤，看起来吊儿郎当的小伙子都讲着优雅的西班牙语。即使不懂意思，只是听他们讲这种语言，都觉得是一种享受。他们说话带着一种浓郁的克里奥尔语的腔调，但当他们语速很快时语调也会发生一些变化，听起来像是从一个辅音跳到另一个辅音，直到偶然遇到口腔开阔的元音，他们依靠元音保持声音的平衡。女人说话的这种特性比男人们更明显。男人们说话的语调更平顺、更威严。一个骑在马背上的普通的车夫说话时都像是大使在会见某人似的。事实上，有时我觉得即使他们受到诅咒，他们的一切都可以被剥夺，但也不能剥夺他们的骄傲、言行和他们的嗓音。

另一件令我吃惊的事情是市面上流通的银器的数量。在蒙特雷的一个星期里，我这辈子第一次见到了那么多银器。事实上，他们没有信用制度，没有银行，除了买卖牲畜，没有其他可投资的项目。他们没有通货，除了水手们所谓的“加利福尼亚钞票”——银器和兽皮。如果他们要买什么东西，他们就得用另一件事物或其他一些事物来付款。他们将晒干的兽皮对折起来放在笨重的牛车或骡背上运过来，将钱包裹在手绢里——五十、八十或一百五十美元。

读大学的时候，我们学习过西班牙语，在胡安·费尔南德斯群岛时，我连一个单词也不会说。但是经历了之后的航行后，我在客舱里借了一本语法词典。我不断地翻看这本词典，仔细听他们所讲的每个词，很快我就掌握了词汇，开始自己和自己交谈。因此，我的西班牙语很快就比所有水手都讲得好了（其实他们根本不懂西班牙语），在大学期间又学过拉丁语，我被他们称为伟大的语言学家，船长和上级也常常让我帮他们阅读条款，或是把信件或消息带到小镇上不同的地方。我经常被派遣去取一些我叫不出名字的东西，但我喜欢这差事，于是从来没以无知为理由推脱过。有时在上岸之前，我会到甲板下去查看一下字典，或是在去的路上仔细请教当地的英国人，于是通过一些符号，以及拉丁语和法语的一些知识的结合，我从他们那儿学一点东西。这对于我来说是很好的锻炼，毫无疑问，这样学习到的东西比我自己几个月学习到的知识还要多。这也给了我机会去了解当地的习俗、人物特点、人们家里的布置，还能使我从船上的单调生活中解脱。

据我的观察，蒙特雷毫无疑问是加利福尼亚最舒适、最文明的地方。蒙特雷的中心有一个露天广场，被四排粉刷过的一层建筑围绕。广场中央有十二枚加农炮，有的是安装好的，有的没安装。这儿是“要塞”，或是堡垒。每个小镇的中心都有一个要塞，也可以这样说，每个要塞都由一个小镇围绕着，因为堡垒最先是由墨西哥政府建造的，后来，人们在他们旁边建造要塞来防卫。这儿的要塞完全是露天的，没有筑造任何防御工事。这儿有几个头衔很高的官员，大约八十个士兵，但他们的报酬少，食物差，衣服差，纪律散漫。总督，或人们通常称呼的“将军”住在这儿，所以这儿就成了政府部门。总督是由墨西哥的中央政府任命的，是总民事和军事官。除总督外，每个小镇都有一位司令官，和三名由居民投票选举出了镇长和行政首长。司令官是总军官，掌管堡垒和一切外交事务和外来船只。这儿没有法庭，没有法律体系。小型的民事纠纷由镇长和行政首长来处理。一切有关一般政府、军事、外交的事务都在总督的监督下，由司令官来处理。视司令官个人的情况，如果他就在附近，死刑案件就由他自己判决；如果犯人在很远的地方，他会迅速派相关人员去审理。新教徒没有人权，也不可以拥有财产，不能在岸上超过一周时间，除非他是船上的水手。因此，想要留在这儿的美国人和英国人，无一例外都成了天主教徒。用现在他们的话来说是，“一个人必须得把良心留在合恩角”。

还是回到蒙特雷的话题上来吧。这儿的房屋和加利福尼亚的一样都是些用黏土做的大砖头建造而成的一层建筑。大砖头有1.5平方英尺大小，三四英寸高，是在太阳下风干而成的。建造房屋时将同样用黏土做成的灰泥把砖头黏合在一起。房屋整体呈常见的土色。房屋的地面一般都是泥土的，窗户有格栅但没有玻璃。门几乎都是开着的，直接通往卧室，没有其他的入口。一些富有的居民窗户上安有玻璃，地板也是木头的。蒙特雷的房屋外部几乎都刷过灰泥。更好一些的房屋，屋顶上还盖有红瓦。普通人家的房屋只有两三个相通的房间，家里只摆放有一张或两张床，几把椅子，几张桌子，一面镜子，一个不知用什么材料做的十字架，用玻璃裱起来的一幅幅拙劣的伟人或英雄的画像。他们的房子里没有烟囱，也没有壁炉，这儿的气候使得生火变得不怎么有必要，他们在一间与房子分离开的小厨房里做饭。如我前面提到过的，印第安人干了所有的重活儿、粗活儿、累活儿。每家都有两三个印第安人，就连最穷的人家都至少请得起一个印第安人，因为他们只需给这些印第安人一些吃的，穿着方面，给男人们一块粗糙的织物，一根皮带，给女人们粗糙的长袍，却没有鞋子和长筒袜。

在蒙特雷有很多和加利福尼亚人结了婚的英国人和美国人（英国人或“英格尔人”都是指那些会讲英语的人）。他们都成了天主教徒，得到了一大笔财产。因为这些人比当地人有更多的产业和企业，比当地人更节俭，很快他们就几乎控制了这儿的所有贸易。他们通常会开店，将从船上大量批发的货物零售给当地人，也将大量的货物运到国内去销售，他们销售所得是兽皮。他们把兽皮拿到船上交易，换成美元。沿岸的每个小镇上，都是些外国人在从事这样的贸易，我记得只有两家店是当地人经营的。人们对外国人都存有疑心，他们不许外国人留在这儿，除非这些外国人和当地人结了婚后，成了虔诚的天主教徒，把自己的孩子也培养成天主教徒、墨西哥人，不教自己的孩子说英语了，这样就打消了当地人的疑虑，他们甚至变得很受欢迎，开始领导当地人。蒙特雷和圣巴巴拉的镇长都是土生土长的美国人。

据我观察，蒙特雷的人们大多数时候都骑在马背上。这儿的马就像胡安·费尔南德斯群岛的狗和鸡一样多。在这儿，没有马厩，这些马都是在野外放养的，他们的主人想在哪儿放牧都可以。这儿的马都打有烙印，脖子上系着一根叫作“套索”的长皮绳，长长地拖在身后，这样便于人们捉住它们。人们通常在早上会捉住一匹马，给它装上马鞍，套上缰绳，然后会骑一整天，晚上的时候再将它放了。第二天再捉另外一匹马骑。当他们要行走很长一段路程时，他们会将一匹马累得筋疲力尽，然后给另一匹马安上马鞍套上缰绳，骑着它继续前进，直到这匹马也累得不行的时候，再换另一匹马，直到行程结束。他们也许是这世上最差劲的骑手。他们会骑上一匹四五岁的幼马。由于幼马还不够高，他们骑在马背上，脚都会触到地面。这时候，他们会说将马养大。他们会在马背上装上或扣盖上马镫，以免骑着它们穿越森林时，被马绊倒。马鞍很大很重，用皮绳紧紧地捆在马背上，前方有马鞍的鞍桥或铁球棒，没用“套索”时，会将其卷起来。他们即使去串个门儿几乎都会骑着马。通常，每个小村舍外面的门柱上都系着几匹马。如果他们想展现自己的活力，上马时，会不踩着马镫上马，而是鞭笞马，然后一跃而起，跳上马鞍，用长长的马刺刺向马儿，扬长而去。马刺是件残忍的东西，上面有四五个小齿轮，彼此间隔1英尺，又钝又锈。马的两侧常常被马刺刺伤。我看有的人骑着后腿和马蹄两侧流着血的马追赶牛群。他们常常在比赛或斗牛比赛时炫耀他们的骑术。但是我们并不是每逢假期都会上岸，所以也没领教过他们的骑术。斗鸡、各式各样的赌博、方丹戈舞、各种娱乐和恶棍行为在蒙特雷很是盛行。穿着价值不菲的皮革和皮草的捕兽者和猎人常常参与各种娱乐和消遣，直到浪费完时间和金钱，身无分文地回到家中。

蒙特雷人的性格使这儿成为了一个大镇子。这儿的土地像人们所期望的一样肥沃，气候也是这世上最宜人的，水资源充裕，地理位置极佳。海湾所处的位置也非常优越，除了有时会受到北风的侵扰。虽然锚地不是最好的，但我只听说过有一艘船被吹上岸。那是艘墨西哥双桅横帆船，在我们到达这儿前几个月被吹上了岸，完全被摧毁了，船上只有一个生还者，其余的全部溺水身亡了。事故是由于船长的粗心大意或无知造成的，他在将其他锚解开前就抛出了所有的缆绳。出事时，来自波士顿的拉戈达号在这儿安全地躲过狂风袭击，没有拖船前行，也没支起顶桅杆。

和我们一起停靠在港口的只有洛莉阿提号。我经常到那艘船上去，和船上的桑威奇岛水手成了熟人。他们中有个人会说英语，我从他那儿了解到了很多关于他们的事情。他们身材健硕，而且干活积极。他们有着一双黑眼睛，和一张睿智的脸庞，深橄榄色的肤色，或可以说成是古铜色的肤色，一头粗糙的黑头发，但不像黑人那样毛茸茸的。他们很健谈，可以一直不停地说话。在前甲板上有一座完整的巴别塔。他们的语言带有很重的喉音，第一次听会让人觉得很不舒服，但是听久了就习惯了，据说他们的语言包容性很强。他们讲话时会用很多的手势，很有表现力，说话时嗓门儿也很大。他们水性都很好，因此很擅长划船。也是由于这个原因，他们中的大多数人都在加利福尼亚沿岸。他们也是冲浪的好手。他们在装索具时动作很快，而且很积极，天气好的时候能干很多活。但和他们一起在合恩角高纬度地区工作过的人们，都说他们在天气寒冷时就一无是处。他们的穿着和我们的很像。船上除了桑威奇岛民外，还有两位英国水手，他们是桑威奇水手的大副，负责装索具。我记得其中一位英国水手是我见过受过严格训练的水手中最优秀的一位。他从小时候就开始出海，他必须要做七年的学徒，这也是所有英国水手必须要做的。那时他二十四五岁，个子很高，但只有当他站在别人身边时，你才察觉得到，因为他的肩膀和胸围都很宽阔，使他看起来像中等个头的人。他的胸长和胸宽一样，手臂和大力士的手臂一样粗壮，“一双水手的手——每根毛发都像一根结绳那么粗”。他的微笑是我见过最和蔼可亲的。他的脸颊呈棕褐色，将他衬托得更加英俊非凡。他有着一口炫白的牙齿，一头乌油油的黑发，蓬松而卷翘。他的前额精致而开阔，眼睛可以当成钻石出售给公爵夫人，因为它们是如此闪耀。

至于眼睛的颜色，就像爱尔兰人的猪的颜色一样，不是一成不变的，会随着角度和光线的变化而变换，折射出新的色彩，但他们的主色调还是黑色，或接近于黑色。他将擦得发亮的黑色防水帽挂在脑后，长长的头发都快遮住了他的双眸。他穿着雪白的水手裤和衬衫，蓝色外套，一块黑色方巾松松地系在脖子上。他是阳刚之美的最好典范。他那宽阔的胸部用墨汁纹着“离别时刻”——船准备出航，岸边一艘小船，女孩和她的水手恋人恋恋不舍地道别。下面还纹着他名字的缩写和两个字母，这是他熟知的人的名字。纹身纹得很精致，是一位在勒阿弗尔专门为水手纹身的师傅纹上去的。他其中一只宽阔的臂膀上纹着一个十字架，另一只纹着“缠锚”的符号。

他很喜爱阅读，我们将水手舱里大多数的书都借给了他。他阅读完后，会在我们第二次见面时归还给我们。他知识面很广，他的船长夸他是完美的水手，无论天气好坏，他在船上都非常有价值。他力气肯定很大，有着鹰一般的好视力。我感到很奇怪，每个人在描写一个从未没见过第二面的、别人也毫不关心的、陌生的流浪水手时会写得如此详尽，但事实就是如此。一些人并不是在什么特殊场合遇到的，但不知为什么，我们就是永远也忘不了。他叫他自己比尔·杰克逊。在我偶然相遇相知的熟人之中，我最想和他握握手。每个认识他的人都觉得他是个英俊潇洒、神采奕奕的小伙子，是个好船员。

在蒙特雷的第二个星期日很快来临了。但是一如既往，我们并没有假期。岸上的人们都把自己打扮得漂漂亮亮的来到船上选购。今天的来选购的人比往常还要多。我们整天都来来回回地接送乘客，帮他们卸货，连吃饭的时间都没有。我们那“过气的”二副，每逢假期，他必定会去放松一把。这天他穿着一件长礼服，戴着顶黑帽子，把皮鞋擦得亮闪闪的，到船尾请求船长让他上岸。这是他干过的最愚蠢的事情，因为他知道船长是不会准假的，而且，即使水手们有信心请到假，都会穿着工作服到船尾请假，装出一副没有请假的样子。在请到假之后，再洗脸，换衣服，刮胡子。但这可怜的家伙总是那么心急，如果有条死胡同，他必定毫不犹豫地冲进去。我们看着他走到船尾，我们心里都清楚他会受到什么样的待遇。船长嘴里叼着雪茄烟，在后甲板上走着，F在甲板边缘，等着船长过来找他。船长回头看了几眼，然后朝他走过去，从头到脚打量着他，然后用食指指着他，说了一两个字，但是声音太小，我们听不到。但这几个字在可怜的F身上产生了神奇的效果。他往前走来，跳进水手舱，不一会儿换上了平常穿的衣服，又开始工作了。船长对他说了些什么，我们也没问过，但那些话倒是让他彻头彻尾地改变了，这变化着实让我们吃惊。

第十四章　圣巴巴拉——搬运兽皮——海港的工作——牢骚——圣佩德罗

几天后，我们发现生意开始惨淡了，便收起锚，扬起上桅帆，升起国旗，开了一枪，听到回音从普雷西迪奥传来，我们便远离了小镇，驶出了海湾，又向沿岸驶去，前往圣巴巴拉。由于现在我们是在背风面航行，所以柔和的微风一直吹拂着我们。折回波因特皮诺斯后，我们驶向下风，扬起下副帆和上副帆，以每小时八九海里的速度航行着，想在二十四小时内航行本要用大约三个星期航行而上的路程。我们以飞一般的速度驶过了坡因特康塞普申，如果我们选择的是另一条航线，迎风航行的话，这风的威力对我们来说相当于狂风一半的威力。当我们越来越接近圣巴巴拉附近的岛屿时，它变得有些模糊，但我们离开蒙特雷不到三十个小时就到达了我们原来的泊地。

这儿的一切还是和我们离开的时候差不多，没什么太大的变化——偌大的海湾没有一艘船停泊在这儿，巨浪咆哮着，翻滚着，剧烈地拍击着沙滩，白色的教堂，黑暗的小镇和高挺而光秃秃的群山。我们在这儿再次遭到东南风的袭击——滑结绳索，浮标绳，将帆的可卷叠部分卷起拢在帆布中，绳索用纱将帆捆起。我们在这停留了大约两星期，有时浪花涌得不高时，我们就卸货，搬下兽皮，但是这儿的生意还没蒙特雷的一半好。事实上，据我们观察，这个小镇也几乎处于科迪勒拉山系中央。我们停泊在离沙滩三海里的距离，离小镇有四海里远，所以我们几乎看不到它。有时我们卸下少量的货物，这些货大部分是印第安人用笨重的牛车拉走的，他们将牛轭套在牛的脖子上，而不是套在脖子下面，牛轭上还有几个结实的轮子。我们用加利福尼亚人的方式将兽皮搬下船。现在我们已经非常适应这种搬运方式，也变得麻木不仁了，因为这的确需要一些麻木不仁，甚至是铁石心肠。

兽皮搬下船时要保持干燥，不然没人愿意买。当兽皮从动物身上剥下来时，两端都会打上洞。然后将其挂起来，在太阳下晒干，而且要保持没有褶皱。然后再将其对折一次，一般来说是将有毛发的一面折在里面。最后用骡或牛车运到船上，堆到比高水位线还高，然后我们又将这些兽皮顶在我们脑袋上，一次搬一张，如果兽皮比较小就一次搬两张。如果在没有码头的地方，我们就用小型的移船锚或小锚将船停泊在大浪外面。我们都带着厚厚的苏格兰式无边帽，这样搬兽皮的时候就不会那么硌头，也可以保护脑袋以免受伤，因为很快我们发现不论刚开始这工作看起来或感觉起来怎么样，这种脑力劳动还是加利福尼亚人专属的。除了高高涌起的浪花迫使我们用这种方式搬运兽皮，以免兽皮被弄湿外，这种方式对我们而言也是唯一的、最方便的。一些水手尝试过其他的方法，说他们看就来就像是印度西部的黑人一样，但是最后他们还是采用了加利福尼亚人的这种搬运方式。这种搬运方式最麻烦的就是要将兽皮顶在头上。我们得把兽皮从地面上拿起，而且由于它们很重，且有手臂那么宽，又很容易被风吹走，所以一开始我们在搬运途中遇到过种种麻烦。我常常嘲笑自己，也常常嘲笑他人，因为要想将一块大兽皮顶在头上，他们得把自己埋在沙子里，或稍有风吹来，头顶的兽皮就会被吹翻。船长定下的规矩使我们的搬运工作更加艰难，他说“加利福尼亚潮流”是一次用头顶起两块兽皮。由于船长坚持要我们这样做，而且我们也不想落后于其他船上的水手，于是我们头几个月都是一次搬两张兽皮，后来我们偶然遇到了其他船上的一些“兽皮搬运工”，结果我们发现他们一次也只搬运一张兽皮，所以我们也“丢掉”了多余的那张兽皮，这样我们的工作在一定程度上就轻松了一些。

当我们的脑袋习惯了兽皮的重量，学会了真正的加利福尼亚式的搬运方式后，就能在很短的时间里，不用费神，搬运两三百张兽皮。但我们总是要在潮湿的环境下工作。如果沙滩上有很多石头，我们的脚也会遭罪，因为，我们总是打着赤脚干活儿，因为鞋子是经受不住长时间的盐水浸泡的。而且，有时我们还要拉着装满货物的船只走三海里那么远，这通常要花上好几个小时。

现在我们都已经习惯了在海湾的工作了，因为这里的工作与船上的工作有很大不同，所以要仔细地描述一下。首先，在黎明时分，准确地说是——尤其是白天比较短的时候——黎明之前，第一道曙光初现的时候，所有船员都被召集起来。厨子开始在厨房升起火，膳务员也在客舱里忙活起来，水手们安装上甲板冲洗泵，开始冲洗甲板。大副总是站在甲板上，什么也不干，所有的工作都落到了二副头上。二副和水手们一样，卷起裤边，赤着脚在甲板上忙活着。冲洗甲板，用橡胶清洁甲板等活要干到、或是规定干到八点，前后甲板的早饭都准备好的时候。半小时早饭过后，放下小船，用绞船索使其迅速向后或向外到转动吊杆处。水手们就开始一天的工作。白天的工作不是一成不变的，工作的性质要根据不同的情况变化。但几乎都会用到小船。如果要运一些重物到岸上，或是要从岸上运一些兽皮到船上，水手们会得到命令同上级一同坐上大艇上岸。船舱里的活儿也很多：将舱货移到舱口待卸，移动货物，腾出空间存放兽皮，或是存放一些船上的装备。除了这些活儿，我们通常还必须要做些安装索具的活儿。安装索具之类的活儿干得要多些，这类活只有当船停靠在港时才能进行。一切的事情必须安排妥当，井然有序。制作纺纱，修缮防擦装置，要做一些平常的工作。海上的活儿和停靠在海湾时干的活儿最大区别就是时间的分配不同。船停靠在海湾时，不需要像在海上那样在甲板上和甲板下站岗，除了吃饭的时候，水手们从早到晚都不在一起干活儿。但是晚上仍需要值"锚更"，每次需要两个水手去站岗，所有水手轮流着站岗。水手们有一个小时的晚餐时间。天黑时，要把甲板打扫干净，将小船拉上来，然后吃晚饭。到八点的时候，除了罗经座上有玻璃的地方不点灯，其余地方都要点上灯，水手们也要开始值锚更了。因此，当船停泊下来时，水手们晚上有更多的时间（站一班岗大约两小时），但白天却没有属于自己的时间，所以看书、补衣服这些事就放到星期日再做，因为星期日通常是要放假的。有些虔诚的船长在星期六下午就给水手们时间洗衣服、补衣服，因此，水手们星期日就能放一整天的假。这种安排方式很好，因此许多水手都会选择跟随信奉宗教的船只。我们只要星期日能放假，就很满足了，因为，如果星期日需要搬运兽皮，那么一般都是需要从很远的地方搬到船上，我们必须得去搬，这样一来就会花掉我们半天时间。我们现在吃的是新鲜牛肉，每周要吃掉一头牛，所以牛几乎都是星期日送来的，我们不得不到岸上，杀牛，剥皮，去内脏，然后再运回到船上，这又是个干扰。我们平常的工作时间有时也会延长，往船上搬运兽皮会搬到傍晚，有时还会在大浪中搬运直到星星都出来，我们都感到很疲倦，希望在晚饭之前将它们搬上甲板，整理好。

但是所有这些苦恼和劳累都不算什么——等到这不幸的海上生活结束时，所有的苦恼和劳累都会过去，每个水手，只要他是个男人，都会毫无怨言地挺过去，但是我们要面对自然界未知的变化，和航程未知的长短。现在，我们几个水手在一艘小船上，停靠在地球尽头这半开化的沿岸，满怀希望地度过这段未知的时间，至少是两三年。当我们离开波士顿时，我们猜想这次航程可能会持续一年半，或最多两年时间，但是到了沿岸后，我们了解到更多关于贸易的事情，才发现我们至少得花一年的时间采集货物，而且除了出航和返航的时间，我们还要为一艘和我们同属一家公司的大船采集货物。这艘大船即将到达沿岸，我们还是她的供应船。我们听到一些从船长和大副那儿传出的消息，说是一艘大船在跟着我们，但是在我们到达这儿之前，都一直以为这是个传闻，后来我们从那艘船的物主给代理商的信中得到证实这是真的。这艘船是加利福尼亚号，和我们的船同属于一家公司，在沿岸已经有两年时间了，已经采集满货物，现在正在圣地亚哥，停泊在那儿的港湾，准备在几个星期内返回波士顿。我们现在要尽量收集更多的兽皮，存放在圣地亚哥，等待一艘新船来把兽皮运输回去。这种新船一次可以运四万张兽皮。之后我们要重新开始为我们自己的船采集货物。事实上，现在的情况不容乐观。加利福尼亚号已经在沿岸采集二十几个月了，比加利福尼亚号小一些的船拉戈达号，两年来也只收购到了三万一千张或三万两千张兽皮，而我们现在除了要给自己的船采集一万两千张或一万五千万张兽皮外，还要为一艘大船采集四万张，然而我们听说现在兽皮越来越稀少了。而且这艘大船虽然没有什么幽灵鬼怪，或一些虚幻的东西，但她有一些令人实实在在感到恐惧的东西，对我们来说甚至比飞翔的荷兰人号更加恐怖。她如此出名，据说她将属于阿勒特——一个大名鼎鼎的印第安人，在我们出航后几个月后可能会在波士顿遇见他。毫无疑问一切看起来都不容乐观。在三四年前就有小道消息传出——人们都没在波士顿见到那些老水手，他们的尸骨应该埋葬在加利福尼亚，在他们的整个航程中他们头顶上头有一朵云。除了这些，我们没有做好远航的准备，也没有带足够的衣物，水手们的必需品也非常贵——比波士顿的售价要高三四倍。这对水手们来说已经很够受了，但是对于不想一辈子当水手的我来说更加糟糕，我本打算在海上呆十八个月或两年左右的时间。经历三四年的航海生活后，我肯定在思想、习惯和身体方面能满足一个水手的条件——这是毫无疑问的，但我也将和大学同学疏远，专业知识也别想再拾起，因此那时我下定决心，觉得我肯定是要做一名水手的，可能还要做船的主人，必须得有雄心壮志。

除了航程的漫长、艰苦、暴露的生活之外，我们还处在地球的末端，在这几乎荒无人烟的沿岸，在一个没有法制也没有真理的国度，水手们都听从船长的摆布，这儿没有美国领事馆，或一个可以进行投诉的地方。我们对航海失去了兴趣，对货物毫不关心，只是不停地采集货物。我们开始缝补衣物，感觉我们的生活一成不变，毫无生气。

除了这些事情外，也许是这些事情产生的部分后果，船上的动乱一触即发。大副（通常这样称呼大副，他是个出类拔萃的人）是个优秀的人才——是我见过的最老实、正直、仁慈的人，但他就是因为太优秀了而不适合做一艘商船的大副。他不会骂水手们是“狗娘养的”，也不会用绞盘棒打水手。他缺少航海所需的特质，以及船长所期望我们具备的那种力量和精神。船长T是个精力充沛，充满活力的人。正如水手们说的一样，“他天生就不是副懒骨头”。他有着一副钢筋铁骨，是个遵守规则，也希望别人遵守规则的人。我和他一起相处时，从未见他在甲板上坐下过。他总是积极，有活力，严守纪律，也希望他的手下能做到这些。对他来说大副并不是个精力充沛的人，而且对水手们的要求太过松懈。他对大副感到不满意，怀疑纪律是不是开始松懈了，所以开始插手船上所有的事务。他掌控得更严了，但当他看到官员们每次争吵，水手们都站在对自己最好的官员一边，他就对全体船员都产生了怀疑。他感觉一切都乱了套了，没有一件事让他“如意”。他尝试着用严厉的态度来解决难题，但这让一切变得更糟糕。我们在每个方面都处境困难。船长、官员（高级船员）和水手们之间都闹得水火不容。每种情况、每个事件都是一把双刃剑，各有利弊。航程的漫长使我们不满，同时这让船长觉得有必要制定有序、严苛的纪律。

这儿的自然环境让我们觉得我们也该得到一些赔偿，但最终还是得任凭船长摆布；另一方面来说，也让船长觉得他必须依靠他自己的资源。严苛的规定引起了我们的不满，我们的不满又激化了船长的严苛。虐待和不满没有“好处”。我常常听到水手们说如果待遇好一点，如果他们能感觉到船长做了一些努力去改善关系的话，他们是不会介意航程的漫长和艰辛的。我们期望上级能让我们偶尔放松一下，让我们的“牛轭”松懈一点。但是事与愿违。我们全体继续在港口干活儿，晚上还要值锚更。回到水手舱睡上一觉，我们就很高兴了。由于我们还要洗衣服，缝补衣服，因此，我们没有时间阅读，阅读对我们来说真的很重要。当我们在海上时，我们就从一个港口驶向另一个港口，而不是让我们执行“（船员分两班轮值的）双班制”，这是沿岸船只的习俗，我们整天都只能待在甲板上干活儿，风雨无阻。晴天的时候，制造纺纱和绳子以及其他工作；下雨时，就拆麻绳。所有的水手会被召集“上来，淋淋雨”，我们都得戴着防水帽，穿着油布外套，待在甲板上，持续在雨中，彼此间距很远，围绕甲板站着，以防止我们讲话。我们就这样在雨中把麻绳拆开来，或是收起束帆索和系帆索。当我们抛下两只锚停泊在港口时，我们常常干这样的活儿，甲板上也只需要一个放哨的水手。这就是所谓的“折磨”水手和“极限使用”。

停泊在圣巴巴拉时，我们再次遇到了东南风，就像第一次一样，是晚上开始的。巨大的乌云从南边飘来，笼罩了山顶，又往小镇飘来，看起来就像停靠在屋顶上似的。我们张起帆，解开了缆绳，驶离了皮诺斯，雨一直下，大浪不停翻滚，狂风吹个不停，我们在海上迎着斜风低速行驶航行了四天。难怪我们都认为这儿其他季节不会下雨，因为这四天的雨量都抵得上一个平常夏季的雨量了。第五天，天放晴了，像平常一样，几小时后，又下起雨来，就像是四小时一次的淋浴。我们发现我们已经漂浮到离锚地大约十里格（1里格=5572.7米）的地方了。因为有轻微的逆风，我们直到第六天才返航回去。修复好锚后，我们做好向背风面出发的准备。我们希望能直接到达圣地亚哥，在加利福尼亚号返回波士顿之前遇上她，但我们得到命令要在一个叫做圣佩德罗的中途港停靠。因为我们要在这儿停靠一两周，而加利福尼亚号在几天后就要起航了，所以我们失去了这次机会。正要起航的时候，船长带来一位身材矮小，红头发，肩膀浑圆，长相粗鄙的家伙，告诉我们他是船上的高级船员。他只有一只眼睛，而且还是斜视。他向我们介绍他自己叫做拉塞尔先生，这简直糟透了。在航程中，我那最好的水手不幸落水，而另一位又成了记账员，因此我们水手的人数在减少，变弱，船长不但不多请一些水手来减轻我们的工作，反而又请了一位高级船员来监管我们，督促我们。现在船上有四位高级船员，而水手舱只有六个水手。这下船尾的人就多了，而我们住得舒服多了。

离开圣巴巴拉后，我们一路沿着海岸往下游航行。这儿的城市看起来很平坦，或适度的不平坦，因为这儿的大部分地方都是多沙的、光秃秃的，直到绕过了一个地势较高的沙地后，我们才在离岸大约三海里或三海里半的地方停泊下来。好像有一艘前往哈里法克斯的船即将要停泊在大浅滩，因为这儿的海岸都很低矮，实际距离没有看起来那么远，我们想我们可能还停留在圣巴巴拉，然后放下小船去采集兽皮。这块大陆上的土大多是黏土，放眼望去，光秃秃的，连灌木都看不到，这儿也没有镇子，就连一间房屋也没有。我们简直想象不到，我们居然到了这样一个寸草不生的不毛之地。我们一停下，就开始整理滑结绳索，做好一切抵御东南风的准备。在这儿很可能会遇上东南风，因为我们所处的位置暴露无遗，四面八方都会有风吹来，除了西北风。这儿是平原，只能看到一里格以内的海水。当船上一切都准备妥当的时候，我们就下船，将她拉到岸上。新来的高级船员，已经来这个港口好几次了，代替了舵手的位置。当我们渐渐靠近时，发现潮汐很低，满海藻和海草的岩石和石头，赤裸裸地躺在离我们大约八分之一海里的地方。我们光着脚，小心翼翼地踩着这些石头前进，终于达到了处在高水位线的所谓的登陆处。这儿的土壤和我们最初发现时一样，是疏松的，呈黏土状的土地。土地上除了一些芥子植物之外，没有其他植物。在登陆处正前方坐落着一座小山。从外形上判断，这座小山不过三四十英尺高，我们在停泊的地方都没有发现它。我们看见有三个人从山顶下来，看他们的穿着有点像军人，也有点像加利福尼亚人。其中一个人穿着一条未鞣的皮裤和一件红色粗呢衬衫。当他们下山朝我们走来，我们发现他们是英国人。他们告诉我们他们是一艘小型墨西哥双桅横帆船的船员，他们的船被东南风逼迫上了岸，现在船员都住在山顶的一个小房子里。我们同他们一起爬上山，发现就在山后面有栋狭窄低矮、只有一间房的建筑。房子里有壁炉，烹饪器具，等等。这栋建筑还没修建好的部分则用来存储一些兽皮和货物。他们告诉我们这建筑是普韦布洛（内陆一座占地约三十海里的小镇，这是属于这座小镇的港口）的商人建造的。这里是他们的仓库，也是他们到这儿跟船只贸易时的装货地。这三个人是雇来看守这栋房子，并寻找存储货源的。他们告诉我们说他们在这儿快一年了，大部分时间他们都只是闲着，没什么事儿做，每餐都吃些牛肉，压缩饼干，菜豆（一种盛产于加利福尼亚的特殊豆类）。牧场或是养牛场离这儿只有三公里，是离这儿最近的房屋。他们其中一个人应我们高级船员的要求站起身来，牵了匹马下去接船上的代理人到普韦布洛。在和他们中一位优秀的英国船员短短几分钟的谈话中，我从他那里了解到了许多关于这个地方贸易方面的知识，和一些关于南方港口的信息。他说从一个骑着马的墨西哥人那儿得知，圣地亚哥在圣佩德罗下风向大约八十海里的地方，而且加利福尼亚号已经前往波士顿了，前几周还在圣佩德罗的拉戈达号也载着货物前往波士顿了。阿亚库乔号也停泊在那儿，准备前往卡亚俄。洛利阿提号也沿着与我们分别的蒙特雷顺流而下。他告诉我们圣地亚哥是个很小但很舒适的地方，人们很少在那儿进行贸易，但是那儿完全被陆地所包围，水面如同鸭塘一样平静，绝对是沿海最好的海湾。这就是贸易船只的停泊点，每艘船都有一所用毛板建造而成的大房子来储存兽皮。商人们则尽快在沿岸上下游航程中收购兽皮储存在这儿。当他们采购到了足够的货物，他们会在这儿呆上一周，将兽皮装在冒着黑烟的船只上，给船只添加燃料和饮用水，做好返航的一切准备。拉戈达现在就在进行这样的贸易。我们该走了，但我想说的还有很多，我想要至少给我两年时间来讲述。

令我惊讶的是，我了解到我们所在的那看起来荒无人烟的地方居然是沿岸储存兽皮的最佳地点。这儿是方圆八十海里内唯一的港口，内陆三十海里有个美丽的内陆国家，这儿牛群到处奔跑，普韦布洛的安杰利斯镇位于中心——加利福尼亚最大的镇子——几个最富有的教堂也坐落于此。总的来说圣佩德罗是个海港城市。

在安排好马匹第二天去接代理人到普韦布洛后，我们又从那绿色光滑的岩石路原路返回，划着小船回到船上。船离我们很远，天空也渐渐暗下来，我们几乎看不清楚船在哪里，我们一上船，就把小船拉了上来，接着就开始吃晚饭。我们来到水手舱，吃饭，饭后，我们同平常一样，点上雪茄，烟斗，讲述着各自在岸上的所见所闻。我们大家都认为这儿是我们见过的最差的地方，特别是剥兽皮，而且停靠在这么远的地方让我们觉得糟透了，就像遇到东南风一样糟糕。在经过一番关于我们是否要将货物搬运上山的争论后，我们又谈起了圣地亚哥，在拉戈达起航前是否能遇上她，等等的话题。

第二天我们将代理人送上岸。他要到普韦布洛和附近一些教堂看看。几天后，我们看到他那辛勤的满载着兽皮的大牛车和一群群拖着兽皮的骡子从平原回来了。我们往船上装着各种各样的货物，有轻的，有重的，然后将船拉上了岸。在将货物卸下，翻转了放在沙滩上的石头上之后，我们停下了手头的工作，等待牛车从山上返回，将货物运上山。很快船长就把这个问题解决好了，他命令我们将货物顶到头上，说这是“加利福尼亚时尚”，所以牛不能干的活儿，我们就得干。山虽不高，但却很陡峭，而且由于最近下雨，土壤也变得又粘又湿，让我们很难下脚。琵琶桶和木桶都很重，我们得费很大的劲才能将其滚到山上，我们得把桶放在后面，然后用肩膀扛起。我们脚下时不时还会打滑，再加上桶还有从背后滑落下去的危险。但是最麻烦的还是搬运一大桶一大桶的糖。我们得将其放在船桨上，然后用肩膀抬起，像送葬队伍一样慢慢地往山上走。在经过一两个小时的艰苦工作后，我们终于将所有货物都搬运到了山上，发现牛车装满了兽皮。我们还得将牛车上的兽皮卸下，然后再装上我们的货物。和我们一起下山来的印第安人都很懒惰，他们就蹲坐在那儿，什么也不做，就那样看着我们。但我们叫他们帮忙的时候，他们就只是摇摇头，或是拉长着声音说“没门儿”。

将牛车装满后，我们叫印第安人开始赶牛车走。他们拿着根一头削得很尖的用于赶牛的长棍子，在公牛旁边各站一个人。在加利福利亚，这是种省力的方法——两个印第安人赶两头公牛。现在，要开始往山下运兽皮。为了运输兽皮，我们将船拖到山体最陡峭的地方，然后将其推下，让他们顺着山坡滑下去。许多货物都这样顺着山坡滑下去，我们自己也得一起滑下，推动货物前行。这样一来，我们全身都弄满了灰尘，衣服也给磨破了。我们将货物全部运下去后，还得将货物顶在头顶，走过石头路，涉水来到船上。海水和石头一天就能将我们的鞋子弄坏，因为鞋子很缺乏，也很贵，我们不得不打着赤脚干活儿。在经历了最辛苦，最令人厌恶的一天工作后，晚上，我们终于上了船。几天来，我们一直干着这样的活儿，直到我们将这四五十吨的货物都卸下，又将两千张兽皮装上船，才结束。后半周，贸易还是变得萧条，我们继续在船上干活儿，有时在船舱里，有时安装索具。星期四晚上，从北面吹来了一阵狂风，但由于这儿处于近海面，我们只放下了一只锚，停止在那儿。晚上我们被召集起来，降下顶桅帆桁。晚上伸手不见五指，船向锚链一边倾斜。我上了前桅，我的朋友S上了主桅，很快我们就将其降下，收拾得“整整齐齐，井然有序”，因为我们现在已经习惯了在桅杆上的工作了，桅顶横桁上的一切工作都是我们这些最年轻的水手来做，除了一个男孩外。

第十五章　鞭刑——岸上一夜——船上的状况——圣地亚哥

几天来船长看起来闷闷不乐。一切都变得不对劲，或者说，他看什么都不顺眼。他和厨子吵了一架，威胁要鞭打他，让他把木柴搬到甲板上来；还和大副就如何穿西班牙滑动装置问题争论了一番。大副说他自己是对的，一个做过水手的人曾教过他怎么做。船长听到这话，勃然大怒，两个人立马剑拔弩张，激烈地争吵起来。但船长的不满主要是针对一个来自美国中部诸州叫作山姆的傻傻呆呆的大块头。这个人说话吞吞吐吐，动作迟缓，但他却是个优秀的水手，总是尽力做到最好，可是船长很讨厌他，说他呆板、懒惰。“如果曾经给人强加恶名”——用水手们的话来说就是——“他照样也会跳海”。这人无论做什么，船长都会找他的茬儿，当他在工作时，让他把主帆下桅横桁的穿索针取下。当然，这只是个意外，但这就是故意针对他的。星期五，船长整天都在甲板上转悠，一切都变得艰难，让人难以忍受。“你越是逼迫一个人做什么，他就越不愿意去做。”这句话无论对我们还是对其他人来说都是条真理。那天我们工作到很晚，星期六早上又很早被召集起来。大约十点的时候，船长命令新来的高级官员拉塞尔，准备好双轮马车送他上岸。现在船上所有水手都讨厌拉塞尔。来自瑞典的约翰坐在船旁边，拉塞尔和我站在主舱口，等待还在船舱里的船长。当我们听到船长扯着嗓门儿和某人争吵起来时，船上的水手们还在船上继续工作着。我们不知道船长是在和大副吵，还是和船上的水手吵。接着又传来打架的声响。我跑到一侧，示意到甲板上来的约翰，然后我们向舱口向下望去，虽然我们什么也看不到，但我们知道船长占了上风，因为他嗓门大，而且说话也很清楚——“你要搞清自己的位置！搞清你的位置！你除了会顶嘴，你还会什么？”没有回答。接着又传来一阵打架的声响，听起来好像是对方想把船长放倒在地。“你最好还是不要动，我擒住你了，”船长说，接着他又问道，“你能不顶嘴吗？”“我从来没有顶过嘴，长官。”山姆说，虽然声音很低沉，而且呜咽着，但我们还是辨认出是山姆的声音。“我不是问你这个。你还会在我面前放肆吗？”“不会了，长官。”山姆回答道。“回答我的问题，否则我会扭断你的双臂！鞭打你！”“我不是黑人奴隶。”山姆说。“那我就把你变成奴隶。”船长说。然后船长来到舱口，跳上甲板，扔掉他的外套，卷起袖子，把大副叫出来：“把那个人给我捆起来，A先生！捆起来！把双手捆在后面！我来教教你谁是这船的主人！”

水手们和高级船员都跟随着船长来到舱口，船长重复了命令之后，大副抓住了山姆，将他带到舷梯处，整个过程中山姆没有任何反抗。

“你为什么要打他呢，长官？”来自瑞典的约翰问船长。

听到这话，船长转身来，他知道约翰敏捷、果断，便命令膳务员把镣铐拿来，又叫来拉塞尔帮他，然后朝约翰走去。

“放开我，”约翰说，“把我铐起来吧。你不必找帮手。”于是他伸出双手，船长便把镣铐铐了上去，然后把他带到船尾后甲板。这时，山姆也被抓了起来，腰部用裹尸布紧紧缠起来，夹克被脱掉，背部裸露在外面，据称，这叫作裹着裹尸布。船长站在离甲板几英尺的地方，手里拿着一根又粗又结实的绳子，微微举起，这样就能狠狠地抽到他。高级船员们都站在周围，水手们也都集合到了甲板中央。所有的准备工作都让我感到很不舒服，几乎眩晕过去，又生气又激动。一个人——一个上帝创造的人——像困兽一样被捆绑起来，被鞭子抽打！一个曾和我一起吃住，一起生活了几个月的人，和我像亲兄弟一样亲的人。最初，几乎不能控制的冲动是反抗。但又能怎么样呢？反抗的时机已经错过了。两名最优秀的水手都被绑了起来，我身边只剩下两个优秀的水手和一个十一二岁的小男孩儿。（船长旁边站着）三名高级船员、膳务员、代理人和记账员。但除了这些数字，水手们又能做些什么呢？假如他们反抗，就是暴动，如果他们成功了，夺得了船只，就是海盗行为；如果他们屈服，就得接受惩罚，而不屈服，他们就得成为海盗。水手反抗他的上级，反抗法律，他们要么成为海盗，要么投降，这就是他们唯一的选择。无论情况有多么糟糕，他们都得忍受。这就是水手们要做的。船长将鞭子挥舞在头顶，弯下身子，便于用尽力气鞭打在那可怜的伙计背上。一下、两下——六下。“还顶嘴吗？”他忍着疼痛，不肯回答。船长又抽了他三下。这太残忍了，他喃喃低语着，我听不清他到底在说着什么，但这让他吃了更多苦头，让他不能承受。最后船长命令说放下他，然后径直到了船头。

“现在轮到你了，”船长走近约翰，拿掉了他的镣铐。约翰被松开后，他立马跑回了水手舱。“把他带到船尾。”船长咆哮着。二副是约翰的同船水手，他呆呆地站在甲板中央，而大副则慢慢往前走去。三副很想体现他的热心，跳过绞盘，跑到前面，一把抓住了约翰，但约翰很快逃脱了。正在这时，宇宙仿佛赐予了我力量去拯救那可怜的伙计，但是一切努力都显得苍白无力。船长站在后甲板，他光着脑袋，眼睛里充满了愤怒的火花，脸红得像鲜血。他挥舞着鞭子，将所有高级船员召集起来，骂骂咧咧地说着“把他拖到船尾！抓住他！我要好好驯服他！”类似的话语。大副现在终于走到了船头，让约翰乖乖到船尾去。约翰发现反抗是没用的，就甩开粗鄙的三副，说他自己会到船尾去，不必他们来拖他。然后他自己走到舷梯，探出脑。但当船长开始将他捆起来时，他感到了莫大的侮辱，于是又开始反抗。当他被捆起来后，他朝向袖子卷起、准备好鞭打他的船长，问船长为什么要打他。“我偷过懒吗？长官。你看到过我犹豫，或是无礼，或是没认清自己的位置吗？”

“没有，”船长说，“这些都不是我要鞭打你的原因，我打你是因为你多管闲事——问得太多。”

“难道问个问题就该挨打吗？”

“对，”船长大吼道，“这船上除了我，没人有资格说话。”接着他开始用鞭子狠狠地抽在约翰的背上，每抽一下，他都会半扬起鞭子，狠狠地抽下去。他越打越激动，在甲板上暴跳如雷，边打边吼道：“你想知道我为什么打你，那我就告诉你吧。就是因为我喜欢打人！因为我喜欢打人！我就适合打人！这就是原因！”

约翰忍着疼痛，直到他承受不住，他才像船上的外国人那样感叹道：“哦，耶稣基督啊！哦，耶稣基督啊！”

“不用叫耶稣基督了，”船长怒吼着，“他帮不了你。求T船长吧，他能帮你！耶稣基督现在恐怕救不了你了。”

我永远也忘不了这些让我心惊胆战的话，简直看不下去了。我感到恶心、不舒服、恐惧，于是我转到一边，靠在围栏上，向下看着水面。我仔细想了想自己的处境，报仇雪恨的想法出现在我脑海中，可是鞭子抽打的声音和约翰痛苦的叫喊声立马把我拉回到现实中。最终，他们停止了鞭打，我回过头，看到大副收到船长的信号说放开约翰。约翰忍受着剧痛，慢慢地走向前甲板，回到了水手舱。

其他人都仍然在自己的岗位上干着活儿，而船长还怒气冲冲，强调他的重要性，走向后甲板，每次回头，都会朝我们大吼：“认清你们的位置！被我揪住，看我怎么收拾你们！你们都不清楚我的性格，不知道我的脾气！现在知道了吧！我会让你们每个都乖乖听话，否则你们全都要挨打！船头的，船尾的，孩子，大人都得挨打！我就得折磨你们！对，我就是个奴隶主——黑人的奴隶主！我倒要看看谁敢说他自己不是个黑人奴隶！”他骂骂咧咧，说着类似的话，想要让我们温顺，避免今后的麻烦，他到甲板下之前，给了我们大约十分钟的娱乐时间。不一会儿，约翰光着他那满是伤痕的背来到船尾。那些伤痕肿得很厉害。他让膳务员去向船长要点药膏或香膏来涂抹一下伤口。“不行，”在甲板下的船长听到后说，“让他穿上衣服，这对他来说才是最好的。把我送上岸。没人能在这艘船上休息。”随后他又让拉塞尔先生带上些水手，又放下两只船，送他上岸。我也跟着去了。那两个挨了打的伙计弓背都很困难，船长还对他们吼道：“滚开，滚开！”船长看到他们也尽力了，就放过了他们。代理人站在船尾地板，但在整个拉动船的过程中——一里格或更远——没说过一句话。我们到达陆地后，船长、代理人和高级船员都朝那栋房子走去，留下我们在那儿看船。当约翰和山姆慢慢走开后，我和与我一起站在船边的水手坐在岩石上。他们有时一起说说话，但后来还是分开，各自坐下。我很担心约翰。他是个外国人，脾气又暴躁，现在又受了伤。他随身带着把刀，而船长会一个人到船上。但是什么也没发生，我们都沉默着回到船上。船长很可能带着武器，如果他们俩想袭击他，他不会反抗，而是跑回到船上，让他们饿死在加利福尼亚的树林里，或是被士兵或印第安寻血猎犬捕获。只要花二十美元就能让这些士兵去把他们捉住。

一天的工作结束后，我们回到水手舱，吃着简单的晚饭，大家都没说话。虽然是星期六晚上，但却没有歌声——没有人唱起“宝贝与妻子”。整个晚上气氛都很忧郁。那两个挨了打的伙计躺在铺位上，痛苦地呻吟着，除了我，大家都睡着了。时不时会听见那两个伙计传来的呻吟声，证明他们还醒着，他们不能保持一个姿势躺很久，因此他们一定还醒着。水手舱昏暗，摇曳的灯光透过一个黑洞照到我们睡觉的地方。各种各样的想法、期望又出现在我脑海中。我想到了自己的处境，生活在暴政之下，想到了我们所处的国家的特征，想到了航程的长度，想到了返回美国过程中的不确定因素，想到如果回到美国，我们就能获得正义，穷人们能够满足。我发誓如果上帝赐予我财富，我就会为贫困阶级打抱不平，减轻他们的负担，但现在我也是贫困阶级中的一员。

第二天是星期日。我们照常工作，清洗甲板等，直到吃早饭的时候。早饭过后，我们把船长送上岸，发现岸上有些前一晚搬运下来的兽皮。船长命令我留在岸上，看守这些兽皮，他说天黑前会有船来接我，然后他们就离开了。我在山上平静地度过了一天，和住在小房子里的三个人一起吃了晚饭。不幸的是，他们没有书，我和他们一起说了会儿话，散了会儿步，之后，我感到很无聊。那艘充满艰辛和苦楚的小船停泊在望得见的海面上。这偌大的海湾上只有一座荒凉的小岛，尖尖的，像个圆锥。岛上全身黏土，没有植物生长于此，但这儿却带给我一种特别的、忧郁的感觉，因为岛上埋葬一个英国人的遗体。他是一艘小型商船上的长官，船停泊在这个港口时去世的。这个港口对我来说总是庄严而孤寂。它孤独地坐落在这片荒芜之中，那位逝去的人也孤独地、无依无靠地埋葬于此。如果这儿只是一片普普通通的坟地，那也没什么。孤孤单单的遗体与周围的一切荒凉的事物相映衬。这是我在加利福尼亚唯一想像摘录诗歌一样记住的事情。这个人远死他乡，身边没有一个朋友陪伴。有人怀疑他是中毒身亡，但没有人调查过。下葬时，也没有为他举办一个体面的葬礼。（我听说）他死后，船上的大副很高兴没人能挡他的道了，急忙将他抬上山，埋起来，没有说一句话，没有任何祈祷。

整个下午，我都焦急地等待来接我的船，但是直到太阳落山时，船才来。我看到水面上有个点，越来越靠近，我发现是艘小艇，船长也在上面。我们没有装载兽皮。船长和一个伙计带着我的紧身短上衣和一个毯子上了山。船长看起来很不高兴，但他却问我吃得够不够，让我用兽皮搭个房子，注意保暖，因为我要和兽皮睡在一起，好好看管他们。我和给我那上衣的那个人说了会儿话。

“船上情况怎么样了？”我问。

“糟透了，”他说，“工作很辛苦，大家说话也不和睦。”

“什么！”我说，“你们整天都在干活儿吗？”

“对啊！现在我们都没有星期日了。船舱里一切都变了，从船头到船尾，从（船侧部）舷侧排水沟到内龙骨都变了。”

我到山上的房子吃了晚饭。我们的晚饭有菜豆（加利福尼亚人永恒的食物，但如果做得好，它能成为世界上最好吃的豆子），用烧焦的小麦做成的咖啡，硬面包。晚饭后，那三个人在蜡烛的光亮下坐下来，用一副油腻的西班牙纸牌开始玩起一种西班牙“经久不衰”的最流行的游戏“三十一点”。我独自走到外面，在兽皮中搭起营地。天已经黑了，船也消失在视野中。除了屋里那三个人，方圆一里格内没有生物存在。长鼻浣熊（一种有点像狐狸又有点像狼的野生动物）不断发出刺耳的叫声，远方两只猫头鹰向海湾飞去，栖息在与我所处的小山不同的地方，为了保持警觉，它们发出凄凉的叫声。以前，在晚上，我听到过这样的叫声，但那时我不知道是什么叫声，直到一个下来替岗的水手告诉我那是猫头鹰的叫声。声音从远处传来，变得更加柔美。在夜晚，一个人独自聆听，我觉得这是我听过的世上最忧郁、最不祥的声音。它们几乎整晚都在鸣叫，慢慢地有规律地一对一和。这样的鸣叫被长鼻浣熊打断，它们有的悄悄地跑到我们住的地方，调皮捣蛋。第二天早上，太阳还没升起，大艇就上了岸，将兽皮运走了。

我们在圣佩德罗停泊了大约一周，一直在搬运兽皮，也干些其他的活儿，现在这些都成了我们平常要做的事情了。我在山上又待了一天，看守这一大批兽皮和货物。这次我成功发现了一些斯科特的海盗出现在房子的角落，但就在关键时刻，却没能成功捕获他们。我尽力认识岸上的人，我从他们那儿学到了很多关于这个国家的习俗和海港的情况等。他们告诉我，这是圣巴巴拉最差的海港，因为这儿会刮东南风，支撑整个海岬的是个点，还有半边处于上风面，而且这里是低矮的浅滩，大浪涌起，就会冲到我们停泊的地方。在圣巴巴拉遭遇的狂风是我们在这儿经历的最恶劣的。整个海湾，就连一里格外的地方都被大浪冲刷，事实上，大浪也冲刷了亡灵岛。拉戈达停泊在那儿，遭遇了第一次警报，匆忙间，它不得不将汽艇跟在船尾，让它停下。几小时后，这艘小船安全度过风暴，船向锚一边倾斜，船尾几乎竖直立起。他们告诉我他们一直观察着这艘船，直到晚上，船的缆绳绷断，被大浪高高涌起，搁浅在沙滩上。

朝圣者号上一切都有条不紊地进行着，每个人都尽量与其他人融洽相处，但是顺利的航程明显已经接近尾声。“路必有弯。”“人皆有得意时，不久就轮到我了。”这样的谚语经常被引用，但是谁也说不准航程什么时候才能结束，我们只能从船员那经久不变的回答中去揣测——“波士顿，是吗？如果你看到那个地方，那你真是走运了。你最好保护好背部，头戴铜头盔，脚上穿上鞋，准备好在加利福尼亚生活吧！”或者类似这样的话——“在达到波士顿之前，兽皮就会把你头上的头发磨掉，你的工钱都会花在买衣服上，连买顶假发的钱都不够！”

在水手舱，我们很少提及鞭刑。如果有人想要提起，其他人都会制止他，或转移话题，我很难想象他们也会考虑得这样周到。挨了打的那两个伙计彼此体谅，彼此尊敬，这在各行各业中都是值得钦佩的。山姆知道约翰是为了他才挨打，是为了帮他打抱不平。他说如果挨打的是他自己倒是无所谓，但他怎么也不明白为什么约翰会想都不想就为他承受这样的侮辱。约翰的言行举止中也从未向山姆透露说他是为了帮他才挨打的。

船上一切空余的空间都装满兽皮后，我们拉起锚，向圣迭戈出发。

在航行中最能摸清水手的性格。当一切“称心如意”时，所有人都想只空中的猫：帆立马松下了，所有人都把力气放在绞盘棒上，绞盘伴随着水手们响亮的呼喊声：“哟绞嘀！停住！用力绞嘀！”但是此时，我们感觉这是最艰苦的工作。没有人能轻松地爬上桅杆，锚链缓慢地绞在绞盘上。大副站在牙樯边木之间，喊尽他的官话，大声喊着：“用力绞啊！”“打起精神，绞啊！伙计们！”“用力绞！”“绞啊，使劲地绞！”“绞，不要停！”但这些都起不了什么作用。所有人拼了命，尽全力绞动绞盘棒。当把吊锚锁具绞起后，所有人——厨子、膳务员和所有水手都要把它抓住，把（锚）吊放在锚架上。这时大家并没有一起合唱一首欢快的歌曲欢乐的人们，而是一直用力地、安静地拉——当水手们说唱首歌能抵得上十个人的力量时——锚缓缓地到达了吊锚杆。“大家一起唱起《欢乐的人们》。”大副高兴地提议道，但是大家都没有感觉到“欢乐”，所以大家都没有唱。船长走到后甲板，一言不发。他一定是看出来我们的变化，但他没有真正察觉出什么。

我们悠闲地顺着柔和的微风沿岸顺流而下，一直到能清晰地望见陆地，看得到那儿的两座看起来像白色石膏的教堂。其中一座位于高山顶上的教堂是圣胡安康姆派斯特罗诺，夏季，船只有时会停泊在山脚，装运兽皮。最远处的是圣路易斯雷伊教堂，三副说这座教堂离圣地亚哥有15海里。第二天傍晚，一片绿树成荫的海岬出现在我们正前方。海岬后面就是圣地亚哥的小海湾。我们整晚都因无风而停留在海岬一带。第二天，星期六，3月14日，海面有微风吹来，我们在海岬一带转悠，逆风行驶，慢慢靠近这个小海湾。它就在我们正前方，是小河的出口。每个人都急切地想看看我们新的登陆地。群山起始于海岬（海岬在我们左舷侧，一直延伸出去）一直向陆地延伸，一望无际，保护着北面和西面的海湾。海岬其他地方，地势低矮，到处一片绿色，但却没有树木。入口很窄，一次只能容得下一艘船通过，水流很急。航道离一片低矮多石的海岬很近，船两侧几乎都要碰到上面似的。这儿我们没看到镇子，但在平滑的沙滩上，两边离三艘停泊着的船只一缆绳的地方有四座用粗木板建造而成的大房子。这些房子看起来像是波士顿附近一些大池塘旁边储存冰块的大仓库。房子周围堆放着兽皮，穿着红衬衣、戴着大草帽的人们从房子里进进出出。这些房子都是兽皮仓库。一艘短小笨重的双桅帆船，我们认为那是我们的老相识——洛莉阿提号，另一艘船船首很尖，立着倾斜桅，刚刚刷过油漆，浇过沥青，在晨光照耀下闪闪发光。船上还扬着鲜红的旗帜，顶端还挂着圣乔治的十字架。这艘船就是漂亮的阿亚库乔号。第三艘船很大，安置着上桅杆，帆也松弛着，看起来又锈又旧，就像搬运了两年兽皮似的。这艘船是拉戈达号。在水流的不断冲击下，我们慢慢靠近，放松了缆绳，将上桅帆扯上桁。“放下锚！”船长命令道，但是要么是绞盘上的缆绳不够长，要么锚缠绕住了，要么航行速度太快，因为锚放下后，船没有停下。“放缆绳！”船长大声吼道。我们就将缆绳放出，但是这也不管用。放下第二只锚前，我们横着漂流而下，撞到了拉戈达号。当时拉戈达号上的水手们正在水手舱吃早饭，厨子看到我们要撞上去了，冲出厨房，把高级船员和水手们都召集了起来。

幸亏没造成巨大的损伤。拉戈达号的第二斜桅卡在了我们的前桅杆和主桅杆之间，扯掉了我们的一些绳索，围栏也塌了。拉戈达号的斜桅撑杆前支索也坏掉了。这下我们总算停了下来。他们放下绳索，我们则调转船头，又放下一只锚。但这次和第一次一样不走运，因为谁也没想到我们还会与洛莉阿提号相撞。船长迅速急切地发出命令，收紧上桅帆脚索，转帆逆风前进，希望松开或放下锚。但是一切努力都是徒然，船长坐在围栏上，一脸轻松的样子，呼喊奈伊船长，说马上就要去看望他了。我们平稳地漂向洛莉阿提号，我们的右尾舷撞上了它右尾舷栏杆，撞坏了它右侧的艏伸杆和一两根甲板上的支柱。我们看到水手舱英俊的水手杰克逊一直和桑威奇水手一起努力让船停下来。放下绳索后，我们调转船头，但毫无疑问，我们的锚仍旧和它的锚缠绕在一起。我们绞动绞盘，拉动，不停地拉动，但仍旧毫无效果。我们时不时能将缆绳绞起一点点，但是大浪一来又将它拖下去。我们现在又开始朝阿亚库乔号漂去。他们放下小船，载着船上的长官，威尔逊船长来到我们船上。他是个矮小精干、身强力壮的人。他五六十岁，可能比我们船长年长二十岁，是个地地道道的水手。他毫不犹豫地给予我们建议。在建议的过程中，他的语气慢慢变成了命令，在他认为是最好的时机时，命令我们拉动缆绳，转动绞盘，转帆逆风前进，扬起，收起船首三角帆和斜桁帆。我们船长也下了几道命令，但每次都被威尔逊船长否决掉了，威尔逊船长用平易近人的语气说“哦不！T船长啊，你不是想张起船首三角帆吧”或是“现在还不是拉缆绳的时候”。听到这样的话后，船长就不再发号施令了。我们对这样的事情没有异议，因为威尔逊船长是个慈祥和善的老人，说话总是能激励我们，让我们感到很愉快，这让一切都变得轻松起来。连续两三小时一边绞动绞盘，拉动缆绳，一边用力呼喊“哟嗬”后，我们终于将锚连同洛莉阿提号的首锚拉了上来。把锚清理干净，解开，清理了锚链孔后，我们很快又将另一只半拖着海湾的锚拉起。“现在，”威尔逊船长说，“你们能睡个好觉了。”他张起两侧的上桅帆，非常绅士地带我们、教我们，帮我们把船停在我们要用的兽皮仓库旁边。在做完这些后，他下来船。我们把帆收起，吃了早饭，这顿早饭是为了犒劳我们的，因为我们都干得很辛苦，而且当时也快十二点了。吃过早饭后，我们一直都在将小船放下，将船停泊下来，直到天黑。

吃过晚饭后，两名水手将船长送到了拉戈达号上。当船长从一旁过去时，他报上了自己的大名。大副站在舷梯那儿，大声叫船长到升降口——“T船长已经上来了，长官！”“和他的双桅横帆船一起来的吗？”一位粗野的老家伙，扯着嗓门儿问。这让我们的船长有点受辱。在接下来的航程中这也成为了我们的笑谈。船长走向船舱，我们一直往前走，往水手舱看了看，发现水手正在吃晚饭。“下来吧，水手们！下来！”当看到我们，他们朝我们喊着。我们到了水手舱，发现这个水手舱既宽敞又很高，灯光明亮。水手舱里有十二个还是十四个水手，正用小木桶和盘子吃着晚饭，喝着茶，有说有笑。他们都同“据木工的店员”一样不受约束。比起我们那又黑又小的水手舱，和吝啬、心怀不满的水手，这儿的一切看起来都让人觉得既舒适又享受。那天是星期六晚上，他们一周的工作都结束了，又舒适地停泊在这儿。直到星期一，他们才有活儿可干。两年的艰苦工作后，他们经历了加利福尼亚一切最糟糕的事情——他们的货物快要装满，希望在一两周内起航前往波士顿。我们和他们待了一个多小时，谈了许多加利福尼亚的事情，直到听到命令“朝圣者号的水手们，走了”，我们就同船长一同回去了。虽然和加利福尼亚人的穿着比起来，他们的衣服有些粗糙，打了补丁，还有些旧，但他们都是些有勇有谋的水手。这些能干的水手都才二十岁到二十五岁上下。他们问起了我们船的情况、用途，等等。听到我们船长鞭打水手的事情后，他们都有点惊讶。他们说在沿岸时，船只都会遇上些困难，难免会有摩擦，会打架，但是他们从来没听说过会把人捆起来鞭打。

他们说，在圣地亚哥时，星期日他们会放假，无论在兽皮仓库还是在船上。许多人通常可以自由地到镇子里去。我们从他们那儿学到了很多关于加工和储藏兽皮的知识。他们很想听到波士顿近来的一些消息（七个月内）。他们最关心的就是泰勒神父的事情。他是波士顿水手们的牧师。接下来我们就像平常一样交谈，询问，讲故事，说笑话。这些都是在水手舱里经常听到的，但是可能不比那些穿着考究的绅士在俱乐部里的谈话逊色，事实上，没有他们那么粗野。

第十六章　岸上的假日

第二天是星期日，清洗完甲板，吃过早饭后，大副走过来要留下一队大副官，而其他人则可以到岸上享受假日。我们抽签决定。结果是左舷侧一队水手可以上岸，而我也在左舷侧。我们很快作好上岸的准备。我们带了几桶水（在港口时允许带水上岸）和肥皂，这些都能派上用场。拿出上岸穿的外套和裤子，刷干净，检查帆布鞋、围巾和帽子，相互借穿着各自的衣物，这样每个人都有一套体面的衣服。一艘小船会将“自由人”送上岸，我们坐在船尾地板，开始向三海里外的镇子出发。

可惜的是，在假日，商船上也没有一些特别的安排。在港口时，水手们整个星期每天都得干活儿，唯一可以休息娱乐的一天就是安息日，除非他们都上岸了，而他们却不能去。我听说信奉宗教的船长在星期六十二点以后给水手们放假。如果船长们能给水手们那么多自由活动的时间，就太好了。特别是年轻水手，他们大多从小就将安息日看作是神圣的一天，如果打破了他们这种信仰，他们会觉得受到了极大的侮辱。事实上，很难想象，在漫长而艰辛的航程中，水手在艰苦工作后，却得不到短短几小时的休息时间，不能到陆地上走走，看看社会的面貌，体验风俗人情，因为那是星期日啊。那种感觉就像是在安息日越狱，或是从矿井里面逃出来。

我永远也忘不了在陆地上，听到小鸟在周围歌唱，远离了船上那些严苛的管理，那种喜悦之感——再一次，即使只有一天时间，我成为自己的主人。水手的假日只有一天，但每一秒都过得很快乐。没有人监管他，他可以随心所欲地做自己想做的事，到自己想去的地方。这天，老实说，是我一生中第一次体会到我常听到的这个短语的意义——自由的快乐。我朋友S和我待在一起，我们背对着船，慢慢地走着，谈论着自己做主的快乐，谈论着过去的事情，在美国和朋友们一起时的自由时光，谈论着回去后的打算，计划回家后想到哪儿去，做些什么。当换个角度思考，我们发现前途一片光明，航程也似乎变得那么短暂，可以忍受。当我们谈论起狭小黑暗的水手舱时，发现在圣佩德罗发生鞭打事件后，一切都变得不同了。最重要的是，那件事后，水手们获得了一天假期，这偶然获得的一天自由，让水手们感到雀跃和鼓舞，并致使他们在后来的日子里，不知不觉看到事物好的一面。

S和我决定要尽量保持亲密，虽然我们知道没有什么能切断我们的友谊，因为，他们了解我们的出生和受教育程度，他们有些怀疑我们上岸后会变成绅士，会让他们觉得丢脸，但杰克却不这样想。当航程结束时，你可以做你想做的事，但只要你们还属于同一艘船，即使上了岸，你也是个水手，否则你就不属于这艘船了。在我出海前，就听到过这样的警告，我没有带“长衣服”，和水手们穿着一样的衣服，白色的帆布裤，蓝色外套和草帽，这身装扮使得我不能和他们友好相处，不能避免，他们都怀疑我。我们船上的水手偶然遇到其他船上水手打扮的人，径直朝酒馆走去。酒馆是个狭小的泥砖建筑，只有一间房间。这里面有烈酒、西印度干货、鞋子、面包、水果和一切能在加利福尼亚销售的东西。这栋房子是属于一个独眼美国佬的。他以前居住在福尔河，后来乘坐一艘到太平洋的捕鲸船，在桑威奇岛下了船，移居到了加利福尼亚，创立了一家“酒馆”。S和我紧跟着这些船员，虽然知道拒绝和他们喝酒是对他们最大的冒犯，但我们还是决定一逮着机会就溜走。每个到店里喝酒的人，要请周围的人喝一杯，要求在场的所有人，甚至包括店老板都要和他一起喝一杯，这是水手们的普遍习俗。我们刚进来的时候，水手和一些人在议论，是新客人先请，还是加利福尼亚骑警先请，但是大家都认为骑警们应该先请客，然后其他船上的水手们再轮流请。因为当时有很多人在场（包括一些混进来的“流浪汉”，他们知道这是怎么回事，想借着杰克的热情，占点便宜。），一杯酒一里亚尔（12.5美分），这得花掉他们一大笔钱。现在轮到我们船上的水手们请客了。快要轮到S和我的时候，我们急着想逃跑，但很快发现我们必须按顺序来——首先是年长的水手，因为老水手不像年轻人领先。而且，不管愿不愿意，我们得在那儿等着。我们都很清楚我们已经来不及去找马匹了，也明白肯定要喝得酩酊大醉了。因为每次喝酒的时候，如果你和一个人喝了，而没和另一个人喝的话，另一个人会觉得这是一种侮辱。

最后，终于轮到我们了，完成义务后，我们就溜走了，在房子周围转悠着，想找匹马，然后骑着马到处转转，看看这个地方。最初，我们四处碰壁，无论我们问什么，那些人懒洋洋地拖长着声音回答我们：“谁知道？”（“谁晓得啊？”）几经努力后，我们终于遇上了威尔逊船长船上的一个桑威奇小男孩，他对这儿很熟悉，知道该怎么走。很快，他帮我们找来了两匹装上马鞍、套上缰绳的马。每匹马的鞍桥上都盘着套索。我们只需先付1美元就能在沙滩上骑上一天。马是加利福尼亚最便宜的。最好的马匹也不过10美元，比较好的马匹一般售价是三四美元。租骑一匹马一天，你得付租用马鞍的钱，因为套住一匹马是费力又麻烦的事。如果归还马匹时，马鞍安然无恙，他们几乎不管马被折磨成什么样子。我们骑上这两匹烈马，顺便提一下，这儿的人骑马都是将缰绳反着套在马脖子上，而不是套在马嚼子上。我们非常顺利地骑着马逛遍了这儿。我们去的第一个地方是位于村子附近一片高地上，一个古老残破的要塞。与其他要塞一样，这儿的要塞也是个露天广场。除了司令官及其家人居住的一侧，其余地方都已经被毁坏得不成样子了。这儿只有两门炮，其中一门用大钉钉住（使炮失效），另一门没有炮架。十二个半裸着身体，看起来饥肠辘辘的伙计在这儿驻守要塞。听说，他们都没有配备火枪。这个小村庄坐落于港口正下方，有四十来栋深棕色的小屋或房子，另外还有两栋面积较大、刷着灰泥的大房子。这两栋房子是两个“绅士”的。这个镇子还没蒙特雷或是圣巴巴拉一半那么大，这儿几乎没有人做生意。我们在要塞这儿调头，骑着马往教堂方向去了。我们得知教堂离这儿有三公里的距离。这个村庄是个多沙的地方，方圆几公里内都没见过一棵植物能称得上是树，但这儿却绿草如茵，有许多灌木丛和丛林，据说这儿的土壤也很肥沃。愉快地骑行了几公里后，我们看到一座白墙的教堂，涉水渡过一条小河后，我们来到了教区正前方。教堂是用泥，或是用村子里一些未经烧制的砖建造而成，外面涂了一层灰泥。教区的外观非常吸引眼球：一些不规则建筑，和另一栋空方阵连接起来，一端还坐落着一座高高矗立的小教堂，一座有五个钟楼的塔，每个钟楼上都挂着一个大钟，顶部全都是锈迹斑斑的。在这些建筑外面和墙下方，有二三十栋用稻草和树枝搭建的，集中在一起的小房子。一些印第安人就居住在这些小房子里，他们受到教区的保护，为教区服务。

进入大门后，我们来到了一个露天广场，周围一片死寂。广场一边有座教堂，一边有一排带格栅窗户的高层建筑，一边有一排小型建筑或办公室，另一边看起来像是一堵高高的水泥墙。放眼望去，没有见到一个生物。我们围着广场转了两圈，希望能惊动一些人。转第一圈时，我们看到一个身材高挑、剃了光头、穿着便鞋的灰衣托钵僧步履匆匆地从走廊经过，我们一不留神，他就已经不见了。转了两圈后，我们停下来，最终我们看到一个人出现在一座小房子前。我们骑着马向他走去，发现他穿着村子里的人们穿着的那种衣服，脖子上戴着一根银链子，上面串着一大串一大串的钥匙。从这点我们可以判断出他是教区的管理人员，他说他是这儿的“管事”。他向我们微微鞠躬，邀请我们到他房间坐坐。我们将马系好后，进了屋。屋里很简陋，只有一张桌子，三四把椅子，一幅两个圣人或神人或殉难者的画像，还有一些碟子和杯子。“有什么吃的吗？”我问。“有，先生！”他说。“请您给我们点吃的，好吗？”我知道如果没有其他的吃的，他们肯定有菜豆、牛肉、面包，如果可能还有些酒。穿过院子，他走到另一个房间，几分钟后，他带着一些印第安男孩过来了，他们手里端着一些碟子和一瓶酒。碟子里装着烤肉和辣椒、洋葱一起蒸煮的菜豆，煎鸡蛋，和用加利福尼亚面粉烹调成的通心粉。这是我们离开波士顿后最丰盛的一顿。和这七个月的生活比起来，这简直算得上一场王室的宴会啊。用过餐后，我们拿出钱，问他我们该付多少钱。他摇摇头，画着十字架，说这是施舍——上帝赐予我们的施舍。我们了解到他不出售这些食物，但可以接受礼物后，我们给了他十个还是十二个里亚尔。他一脸淡漠地放在口袋里，说：“愿上帝保佑你们。”我们离开这儿后，骑马到了印第安人居住的小房子。小孩子们赤裸着身体在房子周围嬉戏着，男人们也是衣不蔽体，但女人们大多都穿着粗布长袍，有点像是短亚麻布。男人们大部分时间都在帮教区养牛，在花园里干活。这个花园很大，有几公顷，据说园子里种了许多当地最好的水果树。他们说的是加利福尼亚的印第安人的语言。毫无例外，这种语言是我听过的，或是我能想到的最粗俗、最野蛮的。他们说话完全是口齿不清。每个单词都是从舌根发出声音，鼓着腮帮，伸出舌头发出一连串口水音。这不可能是蒙特苏马人和独立的墨西哥人的语言。

在这些小房子中，我们发现了一位我见过的年纪最大的人，事实上，我从未想过一个人能活到这把年纪。他坐在外面，靠着小屋，晒着太阳。他赤裸着他那暗红的胳膊和大腿，他的皮肤萎缩，布满皱纹，就像是烧焦的皮革。他的四肢还不及五岁孩子的粗壮。他那有些灰白的头发捆扎在后脑勺那儿。当我们靠近他后，发现他是如此微弱无力。他缓慢地将手拿向他的脸颊，用手撑住眼睑，将眼睑抬起，看着我们，然后很满意地将眼睑放下去。他的眼睑的功能似乎已经消失了。我询问他的年龄，但是只得到“谁知道呢”这样的答案。他们可能都不知道自己的年龄。

离开教区，我们几乎一路骑行回到了小村庄。加利福尼亚的马不会以中等速度，介于走和跑之间的速度前行，这一点很好，因为这儿没有街道，没有广场，所以他们没有必要文雅地行走。骑马的人通常都是骑着马疾驰而行，直到马累趴下，他们就会让马边走边休息。下午天气晴朗，动物们都疾驰而过，像是在飞似的。这让我们长期被束缚在船上的人感到既兴奋又新奇，简直无法用语言来形容。我们想整天都这样骑马飞驰。来到村子后，我们看到了一片生机勃勃的景象。印第安人星期日都会放假，在房子旁边的一片平地上，参加一种高速度进攻的球类运动。老人们就围成个圈，观看那些年轻人——男人、男孩、女孩——在球场上抢球，用力地投掷。一些女孩子也像格雷伊猎犬一样在场所奔跑着。每每精彩或成绩卓越时，老人们都会站起来发出震耳欲聋的尖叫声和鼓掌声。几个水手在房屋之间走着，说明酒店的生意还挺好的。六个来自兽皮仓库和两艘双桅横帆船的桑威奇水手，都是胆大的骑手。他们骑着马飞驰前行，像野人一样大声叫喊着、笑着。

日落时分，S和我走进了一栋房子，在回到沙滩前，静静地坐在那儿休息了一会儿。几个人很快围过来看“那些英国水手”，其中一个人——一个年轻女人——对我们的手帕饶有兴趣。出海前，那是一大块丝巾，在他们眼中，这是块极好的丝巾，漂亮又气派。毫无疑问，我将手帕送给了她，这让我们在他们中很受欢迎。他们送我们一些梨和其他水果作为礼物。后来，我们将这些水果带到了沙滩上。当我们离开时，系在门前的马不见了。我们找到租马给我们的那个人，但当我们问他“马到哪里去了”时，他只是耸耸肩，回答道：“谁知道？”但因为他说这话时，一脸的无所谓，也没问我们马鞍去哪儿了，我们知道他肯定知道马在哪儿。我们遇上了些麻烦，决定还是不要走路下去，——三公里的路程——我们以一匹马四里亚尔的价钱，让一个印第安小男孩去把马给我们找回来。因为马匹不见，出了些乱子，耽误了时间，找到马后，我们急速前进，十五分钟就到了沙滩。我们想尽情享受自由时光，所以看到他们朝我们走来时，就骑着马在兽皮仓库周围转悠自我娱乐（现在已经是黄昏时分了）。他们有的骑着马，有的步行。桑威奇水手骑马飞驰而下，身后腾起一片“烟雾”。我们询问同船的水手们，他们告诉我们有两个人刚开始骑着马，但后来被马摔下了，或是从马背上落下，看到他们向沙滩走来了，但是仍狂野地骑马，照这样看起来，半夜前他们是不会下来了。

那两个印第安男孩已经到了，我们将马交给他们，看着他们安全地离开后，我们叫来一艘船，回到了船上。我们在岸上的第一个自由日结束了，虽然很累，但度过了一段美好时光，现在我们也愿意好好回到工作岗位。午夜时分，我们被两名站岗水手激烈的争吵声吵醒。听起来，似乎是他们一开始是骑同一匹马，循原路折回，他们相互在指责，说是对方造成了落马的原因。然而，很快他们就上床熟睡过去了。也许他们已经把这事儿完全忘记了吧，因为第二天早上争吵没有再继续。

第十七章　圣地亚哥——逃兵——重回圣佩德罗——残破的海岸

接下来我们听到“啊嘿！水手们！”的呼喊声。我们向天窗望去，发现已经是白天了。现在我们的自由真正结束了，我们拿出鞋子、袜子、蓝色外套，系上颈巾，带着岸上要用的随身工具，穿着帆布裤、红色衬衫，戴着苏格兰式无边帽，准备开始卸载兽皮。我们就这样累死累活地干了三天。每天除了吃饭时间，我们从清晨天刚露出鱼肚白就开始干活，一直干到晚上星星出来的时候。对于装卸兽皮而言，圣地亚哥无疑是全加利福尼亚的最佳地点。这里的海湾狭小而封闭，无风无浪，船只可以停泊在离岸仅一绳索的距离。这儿的沙滩上都是些硬砂岩，没有混杂岩石和石头，非常平滑。因为具备这些条件，所有船只都到这儿进行贸易，将这儿作为仓库。想要在任何一个开放的港口将加工过的兽皮装船，然后返航，而不被海浪冲刷是不可能的。如果兽皮被浸湿，就会腐烂。我们有一间隶属我们公司的兽皮仓库，以前都是加利福尼亚人在使用。这间仓库可以容纳4万张兽皮，我们有信心在离开沿岸之前把它装满。我们搬运上岸来的3500张兽皮只是九牛一毛。船上每个人到那房子去十几次，到处看看，算算要用多少时间才能把它装满。

由于从船上搬运下来的兽皮都很粗糙，未经过加工，我们就将这些兽皮堆放在仓库外面。这些兽皮要经过一系列规范的加工，如浸酸、烘干、清洗，等等，然后再存放在仓库里，准备装上船。为了能在漫长的航程中，和气温偏高的地带好好保存兽皮，这一系列的加工是非常必要的。为了加工和保存兽皮，我们发现每艘船上都要派出一名高级船员和一些水手常常到岸上去，为了同样的目的，新来的高级船员加入了我们的队伍。兽皮一到岸，他就掌管了整间仓库。船长想派两三名水手和高级船员一起，再雇用一些桑威奇水手到船上代替这几名水手的位置。但是即使船长开出了一月15美元的高工资，仍然没有雇用到桑威奇水手，因为这些桑威奇水手都听说了船上的鞭打事件，他们把船长叫作“坏家伙”（坏人）。最后这件事就这样告吹了。然而，他们愿意在岸上工作，船长雇用了四个桑威奇水手帮助拉塞尔先生加工兽皮。

把兽皮全都搬运到岸上后，我们又将闲置的帆桅杆、索具和在迎风航行时我们不想用的备用品都搬上了岸。事实上，我们将一切闲置的东西都搬运上岸，以腾出地方装载兽皮——这些闲置的东西中还有装着“老贝丝”的猪圈。这是我们从波士顿带来的一头母猪，一直活到我们到达合恩角附近的时候，在那儿许多猪都死于寒冷和潮湿。我们听说这头母猪以前还到过广州。在整个航程中，它曾是厨子的宠物，厨子总是把最好的东西给它吃，教它识别他的声音，玩一些奇怪的把戏来娱乐它。汤姆·克林格尔说没有人真正了解黑人对猪的喜爱。我相信他是正确的，因为当听说贝丝要被送上岸后，可怜的老黑（厨子）心都碎了，整个航程中，他都不能再照顾它了。在这漫长的航程中，它是他唯一的精神慰藉。“服从命令，不要抵抗。”他说。“伤心啊。”他本想这样说。他帮着大伙儿一起把它抬到一边，尽力让它舒服一点。我们从主桅杆上抽了一根绳索，系在捆在它身上的绳子上，向一边倾斜，大家相互使了个眼色，将它塞进了猪圈里。“快点！快点！”大副吼道，“不要嬉笑！放下小船！”但很明显，他也觉得这个玩笑很好笑。猪的尖叫声像是“世界末日的霹雳”，可怜的老黑眼里噙着泪水，小声嘀咕着说他不怜悯这愚蠢的牲畜。“愚蠢的牲畜！”杰克说：“如果它是你所谓的愚蠢的牲畜的话，那么我就没有朋友了。”这把我们大伙儿都逗笑了，除了厨子。他说多么想看着它安全地被抬到小船上。他一路目送它上岸。它上岸后，加入被其他船只送上岸的猪群中，猪群不断扩张，变成了一个大联邦。厨子习惯站在厨房门口，看着那些猪表演。每当贝丝成功地从沙滩上堆放的兽皮中抢到一块未经加工的兽皮或骨头时，他会站起来大喊、鼓掌。那天，他把好东西都存放起来，做了一桶泔水，让我们乘坐轻便快艇把那些东西带上岸。当大副告诉他，如果他看到有人把这些东西搬上小船，他们把泔水倒掉，倒在他身上。我们说他关心猪比关心他住在罗宾逊小巷里的老婆还多。事实上，他很难再集中精神，因为，这几天晚上，天黑后，他认为别人看不到他了，他就坐上小船把那桶鲜美的泔水运上岸，像利安得横跨了达达尼尔海峡一样高兴地回来。

第二个星期日，轮到另一组水手上岸享受他们的自由日，我们则留在船上享受到沿岸后第一个清闲的星期日。这天没有兽皮送来，也不用担心东南风的袭击。早上我们清洗、缝补衣物，接下来的时间就读读写写。一些水手写了信让拉戈达替他们带回去。十二点的时候，阿亚库乔号降下了前上桅帆，这是出航的信号。它拔锚，向海湾转向，出航了。完成这些操作时，阿亚库乔号上的水手们一直拉动绞盘，我听到那个叫马汉娜的桑威奇水手那音乐般有节奏的呼喊声一直持续了一小时左右。马汉娜是带领大家“大声呼喊”的水手。当水手们拉动绞盘时，为了能一起用力，他们总是让一个人带领大家一起呼喊。带头呼喊的水手会发出一种奇特、高亢、冗长的调子，调子跟随拉动绞盘所需的动力改变。这需要高亢的声线，强大的肺活量和勤奋的练习才能喊得出色。这伙计发出的调子独特狂野，时不时还发出高亢的假音。水手们觉得这声音虽然高亢，但也敌不过大副的声音刺耳，但对我来说这声音有一种极大的魅力。海湾一片沉静，他的声音萦绕在群山之中，几里之外都能听到。日落时分，微风徐徐吹来，拉戈达号稳稳地出航了，径直驶出海湾，向南边改变航道。它将要前往卡亚俄，从那里前往桑威奇岛，希望在八个月或十个月后回到沿岸。

周末我们也准备出航，但是由于F逃跑，耽误了一两天。F是以前的二副，后来被降职，来到前甲板当水手。被“撤职”后，他在这船上就只能睡狗窝似的床，他下定决心一找到机会就逃走。当他不再是二副后，他给高级船员当水手，他对水手们感到有些失望，发现自己没法在水手们中立足。船长叫他“懒汉[①]”，发誓说“他的主要任务就是折磨他”。当高级船员下定决心要“折磨某个水手”时，那说明那个水手是个无可救药的人。他曾和船长发生过冲突，让船长同意他搭乘拉戈达号回家，但是船长拒绝了他。一天晚上，在沙滩上，他对一名高级船员粗暴无礼，拒绝回到船上。高级船员向船长报告了情况。当他回到船上时——已经超过了上船的时间——他被叫到船尾。船长告诉他他会受到鞭刑。他立马跑到甲板下面，大声叫喊着：“不要打我，T船长啊，不要打我！”船长对他很生气，厌恶他的懦弱，用鞭子一头在他背上抽了几下，让他回到前甲板。他伤得不重，但是被吓得要死，下定决心要在那晚逃跑。这是他一生中干过的最成功的事情，看起来还真是经过一番深谋远虑的。

---

① 懒汉（偷懒者）是对水手最大的羞辱。这就是形容一个逃差者、躲避者，一个在工作中总是想逃避工作、偷奸耍滑、畏缩不前的人。“水兵”常用来形容那些无知、笨拙的水手——一个新手——陆地上的傻大个。为了让水手扛得起绞盘棒，在甲板上行走自如，让他们作为哨兵是让他们名誉扫地的惩罚。要是这样惩罚战船上的能手，他会觉得这比受到鞭刑更加让他崩溃。

他把寝具和褥子交给拉戈达号上的一名水手。这名水手把他的船当作是自己买的似的，他答应F帮他保存这些东西。然后F又打开箱子，把值钱的衣物放进一个大帆布包里，告诉一个站岗的水手半夜叫醒他。半夜里，他来到甲板上，发现没有一个高级船员在甲板上，所有人都在船尾。于是他放下一艘小船，蹑手蹑脚地爬到小船上，解开系船索，让它随着潮水静静地沉下去，直到别人听不到他的响动，他才向岸边划去。

第二天早上，所有人被召集起来，当听到要去寻找F时，船上一片骚动。我们当然不会说什么，他们唯一能发现的就是他留下了一个空箱子，而且是坐小船走的，因为他们发现小船孤零零地停泊在沙滩上。吃过早饭后，船长上岸到小镇上去了，悬赏20美元寻找F。这两天，水手们、印第安人，和一些无所事事的人都骑着马跑遍整个村子，寻找F，但却一无所获，因为F已经安全地隐匿起来，一直藏在离兽皮仓库50标尺的地方。他一上岸就直接到拉戈达号的兽皮仓库，拉戈达号上一些住在岸上的水手答应在朝圣者号出航前，帮助他藏匿，度过困境，然后向布拉德肖船长求情将他留在船上。在兽皮仓库后面的丛林和灌木丛中有一个小洞穴。岸上只有两个人知道洞穴的入口，这儿确实是躲藏的好地方。尽管如此，当后来我住在岸上时，我发现过入口一两次，但我从来不敢一个人去找。天没亮之前，他被带到这儿，他们给他面包和水。当他看到我们出航，远远离开海岬时才出来。

3月27日，星期五。

船长已经完全放弃寻找F，不愿再耽搁时间，命令我们拔锚，准备出航。我们扬起帆，船随着潮水和微风慢慢下水。我们将写好的信交给布拉德肖船长，请他帮我们带回波士顿。听到他说在我们离开沿岸前他就会回来后，我们都很高兴。风很柔，当我们绕过海岬后，渐渐停息下来。两天来我们因无风停航，只行驶了3海里左右。第二天一段时间，岸上的船只几乎都能看到我们。第三天，中午时分，一阵凉爽的海风吹来，海水荡起涟漪，海面颜色也逐渐加深。到了太阳落山的时候，我们离开距离圣迭戈大约40海里的圣胡安。圣胡安位于圣迭戈与我们即将要到达的圣佩罗中心。现在水手非常稀缺。一个水手落水，另一个到船尾当了记账员，还有一个逃跑了，现在除了S和我，就只剩下三个得力水手和一个12岁的孩子。这艘小船上，水手不断减少，剩下的水手也感到很不满。现在我们得与这长年累月的劳苦工作斗争。尽管如此，船上的人都对F的逃跑感到高兴，因为他只知道偷懒，留在船上毫无用处。没有人愿意看着他过悲惨的生活，被恐吓，沮丧度日。两个月后，当我们返回圣迭戈时，听到F上了拉戈达号，领着普通水手的工资，返航回家的消息后，我们都很高兴。

在缓慢航行了五天后，我们于4月1日，星期三到达了我们原先停泊过的地方圣佩罗。海湾一片荒芜，看起来和以前一样凄凉，和圣地亚哥的安全舒适，四艘船上货卸货带来的一片生机的景象简直没得比。几天后，慢慢有了兽皮的货源，我们又开始将货物搬上山，将兽皮运下山，来来回回地搬运。当我们停泊在这儿时，没发生过什么值得注意的事情，除了修缮一艘被东南风吹坏的墨西哥双桅帆船。现在这艘船孤独地停泊在一堆岩石和两座沙丘之上。我们的木匠检查了这艘小船，说还有救。几天后，船的主人从普韦布洛来到这儿，等待大浪，借助我们的绳索、小锚，在我们的水手几番努力后，帮忙把船拖下水。岸上房子里的三个人以前是那艘船上的船员，现在看到它的身影都感到很高兴，看到了离开沿岸的希望。

我们船上的一切都一成不变地进行着。虽然鞭打水手这件事很快过去，水手们也很快高兴起来，但这件事给水手们留下了阴影，特别是那两个被打的水手。由于他们俩性格不同，事情给他们造成的影响也不同，这很值得注意。约翰是个外国人，脾气急躁，虽然受辱，这对任何一个人来说都是遇到过的最糟糕的情况，但他只是感到生气，他提得最多的是，如果可以回到波士顿，他要提出赔偿，要报仇。对另一个人来说，情况却很不同。他是个美国人，受过一些教育，这件事似乎完全把他击倒。他觉得这是一种耻辱，而约翰却不会这样想。在这之前，他很快乐，经常和我们讲一些有关黑人的奇谈来逗乐大家——（他来自黑人阶级），但这之后他很少笑，仿佛是输掉了整个人生和活力。他好像只有一个愿望，那就是等待航程结束。我知道当他一个人的时候，他常常叹气，他对约翰的赔偿和报复计划毫无兴趣。

在这儿停泊的两星期内我们遇上一次东南风，在海上停留了两天，之后我们往圣巴巴拉出发。现在是4月中旬，东南风季快要结束了，那天下午，轻柔规律的信风开始缓缓吹向沿岸下游。迎着信风，我们缓缓向圣巴巴拉前进——大约九十海里外——准备三天内到达。我们停泊在那儿，看到了我们到沿岸第一天在这儿看到的那艘热那亚大船。它已经去过旧金山，或所谓的“迎风前行”，在向下行驶时曾在蒙特雷停泊过，在圣佩罗和圣迭戈也作过短暂的停留，在这些地方装货，然后向瓦尔帕莱索和加的斯航行。这艘船巨大笨重，中桅向前倾，船尾甲板很高，看起来像是老奶奶的驼背。现在大斋期快要结束了，在耶稣受难日那天船上的帆桁全被悬吊起来，这是信奉天主教的船只的习俗。有的船上还要挂起犹大的肖像，水手们会爬到船底，将脖子挂在桁端自我娱乐。

第十八章　复活节——“出航咯！”——鲸鱼——圣胡安——搬运兽皮的传奇——返回圣地亚哥

下个星期日是复活节，由于在圣佩德罗没有自由日，所以轮到我们这一组上岸，再次享受安息日。吃过早饭后，一艘大船载着一些戴着红帽子，穿着水手服和各色下装的水手们上岸去享受他们的安息日。这些水手来自一艘意大利船，从我们的船尾经过。一路上，他们都一起用美妙的声音合唱着意大利悦耳的船歌。他们演唱的其中一首叫作“渔夫波”（O Pescator dell’onda）是我最喜欢的。这首歌使我想起钢琴、客厅、年轻女子的歌声，和一些和我有关的小事情。如果要到岛上玩儿一整天，我觉得时间太长，因为这儿没有可以骑马的地方，所以我们静静地待在船上直到晚饭时间。然后我们坐在船尾划船上了岸，在太阳落山的时候，我们排队依次下船到沙滩上，然后又到了镇上。镇上呈现出一片节日的气象。人们都穿着盛装，男人们骑着马在房子周围转悠，女人们则坐在门前的地毯上。“酒店”的门廊下坐着两个装扮着丝带和花束、拉着小提琴、弹着吉他的男人。除了我在蒙特雷看见的鼓和喇叭外，这些就是我在加利福尼亚见过的仅有的乐器。我想他们不会玩儿别的乐器，因为我后来出席过一场方丹戈舞舞会，舞会上他们拿出了所有他们能够找到的乐器，也就只有三把小提琴和两把吉他，再没有其他的了。因为现在快到半夜了，我们是看不到舞蹈表演了。我们在房子周围闲逛的一两个小时中，听说一头从村子里来的公牛想在要塞广场休息。我们询问一位美国人。我们听说他在这儿结了婚，开了家店。于是我们直接走向了一栋又长又矮的建筑。这栋建筑尾端有一扇门，门上有块用西班牙语写的标签。走进这家店，我们发现店里一个人也没有，看起来空空荡荡、荒芜凄凉。几分钟后，一个男人出现了。他向我们道歉说他这儿没什么可款待我们的，前一晚这儿才举行过方丹戈舞舞会，人们已经把东西都吃喝得精光。

“哦，对！”我说，“现在是复活节嘛！”

“不！”他表情异常地说道，“我小女儿前几天去世了，举行舞会是我们这儿的习俗。”

听了他的话，我感到有些不可思议，不知道该说些什么，不知道该不该安慰安慰他。当他打开一扇侧门，邀请我们进去时，我想到了撤退。现在我感到更加惊讶，我发现这个房间很大，里面都是些十三四岁的小姑娘，最大的也不过十五六岁。她们全都穿着白衣，头戴花环，手拿花束。我们跟着他走过那些玩得正高兴的女孩子身边来到屋子尽头的一张桌子前。这张桌子盖着白布，上面放着一架大约三英尺长的棺材，里面放着他女儿的遗体。棺材外部围着一圈白布，里面是白绸缎，撒满鲜花。透过一扇开着的门我们看到另一间房间里有一些穿着便服的老人。屋里的长凳和桌子都被移到角落，沾满污渍的墙面说明前一晚人们在这儿确实玩得很尽兴。这感觉，像嘉里克，处于悲剧与喜剧之中，意图不明确，让人觉得有点尴尬。我问他葬礼什么时候开始，他告诉我大约一小时内他们要把棺材搬到教堂。于是我便向他告辞。

为了打发时间，我们骑着马到了沙滩上。在沙滩上我们看到三四个意大利水手骑着马在硬砂岩上疯狂地来回跑着。我们加入到他们之中，发现还挺好玩儿的。沙滩有一公里左右，马儿在平滑的硬砂岩上飞奔着，在咸咸的海风吹拂下和巨浪的咆哮和冲击下，变得精力充沛，兴奋无比。我们从沙滩回到小镇，发现送葬队伍已经开始前行到教堂，我们骑着马，在半路赶上了他们。这场面和我们在那房子里见过的一样奇怪。他们送葬弄得就像别人家里哀悼一样。八个小女孩抬着那小小的棺材，随后其他人一一取代了她们的位置，然后她们又跑到送葬队伍前面，找到各自的位置。队伍后面还有一群掉队的小女孩，她们还是刚才那副打扮，穿着白衣，戴着花环。根据她们的人数，我猜想这些是镇上所有五到十五岁的女孩儿。她们一路玩耍着，时不时地停下来，一起跑向某个人和她说说话，或是去摘一朵花儿，然后又跑回到棺材旁边。队伍里有一些穿着便服的老太太，一群年轻小伙和男孩子。他们有的步行，有的骑马，跟在队伍后面，或是在队伍旁边走着，或骑着马。他们时不时会讲讲笑话，问些问题。但最奇怪的是，两个走在棺材两边的男人手里都拿着火枪，还不断地往空中开枪。我不知道这是不是在驱赶邪恶的灵魂。这是我唯一能想到的解释。

快到教堂的时候，我们看到一扇大门打开了，神父手里拿着十字架，站在台阶上。教堂看起来空旷凄凉，一些附属建筑都快变成废墟了。这一切给人的印象就是衰败而庄严。从一口石头喷泉的四个喷口喷涌出净水，流向教堂门前的一个大池子里。我们正想骑着马到那儿，让马儿喝点水，但我们突然想到，那池子里的水可能是圣水，所以就打消了这个念头。正在这时，刺耳的钟声响起了，送葬队伍开始往教堂里走去。我很想跟进去，看看他们的仪式，但我一个同伴的马被惊吓住了，往镇上奔驰而去。他差点被马甩下，一只脚卡在了滑落下来的马鞍上，马拖着马鞍飞快地跑，马鞍被撕成了碎片。我们的同伴不会讲西班牙语，我担心他会遇上麻烦，就被迫离开了葬礼，骑着马跟在他后面。我很快追上了他，陪他吃力地走着。我咒骂着他那匹马，捡起他扔在路上的马鞍碎片。我们找到马的主人，和他协商。我们惊奇地发现马的主人竟然会这样慷慨。我们把马鞍的所有部件都捡回来了，还可以修缮，他让我们出6里亚尔就可以了。我们本想他会让我们赔偿几美元呢。我们指着那匹已经爬上半山腰的马，但他摇摇头说“没关系”，向我们解释说我们出的钱够了。

回到镇上后，我们很多人围挤在主要塞前的广场上，我们骑着马走过去，发现所有人——男人、女人、小孩儿——都被一对矮脚鸡所吸引。这两只鸡都以最快的速度向对方冲去。围观的人们都很激动，大笑着，大吼着，就像在看两个男人打架似的。人们对公牛感到很失望，因为他冲破了畜栏，跑了，现在要再找来另一头公牛也晚了，所以人们都跑去观看斗鸡了。其中一只矮脚鸡的头部受到攻击，一只眼睛都被啄出来了，但是它没有放弃。这两只巨大勇猛的公鸡继续着战斗。它们就是整件事的对象。这两只矮脚鸡仅仅是吸引观众的第一招。两个男人走进圈内，把鸡抱在怀里，轻轻抚摸，然后追着公鸡到处跑，激励它们开始战斗。像其他比赛一样，赌注加大了，胜负难分。这两只公鸡都拿出了它们最大的勇气，战斗得比主人预期的更激烈、更持久。我记不清最后是白鸡胜了，还是红鸡胜了。获胜的一方最后都大摇大摆地离场，一副“我来，我见，我征服”的霸气模样，留下战败的那只鸡奄奄一息地躺在那儿。

这场战斗终于结束了，我们听到有人谈到“海洛因”和“拉雷拉”，看到人们都朝一个方向走去，于是我们跟了上去。最后我们来到小镇外的一片平地上，这儿以前是个赛马场。人越来越多，场地被划分出来，裁判就位了，马匹被牵到了一端。两位相貌堂堂的老绅士——人们都叫他们唐·卡洛斯和唐·多明戈——是投资人，现在一切都准备就绪了。在等待期间，我们只能看着马在那儿扭动，回转身子，直到最后听到跑到边上的人们开始欢呼，他们——探出脑袋，目不转睛地盯着——都开始忙活起来，不论是人还是牲畜。这些赛马像链条一样，一匹接一匹地从我们身边飞奔而过。现在我们只能看到他们的背和后蹄飞腾在空中。马儿们向终点飞驰而去，人们在后面疯狂追赶。当我们到达终点时，看到冲过终点的马儿们正慢步往回走，听说那匹瘦长的马居然遥遥领先于其他马匹。骑手都是些身材轻盈、头戴头巾、穿着短袖短裤的男人。虽然这些马没有波士顿的马那么整洁、光滑，但他们有健硕的四肢、炯炯有神的双眸，看起来有一种高贵的气质。赛马圆满结束后，人群又渐渐散开，成群结队地回到小镇。

回到那间宽敞的酒店后，我们发现整天萦绕着整个广场的小提琴和吉他的旋律仍在继续。现在正是夕阳西下之时，人们开始跳起舞来。意大利水手们也舞了起来，我们船上的一名水手也展示了一种西印度的曳步舞。他们的舞步赢得了看热闹的人们一片称赞，“跳得好！”“太棒了！”“干得好，水手们！”但舞蹈并不是主打，因为女人们和“绅士们”都还没上场呢。我们非常期待留下来看看她们的舞蹈风格，虽然今天我们可以自由安排行程，但毕竟船长告诉过我们要在太阳落山之前回到沙滩，不能迟到超过一小时，所以我们只好离开这儿，回到沙滩。我们到沙滩上时，发现船在大浪的推动下正好上岸。外面雾气很重，也不知道是什么原因，大雾总是使海面波涛汹涌，或是出现在大浪之前。我们这些自由人从离开船到回船前都享有特权，所以我们都坐在船尾，当我们正庆幸衣服不会弄湿时，大浪从船头打到船尾，我们全身都湿透了，船上也装满了水。由于船里装满了水，重量加重，失去了浮力，船被大浪狠狠卷进海里，当我们从大浪中挣扎出来，来到深水区，船终于能够浮起来了，水已经没过了膝盖。我们借助小桶和帽子将船里的水舀出，划着小船来到船上。然后我们拉起小船，吃了晚饭，换了衣服，（像平常一样）向留在船上的水手们讲述我们这一天的经历，然后抽抽烟，睡觉。就这样我们在岸上度过的第二个自由日结束了。

星期一早上，为了补上昨天没做的活儿，我们都被安排去给绳索“涂沥青”。一些水手爬上桅顶吊索，降下支杆和后支杆，其他水手就给横桅索、吊杆等涂上沥青，安装帆桁，降下索具。我们翻找袋子，拿出旧的沥青裤和紧身衣，这些都是以前涂沥青时穿过的。太阳升起来后，我们开始给索具涂沥青。吃过早饭后，我们看到那艘满载着穿着华丽的乘客的意大利船靠岸了，我们很高兴。前一天，我们还听他们唱过船歌呢。岸上，复活节要持续三天。作为一艘信奉天主教的船上的水手，他们可以享受这三天的假期。连续两天来，当爬上索具，涂沥青，干着这些烦人的活儿时，我们看到那些水手一大早就上岸去了，到了晚上才兴致勃勃地回来。当个新教徒真好啊。天主教是不会传到新英格兰的，美国佬可没闲工夫信奉天主教。在一年的航行中，美国船长的水手们会比信奉天主教的船长的水手多工作三个星期。美国佬并不是虔诚地信奉基督教，那些海上的船长不知道感恩节是哪天，所以水手们没有过过什么节日。

正午时分，一个在桅杆上的水手大声喊道：“出航咯！”我们四处望了望，看到一艘船的桅前帆出现在海岬附近。当它绕过海岬，我们看到了这艘装备齐全的双桅帆船的舷侧。一位美国的海军少尉站在船头。我们立马升起了我们的星条旗。我们知道沿岸除了我们，没有其他的美国船只，我们想得到一些家乡的消息。它调头顶风停下，抛下锚，我们只能看到它那黑漆漆的帆桁。当他们收帆和甲板上的通天塔时，我们很快知道他们是从岛上来的。很快，船上的水手和船长都来到甲板上，我们看出他们是来自欧胡岛，在延安和桑威奇岛之间，秘鲁和智利的背风沿岸，和阿亚库乔号、洛莉阿提号等船只做着同一桩买卖。船上的船长、高级船员和一些水手都是美国人，其他的都是些岛民。这艘船叫作卡特琳娜号。除了阿亚库乔号，这艘船和其他参与贸易的船只一样，船照和旗帜都是山姆大叔（美国政府的绰号）颁发的。显然，他们没有带来什么新闻，我们非常失望，因为我们最初以为这艘船是来自波士顿的。

在这儿停泊了两周，收购了这儿所有的兽皮，我们便起航返回圣佩德罗。我们发现我们帮助过的那艘双桅帆船也停泊在那儿。船上的船员很混杂，有美国人、英国人、桑威奇岛民、西班牙人和西班牙印第安人。虽然他们的船比我们的小，但是他们的水手人数却是我们的三倍。这艘船需要这些人，因为船上的高级船员都是加利福尼亚人。世界上没有一艘船上的水手比美国人和英国人的船上的水手少，但也没有人比他们干得出色。

一艘那般大小的美国船只需要四名水手，而且这四名水手会把船运行得很好。意大利船上有三十名水手，几乎是后来到沿岸的阿勒特号上水手人数的三倍。阿勒特的大小和这艘意大利船一样，但阿勒特起航和到岸的速度比它快一倍。在他们像一帮"大老粗"一样喋喋不休，在甲板上四处寻找吊锚滑车时，阿勒特就可以放下两只锚。

他们唯一占优势的就是可以一起唱船歌缓解疲劳。美国人都是会省时省力的人，但作为一个国家，他们还没学会好好"利用"音乐。我们拉着装满货物的船，在船与岸之间来来回回，一言不发，表情严肃，而他们的音乐不仅缓解了划船的疲劳，而且让他们自己也真正感到愉快高兴。真的是这样——

疲惫的奴隶，歌声为你划起沉重的船桨，
船桨随着这悠扬的曲调有节奏地划动
来到这美丽的海边，疲惫早已被歌声缓解。

我们在圣佩德罗大约停泊了一个星期，又向圣地亚哥出发。由于东南风季就快过去了，我们想在圣胡安停泊一下，因为现在那儿很安全。

圣佩德罗现在正是春季，像其他一些开放港口一样，这儿有很多鲸鱼出没。每年，这些鲸鱼是靠声音召集大伙儿在这儿相聚。在这儿和圣巴巴拉的前几天，我们饶有兴趣地观察着这些鲸鱼——每次看到水面上喷涌出的水花，我们就大声呼喊："它在那儿喷水呢！"但是很快我们就觉得这很平常，便很少再去观察它们了。它们常常出现在离我们很近的地方。一天晚上，雾气很大，船上一片死寂，当时我正在值锚更，一只鲸鱼出现在离船很近的地方，撞击缆绳，然后喷出水柱。它好像不喜欢这样的偶遇，因为它调头游了好远一段路程。有一次我们乘坐轻便快艇近距离地追逐过一只鲸鱼，我们的快艇很可能会被他撞成碎片，弹到空中。我们当时在一艘西班牙双桅帆船上，回来时，我们仔细地划着桨，小船像燕子一样轻快地行驶着，我们背对前方（划船的时候，都是朝这个方向坐着），船长为我们掌舵，但他并没有看到前方，突然，我们听到鲸鱼喷出的水柱直接打在我们的船头。“倒划！要想活命，就快倒划！”船长大喊道。我们倒转水中的船桨，把小船划到了一片泡沫之中。我们回过头，看到一头巨大凶悍的座头鲸缓慢地从艏部横跨过去，离船首只有三四码的距离。如果我们没有倒划，它会直接撞击船首，撞到船中央，把船撞得粉碎。它并没注意到我们，但是它游动得很缓慢，就在我们前头几码的地方，尾巴在空中高高翘起。它离我们是如此近，我们可以好好观察观察它，我们不想靠它太近。这种生物很恶心，皮肤粗糙多毛，呈铁灰色。这种鲸鱼和抹香鲸的颜色和皮肤都差别很大，据说还非常凶猛。我们见过几头抹香鲸，但那是在沿岸，大多数都是些长须鲸、座头鲸和露脊鲸。据说露脊鲸难以被捕捉，而且它体内的鲸油还不足以支付工人们的工钱，因此沿岸的捕鲸船不会捕捉这种鲸鱼。我们的船长和洛莉阿提号上的奈伊船长想联合两只船上的水手，尝试捕捉一头鲸鱼，但是我们只有两只鱼叉，没有合适的绳子，最终放弃了。

3月、4月和5月这几个月来，鲸鱼大量出现在圣巴巴拉、圣佩德罗等地一些开放的港口，在沿岸徘徊。临近圣地亚哥和蒙特雷的一些海湾也有少量的鲸鱼。仲夏之前，鲸鱼会全部离开，到“近海地带”。在我们到圣胡安的航程中，我们见到过一些“品种”优良的抹香鲸。从它们喷出的水花和向上风面游动几海里的姿态我们能很容易就能判断出它们的“品种”是否优良。

我们沿着太平洋平静的海岸航行，在20英寻的海域抛下锚，几乎在出海面，正好与处于海面的一座陡峭的高山并列着，那座山几乎是顶桅的两倍那么高。我们从拉戈达的水手那儿听说了很多关于这儿的信息，他们说这儿是加利福尼亚最差的地方。海岸上有很多岩石，正朝东南方，所以船只在这儿一见有狂风吹来的征兆时，就会弃锚逃命。虽然现在东南风季快要过去了，而且我们只在这儿待二十四小时，但我们还是准备好了滑结绳索和齿轮。我们将代理人送上岸，接到命令当他迂回地绕过小山去小山背后的教区的时候，在岸上等他。我们很高兴能有机会参观这奇怪的地方。我们把小船拖上岸，系在岸上，分头到沙滩上探索。

圣胡安是加利福尼亚唯一一个充满传奇的港口。这儿的村庄坐落在离沙滩几里外的台地上。村庄一直延伸到海岸，被一座陡峭的小山挡住。太平洋的海水不断冲击着山脚。连续几海里的海水都冲击着山基，或者说冲击着海中的暗礁和岩石。就在我们停泊的地方，有一个小湾，或者叫“海湾”。满潮时，在大海和山脚之间会出现几平方英尺的沙滩。这是唯一的登陆地。在我们正前方有块四五百英尺高的垂直高地。我们怎样才能把兽皮从高地搬运下来，或把货物搬上去呢？这可能比我们想象中还要困难。教堂坐落于这块高地之上。代理人绕了好长一段路，频繁地跳过一些断裂的地方，沿着陡峭的坡道往上攀爬。除了人和猴子可以爬上去外，没有其他动物能爬上去。然而，那不是我们担心的事情，知道代理人会去一个多小时，我们就到处闲逛，拾海贝，看着大浪涌入岩石裂缝后喷涌着，发出巨大的咆哮声。我想东南风来的时候，一定会出现这样的景象吧！这里的岩石和娜罕或纽波特一样大，但是在我眼中这里的岩石更加壮丽。除了岩石，周围的一切也是那么壮丽，为这里的景象增添了庄严之色——平静和荒芜影响着这里的一切！方圆几公里内，除了我们，再没见过其他人出现，除了太平洋水流流动的声音外，没听到一丝声响！陡峭的山坡像一堵墙似的，高高耸立，把我们与世间的一切阻隔开来，只剩下这“水的世界”！我一个人独自走开，坐在一块岩石上，海水正好从这儿涌进，形成喷潮口。与沿岸其他枯燥沉闷的沙滩相比，这里的壮丽如同贫乏之地的一块巨石一样让人眼前一亮。这可以说是我离家以来——远离那些在我们旁边却不想和我交谈的人——第一次真正一个人待着。我高尚善良的一面又强势回归了。一切都与我的心境吻合，当发现自己还能像以前那样诗情画意，并未被劳累和无趣的生活所影响而变得麻木时，我感到无比高兴。我在那儿坐了大约有一个钟头，完全陶醉在这出我演绎了很久的新剧之中。远处同伴们的呼喊声把我从联想中拉了回来，我看到他们已经开始集合，因为我们看到代理人已经在回来的路上了。

我们划着小船来到大船上，发现大艇被放下，几乎满载着货物。晚饭后，我们划着舰尾小艇，拉着大艇来到岸上。快到岸的时候，我们发现山上峭壁顶端有一架牛车和几个男人。登陆后，船长选择了小山旁的一条路，命令我和另一名水手跟着他。我们跟着他，小心翼翼地走着，一会儿跳跃，一会儿攀爬，穿过荆棘和仙人掌，最后终于爬上了山顶。村庄一直向前延伸了好几公里，一眼望不到尽头，一直延伸到一块水平地面。我们所能看到的住宅就是那栋白色的圣胡安卡比斯崔诺教堂，和教堂周围一些印第安人的棚屋。教堂坐落于小山谷中，离我们所在的地方大约一公里的距离。到达牛车所在的峭壁上时，我们发现那儿堆放着一堆堆兽皮，几个印第安人就站在周围，还有一两辆牛车正从教堂那边慢悠悠地过来。船长让我们开始把兽皮扔下山去。这就是他们搬运兽皮的办法：将兽皮一张一张地从400英尺的地方扔下山。这工作量非常之大。站在山顶往下望，水手们在沙滩上走着，看起来就像老鼠一样小，船上高高竖起的三桅帆消失在船头，船头的浮标小得几乎看不见。

我们开始从山顶往下扔兽皮，尽量扔在我们能得到的地方。因为它们又大又硬，而且是折叠起来的，像书壳一样。风一吹，摇摇晃晃的，在空中上下飞舞，像断了线的风筝似的。现在潮水已经退去，兽皮不会落到水里。兽皮一滚到地面，下面的水手们就将它们捡起来，顶在头上，搬运到船上。这真是一幅生动的画面：高海拔，大量的兽皮，沙滩上看起来像小虫的水手们不停地来来回回！这就是搬运兽皮的传奇故事！

一些兽皮落入我们下方河岸下的洞穴中，看不到了。我们派了些人手沿着兽皮落下的方向去寻找，最后我们还是成功地把兽皮取出来了。船长让下去取兽皮的水手就待在那儿，他到船上取那些长吊索，让一个水手到山下拿。据说几年前，曾经有一位英国双桅帆船上的水手也是这样下去的。我们从上面往下看，发现这并不是件容易的差事，特别是为了一些微不足道的兽皮。在被船长叫到之前，没有人知道自己要干些什么。六个月后，我也借助一些上桅副帆上的吊索去到了同样的地方，去取六张卡在那里的兽皮。

把兽皮扔下山后，我们也开始下山，看到装满兽皮的船已经准备好出发了，我们划着小船，将兽皮全部运到大船上，拉起小船，拉起锚，出航。太阳落山之前我们已经开始驶往圣地亚哥。

1835年，5月8日，星期五。我们到达了圣地亚哥，发现海湾上一片萧条的景象。拉戈达、阿亚库乔、洛莉阿提和其他一些船只都离开了沿岸，只留下我们孤单地在这儿。除了我们的仓库还开着门外，沙滩上其他的兽皮仓库都大门紧闭。十几二十个住在沙滩上的桑威奇岛民举办了一个嘉年华。几年前，一艘来自俄罗斯的探险船曾经来过这个港口，船上的水手们在这儿搭建了一个炉子烤面包，他们走后，炉子一直留在那儿。从那以后，桑威奇岛民们就泰然自若地将炉子据为己有。炉子很大，可以容纳六到八个男人——也就是说，这炉子和船上的水手舱一般大小。炉子旁边有扇门，顶部有个风眼。他们把一些欧胡岛垫子当作毯子盖在炉子上，天气不好时，堵住出烟孔。他们把炉子当作他们的指挥部。现在这儿已经住了有十一二个人了，他们全都无所事事——喝酒，打牌，纵情狂欢。他们一星期买一头小公牛来提供肉食。每天他们会派一个人到镇上买水果、酒和生活用品。除了这些，他们还在拉戈达出航前，在那儿买了一桶硬饼干和一琵琶桶的面粉。他们居住在这儿，逍遥自在，不用担心任何人。眼看我们船上的水手越来越少，T船长想在他们中雇用三四个人到朝圣者号上来当水手。他朝炉子走去，花了一两个小时试着和他们商谈。他们中有个人——是个身强力壮、积极能干、强壮聪明的伙计——算是他们的头头，代表其他人发言。他叫曼尼尼——更确切地说，为了突显他的重要性和影响，称他为曼尼尼先生——在加利福尼亚非常出名。船长告诉他，他每月付给他们15美元，而且现在就可以提前支付一个月的佣金。但是船长好像是在对牛弹琴，或更确切地说，就是白费力气。只要他们还有钱，他们不会工作一个月去挣那15美元，但当他们钱花光的时候，他们两个月10美元都有可能愿意去做。

"曼尼尼先生，你们在这儿干什么啊？"船长问道。

"哦，我们打打牌，喝个烂醉，抽烟什么的——想干什么就干什么。"

"你们愿意到船上工作吗？"

"现在我们有钱，不想工作，等钱用光了，啊，工作，很好！不好意思啦！"

"但你们这样，钱早晚会花光的呀。"船长说。

"对！我知道。等钱花光的时候，再去干活儿挣钱。"

船长知道没什么希望了，就离开了，耐心等着他们把钱花光。

我们卸下兽皮和油脂，一周后我们准备再次迎风出航。我们解开锚，做好了准备工作。船长再次到炉子那儿去作一次尝试。这次他更加注意"劝说技巧"，成功归来。他对曼尼尼先生很感兴趣，而且势在必得，他说服了曼尼尼和其他三个人拿着箱子行李来到船上。船长紧急地让我和那个小男孩收拾好东西到岸上去看守兽皮仓库。这非常出乎我的意料，但我喜欢变化无常的事情，所以我收拾好后便划着小船来到岸上。我站在沙滩上，看着我们的船出发，直到它绕过海岬，我才爬上山来到兽皮仓库，一连几个月，一直坚守岗位。

第十九章　桑威奇岛民——盐水腌皮——砍伐木材——响尾蛇——新来者

在这儿，我的生活突然间完全变了。一眨眼的工夫，我从一名水手变成了“沙滩上的来者”和兽皮加工者。但是我对这种新的变化和相对独立的生活并没有感到高兴。我们的兽皮仓库是一栋用粗木板建造而成的大型建筑，可以容纳4万张兽皮。仓库的一个角落有一间独立的小房间，房间里有四个铺位，一张桌子，一个放有锅、碗、碟等用具的小橱柜。我们就住在这间只有个小洞透光的泥土地面的房间里。我们把箱子放在屋里，把寝具扔在铺位上，开始进入岗位。我们头顶上还有一间小房间。房里住着拉塞尔先生。他掌管整个仓库，同时也是朝圣者号上的高级船员。在这儿，他一个人孤芳自赏，一个人吃，一个人住（这些就是他主要的工作），只能与自己的高贵相依相伴。在这儿，那个小男孩扮演着厨子的角色，而我和来自法国的巨人尼古拉斯，还有那四名桑威奇岛民则负责兽皮加工。来自法国的山姆和我住在同一间房间，四个桑威奇岛民和我们一起工作，一起吃饭，但是他们通常还是睡在他们的那个炉子里。我那新来的同伴——尼古拉斯——是我这辈子见过的最伟岸的人。他坐船来到沿岸，后来船失事了。现在他在不同的仓库干着加工兽皮的工作。他大约有6英尺高，骨架很大，让人对他感到很好奇。但他身上最引人注意的是那双脚。他的脚太大了，在加利福尼亚根本找不到一双适合他的鞋子，只能在欧胡岛定做一双。当他拿到鞋子的时候，他就会把鞋跟穿坏。有一次，他告诉我，他曾乘坐的美国双桅横帆船在古德温暗沙失事。后来他被派往伦敦，负责美国领事馆的工作。那时，他没有衣服、鞋子穿，只穿着袜子，在1月寒冷的日子里，被迫在伦敦街头闲逛了三四天，直到领事馆为他定制了合适的鞋子。他的力量与身材成正比，无知和力量成正比——“四肢发达，头脑简单”。他不识字，更不会写字。他很小的时候就当了一名水手，什么活儿都干过，在各式各样的船上当过水手：商船、战船、私掠船、奴隶贩卖船。这些都是从他那儿听来的。在我们熟悉后，一次，他悄悄告诉我他还干过比买卖奴隶更坏的事情。他在南卡罗来纳州的查尔斯顿时，曾经被判死刑，虽然后来被无罪释放，但是他害怕得要命，从那以后再没在美国出现过了。我不知道怎么劝他，让他不要再犯同样的罪行。他说已经安全地从大浪中逃生，对水手来说，再一次的冒险是有益的。

虽然我知道他以前过的是怎样的生活，但我从未害怕过他。虽然他比我强壮，块头也比我大很多，但是我们总能融洽相处。他听了我出海之前的经历，知道我以前上过学，对我非常敬佩。“我们会成为好朋友，”他常说，“你早晚有一天能当上船长，到时候，你可要好好对我啊！”我俩团结一致，那个高级船员也循规蹈矩，很明显，他害怕尼古拉斯，不敢命令我们干活儿，除非是让我们去干些和兽皮相关的活儿。我的其他同伴——桑威奇岛民们——非常值得注意。

许多年来，加利福尼亚与桑威奇岛一直进行着大量的贸易来往，大部分船只上的水手都是桑威奇岛民，因为，他们大部分人都不会与船只签订协议，他们想什么时候走都行，去圣地亚哥加工兽皮，或是到沿岸的美国船只上去当水手。这样，许多桑威奇岛民移民到圣地亚哥，把圣地亚哥作为他们的总部，定居于此。最近一些桑威奇岛民到阿亚库乔号和洛莉阿提号当了水手，而曼尼尼先生和其他三个岛民上了朝圣者号，所以留在岛上的岛民不超过二十个。留在岛上的这些岛民中，有四个受雇于阿亚库乔号，看守仓库，还有四个和我们一起干活儿，其余的居住在炉子里，平静地生活，因为他们的钱快花光了，他们要挺到其他船靠岸，雇用他们。

我住在这儿的四个月里，和他们都成了熟人。我可是下了苦工夫才熟悉他们的语言、习惯和特点。他们的语言，我只能学些口语。虽然他们大多数人都在家附近的教堂学习过读和写，但他们没有任何教材。他们只懂一点点英语，岛上的语言都是被中和过，混合使用的，这样大家都能听得懂。桑威奇岛民的全名被淘汰了，太平洋周围的白人都叫他们“肯纳卡人”，这个词是桑威奇岛民自己的语言，这些岛民和南太平洋的岛民都用这个词称呼自己，而白人叫作“非土著”，以此区分。听到有人叫“肯纳卡人”，他们都会答应，这个词既是个集合名词，又是个个体名词。他们的专有名词，用他们的语言读起来很困难，也不好记忆，所以船长叫他们什么他们就叫什么名字，或者看水手们喜欢怎样称呼他们。一些岛民上船后，船上的人就以船的名字给他们命名，其他的岛民就被取上一些普通的名字，如杰克、汤姆、比尔，等等，还有一些岛民的名字还挺炫的，如榕树、前桅楼、鹈鹕，等等。和我们一起在仓库里工作的四个岛民中有一个被我们称作“宾汉姆先生”，这个名字是以欧胡岛的传教士命名的，另一个叫希望，这个名字是他曾经工作过的一艘船的名字，还有一个叫作汤姆戴维斯，是他遇到的第一个船长的名字，还有一个叫作鹈鹕，是与他最喜欢的鸟的名字最相近的发音的名字。还有一些岛民叫拉戈达杰克、加利福尼亚比尔，等等。不管他们叫什么，他们都是我见过最风趣、最聪明、最热心的人。我几乎对他们所有人都有好感。我一看到那些我喜欢的人，就感到很高兴，有时一听到那些桑威奇岛民的名字我就会对他们产生强烈的兴趣。

汤姆戴维斯能够阅读、写字，会一些简单的算数。他曾去过美国，讲得一口流利的英语。他受过的教育比加利福尼亚四分之三的美国佬还多。他有许多好习惯和合理的原则。他理解能力很强，不费吹灰之力就能掌握知识，就像学过航海和一些科学知识似的。老“宾汉姆先生”会讲一点点英语——几乎不会，他不知道怎么读，也不知道怎么写，但他是这世上心地最善良的老人。他大概五十岁，两颗门牙被敲掉了，这是他父母为了纪念卡美哈梅哈五世之死留下的记号。卡美哈梅哈五世是桑威奇最伟大的国王。我听他们说宾汉姆把库克船长吃了，牙齿是这样被磕掉的。那是唯一让他感到生气的事情。他总是对此感到很愤怒，说：“不！俺没吃库克船长！俺——小——太高——不会！俺父亲见过库克船长！我——没有！”他们都不喜欢提起库克船长，因为水手们都认为库克船长被吃掉了，他们不能忍受别人的嘲笑。“新西兰的肯纳卡人把白人吃掉了——桑威奇岛的肯纳卡人——不行。桑威奇岛的肯纳卡人——和你们一样！”

宾汉姆先生可以说是他们中的族长。虽然他没受过教育，也没有曼尼尼先生那种统治岛民的能力，但岛民们都非常尊敬他。我曾花了几小时和这位老人谈起关于卡美哈梅哈五世，桑威奇岛的查理曼大帝。他的儿子，也是他的继承人，死于英格兰，尸体是用波龙德号护卫舰护送回来的。拜伦爵士是波龙德号的船长，他清晰地记得船长葬礼的情景。我们还谈起童年时，他的国家的风俗，传教士改变了这些风俗。他绝不会让食人的事情在这里发生。事实上，似乎告诉一群深情的、智慧的、文明的人们，在他们有生之年，如此暴行曾在他们的国家发生过。当然，这世上没有一个国家的历史能如此迅速地提前。我不相信我的生活和命运掌握在其他人手里，当然，如果我希望有人支持我，为我做出牺牲，在我请求沿岸的同伴帮助之前，我会先依次寻求他们的帮助，在我的同伴计算得失之前，我期望看到他们对我伸出援助之手。他们的穿着、对待彼此的方式都体现出一种简单的、原始的慷慨，这真是让人感到高兴的一点，也是我们自己人缺乏的一点。无论一个人拥有什么，但每个人都总会有点什么。他们的金钱、食物、衣服都是彼此共有的，甚至连最后一片烟草都要放在烟斗里，大家一起抽。有一次，我听宾汉姆先生义愤填膺地对一个试图劝他把钱留着自己用的美国商人说："不！我们和你们不一样！如果一个人有钱了，所有人都要分到钱。你们中如果一个人有了钱，就会自己藏起来。这样不好！""所有的肯纳卡人都是一家人！"这条法则被沿用至今，他们吃东西的时候不会不分给周围的人，自己在那儿独享。我曾看到他们中有个人得到一块小点心，他却把点心分成五份。我知道他只分到很小一块，因为岛上的食物很稀少。

他们中，我最喜欢的就是希望。高级船员、水手们，凡是和他一起共事过的人都很喜欢他。他是个聪明、热心的年轻小伙儿。虽然我认识他一年多了，看到过他被白人欺骗，被船上粗鲁的高级船员辱骂，但从未见过他发脾气。他总是彬彬有礼，乐于奉献，不忘恩情。一次，他生病了，船长和高级船员是不会照顾他的，我就去照顾他，从船上的箱子里帮他拿药。他一直记着我对他的好。每个肯纳卡人都有一个特别的朋友，他们愿为这个朋友付出一切，和这个朋友签订一种契约——攻守同盟，他们会为朋友作出最大的牺牲。他们把这样的朋友称作"挚友"，而希望就把我当作他的"挚友"。我相信我不会需要他拥有的一切，相信他会把他的所有都给我。作为回报，在这帮美国人中，我愿意成为希望的朋友，教他学习字母和数字，因为他离开家的时候，还不会阅读。他对波士顿很感兴趣（因为他们习惯把波士顿称作美国）。他问了许多关于波士顿的建筑、风俗民情之类的问题。他总是希望书上能有些图片作补充说明。他们的接受能力惊人地快，许多我认为他们难以理解的地方，他们都能立马掌握，问些问题显示他们已经理解了，希望进行下一阶段的学习。我读过的一些报纸上印有蒸汽船和有轨电车的图片，解释起来很困难。他们能轻易明白道路和轨道的等级，车厢的构造，但是蒸汽产生动力的原理对他们来说却有些深奥。我曾尝试用厨子的铜锅来给他们做个实验，但是却以失败告终。这可能是因为我的无知，也可能是因为他们求知心切。我坚信，我已经使他们和我一样清楚地理解了这些原理。当然，这个难题也出现在解释蒸汽船的动力问题上，我所能做的就是给他们一些关于变数器形状的数据结果，因为，不能给出合理的解释，我只能依靠事实说话。在解释速度时，汤姆帮了我一把，他曾去过楠塔基特岛，看到过一艘前往新贝德福德的小型蒸汽船。

我曾给他们展示过的一幅世界地图引起了他们的关注，他们一直观摩了好几小时。他们中会识字的指出地名，问我到那个地方的距离。我记得我被希望问的问题逗乐了。他指着一块不规则的地方，这通常是极点附近空白的地方，标记为未被发现，他望着我问道："完了吗？结束了吗完成？"

他们能轻松理解街道命名和房屋计数的方法，而且能运用这种方法。他们很想到美国看看，但害怕迂回的合恩角，因为他们受够了严寒，从一些去过合恩角的岛民口中听说了关于合恩角可怕的传闻。

他们吸烟量很大，虽然一次只吸一点。他们的烟斗很大，烟杆很短，或者根本没有烟杆。他们点燃烟斗，放在嘴里，深深地吸上一口，直到嘴里吸满了烟，脸颊胀得圆圆的，然后慢慢地将烟从嘴里和鼻孔里吐出来，然后把烟斗传给其他人。接到烟斗的人，按照同样的方式吸上一口。满满一烟斗烟足够六个人吸。他们从不像欧洲人一样小口小口连续地吸，但是有一种水手们称作"欧胡岛烟斗"可以吸一两个小时，直到有人点燃自己的烟斗，用同样的方式传递吸食。沙滩上每个肯纳卡人都有一根烟斗、一块打火石、一把打火镰、一根火绒、一把烟草和一把随身携带的大折刀。

最让陌生人印象深刻的就是他们唱歌的方式。他们用拉长的、低沉的喉音唱着曲调单一的圣歌，他们的嘴唇和舌头看起来几乎没怎么动，声音只在喉咙里变换。歌曲几乎没有调子，没有歌词，到目前为止，我听到的都是他们即兴创作的。他们唱的内容都是身边的人和事。当他们不希望除了自己以外的人理解时，他们就会用这种方式唱歌。这种方式很奏效，因为即使我集中精力去听也听不懂一个字。我常听到他们中最出名的即兴作曲家曼尼尼先生在工作的时候，在那些美国人和英国人中唱歌，一唱就是一小时。时不时从远处传来的肯纳卡人的呼声和笑声，很明显曼尼尼唱的内容是有关和他一起工作的那些水手的。他们嘲弄人的功夫了得，模仿能力极强。他们总能比我们先发现我们身上的一些特别之处并加以模仿。

这些就是和我们一起待了几个月的人，除了高级官员、法国人尼古拉斯，和那个小男孩，这些人就是这沙滩上的全部人口。也许，我还应该把那些狗除开，因为这些狗对我们来说很重要。最初到岸的一些船只都会带着狗，为了省事，就把狗留在岸上。这些狗就在岸上繁衍生息，最后队伍越来越庞大。我在沙滩上时，每年大约有四十条狗，或许刚好四十条，或许更多的狗被淹死，或是以某种方式被杀掉。这些狗可以用来守卫沙滩，因为他们害怕印第安人晚上会到沙滩上来，因为几乎没有人在没有得到紧急警报的情况下走进兽皮仓库半公里的地方。聚集区的创立人，老酋长，这名字是以他曾工作过的船命名的。我在沙滩上的时候，酋长已享天年，被风光下葬。猪和几只鸡是剩余的动物部落，像狗一样，它们形成普通的同伴关系，虽然它们都被人们熟知，身上也标有记号。通常这些动物都是由它们所归属的仓库里的人喂养。

我去过沙滩，但只在那儿停留了短短几小时，当听到“出航咯”的呼喊声时，朝圣者号几乎完全消失在视野中，一艘小型双桅帆船绕过海岬，驶向海湾的下风处，停泊下来。那是艘来自墨西哥的法齐奥号双桅横帆船。我们曾在圣佩德罗赶超上这艘船。它这次到岸是要卸下船上的兽脂，用新的袋子重新翻装，然后再装上船，离开沿岸。他们停靠下来，在岸上搭建起鲸油提炼炉，支起帐篷，然后便开始炼油。他们成为岛上的新成员。晚上，我们经常待在他们的帐篷里，这里有来自英国的巴贝尔人、西班牙人、法国人、印第安人和肯纳卡人。有一些词语是我们都能明白的。

上岸后的第二天早晨，我便开始加工兽皮。为了更好地说明，我觉得有必要讲述一下关于兽皮的完整历史，从把兽皮从小公牛身上剥下，到装上船运往波士顿。当把兽皮从公牛身上剥下时，要在兽皮边缘划上小洞，然后穿过这些小洞，将兽皮晾起来，吹干。这样晾晒，兽皮就不会有皱褶。兽皮在太阳下晒干后，就会有船只来采购，然后运到圣地亚哥储存起来。船只把兽皮运到圣地亚哥，将其卸下，成堆成堆地堆放在仓库旁。

接下来就开始腌制兽皮。腌制兽皮的第一步是将兽皮浸泡起来。浸泡兽皮，要等到退潮的时候，把兽皮搬运下来，用绳子把它们捆成小堆小堆的，让冲上岸的潮水将它们淹没。一个人每天可以浸泡二十五张兽皮，我们所有人每天一共可以完成一百五十张兽皮的浸泡工作。兽皮需要浸泡四十八小时才能拿起来，用独轮手推车把兽皮运上山，扔在大桶里。这些大桶里装有用海水和大量的盐兑成的浓盐水。兽皮需在桶里腌制四十八小时。最初放进去的海水是用来软化和清洁兽皮用的。兽皮从桶里拿出来后，需放在一个平台上吹二十四小时，然后再平铺在地面上，仔细将其伸展开，支开来，这样兽皮晒干后就很光滑。当兽皮还是湿软的时候，将其支开，我们就拿着刀小心翼翼地将坏掉的部分割掉：割掉有肉和有脂肪的地方，如果将兽皮存放在船上几个月后，这些肉和脂肪会腐烂，然后整张兽皮也会腐烂。还要割掉四肢、耳朵和一切不利于保存的部分，这是整个过程中最困难的部分，要割掉这些需要割掉的部分是需要一定技术的，同时在切割的时候不能划伤兽皮。这也是个持久的过程，六个人负责清洗一百五十张兽皮，大多数兽皮需要仔细清洗，因为西班牙人在给牛剥皮时非常粗心。当他们支开兽皮时，我们就开始清洗，而且必须要跪下来才好进行清洗工作。通常新手干过这活儿后，都会感到背部酸痛。第一天，我干得很慢，我承认我只清洗了八张兽皮，后来几天，我能清洗十六张，两三个星期后，我就能和其他人并驾齐驱，完成我的那部分——二十五张。

兽皮的清洗工作必须在上午完成，因为到中午兽皮就会变干。被太阳晒过几小时后，就需要用刮刀刮去兽皮上被太阳晒出来的油脂。刮完油脂后，要将支开的兽皮取下，仔细地对折起来，折叠的时候要将有毛发的一面折在外面，继续晒。下午三点左右，再把兽皮翻个面继续晒。太阳落山时，需要将兽皮堆放起来，盖好。第二天，又把兽皮展开，到了晚上，如果兽皮完全干透了的话，就需把它们五张五张地穿在一根又长又直的杆上，用连枷拍打。这样可以打掉兽皮上的灰尘。在经过腌制、刮油、清洗、晒干和拍打后，兽皮就要被存放在仓库里。当船准备返航时，要再次把兽皮装上船，运回波士顿，加工成棕褐色，制作成鞋子和其他有用的皮制品，这就是兽皮加工的整个过程。到最后，许多兽皮会被制作成鞋子运回加利福尼亚，那儿的人穿上这些鞋子去追赶公牛。

我们每天要腌制一百五十张兽皮，所以每天还要完成一百五十张兽皮的其他加工程序。这样一来我们每天都要重复这些工作，加工同样数量的兽皮：腌制一百五十张，清洗一百五十张，放进桶里一百五十张，还要拍打一百五十张兽皮上的灰尘，然后放进仓库。我应该除去星期日，因为多年来，在沙滩上，星期日都是休闲的一天，船长和代理人都没冒险去打破过这个惯例。星期六晚上，处于每个加工状态下的兽皮全都被仔细地盖起来，到了星期一早上再揭开。星期日，我们完全没有工作，除非那天要宰牛，有时星期日会有人给我们送来我们一星期的牛肉。另一个完美的安排就是，等我们干完活儿后，剩余的时间由我们自由支配。知道这个安排后，我们更加卖力干活儿，根本不需要上级的催促。每天黎明时分，我们就得起床，八点左右，有一小段时间吃早饭，通常我们要干活干到下午一两点才能吃午饭，午饭后我们可以自由休息。太阳落山之前，我们要开始拍打干兽皮，然后把他们放进仓库，堆放在其他兽皮上。这样一来，每天下午我们都有三小时可供自由安排的时间。太阳落山时，我们开始吃晚饭，一天的工作也就结束了。在这儿不需要站岗，不需要收起上桅帆。晚上我们一般会到其他仓库去串串门，我经常会到岛民们的炉子里去，在那儿待上一个小时左右，我们都把那儿叫作“肯纳卡酒店”，或是“欧胡岛咖啡屋”。午餐后，我们一般会睡个午觉，弥补早上早起耽搁的睡觉时间，下午每个人可以根据自己的爱好安排时间。我通常会看书，写作，制作，补衣物。“需要”这个发明之母，使我学会了后两门手艺。肯纳卡人则回到他们的炉子里，睡觉，闲聊，抽烟。我的同餐之友，不会读写的尼古拉斯，则靠长时间的午睡，用烟杆抽两三支烟，在仓库之间散散步来打发时间。休闲时间是绝不会被打扰的，因为船长们都知道，这些时间是水手们通过辛勤快速的工作换来的。如果水手们被打扰了，他们要花整整一天的时间才能完成每人二十五张兽皮的加工工作。我们在这儿非常自由，因为仓库的主人——“队长”不会说我们什么，除非是在我们加工兽皮的时候。虽然我们不能在没经他允许的情况下到镇上去，但如果我们请求，他很少，几乎不会拒绝我们。

湿润的兽皮很重，我们只好用独轮手推车来搬运。兽皮上布满污点，需要把兽皮撑开来清洗。我们还经常爬到那臭气熏天的深及膝盖的大桶里，把兽皮按下去。这些都让加工兽皮的工作变得令人厌恶，劳累不堪，但我们很快就习惯了，相对自由的生活让我们心甘情愿地工作，因为这里没有人折磨我们，找我们的碴儿。一天工作结束后，我们就可以洗洗衣服，换上干净的衣服，然后自由活动。但是，也有例外的时候，因为做饭需要，每周有两天下午，我们要去找柴火。圣地亚哥附近柴火很稀少，方圆几里，无论大树小树，都没有一棵。镇上，居民们烧的都是生长在丛林里的小柴火。每隔几天他们都会让很多印第安人出去找柴火。幸运的是，现在天气好，屋里不需要供暖，只需一些做饭用的柴火。对我们来说找柴火是件麻烦事儿，因为仓库周围的树木都被砍伐光了，我们必须到一两公里外的地方去找，然后背着柴火，走上几公里，因为我们不能把手推车推上山，或崎岖的地方。

一周两天下午，通常都是周一和周二，当我们吃过午饭后，就开始到矮树林去。每个人都带有一把短柄小斧和一根长绳，拖着一辆手推车，整个岛上的狗全跟在我们身后，准备到矮树林去。它们一见到我们开始准备，就开始处于半疯癫状态。只要路况好的地方，我们都一直推着手推车，到了路况不好的地方，就把车放在一块开阔、引人注目的地方。然后我们各自分散开去，每个人选定一条路线，寻找一块好地方开始找柴火。我们经常要走到离小推车一公里开外才能找到一个合适的地方。偶遇一块好树林后，接下来我们就要清理下层灌丛，在树上一阵狂砍。这些树木中很少有超过五六英尺高的，在找柴火的过程中，我见过最高的一棵也不过十二英尺高。我们需要砍掉枝干，清理下层灌丛，所以在一片小树林里，砍伐的量还是很大的。砍伐够"回程货"后，接下来我们要做的就是用绳子将柴火捆紧，背在背上，拿起短柄小斧往回走，翻过山，来到山谷，找到手推车。两背好柴火就能将手推车装满，这就是我们每个人的任务。当每个人都背回第二背柴火，装满手推车后，我们就慢慢地走回去，卸下柴火，把兽皮盖好，吃晚饭。一天的工作总算是完成了。

砍伐柴火的行程中总会发生一些愉快的事情。我们手里拿着短柄小斧，像野人一样漫步在树林中，一群狗跟在我们身后，追逐小鸟、蛇、野兔和狐狸，仔细观察各种树木、花儿和鸟巢。至少这是船上单调冗长生活的调剂品。在这儿我们经常有些娱乐，去冒险。我前面提到过的长鼻浣熊——一种狐狸和狼杂交的动物，是种凶猛的小动物。它们的尾巴毛茸茸的，头大大的，叫声急促又刺耳。这里有很多这种浣熊，在加利福尼亚其他地方也很多。狗非常警惕，无论在哪儿，只要它们发现长鼻浣熊的踪影，必定全力追赶。我们看到过许多次精彩的追逐场面，虽然狗儿们尽力追赶，但那些淘气的小家伙总能逃脱。对狗来说，这是一场一对一的比赛。尽管狗通常都是成群结队地出来，但是比赛中总是不公平的。一只属于我们的小狗曾单独袭击过长臂浣熊，被扯掉了很多毛发。如果我们没有帮助它，它可能已经被杀死了。然而，我们有只狗曾带给它们很多麻烦，常常追得他们精疲力竭。那是只体格健硕、身躯高大的狗，是我见过的最有力、最灵活的狗。它出生于岛上，父亲是只英国獒犬，母亲是只格雷伊猎犬。它头高昂着，腿长，身子窄，后腿弹跳能力强，下颌宽阔，下巴厚实，有着獒犬那种强壮的前肢。当它被带到圣地亚哥时，一个英国水手说仔细看看这狗的脸，就像他曾在陶尔见过一次的威灵顿公爵。事实上，这狗和公爵的肖像还是有些相似的地方，所以我们给它取名为“威利”。后来它成为沙滩上最受欢迎、最凶猛的狗。它总是让其他狗跑在前头几码，然后去追逐，还有两次在与长鼻浣熊的单独对抗中，分别杀死了那两只长鼻浣熊。我们经常与这些狗玩游戏。狗一听到长鼻浣熊急促刺耳的叫声，便立马以最快的速度冲上去。一瞬间就弥补上了开始时的不公平，让每条狗都攻击长鼻浣熊的相对位置。威利冲在最前头，像是要跳跃过灌木丛似的。跟在它后面的有范尼、费利西亚纳、奇尔德斯和其他飞奔前进的狗——西班牙猎犬、小猎犬。跟在后面的还有一只庞大的队伍——斗牛犬等。我们有各种品种的狗，但这种追赶是徒劳的。追赶了大约半小时后，就有一些狗喘着粗气，掉在队伍后面去了。

除了长鼻浣熊，狗儿们有时还要追捕兔子和野兔。这里有很多兔子，我们经常猎捕些兔子吃。这儿还有一种动物是我不想从中取乐的，那就是响尾蛇。这儿有许多响尾蛇，特别是春季。在岸上的后来一段时间里，我倒没遇上几条响尾蛇，但是头两个月，几乎每次到灌木丛去，都会遇上几条。我还清晰地记得我第一次见到响尾蛇的场景。我和同伴们分开，开始清理一棵大树，当我刚走到丛林中央时，离我不到八码的地方，有条响尾蛇伸长脑袋，发出嘶嘶声。那声音是尖锐的、连续的，就像是蒸汽船的小烟管释放蒸汽的声音，但蛇的声音要小一些。我听到斧头的声音，判断出有个同伴就在附近，我叫了他一声，告诉他我遇到的情况。他悄悄地走过来，好像是在嘲笑我害怕蛇的样子，我决定站着不动。我知道只要我能听见摇尾声，我就是安全的，因为蛇进攻的时候绝不会发出任何声响，因此我继续干活儿。我砍柴的声音和树枝断裂的声音，使蛇保持警觉，这样我就能根据它发出的摇尾声判断出它的行踪。有几次，蛇的响声停止了一小会儿，让我感到有些不安，于是我向后退了几步，朝灌木丛中扔了些东西，然后它又发出了先前摇尾的声音。从那声音，我判断出它还在原来的位置，我又放松下来。就这样，我继续干活儿，直到砍好了整整一背柴火。这整个过程中，它都没安静下来过。我砍好柴火后，捆起柴火，作好出发的准备。现在我觉得我可以大胆地喊其他人了，于是我开始寻找他们。几分钟后大家集合在一起，开始攻击灌木丛。那个法国大个子，就是我刚才喊的那个。我发现他也跟我刚开始一样，不那么靠近那条蛇了。狗儿们似乎也很怕响尾蛇，在安全范围内，不停地狂吠。但是肯纳卡人一点也不害怕，他们拿起长棍子，走进丛林，小心翼翼地观察，站在离蛇几英尺的地方。他们朝蛇身边打了几棍子，丢了几颗石子儿，然后蛇就没了踪影。我们很清楚，他有可能就在我们脚下。我们朝不同的方向扔石头，然后又听到了蛇摇尾的声音，于是又发起了一轮攻击。这次，我们把蛇逼迫到一块空地上，看着它昂着头，翘着尾巴滑走了。一块石头正好击中它，把它打到十五或二十英尺高的坡下面，完全伸展开来。向它扔了几颗石头确定它死了后，我们走下去，一个肯纳卡人砍下了它的响尾器。据说响尾器的数量和蛇的年龄有关。印第安人认为响尾器的数量就等于他们杀死的生物的数量。我们总是把响尾器作为我们的战利品，等到夏末的时候，我们已经收集了很多响尾器了。我们从未被响尾蛇咬过，但是我们有只狗却被响尾蛇咬死了，另一只狗好像也被咬过，但已经痊愈了。我们没有治愈咬伤的药方。虽然听说村里的印第安人有药方，肯纳卡人也称有种草药可以治愈这种咬伤，但幸运的是，从没有人试过他们的药方。

正如我前面提到的，在冬季，这里有很多野兔，近海到处都是鸭子和鹅。这里还有很多牛，它们常常为我们提供兽皮、干肉和脂肪。在上游一带和内陆地区，还有许多熊和狼（事实上，在圣佩德罗儿公里内的地方有个人被熊给杀害了，那时我们还在那儿）。但在我们附近没有发现过。这儿还有另一种动物——马。沙滩上有十几匹马，被不同的人饲养着。我们可以骑着这些马在山间随意奔跑。马上套着长长的套索。无论在哪儿，只要它们找到吃的，都可以吃。我们每天必定能见到它们一次，因为山上没有水，它们得下山到沙滩上的井边喝水。这些马的价格从两美元到六美元，八美元不等，他们是居民们的公共财产。通常，我们每天会把一匹马系在仓库旁，这样我们就可以骑着他，或是骑上任意一匹马。这些马中也不乏好马，我们能骑着它们跑到要塞，跑遍整个村庄。

第二十章　休闲——来自家乡的消息——“炸水”

在岸上几个星期后，生活仿佛又变得有规律起来，直到两艘来自上风面的船只到达，这种单调的生活节奏才得以打破。当我们听到“出航咯”的呼喊声时，我们正在小房间吃饭。我们知道这呼声不一定总是代表船只，每当看到有女人从镇子上下来时，或是看到路上有印第安少女、牛车，或其他特别的事物出现时，也会听到这样的喊叫声，所以我们并没有在意。但很快这呼声变得愈发高亢，几乎传遍了整个沙滩，我们来到门口，看到有两艘帆船绕过海岬，猛烈的西北风使船身都倾斜着。每天下午沿岸都会刮起西北风。领头的是一艘轮船，另一艘是双桅横帆船。沙滩上，每个人都激动起来，作出了各种各样的推测。有人说那是我们等待已久的，来自波士顿的朝圣者号，但很快我们发现那艘双桅横帆船并不是朝圣者号，那艘轮船上的短上桅和锈迹斑斑的船身不可能是装饰华丽的波士顿大商船。当它们靠近时，我们很快从高高的尾楼和船首楼以及其他一些标志判断出，那艘轮船是意大利罗莎号，而那艘双桅横帆船是我们在圣巴巴拉见过的，刚从瓦尔帕莱索来的卡特琳娜号。他们抛下锚，系泊船只，开始卸载兽皮和兽脂。罗莎号买下了拉戈达号占领的仓库，而卡特琳娜则选择了在我们和阿亚库乔号仓库之间的那间空仓库。这样一来，他们各自占领了一间仓库，几天来，沙滩上都呈现出热闹的景象。卡特琳娜号上有几名肯纳卡船员。这几名船员很快被其他肯纳卡人包围住，带到他们的炉子里。他们在那儿跳着舞，抽着烟。罗莎号上的两名法国船员每天晚上都会到我们仓库来看尼古拉斯。从他们那儿，我们得知朝圣者号现在在圣佩德罗，是沿岸唯一的一艘船。几个意大利船员睡在岸上的兽皮仓库里，法齐奥水手则住在帐篷里。几乎每晚我们都会和他们一起唱些好听的歌。那些意大利人会唱很多种风格的歌曲——威尼斯船歌、乡村歌曲，等等。我觉得有些歌曲听着感觉有些像我最喜爱的歌剧和伤感歌曲。他们经常一起分声部合唱一首歌曲，这样唱出的效果非常好。他们大多都有副好嗓子，都是用灵魂和感情在歌唱。尤其是一个年轻小伙儿，有着像竖琴一样干净的假音。

每晚，船上大部分水手都会上岸来。我们在仓库之间闲逛，听听各地的语言打发时间。我们听过的语言中，只有西班牙语和英语有共同点，因为每个人多多少少都懂一点。现在这里有四五十个几乎来自世界各地的代表：两个英国人、三个美国人、两个苏格兰人、两个威尔士人、一个爱尔兰人、三个法国人（其中有两个是诺曼人，还有一个来自加斯科尼）、一个荷兰人、一个奥地利人、两三个西班牙人（来自古西班牙）、六个美籍西班牙人和西美混血儿、两个来自智利和智鲁岛的印第安土著人、一个黑人、一个穆拉托人、二十个来自意大利各地的意大利人，还有许多桑威奇岛民、一个俄塔黑坛人和一个来自玛贵斯群岛的肯纳卡人。

船只出发的前一天晚上，所有欧洲人都聚集起来，在罗莎号的兽皮仓库里娱乐了一番，我们用各国的语言唱着各国的歌曲。一个德国人给我们唱了一曲“噢，我亲爱的奥古斯丁”（Och！Mein lieber Augustin）。三个法国人也唱起了马赛赞美诗。英国人和苏格兰人唱了一首《大不列颠颂》。而意大利人和西班牙人则用高亢的声线唱了一曲《除了查理，谁还能成为国王》，这一曲讲述了一些国事，但我却听不明白。我们三个美国人也尝试着唱了一首《星条旗永不落》。等这些国家的代表都献唱完各自的国歌后，奥地利人为我们献上一曲优美短小的情歌，法国人也唱了一首叫作“哨兵！哦！请珍重！”（“Sentinelle！O prenez garde a vous！）的振奋人心的歌曲，接着又带了一首大家所期待的大合唱。当我离开的时候，他们已经喝了好多土酿白兰地和安妮嵩，已经醉得很厉害了。他们一直唱歌、谈笑，随口说出的独特的国家格言就像代词一样多。

第二天，两艘船迎风起航，留下我们独自享有这片沙滩。由于新开了一些仓库，岸上的人也多了起来，沙滩上这个小团体发生了些小小的变化。掌管卡特琳娜号仓库的是位苏格兰老人。和他的大多数同乡们一样，这位老人也受过良好的教育，做事独断，一副郑重其事、自高自大的样子实在有些滑稽可笑。空闲的时候，他会养些猪、鸡、火鸡、狗啊什么的，或是用他那长长的烟杆抽抽烟。仓库里的一切都被他打理得井井有条，他的生活就像精密计时表一样有规律。但他只是自己保持这样规律的生活，对我们毫无影响。在沙滩上时，他几乎没花过一分钱，听其他人说他没有什么朋友。他曾是詹姆斯·汤森勋爵船长掌管的英国护卫舰都柏林号上的一位小官员，但他却总是自视清高。掌管罗莎号仓库的是个奥地利人。他出生于奥地利，但他能轻松准确地说、读、写出四国语言。德语是他的母语，但由于出生于临近意大利的地方，而且还出航过热那亚，所以意大利语对他来说就像母语一样熟悉。他曾在英国军舰上干过六年，在那儿他毫不费力地学会了讲英语，当然读写也不成问题。他还曾经在西班牙船只上当过水手，所以西班牙语也学得不错，读西班牙语写成的书籍都不成问题。他四五十岁，性格中既有军人的坚韧不屈又有清教徒的拘谨严肃。他常常谈论礼节和稳重，给年轻人和肯纳卡人一些忠告。他很少到镇上去，但每次去了回来时都会喝得酩酊大醉。圣日那天，他和老罗伯特（卡特琳娜上的苏格兰水手）到镇上去，玩得很痛快。他们讲了许多古老的故事，互相给予忠告。他们骑着马原路返回，马停下来时，他们俩都掉进沙子里去了。他们的骄傲就这样不见了，后来他们也从未听别人谈论过这件事。在罗莎号仓库狂欢的那晚，我遇见老施密特（那个奥地利人的名字）站在一个大桶旁边，双手抓住桶，对自己大喊着：“坚持住，施密特！坚持住，伙计，不然你就会倒下！”他是个睿智、和蔼的老人，有满满一箱子书，他也愿意借给我阅读。和他住在一起的还有一个法国人和一个英国人。那个英国人是正规训练出来的“军舰水手”，一名真正的水手。他热心、慷慨，同时也是个风流的酒鬼。他每两个星期必定会大醉一场（他总是会睡在大街上，钱也被人偷去），每星期和那个法国人打一架。他们三个，加上一个智利人和六个肯纳卡人都是我们这个团体的新成员。

朝圣者号离开六个星期后，我们把他们留下的兽皮全部加工完成，并存储好了。我们打扫了地面，清空了大桶，把一切都整理妥当，之后就没事可做，只等他们返回来，这段时间，我们要做的就只是拾柴。我们决定用整整一周的时间去拾柴，而不是一周去两次，这样我们一周捡的柴火就足够我们用半个夏天了。于是，我们每天早上吃过早饭后就带着短柄小斧去砍柴，直到太阳落到海岬上方——这就是我们判断时间的唯一标准，因为在沙滩上没有钟表——我们才回去吃午饭。午饭过后，我们又拿着小斧和绳子，推着小车，把柴火拉下山，直到太阳落山才收工。我们就这样干了一个星期，捡了好几捆柴——足够我们用六到八个星期了——当我们把柴全捆在一起后，我高兴极了，即使我喜欢在丛林里闲逛，砍柴，但是要背着柴火走那么长一段路程，翻过小山，走进山谷，有时还要穿越丛林——粗糙的树枝划伤我的皮肤，撕碎了我的衣服，一个星期下来，我很难找到一件背部完整的衣服。

现在所有的活儿干完了，朝圣者号回来之前我们都没什么事儿做。我们的食物、生活必需品就像我们的工作一样快要结束了，因为我们的上级很浪费。茶叶、面粉、糖和糖浆都用完了。我们怀疑他把这些东西都拿到镇上去卖了。当镇上的女人们到沙滩上来的时候，他总是请她们吃糖浆。发现麦咖啡白面包快没有了，大家一起凑了点钱，于是我在马鞍后面系上个大盐袋，兜里揣着几个里亚尔，骑着马到镇上去买了满满一袋子洋葱、梨、豆子、西瓜和其他一些水果回来。打理果园的年轻女人们知道我是来自美国船只上的水手，而且我们又缺少食物，所以就给了我双倍的分量。有了这些食物，我们养尊处优地度过了一两个星期，每天早上要睡到早饭时间才起床，水手们把这叫作"睡眠大餐"。我花了几天时间整理我的箱子，把所有的旧衣服都缝补好，把一切都整理妥当——补丁上再打上补丁，看起来就像沙船上的主桅帆。然后我又开始阅读我随身携带的那本《鲍迪奇号上的领航员》。我已经读完一大部分了，现在我再仔细阅读一遍，从头到尾仔细找出书中举出的例子。读完整本书后，仍然不见朝圣者号的踪影，于是我拜访了老施密特，向他借书看，我把他留在沙滩上的书全部看完了。后来这儿什么都缺，就连儿童故事书、半本航运日历都像宝贝似的。事实上，我能整天像读小说一样，从头到尾地看完一本笑话书，而且还乐在其中。最后，当我没有什么书可读的时候，我在施密特老先生的箱子底下找到一本书，上面印着"曼德维尔，一段传奇，戈德温作，共五卷"。我没有读过这本书，但是戈德温的大名却是耳熟能详的。在读过一堆垃圾书刊后，任何一本由杰出的、博学多才的作者写的书对我来说都是如获至宝。我向施密特借了这本书，接连两天我起早贪黑，认真阅读，高兴地汲取书中的精华。我可以毫不夸张地说，这书就像是沙漠里的一汪泉水。

从庄严到滑稽——对我来说就是从曼德维尔到兽皮加工，只是一步之差，因为，6月18日，星期三，朝圣者号从上风面驶来了。当她靠近，我们发现她的外观改变了不少。矮短的顶桅加长了，帆脚索全被解开了（除下桁大横帆外），艉吊艇杆脱离了下帆桁，桅顶横杆被降了下来，几块龙骨墩也不见了，活动吊索位置也变了，还有其他一些类似的变化。我们还听到一个新的声音在发号施令，看到后甲板上出现了张新面孔——那人个子矮小，皮肤黝黑，穿着件绿色的外套，戴着顶高高的皮帽子。当然，这些变化让沙滩上的水手们都兴奋起来，大家都等待着船到岸，把事情弄明白。最终，船帆被卷起，锚被抛下后，船靠岸了。很快消息传来说，原来这艘船到达圣巴巴拉后，T船长就开始接管，而这艘船的船长方肯接管了朝圣者号，也就是站在后甲板、穿着绿外套的那位。不容我们多问，船又直接出航了，我们只好一直等到晚上，才划着一艘停靠在沙滩上的小船离开。当我上船时，二副把我叫到船尾，直接给了我个大包，上面有个“阿勒特号”的标志。这是我所渴望得到的，但我还是忍住到了岸上才打开它。到了水手舱，我发现还住着原来那些水手。能再见到他们，我真的太高兴了。我问了他们很多关于新船的问题，还从他们那儿得知了一些关于波士顿的最新消息。S收到了家里的来信，得知家里也没发生什么特别的事情。所有人都认为阿勒特是艘好船，而且是艘大船——“比罗莎号大！”“大到可以装下加利福尼亚所有的兽皮！”“围栏都有一人高呢！”“是艘好船。”“上等的好船。”T船长接管了阿勒特号，直接前往蒙特雷，随后向旧金山出发，可能在两三个月内不会回到圣地亚哥了。朝圣者号上的船员见到以前的同伴，在朝圣者号出航的前一晚，我在水手舱待了一两个小时。他们说船的甲板像雪一样白——每天早上都用甲板磨石磨，就像军舰一样，船上的一切都“井然有序，井井有条”。船上有优秀的船员，三个大副，一位修帆工和木匠和完整的配套设施。“他们找了个大副，一点也不严苛！对水手一点也不严苛！”“一个称职的大副，让每个人各司其职，船长和船员都很喜欢他。”我们了解到了所有关于那艘船的信息后，又问了些关于新船长的问题。他很少在甲板上待很长时间，让水手们有机会了解他，但他一接管这艘船，就表现得非常严厉——刚上任就降下顶桅，将索具滑下一半。

收集到能收集到的消息后，我们划着船上岸了。我们一到仓库，和我想象中一样，我迫不及待地打开了我的大包，看到足够的帆布、法兰绒衬衫、鞋子，等等。包里装的一封信对我来说更加珍贵。我几乎整晚都坐在那儿，读着这封信，又小心翼翼地将它收藏起来，等到空闲时再拿出来读一读。接着，我又看到了六张报纸，最后一张的内容是关于感恩节和“阿勒特号船长爱德华·福肯出航卡亚俄和加利福尼亚，布赖恩特作，斯特吉斯公司出版”的报道。没有出过远门的人永远也体会不到，一个远离家乡的人看到家乡的报纸时那种高兴。我翻阅了报纸的每个版块——招租、失物招领、拍卖和其他所有的版块。没有什么像报纸一样给你身临其境的感觉，让你感到这样亲切。“波士顿每日广告报”这名字，“听起来很亲切。”

朝圣者号卸下船上的兽皮，这让我们又有活儿干了。接下来的这些天，我们又得回到以前的生活模式，晒干兽皮，浸泡兽皮，清洗兽皮，拍打兽皮，等等。我正用刀把脏兽皮上的肉割下来时，福肯船长悄悄地走到我身边，问我有多喜欢加利福尼亚，他又重复道：“Tityre, tu patula recubans sub tegmine fagi.”我觉得在这个时候显示自己懂拉丁语很好。然而，船长能说出如此和蔼的话是不容轻视的，所以我谦恭地回答他，显示出对他最大的敬意。

7月11日，星期六。

朝圣者号迎风出航，留下我们在岸上，又过回原来那种生活。我们已经储存了充足的木材，现在日子总是很长，很快乐，我们有很多可以自由支配的时间。不久，我就把从家里寄来的帆布做成了裤子和紧身衣。每到星期日，我就穿上整套自己做的衣服，从头到脚，都是新的。我还把剩下的帆布做成一顶帽子。每天加工完兽皮后，闲余时间，我们就会读读书，缝补衣服，偶尔带着狗儿们到丛林里去，捕猎长鼻浣熊、野兔和家兔，有时还会遇上响尾蛇呢，偶尔也会到要塞参观参观。我们的另一项娱乐方式就是“炸水”捉河虾。为了捉河虾，我们用一根像标枪一样的长棍子做了一对鱼叉，在长长的松木棍一头缠上沾满沥青的绳子。划着沙滩上唯一的一艘小艇去捉河虾。火炬手坐在船头，舵手在船尾，船两侧各有一人拿着鱼叉，在漆黑的夜里，下水，炸水，捉河虾。这是项很不错的运动。在离岸几标尺、水深不过三四英尺的水域，用火炬一照，水底的沙清晰可见，就连沙里有根针几乎都能看得到。河虾很容易捕捉，不一会儿，我们就捉了一大堆。其他鱼捉起来就难得多，但我们还是常常捉到许多各种各样、大小不一的鱼。朝圣者号给我们带来了许多鱼钩，以前沙滩上没有鱼钩。我们到海岬待了几天，在那儿我们捉了好多鳕鱼和马鲛鱼。有一次，我们看到桑威奇岛民和鲨鱼厮杀的场面。“鲨鱼约翰尼”在我们船周围逗留了一会儿，驱赶小鱼，咬食我们的鱼饵。我们离开他不久就听见在我们对面岩石上钓鱼的两个肯纳卡人大叫道：“E hana hana make i ka ia nui！”“E pii mai aikane！”我们看到他们拉着一根结实的绳子跑动着，“鲨鱼约翰尼”在绳子另一头挣扎。绳子很快被扯断了，但是肯纳卡人不会轻易让他们逃脱。他们立马跳进水里去追赶那条鲨鱼，现在拉锯战开始了。在我们到达深水区之前，一个肯纳卡人捉住了那条鲨鱼的尾巴，然后把鲨鱼驱赶到了沙滩上。但是约翰尼扭转身子，把头埋在身下，在肯纳卡人的手边展示他锋利的牙齿，让他松手，放他一条生路。现在鲨鱼调头逃跑，利用它的优势，拼命往深水区游去。没等它安全逃脱，另一个肯纳卡人又捉住了它的尾巴，跳上沙滩，同时他的同伴用石头和粗木棍袭击鲨鱼。然而，鲨鱼掉转身来，肯纳卡人不得不松手放它走。但当它刚开始往深水区游去，那两个肯纳卡人便尾随其后，等待机会把它捉住。就这样，这场斗争持续了好长一段时间。鲨鱼愤怒地拍打水花，扭转身体。而那两个肯纳卡人则兴奋地高声尖叫。但鲨鱼最终还是拖着鱼钩、渔线和满身的伤痕逃脱了。

第二十一章　加利福尼亚和居民

我们和要塞保持着经常联系，到夏末时，我们的词汇量已经增加了不少。我们不仅和那儿几乎所有人都熟识起来，还了解了这些人的性格特点、喜好和那儿的公共机构。

1536年，科尔特斯首次发现了加利福尼亚，随后，许多其他探险者和西班牙王室的航海传教士也到这儿参观。人们发现许多印第安部落定居于此，土地也非常肥沃。当然，也有传闻说这儿有很多金矿、采珠场，等等。一了解到这个国家的重要，基督教会就要到那儿去创办教会，向印第安人传教。在公元七世纪时，基督教徒在加利福尼亚各地建立了各式各样的教区，把土著人集中在教区周围，为他们洗礼，让他们加入教会，教会他们文明生活的艺术。为了保护教区耶稣会信徒，同时支持王室对文明的印第安人的统治，他们在圣地亚哥和蒙特雷分别建立了堡垒，并派兵守卫。这些堡垒叫作要塞，国家的司令部位于两个要塞之间。圣巴巴拉和旧金山的要塞建立之后，整个国家被分为四个主要区域，每个区域都有一座要塞，每座要塞都由司令官管理。多数士兵都与文明的印第安人成婚，因此在每座要塞附近渐渐兴起了许多小镇。后来，船只开始来到港口，与教区进行贸易往来，同时收购兽皮。就这样加利福尼亚大贸易开始了。这个国家几乎所有的牛都属于教区，他们雇用印第安人替他们放养庞大的畜群。实际上，这些印第安人就是他们的奴隶。1793年，当温哥华总统到访圣地亚哥时，那里的教区就已经积攒了大量的财富，拥有了巨大的权力，被指控侵犯国家主权，但可以保留自己的财产。当耶稣会信徒被驱逐出西班牙领土后，教区的管理方式虽然没有什么本质上的变化，但却交由（天主教）方济会修士掌管。西班牙独立战争开始后，教区开始衰落，直到发令颁布说剥夺教区所有财产，教士的职责仅限于精神教化，同时解放了所有印第安人和牧场工人。印第安人这种状况下的变化，可能只是名义上的：事实上，他们和以前一样，仍旧是奴隶。但教区是彻底地变了。现在教士除了有一些与宗教相关的职权，没有任何其他权力，教区大部分的财产都交出来，被拥有政权的恶势力掠夺去了。这些人都是由政府派去解决问题的，但通常他们都只会中饱私囊，几年后离开这儿，留下比他们来这儿时更乱的一摊事务。人们更能接受教士的治理。事实上，比起关心国家的管理，每个人都更加关心国家的贸易和其他事务。教士永久地归属于一个教区，而且必须得守信。因此，他们要定期还债。他们大抵都过得很好，一辈子居住在他们归属的教区内。但是教区的管理人员都是从墨西哥派来的，他们对这个国家没兴趣。他们的管理非常混乱。他们中大多数是破了产的人——过气的政治家和士兵——他们的唯一目标就是尽快改变他们的这种处境。这些都是我们到沿岸前几年出现的变化，但就在这短短几年间，贸易在很大程度上衰败，信誉受损，庄严的教区也快速衰败了。外部的布局没有变化，这儿仍旧由四座要塞保卫着各式各样的教区和印第安人的村庄，这些都是政府修建的小镇。小镇上没有教堂也没有要塞。坐落于最北边的要塞位于旧金山，然后是蒙特雷，过来就是土地肥沃、葡萄园繁多的圣巴巴拉。圣巴巴拉也有教区，圣路易斯奥比斯波教堂和圣布埃纳文图拉教区。这两座教堂是全国最好的教堂。坐落于最南边的要塞位于圣地亚哥，那儿也有教区。圣胡安剑裴思特诺教区就位于洛杉矶小镇，加利福尼亚最大的镇子，圣加夫列夫尔教区也在附近。负责传教的教士归墨西哥的大主教管，负责教会财政由总督管理。总督是国家民事和军事的最高领导人。

国家政府是专制民主主义，没有普通法，没有司法机构。法令颁布与废除都由立法机构所操控。法令的颁布与废除就像立法机构本身一样多变。法令要得以通过，形式上，他们会派代表去墨西哥的国会征求意见，但来回一次要花费几个月的时间，而且首都与偏远省份的交流甚少，所以通常会派一位议员作为常任理事驻扎在当地。议员知道在他提交意见，收到回复之前，国内将会发生革命。如果上头要派另一个议员，他只好挑战他，来一场竞争激烈的选举。

加利福尼亚常常发生革命。革命都是由处于绝望中的底层人们发起的，就像在我们国家，新的政党也是由这些人建立的一样。当然，他们唯一的目标就是物质利益，而不是召开干部会议、写报道、控诉、参加宴会、许诺、说谎。正如我们一样，他们拿起火枪和刺刀，利用要塞和海关，分赃，建立新的王朝。关于司法，他们现在不懂法律，但是他们将会懂法、惧法。当一个与他不和的西班牙人走进屋子，在众人面前，把刀捅进他的心脏时，这个被驯化了的，在这个国家结了婚变成天主教的美国人和他的妻儿，仍旧坐在他位于安吉罗斯镇的房子里。一些美国人把坐在那儿的杀人犯抓了起来，把他一直关到整个案件的有关文件被递送到总督手里。他拒绝作出任何回应，杀人犯的同乡们都觉得这个案件不会被公正地处理。他们透露，如果案件得不到审理，他们将自己来审判这个犯人。碰巧，在这时，四十个（猎取兽皮的）设陷阱捕兽者和猎人带着步枪从肯塔基州来到这里。他们的总部就设在普韦布洛。这些人和当地二三十个美国人和英国人一起占领了整个镇子，等到适当的时间根据他们自己国家的方式审判那个杀人犯。他们指定了法官和陪审团。他们开始审判那个人，定他的罪，宣判他将被蒙上眼在镇子前被枪决。这些人的名字都被放进一个帽子里，每个人都发誓说会履行自己的职责。十二个人的名字从帽子里抽出，他们拿着步枪一动不动地站在那儿，听到命令就开枪，把犯人击毙。那人被体面地下葬，当地也渐渐恢复了适当的权威。一位头衔多的可以成为西班牙绅士的将军在圣加夫列夫尔发布了一条同前桅楼帆脚索一样长的公告，这对反叛者构成了致命的威胁，但他从未离开过他的堡垒，因为来自肯塔基州带着步枪的猎人都是又穷困、又拖沓、又懒惰的“杂种”。这件事情发生时，我们在圣佩德罗（普韦布洛的港口）。我们从当时在现场的人们口中得知了所有的细节。几个月后，另一个我们经常在圣地亚哥遇见的人在普韦布洛与圣路易·雷伊之间的高速公路上杀死了一个男子及其妻子。外国人们都不愿自己被卷入这个案子，当事人都是些当地人。对于这件案子，他们并没有作出审判。后来，我经常看到那个杀人犯出现在圣地亚哥。他和他的妻子，及其全家都住在那儿。

如果印第安人犯了法，审判，更确切地说是报复，是绝不会延迟的。我在圣地亚哥时，一个星期日下午，一个印第安人骑着马，而另一个和他有矛盾的印第安人，朝他走去，抽出一把长刀，直接刺向他的心脏。印第安人立马从马上跳下来，抽出刀，刺向那人的胸膛，刀穿过肩部，那人直接身亡。那可怜的伙计立马被抓起来，关进监狱，一直关到从蒙特雷得到回复。几周后，我看到这个可怜的家伙坐在监狱前的一片空地上，双脚被铐在一根木桩上，双手被铐在腰部。我知道他几乎没有任何希望了。虽然他是由于冲动杀人，他骑的马是他自己的，而且是匹好马，但他是个印第安人，这点就足够定他的罪了。遇见他后一星期，我听说他被枪决了。这些案例都可以向人解释加利福尼亚的正义主张偏向谁。

他们在处理国内关系方面和处理公共关系一样糟糕。这儿的男人们铺张浪费，骄傲自大，奢侈挥霍，喜欢赌博，女人们只受过一点点教育，长得非常漂亮，她们的品行当然也不是最优秀的，但她们出轨的次数可比你想象中少得多。事实上，一种恶习由另一种来抵消，这样便求得一种近似平衡的状态。女人们几乎没有什么优点，但她们常常吃丈夫的醋，而且她们肯定会报复，而且是致命的报复。几英寸长的钢制武器会被她们用来惩罚那些粗心大意、犯了错的男人。这些男人有可能只是因为言行失检而受到惩罚。尝试的困难不计其数，发现的后果则是致命的。和未婚的女人在一起时要加倍小心。父母的主要任务就是让女儿嫁个好人家，介于这一点，一点小小的错误都是致命的。保姆尖利的眼神，父亲或兄长的利器都是一种保护，他们中大多数人展现出的特征——男人和女人——绝不是没有用处的，因为那个为家庭雪耻而牺牲自己的人，也会付出生命的代价为别人雪耻。

提到那些可怜的印第安人，很少有人会关心。事实上，据说教区的传教士管理非常严格。有些规定是由镇长制定的，目的是对她们的不当行为加以惩罚。但是这些规定看起来多，实际上用得却很少。事实上，是为了显示他们对任何道德或家庭职责的全部希望。我了解到印第安人陪着他的合法妻子到教堂，然后再到沙滩，然后回来，分掉她从水手那儿得来的钱。如果镇长发现这些女孩是那种生活放荡的人，她们将会受到鞭刑，被发配去清扫要塞广场，为建筑工地搬运泥土、砖块。但即便是这样，她们也会被那几里亚尔收买。相反，西班牙人非常节俭。在记忆中，我从未见过一个喝醉的西班牙人。

这些就是居住在海岸方圆四五百公里的人们，几处地势较好的海港，北边茂密的森林，鱼类繁多的海域，牛群遍野的平原的情况。这儿气候宜人，世界上找不到比这儿更好的地方了。这儿没有疾病侵袭，不论是流行病还是地方病都没有。土地里玉米的产量不等，从70到80都有可能。这些积极进取的人们一定会创造出一个美好的国家啊！我们已经准备好这样说了。但在这样一个国家，这样的劲头能够保持多久呢？快速拥入那些主要的城镇、控制贸易的美国人（称呼那些来自美国的人）和英国人比西班牙人更加勤奋，更有效率。但他们的孩子长大后会彻底成为西班牙人。即使“加利福尼亚热”（懒惰）没有影响到他们的第一代子孙，第二代子孙也不会幸免。

第二十二章　岸上生活——阿勒特

7月18日，星期六。

这一天，墨西哥雌雄同体的双桅横帆船“法西奥”号起航了，驶往圣不拉斯特区和马萨特兰。这是被东南风吹上圣佩德罗海岸的双桅横帆船，它搁浅在圣地亚哥等待着修复和接纳货物。帆船船主同政府有许多争执，如关于职责方面的，等等。帆船起航时间被推迟了好几周，但是一切都已经安排妥当，在一阵微风中起程，然后漂出海港，两个骑兵全速冲下海滩，并且试图找出一艘船跟在帆船之后，但是海滩上什么也没有，他们要给任何一个能游泳下海并将一封信带上船的肯纳卡人少量的银子。其中一个肯纳卡人，这个友好的、活跃的、相貌俊俏的男子立即扔掉所有东西，只剩下裤子，把信塞进他的帽子里，跳下海，跟在船的后面。幸运的是，微风拂面，船只缓缓前进以至于在行使了一英里之后才开始加速。他穿过水面，像一只小汽船。在此之前，我当然没有见过这么快的游泳速度。他们在甲板上看见他游过来，一直没停，便开始怀疑他的差事的性质。不久后，他游到船旁，并登上甲板，交付了信。船长读了这封信，告诉这位肯纳卡人没有答案。同时，给了他一杯白兰地，并告诉他离开这里回到岸边的最好的方法。肯纳卡人游到最近岛屿上，费了大约一个小时出现在兽皮仓库里。他看起来一点也不累，取得三或四美元，得到一杯白兰地，精神状态很好。双桅横帆船继续它的航程，实质上是要以禁航为目的政府官员们回来了，他们就像是依附在你身上的跳蚤，专吸人血，不过是为了向船主榨取点钱财罢了。

现在距阿勒特达到圣巴巴拉市几乎三个月了，我们开始期待在船上的每一天。在兽皮仓库背后大约半英里是一座高山；每天下午，当我们完成了工作，一些人就会爬上山去看看是否有帆船，会在每天下午照常进行的定期交易之前下山。8月下旬的每天，我们登上山，然后沮丧地归来。我急切盼望它到来，因为我已经被在波士顿的船主的信所告知，在我朋友的请求下，已经写信给T船长——如果在朝圣者号船之前返回美国，就带我上阿勒特号；而我，当然想知道请求是否已经被收到和这艘船的目的地在哪儿。一年，或多或少会对他人造成一定的影响，但是这是我的一切。现在距我们从波士顿始航仅仅一年，并且在最短的时间里，没有哪艘船能够在八个月或者九个月内出发。这可能是相当漫长，但是却并不是致命的。这未必会成为我未来生活的决定因素。但是超过一年的时间将会解决这个问题。我应该以水手为生；尽管在收到家书之前我已经下定决心这样做，并且以此感到满足，至少我是这样认为。然而，一旦返回的机会和另一种生活为我张开双臂，我的焦虑就回来了。至少，有能为自己作决定的机会是超出了我的估量的。除此以外，我希望“财富平等”，我已经在兽皮加工方面有了经验，一切进展顺利。我有许多机会结识这里的人们，闲暇之余阅读和学习航海知识。然而，实用的航海技术只能在船上实践。因此，当船抵达时我决定请求上船。8月初，我们完成了对所有的小屋的加工处理，并把它们储备起来，清理了桶（后来的工作我们花费了两天的时间，清理我们在六个月的隐蔽加工中处理的泥浆和沉积物，这种恶臭能把在吃早餐的驴驱赶开来），为帆船的到来准备就绪。其他三周或者四周的闲暇时间，我通常用于阅读、写作、学习、制作和缝补衣服，让我的衣橱完全准备就绪，以防我真的会上船，时间也用于钓鱼，围绕树林遛狗，偶尔造访流放地和布道。我大量的时间还是用于照顾一条从三十六条狗中挑选出来的小狗，三天里，小狗一只接着一只出生在我们的房子里。它长得很健康，是只有前途的小狗。它四只爪子为白色，身上其余部分是黑褐色。我为它修建了个小狗屋，并把它拴在狗屋里，同其他的小狗隔离开来，亲自喂养它，训练它。在几周内，我就完全驯服了它。它长得很硕壮，非常黏我，并且有希望成为沙滩上出色的狗之一。我给它取名“博悦”，一想到要离开海滩，我唯一遗憾的就是与它分开。

日复一日，我们爬上山，但是没有看到船只。我们开始关于它行踪的各种各样的推测，每天晚上在不同房子里和下午时间在沙滩上散步时的话题都是，帆船可能在哪里，她去了旧金山吗，她带了多少张兽皮，等等。

8月25日，星期二。

这天早晨，掌管我们屋子的官员在钓鱼的地方离去，同两个肯纳卡人坐在一艘小独木舟里。我们静静地坐在我们兽皮仓库的屋里。正午前，我们听到一声撕心裂肺的叫声“风帆，嗬”，立刻响彻了海滩上的每个角落——从肯纳卡人的炉灶到罗莎的房子。立马之间，所有人都走出屋子。精美而高耸的帆船，带着皇家成员和顶帆，在午后强烈风的吹动下俯身哈腰，快速绕过交汇点，驶了过来。它的帆桁支撑着，每一张帆都伸张得很好。美国佬的旗帜像全速前进的马儿飘扬着。新的船只驶进圣地亚哥近六个月了，每个人都在执行口令。它当然有个完美的外观。当船只经过水较浅的沙地小岛时，亮丽的帆便被收了起来，又把三角帆拉到桁上，再装于后桅上的上桅帆下，缓慢而又稳妥地完成了，与此同时，把锚抛得离海滨大约一缆链之远。几分钟之内，上桅帆帆桁被控制了，所有的顶帆立刻被卷起。船员们从雄伟华丽的帆桁滑到支柱上去卷起船首三角帆，然后从在支柱旁装于后桅上的高而雄伟华丽的帆桁滑到主桅楼，再到帆桁。在上桅帆帆桁的船员们乘升降机降落到下桁大横帆的帆桁臂上。帆被小心地卷起，帆腹被小滑车吊起，船头三角帆被储存在船帆间里。接着，顶桅的帆桁受到了影响，滑车安在帆桁臂上和支柱上，大艇被吊起，一个巨大的锚被扛到船尾，船停泊靠岸了。之后，船长的轻便快艇从船的尾舷放下，这是一船年龄在14到18岁不等的强壮的船员，他们划着船向岸边驶来。这艘快艇是一只轻便而巨大的船，满满地刷上油漆，在划艇的尾部装配有靠垫等东西。我们立即靠近船上的船员，并在数分钟内就与他们关系亲密起来。我们询问了很多关于波士顿的事情，他们乘客离去的事情等，他们对我们在沙滩上的生活非常感兴趣。他们其中一人提议跟我交换生活，这正是我所希望的，这只需要得到船长的同意就行了。

晚饭过后，船员们开始卸下他们的兽皮。因为我们在房间里也无所事事，就被要求上船去帮忙。这是到目前为止我第一次有机会看见这艘我所期望看到的帆船，这是一艘在接下来一年内成为我的家的船只。在船内观看同从其外表看一样漂亮。甲板上宽而广（甲板上没有船尾楼，也没有房屋，这使大多数船的尾部变得很逊色），甲板齐平，从船头到船尾，都是洁白如雪，船员告诉我们是因长期使用甲板磨石磨甲板。这里没有愚蠢的虚饰外观和华而不实的东西吸引新水手和乘客的眼球，但是每一样东西都是“井井有条，井然有序”的。这里没有污渍，没有污垢，没有悬挂松弛的装备，没有散边的绳索，在高处没有挂“爱尔兰风格的垂饰”，帆桁被升降机和吊带排列成T形。

大副是个友好的、热心的、行事机警的人，有像狮子一样的声音。正如水手们所说，他是“一个彻彻底底的男人”，尽管“有点捉弄人”，还是“冷酷无情的家伙”，然而他却广为大家所喜爱。还有二副、三副、一个木匠、修帆工、管家、厨师，等等，包括小伙子在内的十二名普通水手。船上有七千张兽皮，它们都聚集在迎风方向，面向号角和牛脂。我们开始卸下所有的这些东西，立即从舷梯到两艘船，二副二副管理汽艇，三副三副负责舰载艇。数天里，我们以这种方式被雇佣，直到所有的兽皮被卸下。当船员们开始装上压载货，我们就回到了我们原来的工作：加工处理兽皮。

8月29日，星期六。

双桅横帆船卡特琳娜号从迎风方向驶来，到达目的地。

8月30日，星期日。

今天是船员们到达圣地亚哥的第一个星期日，当然，他们全都前往参观城镇了。印第安人早早地就下来了，把马出租整整一天，所有获得自由的船员们动身前往流放地和布道，直到晚上才归来。我已经参观透了圣地亚哥，便登上船同部分在前甲板上工作的船员们待了一天，他们在补洗他们的衣物、阅读、写作。他们告诉我这艘船没按航程计划停留在卡亚俄，并且在那儿待三周之久。这艘船有一段从波士顿到卡亚俄用时八天多的旅途，这是有记录以来的用时最短的旅程之一。在那里，他们把白兰地酒号护卫舰、其他小型美国战船、英国护卫舰布朗德号和一艘法国七十四号抛在了后头。从卡亚俄出发，他们直奔加利福尼亚并且造访了沿岸每个海港，包括旧金山。他们所居住的前甲板外观相当漂亮：甲板巨大，并且被圆玻璃窗映射得发光发亮，保持得相当整洁；至少，远比我居住过数月之久、又小又黑又脏的朝圣者号好得多。按照船上章程，每天早晨要清洁前甲板。根据船员他们自己的规章章程，穿着整洁的船员得保持干净，例如在楼梯下方和马嚼之间设有大痰盂，每个人必须把自己的湿衣服挂起来，等等。除此之外，每个星期六的早上要用甲板磨石磨甲板。船尾部位有一个外观美观的客舱，一个饭厅和交易厅，这个房间配备了书架，供应各种各样的商品。在后甲板和前甲板之间是“甲板间”，同护卫舰的炮台一样高，其在帆桁之下有6.5英尺之高。在甲板间，定期用甲板磨石磨甲板，摆设还相当井然有序；木匠的长凳和工具是一部分，修帆工的工具又是另一部分，大副的有着少量索具的橱柜是第三部分。部分船员在这里的吊床上睡觉，吊床吊在船头到船尾的横梁之上，次日清晨再把吊床捆绑收好。甲板间周围是护墙板，铁质的膝形杆和支柱，后者是用于卸货的。船员告诉我说船是密不透风的，是艘好船，唯一的缺点是行驶最快的船只——湿漉漉地前进。当前进时，有时会迎风航驶八九海里，舷梯上不会有一块干斑。他们讲述了航行过程中的主要故事，并且极其相信这就是一艘“幸运之船”。它诞生九年了，一直都在坎顿贸易，还从来没有遭受重大意外事故。三副是一个约十八岁的年轻男子，是其中一位船主的侄子，他从小就待在船上，并且“相信帆船”。大副对帆船的重视程度超过了他的妻子和家庭。

帆船在港内停泊了约一周之久，当卸下船货装上底货，就准备起航了。我现在向船长提出上船申请。他告知我船起航后，我就能乘船回家了（这个我之前就知道）；他发现当船只停泊在沿海时，我就希望登船，如果我这时能找一个年龄与我相仿的和我作交换，他就没有拒绝的理由。这个我早就搞定，因为他们很乐意离船改变生活环境数月，除此之外，还可以逃离冬季和东南强风；次日，我带着我的箱子和吊床登上船，发现自己又上船了。

第二十三章　新帆船和船员——我的值班伙计

9月8日，星期二。

这是我登上船后的第一天；尽管一个水手过的是一种可能到达任何地方的生活，然而我却发现一切事物都与在双桅横帆船朝圣者号上的截然不同。在破晓之时，所有的船员被召唤后，每个人只有三分半钟的时间穿衣并来到甲板上，如果有任何一个人超时，他们就必定会被大副彻底检查，他一直待在甲板上的船上而且嗓音遍布船上的每个角落。

船头抽水机被二副和三副操控着冲洗甲板；大副来到后甲板作通常的监督，却不屑于碰到水桶或刷子。从内到外，从船头到船尾，上层甲板和甲板间、统舱和前甲板、横杆、船舷墙和水道都用扫帚和帆布洗净、擦净、刮净，甲板湿漉漉的，布满沙粒，再用甲板磨石磨。甲板磨石是种大而柔滑、底部光滑的石头，其每端系有长绳，是船员用来在湿漉漉的满是沙粒的甲板上保持其从船头到船尾来回滑动的。被水手们称之为小砂砖的手用石头，是用于擦洗大甲板磨石所不能擦洗的裂缝和狭窄地方的。我们做这项工作一个或者两个小时，当船头抽水机被人操控着，冲刷掉了所有在甲板和舷侧的沙粒之后，再使用拖把和橡胶清洁器，待甲板干燥后，每个人都回到各自早上的工作岗位。

这艘帆船有五艘船艇——汽艇、舰载艇、船载轻便工作艇、左舷艇和轻便快艇——每艘船都有一个主管船艇的艇长，艇长负责命令和清洗船艇。余下的清洗工作则分工到各船员，一人用黄铜制品和合成物对起锚机进行清洗工作；另外的人负责清洗由黄铜制成的钟，让它像镀金按钮一样明亮。第三部分管理木桶；另一人管理人造绳支柱；其他的，管理前甲板和舱口上被举起和甲板磨石磨的阶梯。每项工作都必须在早饭之前完成。同时，余下的船员要加满水桶，厨子要擦净他的小木桶（水手们进食所用的木制水桶）和擦亮铁环，再把它们放置于厨房前等待检查。

当甲板干燥了之后，船上最高领导者会出现在船尾甲板上，转几圈，当第八声钟鸣之后，全体船员开始吃早饭。吃早饭时间只有半个小时，当全体船员再次被召唤，小木桶、盆子、面包袋子等物品都被存放起来。这天早晨为起航作准备。我们需要把那些摇摆不定的横链放到锚架上，并且要把低的那头举起来。这个工作的完成时间比起船上通常的工作时间来要短。尽管比起朝圣者号上，所有的东西都要大，而且重两倍以上，吊锚绞辘滑轮可以托举起的东西跟人能举起的东西差不多重，铁链要粗三倍之多。然而，这里有足够多的房间可以住，更多的纪律和体制，更多的船员和更好的信誉。每个人仿佛都有信心做得更好。官员们和船员们明白他们的职责所在，并且完成得很出色。

大副一直在前甲板上观望着，一旦我们将铁链低的那端举起来，他就会发出松开船帆的口令，那一瞬间，每个人都涌向绳索，升起侧支索，暴露在帆桁之上，船员相互攀爬。最优秀的船员最先爬——解开帆桁臂的捆帆绳和帆中央部分的捆帆绳，每根帆桁上仍然留有一名船员，转向上横桁升降索具去抓住帆中央部分的小滑车。当其他不在帆桁上的船员把横帆脚索和吊索放下给在帆桁上的人时，所有人就会一起放手。接着，帆桁下的人对着帆桁上的人高呼“准备就绪？”“后桅主帆的帆桁准备就绪？”，等等。帆桁下人给出回应：“是的，是的先生！”这回答是要让其放手。

眨眼工夫，除了光秃秃的帆桁，别无他物的船被松散的帆布从皇家的桅杆船头到甲板所覆盖。除了在每根帆桁上的水手在详细检查绳索和升起上桅帆，扣紧帆脚索使帆张平，其余的躺下休息；所有的这三根帆桁立即延伸到船头，左舷班升起前部，右舷班升起主要部分，五位熟练的水手（我是其中一员）是从两班后桅上海员中挑选出来的。接着，帆桁被修整了，起锚，吊锚绞辘滑轮被钩住，辘绳被“全体船员和厨子”操控着拉长，大家把锚扛到船头并异口同声地吼道：“快活的人啊。”帆船现在就要起航了，帆被一个接一个地扬起，在驶过沙地后就全速前进了。降落在我这里的前顶桅（存在于驾驶员班）比起朝圣者号要大两倍，尽管我能轻易操纵帆船。我发现自己很熟练，尤其是当没有船员驾驶船的时候。

当我们驶离这一地点后，就全速前进，下达命令“在当班船员的监视下行驶”的船员说自从到达海岸，从一个海港开往另个海港时，他们就已经开始了“双班制”。事实上，所有的一切都表明尽管要严守严厉的纪律，最大的可能就是用于规范船员有关职责方面。然而，总的来说，船上有相当不错的惯例。每个人都知道他自己必须是一个男人，当他在工作的时候展现自己的聪明才气，然而每个人都对这样的惯例感到满足；一个与其他船员意见一致，没有过错，心满意足的船员与卑鄙的、冷酷无情的、不满足的、嘟嘟囔囔的、意志消沉的朝圣者号的船员形成鲜明对比。

轮到我到舱内值班时，那位值班船员就回去工作了：修补他们的衣物——为他们自己做些繁琐的小事；而我在圣地亚哥时就完全整理好了我的衣橱，除了阅读之外我无事可做。因此，我彻底搜了搜船员们的衣柜，但是没有发现合我胃口的书，直到一个伙计告诉我说在他柜底有一本“谈论一个伟大的拦路强盗”的书并把它拿了出来，让我惊喜和开心的是我发现它无异于布尔沃的《保罗·克利富德》。我立即一把抓过这本书来到我的吊床上躺下，边摆动吊床边阅读，直到值班结束。甲板间干干净净，舱口开着，凉爽的微风吹过，船缓缓地航行，一切都是舒适的。晚饭过后，来到我们甲板上的值班室待四个小时，之后，我再次走下甲板，躺在我的吊床上阅读直到夜班时间。因为晚上八点之后不允许点灯，在值夜班的时候就不能阅读了。微风徐徐，风平浪静的日子里，我们航行了三天，每轮值白班，我以同样的方式度日直到完成我的书。我不能忘怀这本书给我带来的快乐。能遇到文学价值是如此非同一般的书，以至于这对我而言是一个完美的享受。这本书的辉煌、重大冲突的交替和生动具有个性的概要让我一直有愉悦的感觉。作为一名水手这是再好不过的了。我不指望着这样的美好时光能持续久一点。

甲板上，帆船的常规工作继续着。修帆工和木匠在甲板间工作，船员们依靠着绳索工作，拽拖着纱线，制造纱线，等等，就像往常在商船上一样。值夜班的人比在朝圣者号上值夜班更开心。在朝圣者号上，有很少人在值同班以至于一个人在掌舵，另一个在瞭望台，没有人留下聊天；但是在这里，一个值班地点有七个人，我们就有足够的长故事可聊。在值完两晚或三晚夜班后，我对所有的左舷值班室非常熟悉了。修帆工是值班室的首领并且是船上公认的最有经验的水手。他是位经过严格训练的老军舰船员，曾经出海二十二年，在各种各样的船上待过——军舰、私掠船、奴隶贩卖船和商船——所有的船种，除了被船员彻底蔑视的捕鲸船（如果能的话，总是要绕过它行驶）。当然，他曾去过世界各地并以其夸夸其谈而著称。他的故事经常延伸到整个值班室，使全体船员毫无睡意。他们总是被他们没有可能性的事情所逗乐，的确，他从来都没有寄希望于被大家相信，但是欺骗大家仅仅是为了娱乐；当他一有古怪念头和许多不错的军舰俚语和水手的风趣措词，他就总会开玩笑。紧挨着他、在年龄和经验上超过他的，当然也站在值班室里的是一个叫哈里斯的英国人，此人我之后会更多提到。接着，来了两个或三个已经有过普通的欧洲和南美洲航行经历的美国人，一个在“捕鲸鱼”上待过的人当然有所有的捕鲸故事。最后是一个背宽宽的、脑袋笨笨的来自科德角的男孩，他曾在马鲛鱼纵帆船上待过，他的第一次远航是在一艘横帆船上。他出生于欣厄姆，理所当然地被称为“水桶制造者”。另一个值班室也是由同样的人数组成。一个高高的、相貌俊俏的法国男子，他有一把煤炭般黑的胡须和一头卷曲的头发。一个水平一流的名叫约翰的船员（一个与水手身份般配的名字）是这个值班室的领头。接着，来了两个美国人（其中一个过去是闲游浪荡挥霍掉财产和家庭的年轻男子，沦落为负债者，领月工资），一个德国人，一个叫本的英国小伙，他同我在上桅帆帆桁上有适当的地位，在船上的日子里他是个优秀的水手，还有两个刚从公立学校来的波士顿男孩。有时在右舷值班室的木匠是一个离不了海的老人。他从血统上来说是瑞典人，并被认为是船上最好的舵手。这就是我们全体船员，此外还有黑人厨子和黑人膳务员，三个驾驶员和船长。

第二天结束，狂风提前，我们不得不努力寻找海岸；因此，在改变航行的帆船上，我能够看见船上的规章制度。从一个地方到另一个地方，不是去最方便的地方，而是去能够做工作的地方，每个人都有其职位。做了些日常的缝补工作以及填写了令人厌烦的账单。大副在前甲板上指挥，负责前帆和帆船的前部位。船上最优秀的两个人——我们值班室的修帆工约翰和来自别的值班室在前甲板工作的法国人。三副在船中部指挥，他与木匠和另一个人一起从事（大横帆的）上下角索和帆脚索工作；厨子负责前纵帆脚索工作，膳务员从事主帆工作。二副管理后帆桁，放开背风的前部和主桅下横桁转桁索。我在迎风的后桅底桁转帆索工作；三个其他熟练的水手在下风向；一个男孩在艉斜桁帆脚索；一个伙计和一个男孩在主顶帆，上桅帆和顶桅的转桁索；其余所有的船员——男人和男孩——在主转桁索工作。这里的每个人都知道他的职位，当所有的船员召集改变航向时必须在那儿，并且对每根他管理义务内的绳索负责。

当船在航行的时候，每个人的绳索必须在命令下放开和拖住，适当地拴紧，熟练地卷起。一旦所有的船员各就各位，站在后甲板迎风面舷上的船长对在驾驶盘旁的船员作出放下绳索的手势，叫道“驾驶盘的背风面”“驾驶盘的背风面”，在前甲板上的船员作出回应，横帆脚索被放开了。“抬高纵帆的前下角和纵帆脚索！”船长说道，“纵帆的前下角和纵帆脚索！”向前延伸，纵帆的前下角和主帆脚索被放开了。接下来的事情是拖拉住摆动。迎风面的后桅底桁转帆索和主桅下横桁转桁索被一起绑牢在两根插脚上，准备放开；对面的支柱被拖住。“拖住上桅帆！”船长吼道。转桁索被放开；如果他能把握好时间，旋转的帆桁像个陀螺；但是如果太晚或者太早就像画牙齿。接着，后帆桁被系紧拴牢，主横帆脚索被拖在船尾，船后桅纵帆被灵活移到背风面，这个来自操帆索的男人站在前帆桁的旁边。“放开再抓住！”船长说道。二副放开迎风面前操帆索，这个男人把操帆索拉往背风面。在前甲板的伙计照看着前帆桁。“前上桅帆完成！”“前桅绳索帆桁完成！”“顶桅的帆桁放得太多！拖去迎风面！对！就那样！”“都很好！”右舷班在主大横帆的两侧下角，左舷班则待在前大横帆的两侧下角和降下船首三角帆脚索，如果风很清新，他们就会轻敲上面的滑轮。接着调整后帆桁，船长通常会亲自照看这些帆桁。“后桅下桁帆桁完成！”“稍微拖着主桅绳索帆桁！”“对，就那样！”“装于后桅上的前桅绳索帆桁完成！”“后桅下桁帆桁全部完成！”“整个船尾全部完成！”“拖向迎风面！”所有的一切此刻都完成得井井有条，每个人都在自己的岗位上卷起绳索，然后发出口令——“船员们下放！”

在航行的最后的二十四小时里，我们乘风破浪再搁浅在陆地上，用了四小时改变航向，以至于我有足够的机会去观察这艘船的运作；当然，没有花费更多的人力系紧这艘船下帆桁，这些帆桁臂超过五十平方英尺，比朝圣者号上的还要大，因此，依靠着转帆索转帆桁的方法和使用滑轮的状况，阿亚库乔的威尔逊船长后来与我们一同在一艘迎风面的升顶桅上，他说他毫不怀疑我们这艘仅有两个人工作的船只比他的帆船更敏捷。

9月11日，星期五。

这天早晨四点整，我们走下甲板，圣佩德罗在前面两里格远，船在板墙筋材料的帆下航行着。大概一个小时，我们被甲板铁索的拖拉声吵醒，几分钟之内，叫着："喂，所有的船员们！"我们都各就各位，拉紧缝制板墙筋材料的帆，仔细检查前部的铁索，锚也就位了。当我们在甲板上到处跑时，某人说道："朝圣者号在那里抛锚。"花了一些时间查看横杆，我看见了满载的老朋友抛锚搁浅在海藻的旁边。对于抛锚和改变航向，每个人都有其职位和职责。轻巧的帆被扯帆上桁并卷起来，下桁大横帆被拖上来，船首三角帆则被往下拽；接着是拢帆索的上桅杆和放开锚。一旦船抛锚停妥，所有位于船高处的船员去卷起上桅帆；我不久就发现这是这艘船上重要的事件，因为每位水手都明白一艘船大多是根据卷起的帆来作出评价的。三副，一个修帆工，和左舷班爬上前上桅帆帆桁；二副，一个木匠，和右舷班爬上主上桅帆帆桁；而我和这个英国小伙子，还有两个波士顿男孩，年轻的科特角的男人卷起装于后桅上的上桅帆。这个帆是完全属于我们大家的，收帆和卷帆，不允许任何一个人触摸我们的帆桁。这个伙计把我们带到他特别管辖内的帆下，频繁地让我们卷起帆来，三次、四次，直到扯成完美的圆锥体形状，整个帆没有一丝褶皱。一旦每只帆被拖上来和扯半帆，小滑车被系在拢帆索的松弛部位，同时帆腹被缚在甲板上。这个伙计接着再"了解"船头的船首斜桅的支撑杆，在了解主杆的起锚机和装于后桅上的主桅杆的脚下之间就坐；如果有任何差错——一方面扯半帆扯得过多，拉得过紧或者过松懈，或任何帆在帆桁之后——大家就必须再次中止。当所有的运行正确，帆被很好地拖起，通过横桁端束帆索，以免留下一丝褶皱——使短束帆索在一起变得更紧凑。

从抛下锚的这刻起，船长就开始对事物漠不关心，而大副就是最掌权的人。他有着像年轻狮子一样的声音，向着四面八方高呼着大叫着，使所有事物都信服，同时做好每一件事情。相比朝圣者号上的可尊可敬的、安静的、不引人注意的伙计，他有着相当明显的差异；或许是个不那么受人尊敬的人但却是船上相当好的伙计；T船长的整体改变——管理方面的改变，他能指挥这艘船，毫无疑问在很大程度上是因为这一事实。如果大副渴望权力，纪律松散，所有的一切脱节，船长就会频繁地干涉；那使得他们之间存在异议，就促使船员们和整体以第三方的争论而告终。但是布朗先生（阿勒特号上的大副）不希望从任何人那里得到帮助；他要亲自经手每一件事情；这很可能侵犯船长的权力，而不是任何鼓励。船长T——秘密地给大副指示，除了抛锚、搁浅停泊、改变航向、收帆和其他“全体船员工作”，他几乎不露面。这是事情的合适状态，而这种状态持续下去，而后就会得到很好的谅解，一切都会进展顺利。

所有的帆都被卷起了，顶桅帆帆桁接着被降下。这个英国小伙和我降下这个比朝圣者号主帆前桅绳索帆桁还要大的的主帆；两个熟练的船员降下船头帆；一个男孩降下后桅的纵帆。当在海岸上时，我们总是铭记这条规则：每次我们驶进和驶出海港时要升起和降下帆。它们一起被升起和降下至左舷，主帆升降至左舷边，前帆升降至后桅纵帆一边。船一作好抗风暴准备，滑车就被挂在帆桁和支柱上，同时抛出长船和舰载艇。接着，摇晃的吊杆被拉索固定，船在纱线的作用下运作得很快，一切都处在海港时的状态。早饭过后，卸下舱口，准备好从朝圣者号上搬运兽皮。

一整天，搬运再搬运，直到我们从一艘船搬到另一艘船，在另一艘船上只剩下压舱物。虽然改造了这些兽皮，但是在我们的掌控下几乎没留痕迹，尽管它们已经使朝圣者号船舷与水面齐平。兽皮的改变解决了两艘船的目标的问题，这些问题曾是我们的一些推测之一。当朝圣者号即将起航时，我们仍然在海港顺风向，次日，开往旧金山。我们歇工之后，清扫了一晚的甲板，我的朋友S来到船上在甲板之间我们的住处，同我待了一个小时。朝圣者号的船员们羡慕我在这艘船上的地位，还似乎认为我在他们之中稍微处于有利地位；尤其是在回家这方面。S在阿勒特号上下定决心回家，通过乞求或者购买的方式，购买一次同某一船员交换的机会。

大约七点，大副来到统舱，为了好好娱乐，男孩子们被唤出住处，木匠带着他的小提琴出现了，膳务员被派去把灯放入甲板间，他让所有的船员去跳舞。甲板间足够高，能够容许跳跃；由甲板磨石磨得净而白的甲板变成了个漂亮的舞蹈大厅。朝圣者号的一些船员在前甲板上，我们全都前往并且跳了正宗的水手的曳步舞直到八点钟才停止。这个能跳正宗的渔人吉格舞的科德角男孩赤裸着脚，伴随着音乐用他的脚后跟敲击，用他的赤脚拍打甲板。这是站在统舱门口观看的船员们喜爱一种的娱乐，如果男孩们在这个娱乐上跳舞跳得太少，就会用一根短绳戏弄他们。

次日，根据代理人的命令，朝圣者号的船员顺风起航，将航行三个或者四个月。船在小混乱中起航，近得能把一封信扔上我们船，福肯船长自己站在舵柄旁并驾驶着船，如同这是一艘马鲛鱼渔帆船。当T船长掌管朝圣者号的时候，准备的东西和礼节如同起航行驶了七十四次一样多。福肯船长是个彻彻底底的水手；他知道什么是帆船，他是个相当精通船的人，如同一个自己货摊上的补鞋匠。我想没有比他船上的船员的意见更好的证据了，因为他们曾受他管辖六个月之久，也知道他是个什么样的人；如果船员们认可他们的船长是个优秀的水手，你会确信他的确是，因为那是件他们不轻易说的事。朝圣者号离开我们后，我们在圣佩德罗从9月11日到10月2日待了三周，忙于通常的入港职责，如卸下货物，卸下兽皮，等等。这儿值班相当轻松，比起在朝圣者号上更加无拘无束。

“多多益善”是船员们的格言。一艘船上的十二名船员能够通过劳动分工在一天之内毫无困难地卸下全部的兽皮；在海岸上同在船上一样，一个美好的愿望，没有不满或者抱怨使得一切进展顺利。常常同我们在一起的官员，也就是三副也是个优秀的年轻伙计，他没有制造多余的麻烦，因此我们通常玩得格外愉快，并且我们乐于从船上的约束中得到解脱。然而在朝圣者号上，我常想到在双桅桁帆船这个灰暗的地方度过的痛苦的、黑暗的数周；船上的不满和冷酷无情的惯例，在陆上四个水手做完所有的工作。给我一艘大帆船吧。有更多的房间，更多的水手，更多的全套设备，更好的规章制度，更好的生活和更好的同伴。另一件事是在这儿被安排妥当：我们拥有一船正规的轻便快艇船员。一艘轻巧的捕鲸船被满满刷上油漆，并把船尾座椅、支柱、舵索等装配，挂在右舷船尾，用作轻快艇。船上最年轻的伙计，一个十三岁左右的波士顿男孩是这艘艇的艇长，他全权管理这艘艇，保持其清洁和随时为来来去去做好准备。四个大约同样身材同样年纪熟练的水手组成一组工作人员，我就是其中之一。每个成员都有桨和座位编号，我们不得不待在我们的位置上，划白色刮痕船桨，桨架在里面，防撞垫在舷外。这个弯腰的伙计负责挂船、油漆工、舵手、横舵柄、船尾横帆脚索。我们的职责是带船长、代理人和乘客上下船。那并非微不足道的职责，因为在岸上的人们没有小船，每位买主，从购买一双鞋的男孩到购买木桶和大包的商人都会被我们的小船带上船带下船。

一些日子，当人们迅速地来来往往，我们整天把船驶来驶去，几乎没有时间吃饭。我们停留在离海岸大约三英里的地方，一天之内划船五十到五十五英尺远。但是，我们认为这里是帆船最好的停泊位置。因为当雇用了轻便快艇，除了乘客随身所带的包袱我们就没有货物可搬运，除了观察每个人、搭讪、听新闻，等等，没有兽皮可以搬运。如果船长或者代理人不在船上，没有官员同我们在一起，我们常常和乘客们度过得很愉快，他们总是很乐意同我们交谈和开玩笑。幸运的是我们必须在岸上等候几个小时；我们把船拖上岸，留下一个人看船，就前往最近的房屋或者在沙滩周围闲逛，拾贝壳或者在坚硬的沙滩上玩跳房子游戏和其他的游戏。除了搬运重商品和卸下兽皮，余下的船员决不离开船。可是我们一直待在海上，海浪使得我们的衣服从早到晚从未干过，然而我们年轻，气候还行，我们认为比安静无聊地拖拉帆船上岸要好得多。我们了解了几乎半个加利福尼亚州。除了带每个人上船——男人、女人和小孩——所有的信息、信件和轻包裹也是我们带上来的，人们通过衣着就能认出我们，我们在每处做好了接纳。

在圣佩德罗，我们没有了这样的娱乐，因为这里只有一座房子，我们几乎没有同伴。我的所有消遣方式是一周去一次最近的牧场骑马，指挥一头小公牛下船。

卡特琳娜号双桅横帆船顺风从圣地亚哥驶来，我们同时起航，为了加速前往圣巴巴拉市而努力，行程大约八十英里。晚上大约七点时我们在轻微的陆风下升起并控制好帆，风在黎明时减弱，使得我们在离抛锚地仅一英里的地方停滞不前了。

卡特琳娜号，一艘小型的帆船，比我们的船型要小一半，它向前移动并让一艘船行驶在前端，在夜间朝着海出发，以至于它比我们得到的海风更早更强，我们看见它耸立在海岸而感到羞辱，微风徐徐，船员们对它气恼不已，然而我们还在海滨停滞不前。当海风减弱，它淡出我们的视线；午后，规律的西北风吹来，我们把它系牢，在每根横帆脚索，（大横帆的）上下角索和吊索拿根拉绳，以漂亮的设计放置在它之后，我们的船是以帆脚索为基的。我们以良好的状态行驶了大约五个小时，经受顺风的袭击，长时间地驶近又驶离海岸，每次抢风航行都明显地逼近卡特琳娜号。当微风渐去，我们离得如此之近以至于能够看得清楚船边上的图绘海港。幸运的是，当我们向内抢风调向，卡特琳娜则向外的时候风渐弱了，因此我们靠岸了，最先把握住吹在大约第一个值班室的中部尾舷上的陆风。出乎所有船员意料的是，我们张开所有的帆，天帆和顶壁骨材料的帆。在这些帆的帮助下，我们快速滑行，驶离了不能像我们船伸展这么多帆布的卡特琳娜号，渐渐地，船在白天驶离了布埃纳文图拉，敌手淡出了我们的视野。然而，海风再次眷顾它，而我们停滞在海岬，艰难地缓缓前进，正午时候它同我们齐头并进了。这样的情况持续着，船头船尾交替着相互并列；我们在海上渐渐离去，在海岸又再次靠近。在第三天早晨，我们在双桅横帆船后两小时进入圣巴巴拉市的大海湾，因此我们输了。如果比赛记分的话，我们本应该以五个或者六个小时的时间打败它的。无论如何，这结束了相关船的行驶竞争，不得不承认尽管这艘又小又轻的船在微风下行驶能够超过我们，然而在有足够的微风下前进时，我们能够像一条线似的轻易胜过它。受风的袭击是对船最后的试验，我们的船比它更有优势。

10月4日，星期日。

这是我们到达的一天。不知为何，我们的船长总是不仅设法扬帆起航，还在某一个星期日驶进港口。在安息日航行的主要原因不是许多人所猜测的因为星期日被认为是幸运日，而是因为它是个闲暇日。在这六天里，船员们受雇于船货或者其他船上的工作，安息日是他们唯一的休息的日子，无论什么样的额外的能被排在星期日的工作将给船长们增加相当多的收入。这是我们航海者、定期邮轮，等等在安息日起航的原因。他们有六天的工作，接着把所有的航海工作排在安息日来做。因此，这样的情况，使我们失去了几乎所有我们在岸上的时间和许多安息日。岸上的天主教徒在星期日不贸易不旅行，但是美国人没有传统的宗教信仰，喜欢通过在主日的选择来展示祭祀本领的独立性。

我在五个月之前离开圣巴巴拉市时，圣巴巴拉市看起来非常忙碌：漫长的沙滩上放着沉重的滚筒破坏了持续不断的轰鸣声，嵌入平原的小城镇，在山地圆形竞技场旁的女孩。日复一日，明亮而闪烁的阳光照在广阔的海湾和房屋的红色屋顶上；一切都是极其寂静，事实上，人们似乎没有获得阳光。可日光看起来又抛洒在他们身上。我们有少量的游客，收集了大约一百张兽皮，每天晚上，在日落之时，送轻便快艇上岸等待在小镇上过夜的船长。我们总是带上猴皮夹克衫、打火石和刀，在沙滩上用浮木和我们在附近灌木林里扯下来的灌木生火，并在灌木林旁沙滩上躺下。如果船长待到很晚，我们在一些总是被居民热情接待的房子里打发时间，有时我们会在小镇里迷路。船长回来或早或晚时，海浪完全浸泡后，我们登船后换掉衣物，上船睡觉——然而并非睡一整夜，因为有船只值班者在锚泊时值班。

这引导我提及我这九个月以来的值班室的伙计——总而言之他是我见过的最卓越的人——汤姆哈里斯。每天晚上躺在港内一个小时，哈里斯和我有我们自己的甲板值班区域，从船头走到船尾，夜复一夜持续了数月，我了解了他的性格，知道了他的故事和更多外国民族不同人民的习惯，尤其是水手生活和艰辛的秘密，还有我本应该在别处就学到的实用的航海技术（他有足够的能力指导我）。当时关于他，最值得注意的是他的头脑。他的记忆力堪称完美；仿佛形成了一条规律的链条，从他最早的童年时期延伸到我认识他的时候，没有一个环节缺陷。他的计算能力也是非凡的。我认为自己在数字计算方面相当快速，曾通过一门数学学习课程，但用脑力计算，我是远不及这个人，他的计算是如此快速，从未有人超越过他的算术速度。他不但把整个航程的航海日记输入脑子，在航海日记里每件事情都是完整而精确的，没有人认为他为了吸引人，还精确地记录了所有货物的注册表，精确地知道每样物品在哪里，以及我们在每个海港拿了多少兽皮。

一天晚上，他粗略地计算能够被存放在低船舱的兽皮的数目，在前桅杆和主桅杆之间获取船舱的深度和横梁的宽度（因为在登船后一个月，他就总是知道帆船每个部位的尺寸）以及平均面积，还有兽皮的厚度；后来证实，他的计算出人意料地接近这些数字。大副们频繁地找他询问船不同部位的作用，因此能告诉修帆工船上每张帆所需帆布的大概数量，因为他了解每根桅杆的扬帆机以及从上到下每张帆每英尺每英寸的范围。当我们在海上时，他坚持用脑记下帆船路径的流水账——海里和路程的数量；如果在二十四小时内路线没有太大变化，通过整体行进，允许诸多的偏往南北东西各个方向的话，在船长正午测太阳高度之前，他将弥补他的计算，通常得到令人惊讶的接近的数字。各种各样的计算是他的乐事。

在他箱子里，有几本关于机械学发明方面的书籍，他非常乐意阅读这类书籍，并使自己成为精通的能手。我怀疑他是否曾忘记过他做过的任何事。有关诗歌方面他唯一读过的是《驯鹰的沉船》，他乐于读这本书并且能够把整首背诵下来。他记得每位曾同船的水手名字，还有每艘船、船长、官员和每次航行的重要日子，以及他后来偶然遇见的一位水手。他同哈里斯已经在船上待了将近二十年了。哈里斯对于他说的关于自己的事情吃惊不已，因为这些事情哈里斯已经完全忘记了。他的论据无论日期还是事件没有人想要争论；他的观点，几乎没有水手敢于反对，因为无论正确与否，他总是有最好的论据同他们论证。他的论证能力是卓越的。我曾努力工作维持着在值班室同他的争论，即使当我知道自己将被纠正。对于他存有怀疑的，我也从未给过他一丁点他论题的知识，不是因为他顽固，而是因为他的敏锐。在我的熟人和大学的杰出的所有年轻人中，我还没有见过一个人能跟他媲美。我从未回答过他的问题，或者从未想过对他提出一个观点。能如此博闻强记，他仿佛掌握了过去所有的谈话，如果你现在说件与你数月之前所说的不一致的事情，他必定让你处于不利地位。

事实上，当同他在一起的时候，我总是感觉我不是跟一个平民在一起。我对他的记忆能力感到非常敬佩，常常感到如果他在我们大学每年把一半的刻苦用在他所抛弃的学业上，他应该会成为社会上有用的人才。像大多自学的人，他过分估量教育的价值。我自身受益于教育，我也常常这样告诉他；因为他总是尊敬地待我，过分估计我的学识，经常不必要地给我让路。他是个相当优秀的水手，或许还是个比船长优秀的航海家，并比船上所有人的头脑加起来还要聪明。水手们说：“汤姆的才智有船首斜桅那么长。”如果任何一人同他开始争论，他们就会大声叫喊：“啊，杰克！你最好制止他，正如你这个烫手山芋，因为汤姆在你知道之前将彻底击败你。”

有次谈到《谷物法》时难住了我。我被召集去值班，来到甲板上，我发现他比我先到。我们像往常一样在中部甲板从船头巡逻到船尾。他谈到《谷物法》，问我对于他们的观点和我的推理。我提出少量最有利的存储知识，假设他这方面的知识必定比我少，的确，他一点也不知道。当我结束后，他陈述与我截然不同的观点，令我吃惊的是他提出了与这科目有关联，而对我而言是新领域的论证和论据，是我完全不能回答上来的。我坦言我对此领域几乎一无所知，表示对他知识的拓展感到惊讶。他说在若干年前他还在利物浦的寄宿公寓，偶然遇到一本关于这学科的小册子，因为里面包含计算知识，他就小心翼翼地读起来，曾因此希望找到一个能够在这一问题上增加他知识储存的人，尽管他阅读过这本书已经许多年了。同时，这是他以前没有了解的学科，然而他有一系列基于政治经济学原理的论证，完善他记忆；而就我判断而言，他的论据是正确的；至少他的开头是很精确的。他对蒸汽机的原理也非常熟悉，曾在蒸汽机船上待过数月使得他成为秘密的精通能手。他知道地球两个半球的每颗近月星，对四分仪和六分仪也非常精通。他就是这样一个四十岁了还是普通水手，拿着一月十二美元工资的人。可在他整个过去生活中找到原因，正如我所经历的，只是时间不同而已。

他血统上是个英国人，土生土长的德文郡人。他父亲是来自布里斯托尔一艘小贸易船上的船长，在他还小时就去世离开了他。母亲把他养大，他通过自身的努力得到了普通学校的教育，在学校度过冬天，在贸易海岸度过夏天直到他十七岁，那时他离开家前往国外航海。谈及母亲他常常充满敬意，并说她是个意志坚强的女人，有她所知道的最好的教育方式：一种能使他三个兄弟成为受人尊敬的人的方式，但由于他不屈不挠地顽固，这方式在他那里就失败了。他经常提及的一件事是他母亲不同于所有他曾见过管教孩子的母亲。也就是说，当他不迁就、拒绝吃东西时，他母亲不会像大多母亲那样拿走他的饭菜说他会感到饥饿，而是会站在他身边强迫他吃——满口满口地吃。他成为我所看到的这样的人并非他母亲的过错，尽管不成功，他对母亲的感激之情却是如此重。如果母亲还活着，他一定会在航海结束时带着应该拿到的所有工资乘船回家，给母亲花。离家后，他把将近二十年的时间用于通常在纽约和波士顿的海港之外的各种各样的航行。二十年的恶习！每个水手知道的罪恶，他彻底查明。他曾若干次被拖进医院，每次强壮的体质又让他恢复健康。

由于知道他的能力，他又若干次被提拔为大副，然而又经常因为他在港内进行管理时，尤其是喝得酩酊大醉时，他既不害怕也没雄心使得他放任，从而回到前甲板工作，再次成为一名水手。一天晚上，他给我讲述他的生活，惋惜他错过的这些年，他说在前甲板，在台阶脚下——一箱子旧衣服——是二十二年苦役的结果和表现——像马一样工作，像狗一样被对待。随着年龄的增长，他开始感觉到为他晚年作准备的必要性，并逐渐确信酒是他最大的敌人。在哈瓦那的一晚，一个年轻的水手被带上船时酩酊大醉，头上有条危险的深裂口，他的钱和新衣服被拿走了。哈里斯已经见过好几百个这样的场景，但是在那时，他下定决心，永远不再尝一滴烈酒，一滴任何种类的酒。他没有签保证，没有发誓，只是依靠自己的意志。

他要做的第一件事就是要有理性，接着是下定决心并解决事情。他知道他下决心的日期也就在那晚。我认识他三年了，在那段时间里，他喝过的东西没有什么比苹果汁或者咖啡强烈。水手们从不会想诱骗汤姆喝一杯，他们仅仅谈谈指南针。他现在是个生活有节制的人，能在船上任一个岗位上任职，以及在岸上的被一个吝啬的人所占据的高很多的职位。他懂得根据科学原理管理帆船，能够为拖拽每根绳索给出理由；长期经验在那时增强了他敏捷的洞察力和完美的记忆力，增加了他在那个冒险之地的应急知识，为此我对他非常感激，因为他公开他的故事信息，把莫大的快乐带给我，作为报答我为他做我力所能及的事。暴政和艰难困苦的故事驱使人们去从事海盗——船长和大副难以置信的愚昧的故事，以及对生病的、已死的和即将死亡的人的可怕暴行的故事；还有通过船长、老板和官员的纵容对水手的秘密欺诈和实行税收的故事；所有他所说的那些我不能又不得不相信，因为大家已经认识他十五年了，从未有人说他夸大其词，正如我所说的，对他所说的话从无争议。我记得在另外一些事情中，他提及一个我通过传闻而认识的船长，他除了让水手们在甲板上工作和踢水手，从未给过水手们任何东西；谈及的另一个船长是波士顿最好的社团成员，他从波士顿出发前往苏门答腊岛时肯定谋杀了个小伙，当他在海岸生狂热病时还让他做艰苦的工作，强迫他睡在关闭的统舱里（这名船长在同样的海岸死于同样的狂热病）。

事实上，我从他那里学到的航海技术、实用的智慧，了解了水手生活的经历和在新环境下的人性——许多人不知道这个伟大的故事——我不会忘记同那个人在值班室里度过的时光，并会把它作为我在学习和社交礼仪方面的人生恩赐。

第二十四章　再到圣地亚哥——突然袭击——匆忙离开——一个新船员

10月11日，星期日。

这天早上顺风起航，驶出圣佩德罗的视线以外，令我们开心的不是停下来而是直接开往我们的抵达地和帆船停泊地圣地亚哥。

10月15日，星期四。

在这里发现从迎风面来的意大利帆船拉罗莎号，他们说双桅横帆船朝圣者号在旧金山，一切都好。一切都像往常一样安静。我们卸下兽皮、号角和牛脂，为下个星期日再次起航作准备。我上岸去我的旧宿舍，发现一群人在加快步伐朝兽皮仓库走来，他们天黑后在火炉旁待了一个或者两个小时，同我的肯纳卡老朋友喝了一口，老朋友看起来很高兴再次见到我，并以肯纳卡人挚友的方式向我行礼。我伤心地发现我可怜的狗“博悦”死了，它是突然生病后死的，那天我刚刚在阿勒特号上起航。

又一个星期日，像往常一样，是我们的开航日，我们在强风下行驶，这提醒我们已是深秋了，预料是东南风再次到来的时候了。我们在收顶帆情况下战胜强风劲浪，一直到圣胡安——我们离海岸大约三英里远抛锚的地方，在去年冬天初期东南冷风里，用滑绳索系在锚索上。在航行中，船上有个老船长，他在加利福尼亚州结婚并定居，已经有超过十五年的时间没有下海了。他对于船上已经发生的改变和改进感到吃惊，更多的是对我们带上船的习惯感到惊讶。帆船的操作和迎风前进似乎使他高兴，因为他说尽管是抛锚移船，船还是迎风行驶。

10月20日，星期二。

一切准备就绪，我们把代理人送上岸，他是前往布道催促次日早晨卸下兽皮的。这晚，我们接到最严格的提防东南冷风的命令。厚而低的云层看起来相当吓人，但是这晚没有任何麻烦地度过了，次日一大早，我们抛下长船和舰载艇，放下小艇上岸运走我们的兽皮。我们再次来到这浪漫的地点：一座垂直的小山，有帆船桅杆顶两倍那么高，仅有一条迂回的小路通往山顶，在其脚下有长长的沙滩，整个太平洋的滚滚浪潮高高地拍打着它，我们的兽皮堆积在外悬的山顶上。那个船长是之前唯一一个没有去那里的船员，他把我送去山顶，去计算兽皮的数量并把它们扔下来。正如六个月以前，我再次站在那里扔掉兽皮，看着它们坠落到底部，因为距离远而显得矮小的人在沙滩上来回走动，他们把兽皮捡起来，扛在他们的肩上走向远处的船艇。至少直到所有的都被扔下来，两艘或者三艘船的货物才离场，这些船艇再次装载上兽皮。当我们被十二或者二十张卡在小山凹进处的兽皮所延误，我们用任何导弹都不能起到作用，因为总路线的一侧完全垂直，这些地方凹进去，从山顶是不能看到或者触及的。因为在波士顿这些兽皮一磅值十二个半美分，船长的佣金是它的百分之二，他决定不放弃它们；他上船取了一副上桅帆副帆升降索，要求一些船员前往山顶，再通过升降索下来。老水手说这个活应该是敏捷而活跃的男孩去，而男孩认为干这种事力量和经验是必要的。困境面前，我知道这个活非自己莫属了，一个人照看着绳索为下来作准备，我提供我的帮助，爬上山。我们发现一根桩子牢牢地固定在地上，显然能够支撑我的体重，我们把升降索的一头快速系在桩上，把绳卷成圈，从峭壁的边缘扔下。我们看到绳的一端刚好着陆，从山上下到沙滩上是件容易的事。除了衬衫、裤子、帽子和常见的温暖气候的海洋装别无他物，我没有衣服可脱便开始下山，我两只手抓住绳子向下滑，有时用两只手和两只脚绕在绳上，有时用一只手抵住峭壁，另一只手抓住绳子下滑。用这样的方法，我下滑到了搁置东西的地上，这里存放着兽皮。我用一只手一直抓住绳子，用另一只手和双脚，攀爬着，顺利移出所有的兽皮，然后继续前进。正好在这个位置下面，峭壁有一块突出的地方，越过这个凸出处，在我身下除了海水和海水拍打的岩礁和空中飞行的少量海鸥以外看不见任何东西。我安全着陆，身上布满污垢；对着我的疼痛自语说："为了六张兽皮而冒生命危险是多么愚蠢啊你！"

当我们扛着兽皮走向船艇时，之前太忙而没有观察到，我发现沉重的乌云朝海方向滚滚翻腾，强烈地膨胀升高，这是东南冷风的迹象。船长催促着我们得把兽皮扔进船舱里，但是这很困难，水深及我们的腋窝处，行走非常困难，最后，我们拖着兽皮登上了快艇。我们轻便快艇的船员拖拽着轻便快艇上的舰载艇的船尾，汽艇被船载轻便工作艇上的六个人拖拽着。这艘船在三英里以外的地方停下来了，船抛锚了，我们往前拉了数次发现船艇的拖绳被拉断，这让我们每时每刻都面临着舰艇有可能被海浪击翻淹没的威胁。我们终于来到大船旁，此时我们船艇上已经灌了一半的水。现在最困难的问题来了——卸载船上的兽皮，船舰在海浪冲击下，不停地摇摆，使我们连站立都很困难。我们弯下腰举起兽皮，将它们扔上大船，没有任何的撑扶。面对极大的困难，我们把所有的兽皮弄上船并存储在甲板下，将帆桁用索具固定好，汽艇和舰艇挂好后，我们进行检查了一次，并将小艇的扣带拉紧。船尾救生艇接着也被吊起来，我们开始用力拖铁链。在这样的海里起锚不是件容易的事，只因为我们不返回港口，船长决定不弃锚。船头向大海发起猛烈进攻，海水冲刷锚链孔，锚链脱滑是为了卸下起锚机的滚筒。“举起短的这端，先生！”大副说道。“明白，明白！控制你的链条，放松上桅杆！升帆上桅杆——努力！”一会儿，帮助放松卷有收帆的上桅杆，扣紧帆脚索使帆张平，再把它们吊起来。“干起来”是这天的重要的事；因为狂风咆哮着，每个人都见到了它的必要性。船勉勉强强卸下吊在锚架上和用钓锚器吊起的锚，在收帆上桅帆，在前中桅支索帆和船后桅纵帆下，远离背风海岸抵制巨大的头顶浪。前下桁大横帆伸展到船上，对船起到一点点作用，但是当它用船身抵制把它移到背风面的海浪——“上主大横帆的上下角索！”船长咆哮着。当上下角索被搬运到前面并带到绞盘时，所有的船员被召集到绞盘棒旁。巨大的帆水平地迎风鼓起仿佛要举起主桅前支索；滑轮吱吱地旋转着；对它而言机械的重力太大了。“举起，哦！举起再用掣爪制住（绞盘等）转动！嗨，举起，伙伴们，哦！”伴随着歌声的节奏，通过二十支手臂的力量，绞盘开始缓缓绕起来，一转制杆又一转制杆，迎风的耳索被降到水道。右舷班值班室在船尾拖横帆脚索，帆船像匹疯狂的马穿过海水，每个接缝都颤抖和摇动，每次击打都从船头急奔飞出，向着下风向飞奔。半个小时这样的航行对我们返回有利，当帆耳被吊起，帆卷起，减轻了船的压力，船就航行得更快了。

不久后，收起前桅大帆，我们后桅纵帆顶上的人被送去上桅帆收另一帆。这是我第一次收迎风耳索，我非常自豪地坐着、骑跨在迎风的帆桁臂上，穿过帆耳，引吭高歌“拖向下风向”。从这时起直到我们到达波士顿，除了我们一群人大副再没允许任何人爬上上桅帆帆桁，或者收帆或者卷帆，那个年轻的英国小伙和我通常拿我们之间的耳索。

清理了这里就出海了，我们迎风扬帆，制造更多帆，顺风继续向圣佩德罗驶去。几乎整个晚上吹着强劲的大风夹杂着小雨，到黎明时就停下来了，狂风变小了。

10月22日，星期四。

在圣佩德罗，陈旧的东南方位铺位里，一个来自海滨的团体，带着锚链上的滑索、上桅帆的收帆和束帆索的绳索用纱。我们在这里待十天，一起泛舟，搬运兽皮，收卷船货上陡峭的山坡，赤脚跨过石头，浸泡在海水中。

我们到达后的第三天，罗莎号从圣胡安驶来，它是在东南冷风后离开都圣胡安的。它上面的船员说大风之后的罗莎号同磨坊池塘一样平稳，从上面卸下一千多张兽皮，这些兽皮本应该是我们的，是我们由于东南冷风而丢失的。这使我们感到耻辱；不仅仅因为一艘意大利船只在贸易方面占了我们上风，还因为我们本应该在离开加利福尼亚州之前就完成凑齐的四千张兽皮的数目。

当我们停留在这里时，雇了一位新船员，一个英国人，他二十二三岁，这是个相当不错的收获，因为他被证实是位优秀的水手，相当能唱歌，对我而言更重要的是接受过良好的教育而且有些不同寻常的故事。他叫乔治·马什，自称曾还是个小男孩时就在海上了，曾在德国和法国、英国的海岸间做走私贸易。因此，对他有法语知识作出了解释，其法语在读说方面能与他英语媲美；但是他的船上教育根本没法解释他的英语怎么如此的好，在一艘走私船上，英语是不可能学得这么好的；因为他写得一手罕见的漂亮字体，发音地道，而且，跟我私下谈话时，经常引用书上的名言且了解社会习俗，尤其是对各种各样的英国法院的礼节和议会的礼节的了解，着实让我吃惊。但是，他没有给其他人述说过他在走私船上受到过教育。一个后来我们偶然碰见的人，几年前曾是乔治的同船船员，他说在乘搭船上的木板房子里听说乔治曾上过大学学习法语和数学（或许是个海军大学，因为他不懂拉丁语或者希腊语）。他绝不是天生像哈里斯那样的人。尽管有困难，哈里斯把所有的事情记在脑子里使其具有特征；然而这个人明显出生于不同的阶层，年轻时期就接受了相应的教育，但是却成了个流浪者，后来没有为自己做任何事情。其他人曾给过他什么，使得他与周围的人与众不同；而哈里斯他成就了他自己。乔治没有个性，没有智力的力量和敏锐，也没有哈里斯的记忆力，但是他却曾有良好的教育，这使得他能够有预见性地交谈，还有勇气和荣誉感，这是数年如狗般生活都没有被破坏的。当他在船上待得久一点后，我们从他那里得知了他过去两年里的不同寻常的故事，后来我们的听闻证实有这样的事情，使其没有异议。

如果我没有弄错的话，他是1833年作为一名普通水手乘印度人的双桅横帆船从纽约起航前往广州的。船是在东印度群岛出售的，他在马尼拉登上一艘小纵帆船，仅限于在马里亚纳群岛和帛琉群岛间进行贸易航行。在其中一座后岛上，他们的纵帆船触礁了，同时又被土著居民袭击，在一番孤注一掷的反抗后，除了船长、乔治和一个男孩，所有的船员都被杀害或者淹死了，他们最后也投降了。大约一个月之后，机会来了，他们其中只有一员能逃脱。我只记得一件事发生时的情景，他们向船长屈服是建立在如果他逃脱就得给予他们援助的许诺上。通过尝试，船长成功了，他登上一艘美国船返回马尼拉再转去美国，但却没有为营救乔治他们作出丝毫努力。当乔治后来被发现时，甚至没有向在马尼拉的任何人提及他们的情况。那个同乔治在一起的男孩死了，乔治变得孤独了，又没有机会逃跑，不久本地居民待他友善了，甚至特别留心他。他们给他描画，在他身上刺花纹（因为他决不同意在脸上和手上刺花纹），赐给他两个或者三个妻子，事实上，使他成为相当受宠的人。就这样，他在好气候、不用愁吃、半裸又无事可做的情况下生活了十三个月。然而不久他就厌倦了，以各种借口在岛上到处走动设法找到帆船。一天，他外出同另一个男人在一艘独木舟上钓鱼，他看见一艘巨大的帆船顺风行驶，离他有一里格半的距离，与岛保持并列，耸立在西方向。面临许多困难，他还是说服了当地居民同他一起动身前往这艘船，他保证返回时带回大量酒和烟草。这些物品是当地人从美国贸易者那里尝试过的，对他们具有强大的诱惑力，他同意了。他们划船跟在帆船的后头，直到靠近船时才停下来。乔治踏上这艘船，几乎裸露着，从头到脚绘了图，与他的同伴没有什么区别，直到他开始说话。基于这点，船上的人一点也不吃惊。得知他的故事后，船长让他洗干净穿上衣服，送给这些可怜的本地居民一把或两把刀，一些烟草和棉布，带上乔治继续航行。这是纽约的卡伯特号帆船，船长是Low。这艘船横跨太平洋前往马尼拉，乔治在船上成为一名水手直到到达马尼拉，他离开卡伯特号，乘上一艘前往桑威奇群岛的双桅横帆船。作为二副，他在英国人的克莱曼婷号双桅横帆船上从欧胡岛到蒙特莉，由于与船长不和，他离开了那艘船来到海岸，在圣佩德罗加入我们。大约六个月后，在一些我们刚从波士顿收到的期刊中发现了一封来自卡伯特号船长Low的信，他一到达纽约就立即公布了我们从乔治那里得知的所有细节。信是为乔治朋友的报道而公开的，船长Low说他在马尼拉离开前往欧胡岛，后来就没再听到任何关于他的事情了。

乔治有本在帛琉群岛奇遇的有趣的航海日记，他最终以漂亮的字体和地道的英语记录下来。

第二十五章　战争谣传——捕鲸船——随东南风漂行——狂风

11月1日，星期日。

这天起航前往圣巴巴拉市，5日到达。在圣布埃纳文图拉周围，在锚地旁，我们在港内看见两艘船，一艘巨大的、装备完整的双桅横帆船，一艘娇小的双桅帆船。船员说前者必定是朝圣者号；但是我曾在朝圣者号上待得太久，不可能对它判断错误，我与他们不同的答案是正确的。因为根据较近的观察，它的长度、低长度三脚架、尖船头和倾斜的桅杆说明它是其他船只。他们中一些说是“军舰双桅横帆船”，其他人说是“巴尔的摩快速帆船”，我认为是阿亚库乔号。不久圣佐治宽而褶皱的漂亮旗帜——白底色和血红的边缘和十字架——被展现在船的最高点。几分钟后就毫无疑问了，我停在阿亚库乔号附近，它大约九个月以前从圣地亚哥起航，当时我们所待的朝圣者号也停留在那里。它曾去过瓦尔帕莱索、卡亚俄和桑威奇群岛，刚刚来到这个海岸。载着威尔逊船长的船艇登船了，半个小时内，法美战争的新闻传遍了整艘船。夸张的陈述延伸到前甲板：战争已经打起，一个巨大的法国舰队在太平洋上等。阿亚库乔号一个船员说当他们离开卡亚俄时，也与停留在那里的一艘巨大的法国护卫舰和美国护卫舰白兰地号外出打了一仗，英国护卫舰“布朗德”是裁判员，会公平对待。

有个对我很重要的新闻：独自在一个不设防的海岸，在数千英里内没有美国军舰，航行回家的期望直通整个太平洋和大西洋！一个法国监狱相比波士顿良好的港口仿佛更加可能成为目的地。然而，我们都太慎重不敢相信传到前甲板的消息，而是等待从上级那里听到真实的情况。通过货物监督的职员，我得知了事情的缘由是政府有偿还债务的困难，已经预示了战争并为其作了准备，尽管被颇为广泛地预料，然而实际上并没有公开。但是我们对事件本身几乎不关心。我们都是“乐天派”！我们不相信一个法国监狱会比加利福尼亚海岸的“隐蔽的小帆船”来得糟糕；没有一个从未经历过漫长而无趣的航行和囚禁在一艘船上的人能够想象对人的思想和希望有着千篇一律的效果。改变的期望像沙漠里的一个绿点，重大事件的高概率和令人兴奋的场景给人愉快的感觉，让生活运转起来是为了给予快乐，这是没有同样心态的人所完全不能解释的。

事实上，数月来我们在甲板上度过了比以往更加愉快的夜晚。每个人似乎都处于不可名状的高昂情绪中。一种彻底改变的模糊期待，对新场景的模糊期待和伟大举动的期待仿佛迷住了每个人，船上普通的苦差事显得微不足道。这儿有种公开的状态：交谈的主题和各种各样讨论的主题。国民的情绪变得紧张。不能在法国船上开玩笑，在“老马”和“素汤”间作比较等。

在两个多月的时间里我们仍然不确信关于这场战争的消息，一到达桑威奇群岛，我们就听到了关于争执的和平协议的消息。

我们在海港内找到的另一艘船，是来自桑威奇群岛的艾文号双桅帆船。它被装修得很美观；在日出日落时发射炮弹和升降他们的旗帜；有个有着四五首乐曲的乐队，显得相当像娱乐游艇而不是商船；然而，它与属于在欧胡岛的各种美国人的“罗瑞特”、“克莱曼婷”、护航船和其他小型船只联运，它从事大规模的贸易——合法的和不合法的——水獭皮、丝织品、茶叶、香料，等等。我们到达后的第二天，一艘装备完整的双桅横帆船从北方转向这里，悠闲地航行着穿过海湾，又向着东南方朝着卡特琳娜的大岛驶去。第二天艾文号起航，在同一方向前往圣佩德罗。这可能是去帮助（毁掉）陆战队员和加利福尼亚人们的，但是我们太了解内情了。这艘双桅横帆船不会再出现在这海岸，大约一周满载广州货物和美国商品的艾文号到达圣佩德罗。

墨西哥人把重点放在所有的商品出口上，这是逃重税的手段之一。一艘船出现在海岸，在蒙特雷驶进一艘中等的货船，它是唯一的海关监管的，接着开始贸易。一个月里或者更长时间，销售了大部分的货物，它进入卡特琳娜或者其他无人居住的离海岸有一定距离的大岛，在一次从一个港口到另一个港口的旅行中，用来自欧胡岛的船上选来的商品供给自己，这艘船已经停泊在岛上等待它的到来。艾文号起航两天后，罗瑞特号顺风而来，毫无疑问地抢夺了这艘双桅横帆船上的货物。

11月10日，星期二。

像往常一样，我们在帆船上日落之前向岸边驶去接船长，当接到船长离开时，我发现我们位于最远处的船已经升起了旗帜。当然，这意味着开船了。“使劲划桨，孩子们！使劲划桨！使劲用你们手中的桨和划尾桨划。”船长说道。我们拉伸整个手臂的长度，再折弯回去以至于我们的背碰到划手座，我们的船像火箭一样穿梭在水里。几分钟划过空旷的岛，一个接一个，在这里，我们看见了运河，有艘船在微风下抛锚停在那里。把船头朝向帆船，船长再次叫我们使劲划；我们不需要鼓舞，因为从离家时听到这个消息和在返回时能有话可说，登上新船的希望对我们而言是足够兴奋的，我们努力地划着。罗瑞特号的船长奈一是个老捕鲸船员，他在船尾，很大程度上陷入了这样的情绪中。他说："弯曲你的背，停下你的桨！""让我来，邦克船长！""给，锚爪！"以及一些其他的呼喊，这是捕鲸船员特有的。在此期间，船的两英里范围内风平浪静，我们有望在几分钟内上船。当海上突然刮起大风时，正前方的船已经准备就绪了，我们朝着群岛的方向行驶，左舷桨突然转变了方向，并在海域中开辟了一条道路。当然，这给我们带来了麻烦，我们不得不"使左舷桨稍稍转回，转向右舷侧"，我们登上了阿勒特号，就像是一只跳蚤躲进了人的耳朵里一样。整晚有轻微的陆风，直到次日早晨船才抛锚。

一放下船锚，我们就登上船，发现其携带着一千九百桶油，从离开海岸地带快要成为新贝德福德捕鲸船、威明顿和利物浦的邮船了。我们一看到它，通过起重机和船舰，前桅绳索桅杆和帆邋遢的绳索，帆桅杆，外壳，我们感觉它就像一艘"捕鲸船"；当我们登上船，一切都符合捕鲸船的格调：有着粗糙油腻的人造甲板；四面八方被木桶两端的凸边所抨击；绳索松散、泛白；帆桅杆和枕座上没有图案；没有遮蔽，被笨拙地捆绑和捆扎着；返航船在四面八方交接。它的船员也不怎么有纪律。船长是位瘦高的、蹒跚走路的贵格会教徒，他身着一套褐色衣服，戴顶有宽边的帽子，在船上鬼鬼祟祟，耷拉着头像只绵羊，这个人更像个渔夫和农民而不是水手。尽管没有寒冷的天气（我们只穿红色衬衫和帆布裤子），他们所有人穿着羊毛裤，不是整齐的蓝色，而是各种颜色——褐色、浅褐色、白色和绿色，吊带裤的带子穿过他们的肩膀，口袋用来装手。这样，加上水手衫礼服、在脖子上的条纹羊毛围巾、厚牛皮靴子、羊毛帽子和强烈的油腻味道，明显的绿色面容将用来完成对他的描述。当八个或者十个人在前甲板上闲荡无所事事时，八个或者十个在前桅中帆帆桁上的人卷起上桅帆，其人数同中甲板上人数相同。这对于一艘快要抛锚的船而言是奇怪的景象，因此我们走向船员看看怎么回事。他们其中一个矮胖的、看起来精神饱满的伙计伸出腿说他有败血症；另一个曾切到过手；其他的几乎恢复了健康但是却说有足够的人卷帆，因此他们冷静地待在前甲板上。

船上只有一个“连接工具”，一个在前桅中帆中部长相好看的老水手——他是船上前桅前部分唯一的水手。当然，大副们、舵手还有两三个船员之前曾出过海，但是只在捕鲸船上，大部分船员是来自灌木林的生手，跟卷心菜一样充满活力，干草种子不曾离开过他们的脑子。后桅纵帆被悬挂在绳索中部直到所有的帆被卷起。因此，一组三十人的工作人员花了半个小时做阿勒特号上的十八个水手在十五或者二十分钟内就能完成的上桅杆工作。

他们已经在海上待了六个或者八个月了，却没有什么新鲜事物可告诉我们，因此我们打算离船，许诺晚上自由上船去找些奇闻逸事等。于是，晚上停工吃晚饭后，我们获准离开，乘上一艘船艇，上船，花费了一两个小时。他们有一些鲸须制品和牙齿，还有其他稀奇的海上动物的肢体，我用书同他们交换——一本在海外港口的船上普通的实践书。通过这样的方法，你可以处理掉一些你已读过和重读的书，并且交换大量新事物，对于它们相对的价值，杰克并不看重。

11月12日，星期四。

这天早晨特别冷，周围有些乌云；但是这在早晨是相当正常的，没什么可担心的，所有的船长一起上岸度过今天。将要到正午的时候，厚厚的乌云遍布高山的上空，云降到半山腰包围着圣巴巴拉市的小城镇，汹涌澎湃的海浪从东南方向滚滚而来。船长立刻命令轻便快艇上的船员撤离。同时，我们看见船舰正从其他船上拖上岸。这有一个盛大的划船比赛机会，每个人都竭尽全力。我们超过阿亚库乔号和罗瑞特号船舰，但是再不能超越其他船舰了，的确，很难与长长的捕鲸船六桨划艇持平。他们比我们先到终点线，但是我们比他们有优势，因为不习惯海浪，他们不得不看着我们搁浅船舰，正如将近一年以前，同一地点，在朝圣者号上的我们乐意从一名肯纳卡船舰船员那里学习。

我们的老朋友比尔杰克逊，一位驾驶着罗瑞特号船舰的英俊的英国水手，在他高声呼喊双桅横帆船漂浮着之前，我们刚刚搁浅，他们就出海了。果真，船拖拽着锚漂进了海湾。没有等船长（因为除了大副和乘务员船上没有其他人），他跳上船舰，把肯纳卡人召集在一起，试图出发。但是尽管是一流的“水狗”，肯纳卡人还是被他们漂浮的船和紧急情况惊吓得仿佛失去了他们的能力。他们的船再次被装满了，来到在沙滩上的舰侧一边。杰克逊为一群野蛮人而咒骂他们，并且称要鞭打每一个人。这并没有使情况好转。我们主动告诉肯纳卡人船上就座，一边各坐两人，我们推着船一起走出去直到水齐到我们的肩膀，接着猛地一推，他们拿着船桨，安全地驶入长长的浪潮。同时，从我们的帆船和捕鲸船上放下船舰，他们抛下另一个锚，放下铁链，支撑风中的帆桁，船就停下来了。

短短几分钟，船长跑着赶快下来；没有时间可浪费，因为狂风相当凛冽，海浪拍打着海滩，三英尺之高，一浪更比一浪高。因为没有船舵和舵桨，首先由四个肯纳卡人拖着的阿亚库乔号的船舰放了下来，它可能永远不会起航，使得我们不能够同他们一起跋涉到海浪能够到达的地方。接下来作出尝试的是捕鲸船，我作为最有经验的“海滩滚浪”不需要帮助，一动不动直到最后。捕鲸船的船员让世界上最优秀的船舰船员长距离拖航，但是这登陆处对他们而言是新的，虽然他们有范例，他们在周围旋转然后被海水托起来——船舰、船桨和船员一起，搁浅在沙滩上。第二次，他们坐满了船，把船翻过了，再次起航了。我们没有帮助他们，因为用那种方法的人是他们那么多人却没有增加我们的人。第三次，他们起航了，船遭浪冲击进水让他们所有的东西都湿透了，水把船装得半满，这使得他们一直打包堆垛直到抵达他们的帆船。现在，我们准备动身，让船头朝外；英国人本和我都是最受欢迎的人，我们各站在船头一侧让船“迎面”向着大海，在船桨后，船长拿着舵桨。两三个站在沙滩上看着我们的西班牙人裹着他们的披风，摇着头，喃喃自语道："天哪！"他们没有尝试这样做，事实上，恐水症是这个民族的疾病，在他们个体行为上表现出来。

等待着一个"稳定的机会"，我们决定给其他船只展示应该用的方法；我们一漂浮起来，同船一起滑出，保持船头向前，我们使尽全力、在船长船桨的帮助下和两个划桨能手规律地、使劲地划桨直到我们的脚离开地面，翻进船的一侧，完美地保持船的平稳，害怕打扰到其他船只。一会儿，不确定如何继续。船只几乎在水里上下颠簸，海水在船下滚滚翻腾，使得船跌落在水上，一股强大的力量仿佛要冲破船底。两个桨沿着划手座静静地滑行着，没有靠近桨手，我们装了两个船头桨，因此，在四个桨手和船长强壮的手臂的帮助下，尽管搭载了装有半桶水的几个大铜盆，我们还是安全出发了。我们来到罗瑞特号旁边，发现船长正在船上为航行作准备，接着我们也上了我们的船。总是"在场"的布朗先生把一切准备就绪，当放帆的命令下达的时候，我们只能钩住轻便快艇，再把它吊起来。当我们站在帆桁上，我们看见"罗瑞特"号在航行，在我们帆桁前是桅顶，是阿亚库乔号伸展开她的用帆桁支撑着的船翼，正横跨我们的锚孔。快舰型造型的双桅桁帆船乘风破浪，世上不会有比装备完整的快舰型造型的双桅桁帆船更漂亮的景象了。接下来驶来的是捕鲸船；此后半小时，四艘船静静停靠在港口没有移动的迹象。确定清理了这里，我们撑起帆桁驶离港口。阿亚库乔号迎风而行。港口是荒凉的，一年四季阴云密布，船从这里驶离出海。整整一天，和大半个晚上，我们遭到东南狂风的款待，变化多端，最后，持续了三个或四个小时的瓢泼大雨后结束了。破晓时，云层变薄并慢慢移去，太阳升起来了。风不是吹自北方，像往常一样，是从泊地稳定而清新地吹来。这对我们不利，因为仅仅作为"高浮"，几乎和压舱物的浮力差不多，我们没有条件在帆脚索上炫耀，依靠顺风，通过顺风，再在我们轻型的帆和辅助帆翼帆的帮助下，我们一直打算第一个到达泊定地，但是阿亚库乔号是个优秀的团体，占了我们上风，并以优雅的姿态向岸边行驶。然而，捕鲸船在我们的下风向，罗瑞特号在群岛中在运河的上方几乎要淡出我们的视线。通过拖拉操帆索和帆脚索，拍打在所有横帆脚索和升降索上的预备副滑车，我们成功把握住自己，在每根脚索降下船只。当我们到达泊定地时，阿亚库乔号已抛下锚，卷起帆，使帆桁与龙骨和桅杆成直角，并静静地待在那仿佛在过去这二十四小时内什么也没有发生一样。

我们有平常一样的好运气，一次就锚定，在半个小时内，我们的船舰在帆脚杆末显得悠然自在。在两个或者更长的时间里，捕鲸船驶来，做了一系列笨拙的抛锚工作，不得不抛下右舷船首锚，最终抛下小锚和系船索。在三个小时内，他们在一直用力拉，或停止或继续，用掣爪制住绞盘转动，把锚吊放在锚架上，钓鱼；帆整个下午都悬挂在帆桁上，直到日落的时候才放下来。罗瑞特号在天黑后才来，抛下锚，直到第二天才尝试拾起来。

这件事情导致了一场极大的关于我们的航行和阿亚库乔号的航行的争执。两位船长打赌，船员们用自己的方式着手处理，但是因为他们必定驶往下风向，我们前往上风向，商业船长不能偏离航向，考验永远不会发生。或许不会发生对我们有利的事，因为阿亚库乔号曾在太平洋航行过八年，在其每个地方——瓦尔帕莱索、桑威奇群岛、广州、加利福尼亚，等等，并被称之为在太平洋上贸易的最快商船，除非它是双桅横帆船约翰吉尔彬，或许巴尔的摩的安麦基姆帆船。

11月14日，星期六。

这天我们起航了载了，一位代理人和几位有名的西班牙人乘客前往蒙特雷。我们登陆去接他们和他们的行李，发现他们正在沙滩等待我们，因为海浪冲得很高，他们还有点害怕离开。这正是我们所高兴的，因为我们希望看到一个西班牙人被海水弄湿；所有的船员们都不喜欢代理人；因为船上没有官员，我们希望有个机会能把他们没入水中；因为我们知道他们是“陆战队员”，不会知道我们的做法是对还是错。于是，我们把船停得离海岸足够远来故意让他们登船时打湿他们的脚；接着等待一个足够高的水浪，让船头稍微旋转，把海浪的全部力量送往船尾座板，让他们从头到脚全部打湿了。西班牙人跳出船舰，咒骂，发抖，并抗议再来一次；代理人说服他们再来一次已不太可能。接下来，我们小心翼翼、非常轻松地离开了并把他们拖上了船，我们给他们一个眼色，他们就痛苦地享受着同伴半淹没的样子。

一切准备就绪，所有人都上船了。我们升起我们的船旗，（因为这里没有军舰，所以我们就是最大的船只），其他船只也升起了他们的船旗。每一帆桁上都有一个人，举起短的一头，解开束帆索，通过小滑车让每一腹帆更快；简而言之，船上所有的帆布都被放开了，用最快的速度，扣紧帆脚索使所有的帆张平再吊起来，起锚再用系锚杆系锚，船全速航行。我们决定给捕鲸船展示展示优秀的船员是如何在智能的船上完成全部过程的，尽管我们的船员人数还不足捕鲸船的一半。顶桅帆桁立刻全被交叉，张开顶桅帆和天帆，因为风自由地吹，把吊杆拉出来，在空中像猫一样活跃，在桁帆和吊杆上陈列，绕过辅助帆翼帆的齿轮；船长一帆又一帆地堆积在船上直到船被帆布所覆盖，船上的帆像在黑斑上的一朵大白云。在我们绕过（岛屿或岬角等）航行之前，我们以迅速而洒脱的速度前进，把捕鲸船远远地抛在了我们船后。虽然他们称这个海湾有四十英里长、十英里宽，微风还是带着我们通过运河。晚上微风渐弱，我们星期日一整天都因为无风而无法前进，大约在圣巴巴拉市和坡因特康塞普申的中途。星期日晚上微微的顺风让我们再次起航；星期一的晚上有不错的微海风，我们希望毫无困难地通过坡因特康塞普申——加利福尼亚的合恩角，从1月的第一天就开始吹这样的风，持续了整整一年。然而下午的时候，规律的西北风像往常一样来临，吹拂着辅助帆翼帆，给了我们徘徊在合恩角的机会。我们与之并排着，延伸进波涛汹涌的、多岩石的、沉闷的太平洋，在南北数百英尺的海岸形成了一个中心点。强劲的风在这里将会成为一个装满风的袋子，在晚上之前我们卷起顶桅帆，船在上桅帆下艰难地进行。在敲击了八下钟时，我们值班室的人员走下甲板，留有太多的帆船就摇摇晃晃的，海浪每冲打一次，浪花就飞过前甲板。风明显吹得更大了，不过天空里没有一朵云，太阳已欢快地落下了。

在我们预感狂风将至之前，我们曾短暂地待在甲板下：海水冲刷着整个船前部位，船的一侧用一股力量拍打着他们，像大堆东西的撞击音。值班室的人员仿佛非常忙于踩踏甲板和朝着绳索大声叫喊。一位水手总是能够通过嗓音判断什么样的帆将出现，一小会儿，我们就看见船首细斜桅杆出现了，一个接一个，接着就是艏三角帆。这似乎极大程度地使船得到缓和，我们很快进入梦乡，当——“砰砰砰”——在弦舱响起时，“喂，全体船员，收上桅帆！”我们走出住处就开始行动。还不是很冷的气候，我们没有穿其他额外的衣服很快就出现在了甲板上。我永远不会忘记这晚的美好景象，那是个晴朗而冷清的夜晚，星星闪烁着相当明亮，视觉范围内看不见一朵云。地平线和海汇合成一条清晰的线条。一点瑕疵也没有，画家都画不出这样清澈的天空。风从西北方向呼啸而来。但你看见一朵云，会感觉到风是从一个地方吹过来的，但是仿佛是从无名之地吹过来的。没有人能通过老天和仅仅靠视觉就判定这不是个寂静的夏日之夜。

收帆一个接着一个，我们收好上桅杆，在将帆挂起来之前，听见一声短暂迅速的雷鸣般的轰轰声，船首三角帆被吹在螺栓绳索以外。我们放置好上桅帆，再把船首三角帆存储起来，前中桅支索帆被放在本该放的地方，当巨大的主帆被勒开个口子，帆就被从头到脚被撕扯开来。“在帆被吹成碎片之前，把重点放在主帆桁和卷帆上！”船长大声喊道。一会儿，我们就爬上去，收集起帆桁上剩余的帆。我们在帆桁周围把帆包裹起来，尽可能隐蔽地越过束帆索。我们再次回到甲板上，另一个巨大的破裂声贯穿整个帆船，已用两组缩帆索缩的前桅中帆在卷帆带下从耳索到耳索被横向劈开成两半。再次降下帆桁，拖出收帆滑车索具，为了收帆而陈列在帆桁上。通过把手帆滑车具索拉到头，我们从另一耳索拉紧，穿过紧密的滑车具索，小心地在点上打结，我们成功地完成张帆和收帆。

我们只得盘绕绳索等待听见“值班室人员，走下甲板”的声音。当主顶桅帆从束帆索上松掉时，直接吹胀继续朝着下风向，桅杆摇动，颤抖得像一根魔杖。这儿有个专门的工作，顶桅帆必须起作用或者分离开来，否则桅杆将会被突然中断。所有在右舷班值班室的熟练的水手都被一个接一个地升了上去，但是他们却无能为力。最终，高高的法国人，约翰右舷船值班室的头儿（一个较优秀的水手是永远不会踏上甲板的）突然升上空，在他长胳膊长腿的作用下，经过一番艰难的挣扎，成功了——帆朝着下风向吹倒帆桁臂，天帆直接吹到了他的顶端部分——覆盖在船上，用长长的编绳控制着。他几次快要被吹倒或者从帆桁上摇掉，但是他是个优秀的水手，每每都用手抓住鱼钩。为了收紧帆，他准备降下帆桁，这是个漫长而艰难的工作，因为他通常不得不用尽全身力气停止和抓住倾斜的帆船以便使能在那样的高度工作变为一种可能。帆桁最终安全降下，接着降下船头的和装于后桅上的顶桅帆桁。然后，全体船员被送上空中辛苦工作了一两个小时，使得吊杆快速运作，没有穿绕过辅助帆翼帆和顶桅帆和天帆齿轮，把旋转索安装在帆桁上，安装（迎风的）横后牵，为暴风雨作另一个准备。由于狂风的缘故，这是个不错的夜晚：不寒冷，像晴朗的白天一样足够凉爽，能够快速工作。在这样的天气像这样有一场狂风真是个笑话。然而风吹得像飓风。风仿佛恼怒了，变得锋利，像是要把我们从帆桅上刮落。风的最大力量是我前所未见的，但是黑暗，寒冷和潮湿对于一个水手而言是一场暴风雨中最糟糕的部分。

我们再次登上甲板，环顾四周看看现在是晚间几点了，是谁在值班。

短短几分钟内，在驾驶盘旁的人敲打了四次钟，我们发现另一个值班室的人都出去了，我们值班室的出去了一半。于是，右舷班值班室的人走下甲板，剩下我们处于随时待命的状态值了几小时班。

还没等到他们走下甲板，前中桅支索帆在停止之前就被撕成条带状。这是一张我们值班室负责管理下的小帆，以至于我们不必召集其他值班人员。我们躺在船首斜桅上，其中一半的时间，我们是没在水中的，卷起帆的碎片，因为船顶上必须有些顶帆，为系其他的支索帆作准备。我们拿出个新帆弄成网状，绑扎着上下角索，横帆角索，吊索和帆环，操纵着吊索，使捆牢的绳索分开再吊起来，但是帆在升至支柱的一半时，被风撕成了碎片。当我们拴牢了吊索，除了拴住的绳索什么都被吹走了。现在大锚索眼展现在前桅大帆，船长知道它也将被吹走，就命令在帆桁上的我们把它收起来。船长不愿召集整夜在甲板上的值班人员，他叫醒木匠、修帆工、厨子、膳务人员及其他闲散人员到舱面上来，在他们的帮助下，我们操控了前桅最下部的帆桁，通过将近半小时的奋斗控制了前桅下帆桁，并且绕过帆桁将其收好。此刻，风力最大。在爬上索具的过程中，仿佛要阻止我们前往侧支索。在帆桁上，我们完全不敢把脸朝向迎风向。然而，这里没有猛烈的雨夹雪、黑暗、潮湿和寒冷，就像合恩角也没有这些一样。我们没有穿上坚硬的漆布外衣和厚靴子，而是戴上帽子，穿上圆形夹克衫，鸭子裤子，轻便的鞋子，一切尽可能地简捷轻便。这对一个水手的影响是相当大的。

当我们登上甲板，舵手敲击鸣了八下钟（凌晨四点）。“喂！所有的右帆角索。”呼唤出另一个值班室的人员，但是我们没有走下甲板。此时的风正值最强劲的时候，“风刮得像剪刀和大头螺丝”，船长在甲板上，被点亮的帆船横摇纵摇得仿佛将把它长长的桅杆抛出去。船的四面八方裂开：相对较新的装于后桅上的上桅帆和紧密的收帆在腹帆从头到脚裂开；前桅的中帆在一个裂缝中从帆的一角损坏到另一角并且被风撕成碎片；用铁链锁住的一支斜桅支索被分开了；斜杠帆帆桁在吊索上裂开了；斜桅撑杆前支索转向背风向；由于长期干燥的气候，背风向的索具东倒西歪地悬挂在巨大的绳扣上，其中一支主船首细斜桅杆侧支索分开了。更糟糕的是，桨帆船随波逐流，朝着下风向走去，在船首的锚已被放开重重地击打着一侧。这儿有太多工作，足够全体船员忙上半天。我们一组人员爬上装于后桅上的上桅帆桁，尽管帆被一阵强风一次次吹了个底朝天，并伴随着可怕的颠簸被吹在帆桁之下，几乎要把我们从踏脚索上抛下来，大约半个小时的辛劳工作后，我们还是卷起了帆。

两支素帆索被套在帆桁上，绕过滑车和其他用绞辘吊拉的传动装置，一切都是尽可能地有把握。我们一降落下来就发现剩下的船员正好降在前索具上，卷起已是碎片的上桅帆，或者更确切地说是把碎片上桅帆绕着帆桁包裹起来，使得帆桁就像用绷带包扎的断肢。此刻除了仍然起作用的后纵帆和紧密收好的主上桅帆，船上别无其他帆了。但是这也太多了，卷后纵帆的命令接着下达了。卷帆索被拖了上来，在右舷值班室的全体熟练水手都被送上了（纵帆上缘的）斜桁，但是他们却无能为力。为了一包“船舷止滑销”，二副咒骂他们，送上两位最优秀的船员，但是情况不见好转，纵帆斜桁被降低。现在所有的船员都在安装保护索具，用接合板加固斜杠帆帆桁，用绳子捆绑桨帆船和把滑轮安装在马颌缰上，去用绞辘吊拉向上风向。我待在左舷值班室的职责就是在船头去帮助安装马颌缰。我们三个来到马颌缰上和背带上超过半个小时之久，搬出滑车，钩住滑车并从钩上取下滑车，多次没入海水里直到大副害怕海水把我们冲走而命令我们停止。接着锚被拉上船舷上的栏杆，这花费了我们所有在前甲板上的船员一个小时的时间，尽管海浪时不时漫过它，朝下风向冲刷着索具，填满排水孔，清洗从船尾到船尾栏杆的定盘。

我们停止一切工作，终于有希望吃早餐了，因为现在已经将近上午九点了。主上桅帆很明显要倒塌了，一些帆是必须在船上的，船长命令降低前纵帆斜桁和主纵帆斜桁，升起两张纵帆（全新的、娇小的、用最耐用的帆布制造而成的暴风雨帆）并系好帆；任凭主上桅帆被吹刮，祈祷它能够支撑直到我们升起纵帆。我们用坚韧的系帆索和绳索仔细地把将其系住使小滑车紧紧地系在帆耳上，用绞辘把它们下拉至水道。此时，主上桅帆一直在那儿，我们登上帆索的高处存放好所有剩下的帆的残骸，这些帆在二十四小时之前还是在帆船上的。现在纵帆是船上唯一一张完整的帆了，由于坚韧和小巧并靠近甲板，在船舷上的栏杆只呈现出点点表面，并运行得非常好。船在纵帆下起起伏伏，没有帆在船顶，船只能小心翼翼地移动，跌跌荡荡，像一艘作战队形的帆船渐渐向着下风向移去。

现在是上午十一点，值班室的人员去甲板下吃早饭，在敲响八下钟（正午）的时候，就是当一切都适航时，尽管狂风没有丝毫减弱。值班室的人集合，其他值班室的人和闲散人员前往吃饭。三天三夜，狂风持续吹，不减狂怒，毫无规律。风没有减弱，同时风的凶猛性也没有丝毫变化。我们的帆船摇晃起伏得几乎导致前帆桁臂淹没在水里了，渐渐向着下风向移去。一直以来无论白天还是黑夜，天上看不到一朵云——不，是没有一朵有人的巴掌大小的云。每天清晨万里无云太阳从海平面升起，晚上又一片光明地落下海平面。星星也一晚接一晚一颗颗清晰地涌现出来，明亮地闪耀着同在家乡安静的霜重寒夜一样，直到黎明突然到来。就在此时，船周围海浪汹涌澎湃，碧波万顷直到视线的尽头，我们现在从海滨数里格数里格地驶去。

甲板间空着，我们几个人睡在吊床上，在暴风雨中睡在这里是世上最舒服的一件事情，但对它们而言却不是这样，“当风吹的时候，支船架会摇摆”，事实上又是另一种床了。因为它们总是垂直地悬挂在船的横梁，船是会摇晃的。在这七十二小时里我们除了上床睡觉和起床就无事可做，四个小时在甲板上，四个小时在甲板下吃饭、睡觉、值班。值班生活的轻微变化是通过轮流操航，偶尔是一张卷起的帆被吹出束帆索，随波逐流，这使我们不得不爬上帆桁；还有通过在索具的不同部位安装松弛了的小滑车。一次，操舵索分开了，要不是大副立即迅速用上救援小滑车，保持舵柄向上直到一个新的绳索穿过滑车的话，对我们而言可能就是致命的。20日早晨破晓之时，狂风明显变得更加糟糕了，接着有些许的缓和，全体水手们被召集去系新帆，尽管风还是吹得像普通狂风两倍那样猛烈。一次，面对巨大的困难，旧帆没被系好，并被腹帆绳索降了下来，三张从未使用过的为返程绕过合恩角而定制的崭新的帆在修帆工的保护下从帆具舱挂起来了，系好帆，利用吊索升上顶端，同时，用停止线和止荡绳把其系在帆桁上、紧密的收帆上，扣紧的帆脚索再将其吊起来。这些都是小心翼翼并艰难地一次性完成的。接着，两张备用的下桁大横帆用同样的方式将其升起，系牢，卷起。同时，船首三角帆的副底帆脱落后，一张用于暴风雨时的船首三角帆系在吊杆上，卷在吊杆上。在我们完成时已经十二点整了，我从未精疲力竭地工作五小时之久。我敢肯定，没有一个船员不顾强劲的西北风再次希望卸下和系上五张大帆。到深夜，少许云出现在海平面上，当风变得缓和时，有吸引力的云正常出现点缀了天空。暴风雨开始后的第五天，除了上桅帆，我们收起帆，并放置好收起的前桅大帆、船首三角帆和船后桅纵帆；但是直到收起上桅帆后八天，我们船上才有一张完整的帆。接着很快，因为船长急于弥补偏航，狂风带领我们行驶了去桑威奇群岛的一半路程。

逐渐地，风驰电掣，因为风继续刮，我们在船上张起帆，我们还需数日返航到暴风雨开始时我们所在的位置。风变幻莫测，我们在强风下与风抗衡了八天之久。我们将收起的中桅辅助帆翼帆置于微微的东南风，对我们航位推测产生了奇妙的作用。

12月4日，星期五。

二十天的行程后，我们到达旧金山海湾的出口。

第二十六章　旧金山——蒙特雷

我们原先是打算去蒙特雷的，但随着我们不断北上，发现路途愈发艰辛。于是顺着风向，我们决意改去旧金山。这条巨大的海湾位于南纬37° 58′，为德克雷爵士所发现，并被其称为（也的确是）一条壮观雄伟的海湾，拥有数个优秀的港口，海水很深，三面被肥沃茂盛的森林围绕着。往海湾口向东南方向走大约30英里，便是一处制高点，一座要塞就建立于此。在它的后面，是一处港口，来往的商船都会在这儿抛锚停泊。离港口不远处，就是来自旧金山的贸易团，以及一座刚刚兴起的聚集地，主要居民都是来自加州的美国人，他们将此地称作“耶尔瓦布埃纳”，寓意着美好。

现在停靠在港口的只有一艘商船。这艘来自阿斯卡的俄国双桅帆船，船身涂抹着带着浓郁俄国风情的色彩。每年冬天，俄国人会驾船来到港口，大量采购脂油和粮食，其购买量之大，远超他人，堪称整个海湾之最。我们到达后的第二天是周末，出于好奇，我们登上了那艘船。在船上我们玩得很尽兴。尽管这艘船还没有朝圣者号大，但却配备了5名船长，以及230名船员。这样的配备堪称愚蠢臃肿，当然也是我从未见过的。当天的天气很棒，所以我们几个就戴着草帽，穿着衬衫和沙滩裤，赤着脚。而他们每一个人都穿着长度到达膝盖，涂得铿亮的双层长筒皮靴，厚厚的羊毛裤，拉风的风衣和皮夹克，这些服饰和装备都具有鲜明的“忍卜拉岛”风格。即使是在最炎热的时候，他们的着装也不会发生改变。他们一个人穿着的衣服，估计和我们一半的人穿着的衣服加起来的重量一样重。他们的面相粗鲁狂野，活脱像是来自澳大利亚的水手，并且只做买卖脂油的生意。脂油几乎是他们赖以生存的一切：他们吃喝脂油，枕着脂油入睡，甚至在衣服的表面都涂有一层厚厚的脂油。对于俄国人来说，脂油就是最奢侈的奢侈品。每当这些脂油制作的皮包被装上货船的时候，这些俄国人的眼里都泛出贪婪的绿光。如果不是有船长们监督着，他们恨不得能一口吞掉它们。这种对脂油的奢望与贪婪贯穿他们全身的每一个毛孔，每一根头发，并在他们的脸上显现出来。似乎正是这种对脂油的贪欲支撑他们挺过了极寒与暴雨。如果在一个气候温润的地方生活，他们恐怕都得死于坏血病。跟船员比起来，那艘船也好不到哪儿去。船上的所有都是最破旧的，而且很落伍，看上去可能一点也不好用。在甲板上，四处都是散落的桁架，盘成圈状的粗大的系船索，散落的包裹随处可见。因缺乏擦拭，船的中桅、高桅以及翼帆几成黑色。风浪大时，就算是最有经验的船员也会因晃荡的甲板而眩晕不止。船员舱处于船体的前甲板下方，船员就住在那里。那儿如烤箱一般闷热，如猪圈一般肮脏，空气中还混杂着厨子蒸煮脂油的味道。我们在船员舱待了五分钟就受不了了。从船员舱出来，呼吸到外面的新鲜空气，真令人神清气爽。我们和那些俄国人做了几笔生意。他们有很多印第安古玩，像珠串、鸟的羽毛、用动物皮毛做的鞋子，等等，我们都买了一些。我买了件挺大的袍子，里面是用一些动物的皮毛晒干后用针线仔细地缝在一起，外面有层细细的、柔软的毛覆盖，估计是取自一些鸟的胸毛，颜色各异，色彩鲜明，搭配起来非常好看。

就在我们到达后没几天，雨季就降临了。大雨连续下了一个星期。这对我们的行程非常不利，因为要在这个港口找到避雨口可与在这条海湾其他任何一个港口都不一样。来自旧金山的那支贸易团在靠近商船抛锚处驻扎，但那里几乎没有贸易往来。而来自圣何塞、圣克拉拉以及其他一些地方的商人，他们会沿着延海湾分流出来的大河大溪顺流而下，在离之十五至三十英里的地方聚集在一块进行商业贸易，其规模之大远超加州其他任何地方。

商人们雇用印第安人来驾驶他们的商船。船的规模很大，装载着上千件货物。他们与贸易团接触，卸下珍贵的兽皮，换回各种货物。一些船员负责往来于各种船只之间，寻求各类兽皮和货物。在天气好时这通常是水手们最乐意干的“探险任务”。但是如今，由于已经连续下了三四天的雨，在船上没有任何遮挡物来遮风挡雨，吃的又是冷冰冰的食物，这对他们来说可真是艰苦的工作。我们派两个人乘船去圣克拉拉。他们已经出发三天了，整个三天里他们都得面对着下个不停的雨，愣是没合眼，船头船尾来回不停地跑，度过了几个难熬的漫漫长夜。当他们回来时，个个筋疲力尽，花了将近十二个小时才勉强恢复过来。船上所有的兽皮都因为下雨的缘故而浸满了水，我们的工作就是趁着雨停，有太阳出来或刮风的间隙，赶紧把它们挂满船的各个角落，以求晾干。我们把晾绳布满船的各个角落，从船尾到前甲板，从前甲板到船的侧桅，到几个主桅，再到甲板上随处可见的盘成圈状的系船索和各种操作器械。晾绳随处可见，而绳上则挂满了湿淋淋的兽皮。船头是一块巨大的木头，连着一张巨大的斜杠帆。为了充分利用这些空间，我们拿出摇晃吊杆，在木头前后都捆上了兽皮。在最后一个雨停的间隙，我们把船前面和船后面的扶手，卷扬机，船身的两侧，甲板上的任何一处空地，都用湿淋淋的兽皮覆盖。那时我们的船就是一个巨大的兽皮场，从船头到船尾，从船桅到船身，所有的地方都是兽皮。在一个湿冷的夜晚，大概是在八点左右，我收到命令去收拾行囊，要带足四天的干粮，准备次日凌晨四点搭印第安人的船起程去圣何塞。我准备了一件油皮大衣、南行要喝的水，以及一双厚筒长靴，并早早地回我的吊床休息。因为船将在日出前出发，我决定先好好睡一觉。直到第二天天大亮后我才睡醒。然而幸运的是，不知是印第安人故意为之，还是他们搞错了行程，总之他们的船在昨天晚上就出发离开了，现在已经开出老远。于是乎我就免去了一次艰苦的行程。

在那之后我们又派了四个人搭乘一条小船去接一位在圣克拉拉的代理商。他们四个整晚都淋着大雨，浑身湿透，由于船又很小，他们甚至连转身的空间都没有。那位代理商知道后直接起程赶往贸易团，留下那四位水手不管，没有给他们任何住宿接待，甚至连食物都未提供。就这样，他们还是挺过三十英里的水路。等到回来的时候，个个筋疲力尽，虚弱不已，连踏上船舷台阶的力气都没有了。这件事让那位代理商在我们这儿名声扫地，他再也没能够跟我们水手做成任何一笔生意。在久久的踌躇和苦恼，以及被水手们数次抛入水中的玩笑过后，他才算结清了和我们的“旧账”。又或者说，他就和那位作家一样，被我们整得服服帖帖。在差不多购进所有能买到的兽皮后，我们就准备弄些木材和水。旧金山有整个海湾沿岸最好的木材和水源。隔着港口两个部落是一处被我们称为“森林岛”的小岛，西班牙人则称之为“洛杉矶岛”。岛上有大片森林，一直延绵至海边。每天早上，我们派两个来自贝克河的水手上岸砍伐木材，他们都擅长使用斧头；另派两名水手负责把砍伐来的木材成捆堆好。不到一个星期我们砍伐的木材数量就足够我们使用整整一年的了。此时，第三拨人，即我和另外三名水手，则被派去负责将这些捆好的木材搬到船上，这也是我们被贸易团雇用的原因。我们的船大约在中午时分离开，但是由于顶着时速达到4.5海里的大风，我们的船并未能马上成行，在小岛滞留到下午两点，直到日落时分才回到港口。就在我们到达港口后不久，折磨了我们一天的东南风突然起势，夹杂着狂风暴雨，咄咄逼人。我们的处境顿时不妙：一艘没有任何遮挡的船，一场狂风暴雨，一个漫漫长夜。而且在这个地方的冬天，黑夜将长达十五个小时。登上一条买来的小船，我们沿着海岸线寻求庇护所，但是一无所获，因为所有的一切都是暴露在外面的。我们倒是发现了一些掩藏在树叶下的木材。于是我们重新聚集力量，再度出海，打算在我们力所能及的范围之内作最好的准备，以度过这一夜。我们降下主桅，在船的后部把它张成一张雨棚，用一些湿木头搭床，以夹克为被，傍晚六点左右，我们就睡下了。雨水不断地透过雨棚打到我们身上，不一会儿夹克就完全湿透了，躺在粗糙、坚硬的木头而非平坦的沙发上，根本无从睡眠。于是我们起身，拿着买来的铁锅，仔细擦拭干净，又在周边放了些石头，截几段木头，在锅里生起了一把火。我们又拿来一些木条，烤干，在铁锅下搭起来，以防这小小的火焰熄灭。我们依赖这一小团火烤些生肉来吃，与其说吃，不如说往肚里塞些东西，以打发漫漫长夜。然而，即便如此，时间还是未到十点，夜还很漫长。于是一位水手从他的包里拿出一副扑克牌，这引起了大雨中的我们一阵欢呼。于是借着微弱恍惚的火光，我们开始打牌，一局又一局，一直打到夜里一两点。那时大家又都很累了，于是纷纷回到湿木头上睡觉，但始终有人轮流值夜，不让火团熄灭。

快天明时，雨终于停了。但可以明显感觉到天更冷了，更加睡不着了。于是我们都坐起来，等待天明。天亮后没多久，我们就上岸，准备从船上卸货。我们看到地上出现了霜——我们以前从未在加州见过这种情况，一摊摊的小水塘表面都结了层薄薄的冰，这些都证实我们对寒冷的感觉是真切的。在太阳出来之前，天还蒙蒙亮的时候，我们就开工了。我们必须蹚过深及膝盖的海水，通过人力用小舟把木头装载到大船上。第三组人一直干到午饭时分，后来又有两个人加入帮忙装木头。当然了，所有蹚水的活，都是由最年轻的两位水手干的。而且由于地上有冻霜，我们几乎是扛着木头，光着脚，卷起裤脚，辛苦跋涉于海滩和船之间。当小船上的木头被卸下时，我们必须在坚硬的沙子上尽快地来回奔跑，以保证我们的脚不被冻僵。我们干了整整一天，直到傍晚，那艘大船再也装不下一根木头时才收工。我们扬帆起锚，向海湾进发。在驶入海湾后不久，我们就遭遇到了大浪。这股大浪推动我们的船向深海驶去，同时漫天的大雾又使我们迷失了航向。风势很小，而船又像装满了沙子那般沉，因此根本无法借助风势来对抗大浪。我们使出浑身解数，终于使我们的船免于被那股大浪带到外海去，并将船带回到了小岛的下风口。我们都很高兴，尽管我们又得在这里多待一晚。这将是更加艰苦的一晚，因为船上装满了木头，我们别无选择，只能在木头与木头的空隙处休息。第二天，风平浪静，我们起程，在上午十一点左右回到港口，随后就和所有人一起开始卸木头，这又让我们忙碌到晚上。

活儿都忙完后，我们大伙在第二天举行了一个“泼水庆会”，把所有的木桶里都装满了酒，并用木头把这些桶团团围了起来，防止有人偷喝。这个庆会持续了三天，这期间没有一滴酒被偷喝。第一天后，有人打猎捕到了一只鹿。鹿在旧金山海湾这边很常见，山上都是，几乎泛滥成灾。

由于不用出海，不用再去搬木头，也不用辛辛苦苦地去找贸易团，我们在这里度过了非常轻松的几天。我们把船泊在水边，大概离海滨一条电缆的距离，这样船就可以免于被东南风吹走。由于一直在下雨，我们也不需要出海，雨篷也一直搭着。我们所有人都坐在甲板上工作，一坐就是一整天，挑选麻絮。我们要挑选出足够多的麻絮来填补船的空隙使之不再漏水，并且要保证在整个航行过程中船都不会漏水。为了顺利回家，我们做了一整套新的束帆索，用条状的全新兽皮做了一副转轮绳，这用掉了很多棉纺纱布。其实凡是能在甲板上做的东西我们都做了。进入寒冬后，这个地方的夜晚非常漫长，所以每天早上我们都睡到7点才会起床，而在下午五点我们就必须停工了，然后吃晚饭。这中间到设置好的晚八点的响铃时间整整有三个小时。我们出海已经近一年了，也是该考虑回家行程的时候了。我们都深知这最后的两三个月将会异常忙碌，几乎会忙到没有时间去准备回家。因此我们现在整晚地都在准备回家需要的各种衣物，这尤其是对我们的家乡——合恩角显得尤为重要。晚饭一过，我们就会哄开孩子们，坐在自己的箱子上，在摇晃不已的灯四周围成一圈，吸根烟。大伙都在忙，有的在制作帽子，有的在缝裤子、夹克，等等，总之，没有一个人在虚度光阴，无所事事。孩子们的针线活可赶不上大人们，于是他们就在一旁替大人把草搓进麻绳，然后再递给大人们缝补。有时候我们中的几个会合起来团购一块斜纹花布，用来制作裤子与上衣，有时还会在上面涂点麻籽油，这可是为合恩角特备的！我自己也缝补了一顶油布防水帽，很厚实，可以当椅子坐。同时我也为自己做了一整套绒毛内衣，以抵抗寒冷的气候。那些没有帽子抵挡西南风的人都做了顶，有些船员给自己做了油布上衣和裤子，里面配一件绒毛内衣。大伙整天都在忙活，每个人都在为自己忙活着。因为我们知道随着春天的降临，以及我们将不再有大把的夜晚时间来做这些事。

12月25日，星期五。

今天是圣诞节，下了整整一天的雨，没有买进新的兽皮，非常普通的一天。于是船长给我们放了一天假（这是我们从波士顿出来以后的第一次放假），并宣布晚饭将加餐葡萄干。那艘俄国商船上的人们依据旧历，在11日就庆祝了圣诞节。当时他们在城堡里搞了一次盛大的烟火晚会——我们的人这么描述——喝光了一桶的杜松子酒，吃掉了整袋油脂，并用动物的皮毛熬汤喝。

12月27日，星期日。

在我们在这个港口的生意都做得差不多后，我们决定起程离开。我们向那艘俄国商船和港口的要塞致以真诚的祝福与他们道别，他们也都回馈了他们的祝福。要塞的长官，唐·瓜德普罗·维乐哥，年纪轻轻，在加州所有人——不论是英国人还是美国人当中都很受欢迎。他亲自来送我们离开。此人说着非常标准的英语，因而很受外国朋友的喜欢。

在徐徐的微风中，伴随着轻微的海浪声，我们以每小时四至五海里的速度，驶离这条雄壮的海湾。那天天气很好，我们享受着几个月来不曾见到的阳光。我们的船从陡峭的悬崖边穿过（港口的要塞就建立在那里），驶入海湾的中部。在这里我们能看到很多小海湾互相交织在一起，以及美丽的森林小岛、许多的河流。假使加州某日成为了一个繁华的国家，那么这条海湾就是该国繁华的中心。这里水源丰富，木材众多，沿岸土地异常肥沃，气候温和，世界上任何一处地方都无法与之相比，为航海远洋提供了得天独厚的条件，影响力涉及整个美洲西海岸线。确实，此地吸引了大量关注的目光，这是因为耶尔巴布埃纳，就是我们停泊的那个聚集地，主要成员是英国人和美国人，而二者都是当时西海岸沿线各自最重要的贸易竞争对手。当交易旺季到来时，许多俄国商船带着商品，谷物和蚕豆，来跟他们做生意。

由于波涛起势，我们决定在海湾的尖角处泊船，头顶上便是高高耸立、美丽非凡的斜山，成百上千的红鹿栖息在那里，顶着高高的鹿角，盯着我们看了一会儿后，便四处散去，想必是受到了我们因看到此番美景而不禁惊呼的声音的惊吓。

午夜时分，潮水平息了许多，于是我们再次扬帆出海。前方的夜空一望无际，布满繁星——这是好多个星期以来我们见到的第一个晴朗的夜空。当北风再次吹起的时候，我们就知道又到了一年中贸易的日子了。在一个周一的下午，我们朝着蒙特雷尔海湾，向北缓缓驶去。

在向桑威奇岛行进过程中，我们偶遇戴安娜号商船。它驶自西南海岸，去往阿西塔。它偏离了航线，就碰到了我们，但直到我们把船泊好后两个小时，它才停靠在岸边。那时是星期二上午10点钟。这座小城跟我上次看到几乎没什么变化，那还是十一个月以前，当时我是在朝圣者号商船上。岸上有绿油油的草坪，这都得益于充足的雨水和阳光；南边是茁壮的松树，北面有涓涓细流。城里的房屋是统一的白砖红瓦，映衬着绿色的草地；从那低矮、周身漆成全白的城堡，发出阵阵令人不悦、刺耳的鼓声，那是在为午间的游行助威。这一切宜人的景象都和我们一年前看到的差不多。在经历了漫长的旅行，以及在圣巴巴拉不受欢迎的接待，在这里，我们都找到了回家的感觉。

第二十七章　星期日洗涤——在岸上——大干起来——一位贵族——“起航，嘀！”——方丹戈舞

港内唯一的另外一艘船只是来自阿斯塔纳的俄罗斯政府三桅帆船，它装备了八支枪（其中四支属于贵格派），前管理者登上船进入船内前往马萨特兰，经由此地长途跋涉前往韦拉克鲁斯。他的工作是取信再转交给在韦拉克鲁斯的美国领事，由此可较轻松地转寄给美国。因此，我们整理了一捆信件，几乎每个人都有，并附上“1836年1月1日”的日期。管理者信守承诺，他们在3月中旬之前就全体到达波士顿，史无前例的最短暂的交流遍布全国。

按照等待我们的命令，双桅横帆船朝圣者号已经待在蒙特雷度过了11月的下半月。日复一日地，船长福肯登上小山等候我们，最后他放弃了，认为我们必定在离开坡因特康塞普申所经历的狂风中下沉了，风带着巨大的愤怒吹遍整个海岸，在最舒适的海港岸上的几艘船只驱赶开来。已经驶入旧金山的一艘英国的双桅横帆船遗失了仅有的两个锚；罗莎号被驱赶上

圣地亚哥的泥泞浅滩；朝圣者号在船头抛下三个锚经受住了蒙特雷的狂风，在12月初起航驶往圣地亚哥。

我们在星期日来到这儿，蒙特雷是整个海岸登上陆地的最佳位置，我们几乎三个月都没有自由日了，每个人都渴望着登岸。星期日一大早，将甲板清洗干净我们就开始吃早饭，而那些获得自由日的人就开始所谓的自我清洗以备登陆。在前甲板上，每人一桶淡水，一块肥皂，一块大而粗糙的毛巾，我们开始用力擦洗彼此。完成之后，接下来的是洗头——一边一个人——我们脱去裤子，每人用一桶水，提起水泼向彼此，浸湿对方。鞋、宽松的白色帆布裤子、蓝色夹克衫、干净的格子花纹衬衫、黑色方巾、帽子被打湿（涂料装饰），一英寻黑丝带越过左眼，一条丝绸手帕从夹克衫口袋外飞出来，四或五美元绑在围巾后面，我们都“安然无恙”。我们乘其中一艘船尾救生艇上岸，进入城镇。我为了看看礼拜仪式试图找到一座教堂但是却被告知除了一大早有一大群人之外没什么仪式；因此我们在城镇内四处走动拜访美国人和英国人，还有在我们之前待在这儿认识的当地居民。临近中午，我们得到几匹马，骑往离城镇一里格之远的卡梅尔布道，在这里我们得到了有关晚饭的些许材料——牛肉、鸡蛋、菜豆、玉米粉圆饼和一些中等酒——是从管家那里得到的，当然，他拒绝收任何费用，因为那是上帝的礼物。然后我们深深鞠了一躬，触摸着帽子，说了句“上帝的奖”，就接受了赠予我们的礼物。

就餐之后，我们有一次愉快的骑马之旅，骑在马背上飞快地跑过了整个小镇，太阳落山后不久进入城镇。在这儿我们遇到了拒绝同我们一起骑马的伙伴，他们认为像鱼儿与一个气球没多大关系一样，一个水手与马儿更没有多大关系。我的船停靠在一个烈性酒馆附近，那里的客人常常发出可怕的噪音，他们喝醉了，同一大群印第安人和饥饿的混血儿，脱掉衣服拿着短剑，或者留在卡拉沃索过夜。我们费尽千辛万苦终于把他们弄到船上，尽管遭受了愤怒的臭脸和来自西班牙居民的干涉，西班牙居民曾在他们身上打标记让他们出去掠夺捕食。戴安娜号的船员们——一组毫无价值的流浪者，他们被捕鲸船拒绝后在岛上被收留——他们都醉得像野兽一样，同船长一起在沙滩上斗殴，船长也比他们好不到哪儿去。他们发誓不再登船，也不再回到城镇，他们衣衫褴褛，饱经风霜，栖息在卡拉沃索直到次日船长救出他们。像往常自由日后一样，我们前甲板整夜出现了一幅骚动醉醺醺的景象。他们找到其余的伙伴在快要黎明时才入睡，然后一整天在水里作业，搬运小兽皮，他们头痛欲裂以至于都几乎站不起来。这是水手们的寻欢作乐。

当我们在这里时，我们船上除了有少数的拳击比赛能让我们有话可谈之外没有什么值得评论的话题。一位背宽宽的妄自尊大的科德角男孩，大约十六岁，曾经在整个航行中恃强欺负一个苗条、长相俊俏的来自波士顿学校的男孩，与这个男孩相比，科德角男孩在力量上、年龄上以及在船上的职责经验上更有优势，因为这是波士顿男孩第一次出海。然而，波士顿男孩"捡起他的面包屑"，每天学习职务，日益增强力量和自信，开始同压迫者维护自己的权利。尽管如此，科德角男孩还是可以征服他，利用更胜一筹的力量总是击打他、推倒他。一天下午我们工作之前，这两个男孩在甲板间发生了一场激烈的口角，当乔治（波士顿男孩）说如果能够公平比赛的话他要同纳特（科德角男孩）进行拳击比赛。大副听到嘈杂声，蹿进舱口，把两个人都拖上甲板，告诉他们握手讲和并在整个航行中别再找麻烦了，否则他们将会比赛得直到一方因为被打败而投降。双方都不愿意和解，他号召所有船员（因为船长在岸上，他可以在船上为所欲为），船员们站在中部甲板一旁，甲板上以一根线为记号，两个孩子被带到面前，他让他们"用脚尖踏在记号线上"，用一根弯曲的绳子快速系在一根系索拴上，拉着线穿过甲板，超过他们的腰部。"在线以下打斗算犯规！"一边一个人面对面地站着，像两只公鸡准备战斗。纳特出双拳，把乔治的脸上、手臂上打得血迹斑斑，遍体鳞伤，我们无时无刻不希望看到乔治放弃：但是他受的伤越多，就打得越好。他一次又一次地快要被击倒了，但是又站起来面对着拳击开始线上，猛如雄狮，再次强烈地出击，这听起来为的是让某人带着怜悯之心倾向于他。

最终他最后一次站在拳击开始线上，衬衫从他的身上撕了下来，脸上布满血迹和青肿，眼睛里火花四射，发誓他会一直站在这里直到他们其中一人被杀死，拳击比赛就像是一个年轻的狂怒者。“在船头欢呼！”大家说道，为他打气。“好得意！”“永不言败，会有最后的办法的！”纳特知道自己的优势试图靠近他，可是大副阻止了他，说这是场公平的比赛，不允许有手指触摸。纳特站在拳击开始线上，但是看起来嘴唇惨白，出拳也没有最初的一半厉害。他显然被打怕了。他一直都是征服别人，却一无所获，失去了一切；而当另一个在一种感到不公正的观念下为荣誉和自由而战时，前者是不会成功的。比赛很快就结束了。纳特投降了，伤得不重，虽然被吓到了，丢了面子，后来再也没有在船上试图欺凌弱小。我们带着乔治来到甲板的浴缸为他清洗，我们称赞他的勇气，从此以后他变成了船上的大人物，因为拳击比赛而受到大家的关注。布朗先生的计划产生了非常好的效果，因为在接下来的航行中孩子们再也没有其他争吵了。

1月6日，星期三。

同一些西班牙乘客从蒙特雷起航，我们的行程计划是前往圣巴巴拉市。戴安娜号与我们一起驶出海湾，但是在离开皮诺和我们分开了，开往桑威奇群岛。几个小时里风很活跃，我们继续高速前进直到夜晚风减弱，像往常一样，陆风开始盛行，这使我们爬上帆脚索。乘客中有一位年轻的男子，是我未曾见过的穷困潦倒的绅士最佳代表。他提醒我很多吉尔拜厄斯的性格。他是他们国家的贵族，他的家庭是纯正的西班牙血统，曾在墨西哥有着重要意义。他的父亲曾是省长，积累了一大笔财富，修建了一栋带有前庭的大房子，定居于圣地亚哥，有一大群印第安扈从，自命为国家那一地区的贵族。他的儿子被送往墨西哥接受最好的教育，并进入首都的上流社会。灾难、奢侈、缺乏资金，或任何方式的利息不久就把财产耗尽，唐璜·班迪尼从墨西哥返回时学识渊博，贫穷，自负，没有任何官职或者职位，过着像大多较好家庭的年轻人一样的日子——当财富近在咫尺时，放荡而奢华；雄心勃勃却毫无行动；为生计而痛苦不堪；装时尚阔气。当他们的贫穷为街上的每一个半裸的印第安男孩所知道时，他们恐惧这一地区的每一个小商人和店主。他有单薄而优雅的体态，行动优雅，舞姿优美，说得一口讨人喜欢而精确的最好的卡斯提尔语，自始至终有高贵出生和地位的男人气度。在这次旅行欠下的（我后来得知的），他却没有钱偿还，居住在我们代理人的济贫院里。他彬彬有礼地对待每个人，把四里亚尔——我敢说这是他口袋里最后剩下的钱，给了服侍他的乘务员。我对他只有一点怜悯，尤其是当我看见他在乘客朋友、同乡人和一个肥胖粗俗猥琐假装曾在圣地亚哥赚钱的美国佬商人附近，这个商人指出班迪尼的要害，基于他们的奢侈而发胖，在贫穷里受到压迫，用他们的土地抵押贷款，垄断牲畜，使得珠宝减少，这是他们最后的希望。

唐璜曾同他的一个侍从在一起，这个侍从的很多特征都跟吉尔拜厄斯对他的主人一样。尽管他没有撰稿，而且同木匠和修帆工一起住在统舱里，他还是称自己是私人秘书。当然他是一个要人；他读写能力都极好，说得一口好西班牙语，足迹曾遍布通用西班牙语的美洲国家，在任何场所都居住过，也在每个能想到的职位工作过，尽管通常从事于一些有声望和有地位人的机密仆人。我结交了这个人，在他与我们在一起的五周里，我从他那儿收获了更多墨西哥政党知识和不同社会阶层的习惯和事件。他煞费苦心地纠正我的西班牙语，给我提供了些常用词汇、常用口语的术语和感叹词。他借给我一些出自墨西哥市近来的报纸，这里覆盖了圣安娜凯旋的接待会，他刚刚胜利后从坦皮科返回，为他的远征抵制德州人做准备工作。“圣安娜万岁！”是每个地方的惯用语，甚至已经传达到了加利福尼亚州，尽管这儿仍然还有些许人。在这些人中有唐璜·班迪尼，他反对其政府，并策划阴谋带入巴斯塔曼提。他们说圣安娜是为了粉碎传教工作，或者正如他们声称的——“圣安娜没有宗教信仰”。然而，我毫不怀疑圣地亚哥的官员管理者将使唐璜顺从任何王朝和任何教会阶层。在这些报纸中，我也发现了少量的美国和英国新闻，但是这些都是毫无关联的，因为已经过去十八个月了，对于他们之前的每一件事情，我都不知道，因此他们仅仅只能唤起我的好奇，但他们却不满足于这一点。有一篇文章谈及作为美国加斯提西亚市的托尼和另一个通过从韦拉克鲁斯收到的新闻，透露“墨尔本子爵厄”已经返回“总理”办公室代替罗伯特·皮尔。（罗伯特·皮尔先生曾是总理，然后呢？格雷伯爵和惠林顿公爵在哪里？）这儿是推翻一个宏伟议会的蓝图，在闲暇时塞满了我的想象。

离开蒙特雷的第二天，我们离开坡因特康塞普申。这是风和日丽的一天；一切都与我们两个月前同一地方所经历的形成鲜明对比，当我们在西北大风吹动着一张前主纵帆下渐渐远离，“航行，嗬！”一个装配上桅副帆吊杆的伙计叫喊道。“到哪儿去？”“上风舷，先生！”一小会儿就看见一艘装备完整的双桅横帆船在坡因特康塞普申脱颖而出。放开辅助帆张帆索和帆桁吊杆尾部，后帆桁向后支撑，我们等待着船速降下来。船调头顶风停下，转主桅第二帆逆风前进，甲板上全是人，在一边有四支枪、吊床网，除了没有大副的口哨声，后甲板上没有制服，每件东西都是军舰样式。一个矮胖的人，穿一件粗糙的灰色夹克衫，一只手拿个说话的喇叭，站在露天的吊床网里。“船，啊嘿！”“哈罗！”“那是什么船？”“阿勒特号。”“你们从哪里而来？”，等等。它被证实为来自桑威奇岛的护卫队双桅横帆船，从事在海岸一边的小岛间猎取水獭工作，船上的武器是当她还是非法商船时获得的。在这些小岛间水獭数不胜数，有巨大的价值，政府要求巨大的金额才能获取一张许可证去猎取水獭，对于射杀水獭或者走私水獭惩罚是相当重的。这艘船没有许可证，也没有职责，除了在海岸走私货物在其他船上贸易，它归属于一个在欧胡岛的所有者。我们船长告诉他要提防墨西哥人，但是他说在整个太平洋没有一艘像他们船那般大小的全副武装的帆船。毫无疑问，在数月之前，同一艘船在圣巴巴拉市炫耀。这些船频繁地在海岸线上逗留了数年，除了在岛上获取些木材和水，还偶尔造访欧胡岛获取新的用具。

1月10日，星期日。

到达圣巴巴拉市，在接下来的星期三由于东南风的原因，滑动我们的锚链出航了。次日返回我们的锚地。我们船只是港内唯一一艘。朝圣者号穿过运河，顶风停靠在远离城镇的地方，大约在四周之前，它在从蒙特雷出发的航线上，现在顺风。在这儿，他们听说我们安全到达了旧金山。

在岸上，在为我们的代理人和唐娜安妮塔的婚礼作大量准备，新娘是安东尼N先生的小女儿，而安东尼N先生是这一地方的贵族，加利福尼亚第一家族的领导。我们的膳务员上岸三天制作油酥点心和蛋糕，我们一些最好的贮藏品被他送了去。在婚礼当天我们用轻便快艇把船长送上岸，他命令我们夜里去接他，我们则离开前往剧场观看方丹戈舞。一回到船上，我们就发现在为庆祝作准备。我们的枪装填好子弹再发出，大家各就各位，分发子弹，点火柴，准备升起所有的旗帜。我坐在右舷，我们都在等待发自岸上的信号。十点新娘穿着深黑色的衣服同她的姐姐前往忏悔室。将近一个小时后，当教会的大门打开时，大声而刺耳的钟声突然响起，在岸上的船长给我们发来信号，新娘着一身雪白的衣服同他的新郎从教堂走出来，后面跟着一列长长的队伍。正当她从教堂的大门踏出来，一朵小小的白云从我们船一侧产生了，让人看得应接不暇，大声的报道回绕在四周群山间，在海湾表面回荡，船立刻从头到尾装扮上旗帜和三角旗。当云消失时，二十三只枪轮流继续，每支枪每间隔十五秒发射一次，船一整天都是打扮成这样的颜色。在日落时，另一个行礼仪式同样数量的礼炮发射了，所有的旗帜被降下来，我们认为这相当好——每十五秒发射一颗礼炮——因为一艘商船仅有四支枪十二个或者二十个人。

晚饭后，轻便快艇的船员们被召集起来，我们穿上制服划上岸，将船拖上沙滩然后前往跳方丹戈舞。新娘父亲的房子在这里是重要的房子，在房前有一座大大的庭院，在房上修了一座帐篷，能够容纳几百人。一走进去，我们发现这个城镇所有的人——男人、女人和孩子聚集、拥挤在一起，仅仅为舞者留了一个空间。因为每逢这样的场合没有人发出邀请，但是每一个人都希望前来，尽管特殊的朋友总是在房间有私人招待。老妇人们排列着坐下，给音乐鼓掌，给年轻人们喝彩。音乐很轻快，在这些曲子里，我们发现了几首我们流行的曲调，这毫无疑问是我们从西班牙带来的。在跳舞过程中，我相当沮丧。女人们直立站着，双手放在身体两侧，眼睛注视着面前的地上，滑行着，我感觉不到她们是如何移动的，因为看不见她们的脚，裙子的底边形成一个完整的圆圈接触到地面。她们看起来严肃得像是参加一些宗教仪式，她们的脸像四肢一样几乎没有兴奋。总而言之，我发现这加利福尼亚的方丹戈舞不像我所期盼的生机勃勃的、令人陶醉的西班牙舞蹈，至少由这些女人所表现出来的是死气沉沉的东西。男人们做得要好一点，带着优雅和气魄舞蹈，在他们几乎静止不动的舞伴周围转圈，展现他们的英姿是极大的优势。

重点应该说说我们的朋友唐璜·班尼迪。当他在晚会结束前出现时，给我们展现了我从未见过的最优美的舞蹈。他着一身整洁的白色男士马裤，一件黑色丝绸短外套，华丽的、有图形的白色长袜和瘦小的摩洛哥拖鞋穿在他的小脚板上。他细长而优雅的体型非常适合跳舞，他像一只年轻的小鹿优雅地走来走去。足尖偶尔触碰地面，仿佛有必要在空中给他一段长时间的间隔运动。然而，他却不古怪或炫耀而是仿佛相当抑制强大的运动趋势。他响亮地鼓掌，在晚会结束前频繁地跳舞。晚饭后，华尔兹舞开始了，这种舞仅有非常少有的“西班牙裔”跳，被认为是很高超的技艺和贵族的标志。唐璜非常华丽地与新娘的姐姐唐璜·安格斯蒂尔跳华尔兹舞。唐璜·安格斯蒂尔——一位漂亮的女人和一位普通的幸运儿，穿着漂亮，但是对我而言却是讨厌的人。他们持续跳了半个小时之久，没有人下舞池跳舞。他们反复鼓掌，响亮鼓掌，老男人们和老妇人们敬佩地跳出他们的座位，年轻人挥舞着他们的帽子和手绢儿。的确，在这些墨西哥名流要人中，在我看来华尔兹舞是找到了它合适的位置。晚上盛大的娱乐——我猜想是因为它是狂欢日——是在同伴的头上打破鸡蛋灌满古龙香水或者其他香精。鸡蛋的一端被打破，取出里面的鸡蛋，接着被灌上一部分古龙香水再把整个密封住。女人悄悄地带了很多鸡蛋给他们，乐趣是在当一位绅士背转过去时，在他的头上打破一个蛋。他找出这位女士并照样回敬就会被认为富有绅士风度，尽管如果有人看见你就不一定要这么做。一位高高的、威严的先生站在我们前面，他有一大撮灰色的胡须，一副重要意义的外表。当我感觉一只轻巧的手放在我肩上，一转身就看见唐璜·安格斯蒂尔（我们所有人都知道她曾前往过蒙特雷，乘阿勒特号又去了一次），她的一根手指放在嘴唇上，打手势让我悄悄地移动在一边。我向后退了一点点，她的手在这位先生背后升起，一只手撞落他巨大的墨西哥帽，同时用另一只手在他的头上打破鸡蛋并在我背后跳起来，立刻不见了。这位先生缓缓转身，古龙香水从他的脸颊流下，遍布他的衣服，大声的嘲笑声从四面八方爆发而来。他徒然地向四周看了一会儿，直到有许多嘲笑声的方向给他使眼色告诉他谁是美丽的冒犯者。她是他的侄女，非常受宠于他，因此多明戈先生也随大家一起笑。开着许多像这样的玩笑，一些强烈计谋对抗在年轻夫妇之间继续，每有一个成功的英勇壮举，全体大笑声分贝都被提高了。

另一个奇异的风俗让我困惑不解了一会儿。一位相当年轻的女孩正在跳舞，在给我们呈现这个国家亵渎神圣的风俗之后，被命名埃斯皮里图桑托。当一位年轻的男子来到她的身后，把他的帽子直接戴在她的头上，让帽子盖住她的眼，跳回人群中。她戴着帽子跳了一会儿，当她扔掉帽子时，引起全体喊叫。这位年轻的男子被迫出去捡起帽子。帽子放在一些女士的头上，会被立即扔掉，少数人会整个舞蹈过程都戴着它，最后才脱下帽子，当帽子的主人走出来，才用手拿出来。不久，我就开始怀疑这事情的意图，后来被告知它是一种称赞，努力在余下来的夜晚变成女士的求爱者，服侍她回家。如果帽子被扔掉，求爱就被拒绝了，绅士们就不得不在众人嘲笑中捡起他的帽子。许多乐趣有时是由绅士们把帽子戴在女士的头上，女士却没有看到是谁干的所引起的。这迫使女士们不得不马上扔掉帽子，或者冒险地戴着帽子，当她们终于发现帽子的主人，嘲笑声常常随之而产生。

大约十点，船长派人来叫我们，我们兴高采烈地上船，尽情享受着新场景，由于有许多可以讲述，有希望每天晚上前往直到结束，我们在船员中有着重要地位，因为方丹戈舞通常要持续三天之久。次日，我们两个前往城镇，然后采用诺列加船长的方法小心返回，并看了看镇上的售货摊。乐师们仍然在那里，台上刮擦声和弦声已不在，少数显然是下层阶级的人正在跳舞。舞蹈一整天每隔一段时间继续着，但是大众、酒和佼佼者晚上才会来。第二天晚上，也就是仅剩的一晚，我们以同样的方式上岸，直到我们几乎厌倦了千篇一律的乐器弦声，女士们保持着有气无力的声音作为伴奏，伴随着音乐节奏的手掌拍打声取代了跳舞时伴奏的响板声。我们发现在那里我们同所有人和任何事物一样是巨大关注的对象。我们的水手穿着受到高度赞美，我们受到四面八方的邀请给他们展示美国水手舞蹈，但是在西班牙人后面跳舞的一些我们同胞可笑的样子，可能留给他们最好的想象。我们的代理人，穿了件从波士顿进口的紧身黑色燕尾服，一条昂贵的坚硬领结，看起来仿佛已经被别针别住了，仅仅脚和手不受约束，在班迪尼后起步跳舞，我们认为他们已经对优雅的美国佬忍无可忍了。

最后一晚他们在大派头中继续，当船长召集我们离开登船时，我们正精力十足。因为将要到东南风的季节，他害怕在岸上逗留得太久，他感觉不好，因为每天晚上我们滑下锚索，在一场持续十二个小时的东南风来临之前离岸，次日返回我们的锚定地。

第二十八章　一位老朋友——一个受害人（牺牲品）——加利福尼亚流浪者——来自家乡的消息——最后一面

2月1日，星期一。

在港内待了二十一天之后，我们前往圣佩德罗，次日到达，露天的主帆帆耳被拖上来已是"乘风速航"，帆桁稍微绷紧一点，辅助帆翼帆拖拽得越低；在航行过程中，风向几乎没有改变。在这里我们发现了自从9月11日之后就再没见过的阿亚库乔号和朝圣者号——将近五个月之久；我对曾是我出事之家的陈旧双桅横帆船真的感觉到像情感一样的东西，在船上我曾待了几乎一年，有了海上生活的第一次打斗。它在我心中也是与波士顿联系在一起的，我们从那里的码头起航，在溪流中下锚，告别，所有这样的琐事现在对我而言，像小小的链条把我和另一个我曾待过的世界联系起来，如果上帝愿意的话，我也许还能再见一次这样的世界。第一天晚饭后我登上船，发现老厨子在厨房演奏我作为临别赠品送给他的横笛；他热情友好地与我握手，冲进老船员们所在的前甲板，像从前一样乐意见到我，因为他们已经对于我的失踪不抱希望了，尤其是当他们在圣巴巴拉市没有找到我时。他们已经在圣地亚哥待过，在圣佩德罗停留了几乎一个月，并从普韦布洛接受了三千张兽皮。第二天从船上搬运过来，把我们的船装得满满的，我们两艘船都停留到4日，他们再次前往旧金山，我们前往圣地亚哥，6日到达。

我们总是乐意见到圣地亚哥。它作为停泊地和舒适的小地方，似乎安静得像家，尤其是对于在这里度过了一个夏天的我而言。海港内没有船只，在一个月之前罗莎号已驶往瓦尔帕莱索和加的斯，卡特琳娜号已驶往卡亚俄了。我们卸下兽皮，打算四天内再次迎风起航。令人格外开心的是——最后一次！超过三万张兽皮已经同其应该收集在一起的东西被收集，加工处理，收藏在屋内，朝圣者号将在旧金山减速，完成抛锚。我们真正的最后一次前行的想法和下次我们绕道圣地亚哥的想法将是“归心似箭”，带来的这些东西意味着我们离结束很近了，以至于我们感觉仿佛我们刚刚在那儿，尽管在我们见到波士顿还要大半年。

我曾有习惯在炉灶旁与桑威奇群岛岛上居民一起度过一个晚上，但是却远没有平常的喧闹和笑声。有人说对南太平洋诸岛中的每个岛的极大诅咒是第一个发现它的人发出的。在这里，每一个了解我们贸易历史所有事的人都知道在这个传说中有多少真实的成分。在不知道这些岛民之前，带着罪恶的白人引进疾病，现在每年按总人口的四十分之一比率抹杀了大量桑威奇群岛本地居民的人口。他们仿佛是命中注定的人。一个人诅咒称他们自己为基督教徒，仿佛处处跟随着他们；甚至在这里，在这个昏暗的地方，居住了两个年轻的群岛岛民，我留下的是两个强壮活跃身体健康的青年，在疾病下日益消瘦，如果没有与墨西哥基督教徒和美国基督教徒交流他们是永远都不会知道这种疾病。其中一人病得不厉害，他走来走去，边吸着他的烟斗边谈话，试图保持他的精力；但是另一个人，他是我的朋友——霍普，是我一生见过的最可怕的人：他的眼睛凹陷了，像死了一般，面颊凹陷得紧贴牙齿，双手看起来像爪子；骇人的咳嗽仿佛扭曲了他整个支离破碎的身体组织，有气无力地窃窃私语，完全没有能力移动自己。没有药品，没有安慰，没有人照顾或者帮助他，他躺在地上的一张垫子上，那炉灶里仅有的地板，除了少数几个肯纳卡人非常愿意，却又无能为力。他这样的情景让我难过，感到头晕。可怜的家伙！在我居住在沙滩上的四个月里，无论是在工作上还是在树林里的短途旅行，还有在船上我们一直在一起。我对他有非常强烈的感情，比起这里任何一个同胞我更喜欢他；我相信他也愿意为我做任何事情。当我来到炉灶旁时他看着我，伸出手，低声却面带愉快地微笑说："你好，艾肯！""你好！"我尽可能地安慰他，保证请求船长发放药品帮助他，并且告诉他毫不怀疑船长会为他做他应该做的事情，因为他无论在岸上还是在沿海的船上已经被雇用了好几年了。我登上船，进入了我的吊床但却不能入睡。

从我受的教育考虑，我了解了一些药物知识，肯纳卡人坚持要我小心地给他检查。那是一个不能被忘记的场景。我们的一个船员，一位在老军舰上待过的人，工作了二十年，在每艘船上都曾见过犯罪和患病，后来我带他去看望霍普，这是他从未有见过或者梦见过的极其糟糕的情况。因为他表现出来的表情，显得惊恐。霍普是我们海军医院最糟糕的情况了，我脑子一整晚都不能摆脱对这个可怜的家伙的关心，想着他遭受的可怕苦难和他显而易见无法避免的可怕结局。

次日，我告诉船长霍普的情况并问是否可以劳驾他去看看霍普。

"什么？一个肯纳卡人？"

"是的，先生，"我说道，"但是他为我们的船只已经工作了四年了，他一直是我们老板的雇佣者，无论是在岸上还是船上。"

"哎呀！他是肯纳卡人！"船长说着走开了。

他后来在死气沉沉的苏门答腊岛海岸上死于狂热病。相比于上帝赐予给其他人的，上帝在他受难时更好地照顾了他！我发现未从船长那里得到任何东西，便向老船员请教，他对这些事情有许多经验，曾从船长那里得到过一份随身携带的处方。有了这种情况，我走向大副并告诉他这情况。布朗先生曾经委托照看药箱，虽然只是一个驾驶员和值班室的一个重要的水手，他心情好时就愿意对病人友善。他说霍普现在不是船员了，但是他生病期间是受雇于老板的，就应该有药品。他取出药品给我，晚上我带着药品离开上岸。当我带着药品去的时候，没有什么比这让肯纳卡人高兴的了。他们以各种方式对我表示感谢，但某种意义上是被浪费了（因为我只懂一半），然而他们通过自己的方式让我全部懂了。可怜的霍普一想到为他做的这些事就恢复了很多，甚至他已经更加强壮更加好了。我知道他可能会死，就算吃了药也肯定会死，但任何可能性都值得尝试。暴露于每场风和天气变化的炉灶没有地方取甘汞，但是其他的补救方法必须使用，否则他就会死去。内外服用的方法是相当强大的，我给他精确的保暖和保护操作说明，告诉他这是他生存下来的唯一机会。此后我曾两次拜访他，当我在船上等待时仅有一点点时间前往。他保证会定时服用药物直到我们返回，并将坚持做得更好。

10日，我们起航前往圣佩德罗，三天的风平浪静，只前进了一丁点。第四天，我们遭受了顽强的东南风，这迫使我们收起上桅帆。在帆桁上时，我们看见了一张在上风首舷的帆，在双重上桅帆的情况下，大约半个小时超过了阿亚库乔号，直奔圣地亚哥。第四十天到达圣佩德罗，来到离海岸一里格之远的老地方，海港内没有其他船只，只有三周或者更长时间的无聊生活，还要把商品滚上一座光滑的小山，头顶着兽皮越过尖锐的石头，还可能因为东南风而滑到。

他是这儿唯一一座房子里仅有的一个人，我记得他是加利福尼亚的典型漫游者。他在费城曾是个裁缝，变得放纵，欠下债务，他加入了捕获党，去了哥伦比亚河，后来到蒙特雷，在那里他耗尽了一切，离开了党，来到普韦布洛的洛杉矶从事贸易。他冒死去酒店和赌博，又沦落到圣佩德罗，在这里因为缺乏诱惑而变得品行端正。他在房子里待了数周，根据他随身携带的订单努力从事贸易工作，谈了很多他的决心，向我敞开心扉说关于他过去的生活。我们待在这里有些时间后，一天早上他穿得漂漂亮亮的兴高采烈地出发了，拿着制作的衣服前往普韦布洛，说他次日将拿回他的钱财和一些新订单。

第二天到了，又一周过去了，又差不多两个星期，一天一上岸，我们就看见一个看起来像我们裁缝朋友的高高的男子，躲过一辆刚刚从普韦布洛下来的二轮运货马车的后部。他向房子走去而我们跟在其后。当他发现我们在仔细打量他时，他停下来跟我们说话。我从未见过这番景象。赤裸着脚，穿了条旧裤子，一块皮革系绕在他的腰上，一件污渍的棉衬衫和一顶破损的印第安人帽子；从“快完了”，到用完了，直到最后完全地“枯竭了”。他坦言整个事情，承认他糟糕，他忽然感到一阵恐慌，且长达一周之久，而数月以来，他一直觉得没用透顶了，这个半个美国人和英国人生活的典范漂流在整个加利福尼亚。同样一个标志之一是拉塞尔，当我在那里时，他是圣地亚哥兽皮仓库的主人，后来因为行为不检而离开了。他把他自己的钱和同父异母的几乎所有储蓄用在定居上，离开前往流放地，在这儿他过着令人绝望的“游手好闲者”的生活，直到有人骑着马，带着狗，和印第安人一起，采用一些无赖的行为连夜地大喊着将他驱逐出去。一晚，他闯进我们在兽皮仓库的房间，屏住呼吸，脸苍白得像鬼一样，衣服上覆盖了一层泥而且被荆棘划破，几乎裸着，向我们乞求面包皮，说他已经三天没吃没睡了。这儿有伟大的拉塞尔先生。他一个月之前是“托马斯先生”“海滩船长”“大师·德·拉·卡萨”，等等，向肯纳卡人和水手乞讨食物和避难所。他沉着地拒绝跟我们待在一起，拖着脚步前往卡拉沃索。

另一个更加有趣的典范是我在旧金山遇见的。他曾是加利福尼亚号船上的一个少年，在一次航行中逃跑了并开始当牧场工人，赌博、偷马等。他在旧金山工作，当我们在海港内时，他在那附近以一名牧场工人过活。一天早上，当我们从船上登岸，发现他正在码头，穿着加利福尼亚风格——一顶宽大的帽子，已褪色的棉绒裤子，一件毛毯似的宽大外衣覆盖在肩膀上——希望乘小船离开，说他将和我们的船长散会儿步。我们对他遭受的接待报有些许怀疑，但是他仿佛认为自己是任何人的伙伴。我们把他带上船，让他在船长一直散步的舷梯登船。少年信心满满地走向船长，举起帽子，祝愿他下午好。T船长转过身来，从头到脚打量他，冷冰冰地说："哈啰！你，这——是谁？"继续散他的步。这是个不会被误解的断然拒绝，笑柄通过使眼色和打手势传到不同帆船部位的船员之中。他发现自己在总部受挫，徐徐移向在前甲板监督一些工作的大副，试图开始讲故事，但是却没有讲。大副曾在船尾见识过对他的态度，没有其他的伙伴。二副在高处，三副和我在给被艇柱悬挂的船尾救生艇上油漆，因此他走向我们；但是我们看着彼此，官员忙得一个字都没说。他从我们走向一个又一个船员，但是笑柄在他之前就已经达到了，他发现每个人都在忙和保持沉默。一会儿后我们从横杆上俯视，看见他在船上厨房里与厨子谈话。从犹太教最高职位到厨房里的黑人厨子职位，这是极大的落魄啊。晚上，当再次召集吃晚饭时，他在中部甲板上站了一会儿，希望同官员们被邀下去，但是他们一个接一个走下甲板，离开了他。他的下一个机会是同木匠和修帆工，他在舱口后四处闲逛直到最后一个人下去。没有他，我们现在玩得很开心。我们怜悯他，在前甲板给他提供了一壶茶，切一块余下的小山羊。他饥饿了，天快要变黑了，他开始感觉到扮演绅士不再有用了，就下到前甲板，扮演成水手式的"蛆"（苦干的人），甩掉所有头发，和任何人一样尽情享受笑话；因为水手中每个人都必须经得起开玩笑。他给我们叙述他在这个国家的冒险经历、坏事，等等，这些相当有趣。他是个聪明的歹徒，是在这个国家大多无赖行为的最低阶层，提供给我们大量关于这个世界有趣的信息。

1月13日，星期六。

午夜，我们被召集为应对强劲的东北风弃锚，因为除在一个世纪里出现的很少次数的西南风，圣佩德罗劣质的兽皮在每种风里都不安全，我们拿走松散的横帆脚索，在卡特琳娜岛的下风向停下来，在这里我们待了三天，然后又返回我们的停泊地。

2月23日，星期二。

这天下午，从海岸发来一个信号，我们乘轻便快艇离去，发现代理人胜任于普韦布洛的职员正在码头等待着，他手臂夹着个包裹，覆盖了一层牛皮纸，用麻线小心地系住。我们一离船，他就告诉我们有来自圣巴巴拉市的好消息。“什么好消息？”一个船员说道，“是血腥的代理人滑到死去了吗？最终得到他的一把老骨头？”“不，比这更好。已经到达加利福尼亚了。”信件、报纸、新闻或许——朋友在船上！我们的心都提到了嗓门，我们像优秀的伙计那样拼命地划船；因为贵重的包裹只能由船长打开。当我们在船尾下划桨时，职员举起包裹，向正伏在船尾栏杆的大副大叫已经到加利福尼亚了。

“万岁！”大副叫道，以至于船头船尾都听到了，“加利福尼亚到了，来自波士顿的消息！”

船上立即有一个困惑，不身临其境没有人能说明原因。所有的纪律仿佛暂时松懈了。

“怎么了，布朗先生？”厨司把他的头伸出厨房说道，“加利福尼亚到了？”

“当然，当然！如果你喜欢，这儿有封你的信，来自布尔克诺普街，225号——绿门和黄铜门环！”

包裹被送到船舱里，每个人在等待着听到结果。因为无事发生，官员开始觉得他们正在扮演小孩的角色，并再次转向船员，恢复原来严格的纪律，禁止在甲板上工作时船员与船员之间说话，以至于当膳务员带着给船员们的信件走出来时，每个人拿着信件，把信件放在箱底，立即再次上来，直到我们清理了一夜的甲板才有人看信。

过度劳累的男子气概的感觉是航海人的特征，或者，更确切地说是船上生活的特征。这常常传达了缺乏感情的现象，甚至缺乏残忍的现象。由此，如果一个男人出现，几乎弄坏了他的脖子再逃跑，这就是开了个玩笑，并且没有注意到擦伤或者伤口；任何怜悯的表情或者任何注意的表露看起来像姐妹一般，与一个不得不面对乱作一团的生活的男人不相称。由此，在海上病人被忽略，无论你在海岸发生了什么，一个病人在船头或者船尾几乎找不到同情或关心。一个人在船上也可能没有特权或受到尊敬；因为他们彼此之间引以为豪的所有良好的情感都被忽视了。一个脸皮薄的人不能在船上生活一个小时；一个人将会被撕开伤口除非他隐藏得非常好。一瞬间有对家乡和朋友的自然感情，然后马上海洋生活呆板的日常工作又回来了。玩笑开在那些对预料新闻有兴趣的人身上，身边的一切事情都是粗鲁且冷漠粗俗玩笑的素材，这没有任何人反对。在读信之前必须先吃晚饭。最终，当他们拿出信，他们就都围绕着那个有信的人转，并希望他大声地读出来，让大家共同分享。如果任何一个人独自阅读，它就是——“这儿的公道就是不准偷偷摸摸！”我拿着自己的信前往修帆工的舱位，在这儿我可以不受任何打扰地阅读信件。信的注明日期是8月，离我从家乡起航时间刚刚一年；每个人都很好，没有太大的变化。因此，一年来，我安心，然而离这封信的日期已经六个月了，下一年将要发生什么，谁能说出来？每个离开家的人认为一些伟大的事情必定要发生，然而对于那些在家乡的人而言仿佛是持久的千篇一律和缺少插曲。

正如我的感情被来自家乡的消息所占据，我只能被统舱里的场景所逗笑。木匠在离开波士顿之前已经结婚了，在航行期间已谈论了很多关于其妻子的事情并且不得不一忍再忍，正如每个被大家所知道的将要结婚的人一样必须待在船上。通过第一艘船收到来自妻子的信件的事实仿佛使他激情高涨，到达加利福尼亚，包裹被带上船，没有人比他更加精神盎然；但是当信件到达，却没一封是他的。船长再次检查，却没有弄错。可怜的“薯条”没有吃晚饭。他完全垂头丧气。“航行”（修帆工）试图安慰他，并告诉他为了任何一个女人而不吃饭是个大笨蛋，使他想起他已经多次告诉他，他从未见过或者收到他妻子的信件。

“啊！”“薯条”说道，“你不了解有一个妻子意味着什么！”

“我不知道？”“航行”说道。接着第一百次讲到他在四年围绕非洲之角巡航后在纽约从星座护卫舰上岸的故事——付清五百多美元——结婚并在一栋四层楼的房子取得两个房间——用家具布置房间（用特殊的家具，包括无论何时提到家具的主题时，他总是详述十二把国旗底部的椅子）——再次动身前往出海，都会把一半的薪水留给妻子，像个傻瓜——“回家发现她“像鲍勃的马一样离开了，也没有人付账；”家具没有了——底部国旗椅和所有的家具，还有他的“长衣服”，支付了一半的东西、海狸皮毛帽、白色亚麻衬衫以及其他东西。从那天至今，他再也没有看见或者听闻妻子的消息，也不希望看见或者听见。接下来是一个彻底的断言，尽管他有罗马教皇的支持，但没有太多关于性的声誉。“快，薯条，像一个男人样高兴起来，取些热食物吧！别被女人所玩弄！至于你的妻子，你将再也见不到她；在你在科德岛之前，她是‘抬起腿就跑的人’。你像个傻瓜似的抛弃钱财，但是美国男人必须学习一次，就像我一样。因此你最好同她划清界限，并且尽力而为。”

最好的安慰是起航，但是看起来好像并非木匠所企盼的那样；因为在这几天内，他非常沮丧，对于海员的笑话感到厌烦，也对于他们在劝告和安慰方面的努力感到厌烦，大多数劝告和安慰都是在说：修帆工是个优秀的标兵。

2月25日，星期四。

我们起航去了圣巴巴拉市，28日抵达了那里。我们就这样错过看到加州，因为我们已经在三天前起航驶往蒙特雷，进入它的货船并得到许可证，然后到旧金山，等等。亚瑟船长为T船长留下了波士顿论文的文件，这个文件他们在船舱内已经阅读并讨论了，我从我朋友那里采购了三份文件，一个是所有波士顿1835年8月的成绩单，剩下的是关于不同时期每日广告商和快递公司。毕竟，在一个陌生的地方没有像家里一样的报纸。即使是信，在许多方面，与之比较什么都不是。它带你到现场比什么都好。这几乎是等于千里眼——街道的名称、事情的通告，几乎和看到的一样好；当读到“男孩被杀死了”几乎可以听到钟声和老威尔逊众所周知的声音。为男孩的迷失，被盗，丢弃而哭泣！然后是剑桥大学的毕业典礼，充分考虑像我一样的毕业生的典礼。所有那些熟悉的名字列表（像往常一样从阿博特开始，以W结束），当我一个一个地念完它们，浮现了我知道的他们的脸颊和在各个大学生活场景。然后我想象他们在舞台上，发表他们的演说、论文、谈话，等等，每一个都用手势和音调，努力想象他处理每个主题的方式……帅气、华丽、浅显易懂……有着他强大的大脑，清晰的思路，自我修养……谦虚、敏感、蔑视……辩论俱乐部的传话机、嘈杂声、民主、幻想；因此接着我看到他们从端庄、封建的总统手里接受了他们的成绩单，和总统授予他们的权力，拿着他们的毕业证书走上舞台；而在同一天后，他们的同学来回地走在加州海滩上，头上顶着兽皮。一个星期，我详细地研读了这些文件，直到我确信他们没有逃脱我的注意，让他们不再感到羞愧。

3月5日，星期六。

这是在我们的一生中重要的一天，因为在这一天我们第一次确信航行在真正地走向结束。船长命令水手们准备开船，并且观察到这里的风对我们到达圣佩德罗很有利。然而我们却没有迎风而行。因此从头到尾，很多事情是注定的，并且我们不久也知道了当我们去双轮车里把他带下来的时候，他和沙滩上的人们握手，并且说他从来没期望能再一次看到圣巴巴拉。这些解决了的事，给在船上的人带来了极大的娱乐。我们用意志来完成并且对我们自己说（至少我能够对我自己这样说）“再见了，圣巴巴拉！——这是我们最后一次在这里航行了——不用在你的碎浪区里闪避，可以彻底脱离从你的东南风了！”这件事很快在船上传播开去，在航行途中，每个人都把每个人的生命看得很重。每个人最后一次看了下布道所，看了下城镇，看了下沙滩上的碎浪，发誓如果没有发财将不会乘船回来。当所有的手放在锚落的地方的时候，合唱队第一次奏起了是时候该走了的歌曲，并且每个人都加入了铿锵有力的音律。有人会认为我们在航行回家，对于我们来说似乎也是这样，尽管我们在海上已经生活了三个月。

我们失去了一个叫乔治马什的年轻的英国人，我和他原来说过话，他在帕劳群岛上遇难了。他给我们留下了阿亚库乔船上二副的位置。凭他的能力足以胜任这个职位，并且他接受的教育会促使他应对各种船上的情况。对于他，我真的感到很抱歉。关于他的一些事情增加了我对他的好奇心，因为在某一刻，我毫不怀疑他生于一个富裕家庭，并且在童年时期接受了很好的教育。他是一个有内涵的绅士，有幽默感而不自大，是出自一个好家庭的年轻人。在我们出发之前，种种情况只提供给他仅仅几个小时，尽管他放弃回到美国。从一个低的职位爬到一个官员的位置的这种改变，对于他来说，最明智不过了，我对于他这种决定毫无疑问。我们帮助他上了阿亚库乔，当他离开船的时候，除了我，他给了每个船员一点钱。最后，他和我握了手并且点了头，似乎要说：我们俩都理解彼此一起上的船。如果早知道他一个小时后要离开我们的话，我会努力让他讲述他早年的真正历史。他知道我不相信他和船员们讲述的故事。在他与我分离的那一刻或者以后他会告诉我真实的故事。不管我以后会不会再遇到他，能不能听到关于他在这个岛屿上冒险的事情，都会给他带来荣誉，给世界带来精彩。我不敢判断，他的这些冒险经历能不能让我们看到光明。他是这些比想象中更强大的人中的一个，他除了居住在自己的家，没有去过任何地方；除了在家乡到墓地走过，没走过任何地方。如果我们想要通过强有力的对比学习真理，想要在不适合居住的小屋里预知真理，在陌生的地方流浪学习真理，偶然或者经历困难的目睹我们的同伴发生了什么事的话，我们必须降低自己的高度，为了通过偏僻的小路走出生活的低谷，必须不走捷径。

我们用了两天到达了圣佩德罗，另外两天（对我们来说很快乐）最后一次看了被人们称为加利福尼亚地狱那无边无际的风景，这个地方从每个角度来看都似乎是专门为水手们设计的，甚至我们最后一次看到风景并没有不舍的感受。我认为当离开需要我们赤脚踏过岩石，经过重重困难才能走到远处的沙海岸的时候，我们不需要感谢。为了躲避你的冲击，为了在漫长的日子里传递你的荒凉，我已经越过了你陡峭和泥泞的山路，看着成堆的兽皮，听到你永恒锋利的树皮发出的声音，听到猫头鹰发出的惨叫声。

向每个地方依次告别时，我感觉到它们好像一个接一个地从我的劳役的锁链中解脱。当天晚上，由于陆风，我们紧靠着海岸行驶，经过了圣胡安布道所。透过明亮的月光，我们清晰地看见那座小山——我们刚刚通过吊索从那里下来，在那里我们只找到了一点兽皮。我心里默想着：再见了。并最后望了一眼那个地方。

第二天早上我们来到了圣地亚哥的最高点，洪潮带我们快速地进入那个地方。我们来到了兽皮仓库的对面，并且准备着一切必需品，因为我们要在这里待很长时间。这是我们最后的关口了，我们把船上的一切东西都搬了下来，打扫干净船舱，用烟熏了一遍，然后把兽皮、木材、水等物品搬了进去，最后起航前往波士顿。当所有这些完成之后，我们决定继续停留在一个地方。左舷是一个安全的地方，在这里不用担心东南风。于是，我们在风暴中选择了一个好地方作为着陆点，它在一个良好的海滩的对面。我们用了两根锚索来固定这个避风港。我们停泊好了船，卸下所有的船帆，放下上桅船帆和所有的补助帆帆杆，并把上桅杆覆盖好，然后抬出了小船只、所有的船帆、圆木和储存物，索具也不再随处摆放。事实上，我们将所有那些不常用的物品全都运上了岸，并存放在仓库里。然后，我们又搬完了所有的兽皮和兽角，整艘船除了船舱基本已经没有任何东西了。我们准备着第二天就出航。当我们停工之后已经到了晚上，所有人都坐在前甲板上，吸着烟，聊着天，谈论着水手生活的乐趣。我们向自己祝贺，祝贺自己进入圣地亚哥。我们常会说："是否这是我们最后一次在这里覆盖上桅杆并卸下船帆？"现在我们梦想成真了。六周，或者说两个月，我们经历了最困难的时期，现在我们要说："再见了，加利福尼亚。"

第二十九章　为回家装货——一个惊喜——一个老朋友的趣闻——最后一张兽皮——棘手问题——锚出水——回家！归心似箭

我们很早就回来了，因为我们知道，我们也许在期待一个电话，足以确定的是，在星星消失之前它会来到。“喂！大家伙。”我们正转向升高压舱物。舱门的调节阻止了任何道砟抛向船外，相应地，我们的大艇内衬粗糙的纸板，旁边附有跳板。一只桶从跳板放入小船，将二十只桶放入大海。每只船都这样做，因为道砟在通道里没有什么区别，并且可以节省花在装船上，划到目的地及卸货超过一周的劳动。当从要塞来的任何人上船时，小船被拖上来，道砟被扔进海里。但是，当海岸很清楚时，船再一次落后了，道砟从船舷落入水中。这是他们的一个小诡计——每艘船在低等的外国港口练习，诡计消失在很常见的较重要的数不尽的事迹之中。幸运的是，水手是不必负责任的，因为他们并不是作为一个自由人在船上工作。然而，事实是他们被频繁地雇用，如此这样，便会招致他们对其他人权利的冷漠。

星期五及星期六的部分时间，我们忙于工作，直到我们在回家途中扔掉所有的我们不想要的货物。次日便是星期日，很适合烟气船航行，我们清理了船舱及前甲板，在船舱底部的道砟上用木炭、桦树皮、硫黄石及其他材料生起了小火，堵住舱口及每一个爆口，粘住窗的裂缝，幻灯片及舱梯。无论烟从哪里冒出，我们都会将其堵上，到目前为止，我们已能够使船不漏烟气。船长及船员睡在覆盖甲板四分之一的遮阳甲板下，我们自己待在所拉下的前甲板一边的旧翼帆下。

第二天，船长担心有事发生，命令任何人不能离开轮船，即便当甲板上凌乱地堆满杂物时，我们也不能将其洗掉，因此整天无事可做。不幸的是，我们的书在我们拿不到的地方，当一名船员想起他遗留在船上厨房的一本书时，我们正在反复想办法，帮他拿到那本书，书名是《伍德斯托克》。这是重要的意外收获，因为不是所有人都能读得懂它，而我作为公司学者被大家指定为阅读者。我把第六节或第八节与自己联系起来读，一些人嘲笑“学者”，因此走到前甲板的另一边，开始工作，纺起纱来。但是我占了优势，大多数船员成了我的听众。读的过程中，我省去了政治部分，他们对所有的故事都感到兴高采烈。特别是对清教徒、布道以及圆头士兵高谈阔论的描述。勇敢的查尔斯·拉德克里夫博士的阴谋及“忠实的汤普金斯”的恶行。事实上，每一部分都吸引了他们的注意力。我怀疑我所读到的许多东西超出了他们的理解能力，但我意外地发现他们完全理解了。

我几乎读了一整天，直到日落。晚上八点之前，一吃完晚饭，我又开始读。当我快要读完的时候，他们从厨房拿来了一盏灯。我跳过了书中不太有趣的部分，故事过渡到埃弗拉德的婚礼及查尔斯二世复辟。

第二天早晨，我们把帆骨从舱口拿走，打开后发现了几只死掉的老鼠、臭虫、蟑螂、跳蚤及其他害虫。船已经准备好了，我们用干画笔衬垫，覆盖了船舱底部，从船头到船尾，让一切都在水平线上时，我们准备接收货物。两年多，自离开加利福尼亚海岸以来，所有被收集的兽皮达到四万件，均被加工处理了，晾干了，并被收藏在家里，等待我们的船将其运往波士顿。

现在我们开始装运这批货物，这个工作很吃力，而且，除了星期日和狼吞虎咽的吃饭时间外，我们要连续六周，从早到晚地工作。为了加快工作，我们进行了分工——两个人将兽皮一堆堆地从兽皮仓库抛下来，其他人将它们捡起来并放在一根长的水平杆上，用连枷将其支撑起离地面几英尺的距离，以避免它们放在地上会被踏平。连枷就有点像打小麦用的。当被踏平时，就被两个以上的人从杆上转放到平台板上。十或十二个人，卷起袖子，从平台到离平台能够使小船漂浮的地方，不断地来来回回，将兽皮正面朝上放好。将兽皮扔到杆上是最艰难的工作，是需要长时间练习才能掌握的技巧（熟能生巧）。而大家都知道我在这方面非常在行，因此，这个任务就分配给我了。在那个时候，我连续六天或八天搅拌了从八千到一万的兽皮，直到我的手腕变僵了，之后我被调遣到被雇用的填补船的一组，剩下的时间我都待在船里。当把这些兽皮扛到头上时，我们担心它们会被打湿，因此，每人都戴上一顶内衬羊皮的帽子，羊毛紧贴我们的头以承受此重量。一天又一天，很快我们的头发就受到了磨损，头骨难以忍受。大体上说，我们做的事情是最好的差事。因为，尽管水很刺骨，但清晨一大早和深夜我们都是一直浸泡在水中，通过连续击打兽皮以去除其上面的灰尘及污渍。我们既年轻又健壮，不在乎暴露在水中，但老船员们在水中很危险，因此与伙计们留在船上，像被带上船时那样快地装载兽皮。

当所有人被召集到船上开始将兽皮装入船舱时，我们就这样持续工作着，直到将底部船舱填至船宽四英尺范围内。因为这是一个特殊的操作，所以需要详细地描述。

在贮藏这些兽皮之前，正如我所说的那样，把道砟弄平。地下储存罐位于内龙骨之上，然后松开包装放在上面兽皮安置的地方。为了使船能够装尽可能多的兽皮，储藏的时候要小心翼翼。相当好的技术及熟练的工人是加利福尼亚很重要的一个特征。我所听到的许多很激烈的争论都是关于贫穷的流浪汉的。至于兽皮是否应该被储存，是覆盖储存还是反面对反面、鳍对鳍储存，某一点上，意见出现分歧。我们在储存的不同时期采用了不同的方法，前甲板里举行的聚会很尽兴，站在老比尔一边的支持前者，其他人信任在加利福尼亚待了八年并且愿意为后一种方法冒生命危险的阿亚库乔的英国人鲍勃。最后，达成了和解。采用了改变每一层末端及背面的折中方法，效果很好，尽管他们都坚持此种方法不如自己的方法，而且两方中任何一方都认为自己都比对方好。

这样，用一百张兽皮将船填至横梁四英尺范围内，开始用船杆装入船舱的过程。一百张兽皮被放在一个不能用手触及的地方，兽皮被压到最大限度，有时从船宽开始，其作用类似于填充棉花用的顶丝。每天早上，我们都会上岸，在一天之中，我们拍打兽皮并且成功地完成了储存尽可能多的兽皮。吃完早餐后，我们便下到船舱去，在那里一直工作到晚上。船舱的整个长度，从船首到船尾，都是水平的。在以后的部分，我们先举起一堆，提防隔板的坚硬，填充达到横梁的深度，我们尽可能多地用手收集在一起，用船桨将其推进。当制作了从二十五张兽皮到五十张的大“兽皮册”时，就从反面把它折叠起来，放进另一个里面，就像书的页片。在一堆兽皮中的两张之间做一个开口，“兽皮册”外部兽皮的背面就被插入进去了。被称为起重桅，由最强硬的木头制作的及被磨得像楔子的一端那样尖锐的两根重晶石，被置于“兽皮册”的兽皮内部的楔子的末端，另一端安装了绳子，可以钩住巨大的滑轮，滑轮由两个巨大的起重滑车组成，一个滑轮钩住起重桅末端的绳子，另一端放入一只钩，将滑轮紧固在一根横梁上，远离船尾也能够得到。当一切准备就绪，给书上油让其滑动，落下的滑车被向前拉伸，所有人把滑车向上拖走，并且用吊拉调走直到工作簿进入以后。当这些滑车弄好了以后，绳子与套索钉啪地落下来了。同样地，钩拉住两个弯曲的滑车，船首连接船首，力量倍增，直到成为一堆，在一堆中，不能用手塞满超过一张兽皮，一百或一百五十张兽皮经常能够通过杠杆的复杂性被驱动。当最后一个帆前沿被固定好后，所有的人都被分类去准备绳子，做饭，管事及其他。我们一个接一个，坐在兽皮上，头刚好碰到横梁，我们开始拉滑车，开始唱起歌来，在合唱团里，所有人都仰卧着。我们将滑车吊起回家，并将巨大的书楔移出视线之外。

水手们唱的关于主动轮及瀑布的歌是一种特殊类型，因为歌词的每一行末端都需要合唱。通常是独唱，在合唱团里，所有人都参与合唱，嗓音越大，唱得越好。我们的嗓音几乎将船的甲板举了起来，也许，在遥远的岸边都可以听到。一首歌对一个水手的必要性就如鼓和横笛对一名士兵的必要性一样。他们经常对滑车拉得不及时，也不能随心所欲地拉。许多次，当一个物体很重时，同伴都会哟嗬地唱起欢快的歌曲，如“哟嗬，女孩们！”“哦，南希！”杰克控制台等为每只胳膊注入了生气与力量。我们发现不同的歌曲对驱动兽皮所起的作用有很大差别。就拿两三首歌来做试验吧，一首接一首，却并没有影响。离滑车不到一英寸，当开始演奏一首新歌时，似乎创造了幽默的时刻，立即将滑车拉到头。“不停地转动！”“船长上岸了！”对普通的拉绳有效，但在紧急时刻，我们要举起一个重物时，应该从船的横梁开始，不会像“该我们出发了！”“拐角处”“我亲爱的恶霸，万岁，万岁！”那样。

这是我们工作中最富有生气的部分，在清晨工作，二十或三十人靠近船舱，在船舱里我们不得不坐下来，滑动，经过兽皮，将好的吊杆、滑车及钩排成一排，对着瀑布大声地唱歌，每天看着船填满。工作很辛苦。从周一早上到周六晚上没有一刻停止过，当我们普遍都筋疲力尽的时候，令人高兴的是有一整晚的休息时间，可以洗个澡，换身衣服以及享受安静的周日。所有这些时光将会使格雷汉姆博士震惊，因为我们的生活几乎只有新鲜牛肉、炸牛排，一天早、中、晚三次都是。在早上及晚上，我们每人喝一夸脱的茶，一天大约一磅硬面包的补贴，但是我们的主要食品还是牛肉。一个6个人的聚会有一块大的木质板上堆满了牛排，切纸厚度，灌浇油脂的油炸肥肉。我们围成圈坐着，带着壮狮般的食欲，开始吃起来，送回厨房的只剩下空碟子了。一天三次都是如此。每个人一天要吃多少磅，我不想去计算。一只公牛（我们吃其肝及其全部）可供我们吃四天。我想冒昧地说，以前很少有人知道这样吃肉。一个人一天所吃的量超过了一个健壮男子的限量，就会使心脏超负荷。事实上，我们在海岸上的这段时间，主要的食物是新鲜牛肉，每个人身体都很健康；但是，也是这段时间内，大家都是狼吞虎咽地吃；我不能说，我们做的一切与肉没有关系。有一两次，我们没有公牛，不得不以像刨花一样的干面包和水当饭吃。又轻又干，我们感到不满意，但与此同时，我们又感觉很丰富。我们很高兴地看到刚杀死的公牛完整地悬挂在前方顶部。无论什么理论也许都是从定栖的人类开始的，可以肯定的是，在健康状态、没有疾病、不会失败的情况下，没有人能暴露在阳光下并完成更艰难的工作达十六个月，除了我们的船员，他们生活在健康女神的庇护之下。

4月15日，星期五。

乘双桅帆船的朝圣者号迎着风抵达岸边。看到我们准备离开海岸，对她来说是很悲伤的一幕。然而，在海岸上所待时间比在船上还长的他们被判处又一年的辛苦服务。我在船上过了一夜，发现他们正在做最好的事，但是如果金钱或利益能使我的朋友S通过的话，他决定坐船回家。经过大量的谈判工作，他成功地说服了我的英国朋友汤姆·哈里斯，他是我在舷梯口夜间值班室的同伴，三十美元、一些衣服和来自福肯船长的暗示，此暗示就是在双桅帆船上，航行结束之前，他需要一个助手，在他一准备迎风上前的时候就取代他。

我得到了与福肯船长说话的第一次机会，我叫他靠近炉子，看看他非常了解、曾经叫他上自己船的霍普。他去看霍普，他说霍普的药很少，可是却要在岸上呆很长时间，因此他无法为霍普做些什么。但是当霍普去加利福尼亚号时，将会在那儿待的一周多时间，阿瑟船长会照顾他。当我们最后一次进入圣地亚哥之后的第一个晚上，我曾经去看过霍普，并且自那以后经常在晚上的前些时间待在炉子边。我离开他迎风上前，归来后我意外地发现他还活着。当我离开他时，很确定的是，他慢慢地好起来了。这是我给他的药起了作用，我几乎难以想象。然而，我知道，没有那些药他一定会死去。因此，归来后看到他明显好多了，我很高兴，也很欣慰。药效很强，控制了对他身体有损害的障碍。更重要的是，这些药物已经开始了消除障碍地工作。我永远不会忘记他对我的感激。所有夏威夷人都把他的逃脱归功于我的学问，我并不知道体能机制的所有秘密，因此并不能说服夏威夷人，并让他们受我控制。然而，我的药用光了，船上也没有药了，因此他的命就悬在了到达加利福尼亚的路上。

4月24日，星期日。

如今，我们已经在圣地亚哥待了近七周了，已经接收了我们的大部分货物，每天我们都在盼望着抵达加利福尼亚的船，因为在船上有我们的代理商。下午的时候，一些翻越山坡捕捉兔子和响尾蛇的夏威夷人沿着小路跑来，用他们所有的力气，大声地唱着："卡尔豪，呵！"我们的三副霍普先生在岸上，正在向他们询问帆的大小。他了解到，加利福尼亚在坡因特康塞普申的另一边。顷刻间，所有的人都来了，弓枪子弹用完又装，旗和小燕尾旗已被固定，帆桁被升降机和吊带拉着呈正方形，一切都准备好了，只为呈现好的面貌。当旗帜在点的周围展示自己的突出部分时，我们便开始敬礼。在上桅帆下，它进来了，有条不紊地卷好帆，在离我们是适当的距离之内。因为是星期日，无事可做，所有的人都在前甲板上，评论这个新来的人。它是一艘良好的、坚固的船。没有阿勒特号那样长，直舷的，壶一般的底，是在南岸棉花和糖马车的最新花样之后的船。它上面也有强壮的、优秀的普通水手，它不追求美丽，也没有“第一流的船”的风格。总之，我们非常满意，因为阿勒特号能支撑起比它优秀两倍的船的前部。

晚上，我们中的一些人乘轮船上船，发现了又大又宽敞的艏楼（因为它比阿勒特号宽），十二名船员或十五名男子及男孩子，盘膝而坐，抽着烟，说着话，准备接待我们全体船员。自他们离开波士顿以来已经有七个月了，但对于我们，却似乎就在昨天。因此，我们有太多要问的了。因为，虽然我们已经看了他们带来的报纸，但是他们才是在波士顿亲眼看见一切的人。其中一个生手是一个波士顿男孩，来自一所公立学校。当然，他知道许多我们希望询问的事情，当询问到两个波士顿男孩的名字时，我们发现这两个男孩是他的同学。我们有成百上千个关于安街、寄宿公寓、港口船只、工资率及其他事情的问题要问。

它的船员之中有两名是英国军舰船员，因此，我们很快就有了音乐。他们用真正的水手风格唱歌，此风格是非常具有音乐化的，其余船员也加入合唱队之中。他们有许多最新的水手歌曲，而这些水手歌曲在我们商人之中还没有传开，唱这些歌是最好的选择。我们上船后，他们很快就开始唱起来了，一直持续到两个铃响后，二副走上前来，喊道“阿勒特号的人走了”。战斗之歌，饮酒之歌，船之歌，爱情之歌以及其他歌曲，他们似乎都有完整的分类，而我很高兴地发现《在唐斯的一切》《可怜的汤姆结》《比斯开湾》《名单，你们本国人！》及所有那些经典的海洋之歌仍然有一席之地。此外，他们在剧院及其他地方已经学会了几首稍微更优雅阵容的歌曲，并引以为豪。我永远不会忘记所听到的一个老水手的歌，他喝烈性酒打断了自己的声音，从一百个西北人中用不可调节的所有颤音方式及高音吼叫，打破了粗犷的假音，用低音咆哮着，如同消逝的船——天鹅的“双手，哦！”走下船舱口，唱道：

“哦，不，我们从未提到他。”

“也许，像我一样，他在与每种遗憾之感作斗争；

但是如果他爱我所爱，他永远不会忘记！”

作为结论的最后一行，将每个词分解成六个音节，用最高亢的声音吼出来。这是很受欢迎的，杰克每晚都被叫去演唱他的“伤感之歌”。没有人比我更想要他唱得响亮些，因为效果荒唐极了，而且水手们对其的满意程度也荒唐得无可估量。

次日，加利福尼亚号开始卸货。船上的船员，来来往往，唱着船之歌，保持着节拍与船桨之间的一致。连续几整天都这样做，直到所有的兽皮都卸完为止，他们中的一伙人被派到了阿勒特号上，帮助我们吊起兽皮。这对我们来说是个意外，因为他们有一套新的歌曲，是歌颂绞盘和秋天的，并且连续六天的工作已经使我们筋疲力尽了。毫无疑问，歌声的适时加强让我们这几天的工作变得很烦躁。

现在，我们的货物几乎已经下完了，我的老朋友，这位朝圣者，为了第二天清晨又一次迎风的长途旅行的出航，已经完成了卸货、解缆。我只是在想他辛苦的命运，当我收到船舱里发出的召唤时，庆幸自己没有被他忘掉。我走向船尾，在那里，在船舱里发现了一张桌子，坐在其周围的是我的船长，朝圣者号的福肯船长及代理商R先生。T船长转向我，突然问道，“D，你想坐这艘船回家吗？”

“当然，先生，”我说道，“我希望坐这艘船回家。”

“那么，”他说道，“在船上你必须有一个与你有同样处境的朝圣者一起去。”

我被这突如其来的消息吓了一跳。那一刻，我一声不吭。我知道，试图说服任何船员接受十二个月乃至更长时间坐双桅帆船到加利福尼亚都将是无望的。我也知道，T船长奉命要带我坐阿勒特号回家。当我在兽皮房的时候他就曾经告诉过我，我会坐着阿勒特号回家。他们没有给我他们将会采取措施的通知，直到双桅帆船要起航之前的几个小时才告诉我，这对我是很残忍的。我有我的智慧，我提出了一个大胆的建议，并坦率地告诉他，我的箱子里有一封信，那封信告知我，他被波士顿的业主写到要带我坐这艘船回家，更重要的是，他曾经告诉我，我将会坐这艘船回家。

告诉他这些，受到了这种方式的反对，他已经超出了平时习惯的那样。

他猛然转向我，试图俯视我，由于我的陈述看着我。但是，当发现那样做没有用，我以这种方式进行辩护是为了向另外两个人展示，他错了，他改变了他的位置，指着朝圣者的货运票据，票据上我的名字从未被擦掉过，因此他说，票据上有我的名字，我是归属于这艘船的，他有绝对酌情权。总之，在船上我一定是朝圣者，到了第二天清晨，我拿着我的箱子及吊带，让与我有同样处境的人一起走，并且，他说他不想听到我说的任何一句话。没有法院或（英国历史上的）星法院能够立刻受理可怜的人，除了与我有关的事情，对我判的惩罚比植物湾流放更糟糕，判给我的命运将会改变我未来生活的整个趋势。待在加利福尼亚两年多，在其余日子里，我成为了一名水手。我感受到了这一切，领会到作决定的必要性。我重复了我所说的，并坚持我返回船上的权利。

在他们前面，我抬起手臂，发出啪啪声。

但这并没有给我带来好处，因为在这绝对专横的法庭面前，我是“某个可怜人”。但是，他们看见了，我不会去，除非用“暴力”。他们知道，在家，我有足够的朋友和利益可以使他们因为对我的任何不公正待遇而受到损失。这有可能使事情发生转机，因为船长完全改变了他说话的语调，问我，如果有人与我有同样的处境，我是否会给他，为了和他交换，S给哈里斯同样的结论。我告诉他，如果有人被送到双桅帆船上，我会同情他，无论如何，愿意帮助他，不会当这是一种交换。

他说：“那好吧。去做你的事情吧，将英国人本带到我这里来吧！”

我心情轻松地走了，但却感觉有点生气，牙齿间都感觉藏着耻辱。几分钟过去了，英国人本被带到了船尾，他看起来就像要接受绞刑一样。船长叫他把东西准备好，第二天早晨上双桅帆船。而我将会给他三十美元及一套衣服。因为吃饭，所以大家都停工了。当本出来讲述着自己的故事时，大家正站在前甲板周围。我可以清楚地看到，他的故事引起了极大的兴奋，除非我能向他们解释这件事，否则，他们对我就是敌对的态度。本是一个可怜的英国男孩，初来波士顿，又没有朋友和钱。他是一个积极的、任劳任怨的小伙子，多年来，做个优秀的水手一直是他的最爱。“哦，是的！”船员们说，“船长让你离开是因为你是绅士的儿子，有许多朋友，了解业主，同意本离开，是因为他很穷，没有人帮他说好话！”我知道，这太正确了，我不知道怎么回答。但是，我从所受到的任何责备中为自己辩解，告诉他们，无论如何我有权利回家。这让他们得到了些许平静，但是，杰克有个想法，这个想法就是一个被欺骗的穷小子，不能辨别得很清楚。虽然我知道我没有错，而事实上，我只是勉强逃过粗俗的不公，然而，我感觉到我的铺位正变得令人不愉快了。我不是他们其中之一的这个想法，我参与到他们的劳动与困苦之中，却没有人支持我。他们早已睡着了，都快醒来了。但比我的任何感觉都强烈，对于那个可怜的小伙子，我感到同情。他靠这艘船回家看他的朋友，船从波士顿出发，很快就会到达利物浦。此外，他航行的时候只带了几件衣服，因此，他曾经将他大部分的工资浪费在小卖部，每天他都要关心他钱财方面的损失。像所有的其他船员一样，他不喜欢加利福尼亚，对兽皮十八个月或两年多的期望似乎让他的精神彻底地崩溃了。

我已经决定了不亲自去，不管发生什么，我知道，船长不敢试图强迫我。我也知道，两位船长已经同意一起找人，除非我能说服某人自愿去，否则，对本也是没有用的。尽管我说过关于交换我没有什么要做的，但是考虑到这一点，我会尽力找人自愿去的。我提议用六个月的工资、所有的衣服、书籍，及其他我不需要在回家途中用到的物品给波士顿的业主下订单。当这个提议在船上公布的时候，可怜的本的箱子前面部分被点缀成了浓色，不会想到自己的那几个人，正忙于和其他认为会受诱惑接受提议的人谈论呢。最后，一个朋友，他是一个无忧无虑的青年，我们叫他哈里·布拉夫，他不关心自己在哪个国家或哪艘船上。如果他有足够的衣服和钱，部分来自对本的同情，部分是因为他认为在他逗留的剩余时间里他应该有“巡航钱”。他走了过来，提议将他的吊床挂在血色的渔船上。恐怕他的目的应该不错，我以此金额签了波士顿业主的订单，给他我能分出的所有衣服，并带他去船尾见船长，让他知道做了些什么。船长接受了此交易，毫无疑问，船长很高兴如此容易就完成了此交易。同时，他兑现了他[①]所签署的订单。第二天清晨，很明显，这个小伙子精力充沛，与我们每个人都握了手后，上了双桅帆船，并希望我们有一段快乐的回家之旅，他口袋里的钱叮当响着，他大声地叫道：“永不言败。”同一艘船也带走了哈里斯，我的老友，他以前与我的朋友S做过交易。

和哈里斯的别离让我很伤心。当所有人都在下面时，我们在船的甲板上一起走了近两百个小时（因为我们已经计算过了），一遍又一遍地谈论着每一个与我们息息相关的话题。他用手狠狠地给了我一下，我告诉他，如果他再来波士顿，要来找我，让我看看我的老友。同一艘船上带来了从波士顿就开始与我一同航行的朋友S，和我一样，他将要回他的家及那个生我们、养我们的社会。我们欣喜地发现我们的讨论为我们带来了另一种希望。没有什么比看到老双桅帆船那完整的帆直立在点周围更让我们高兴的了。当他们的船与我们船并驾齐驱经过的时候，我们双手叉腰，对着船大喊三声，并在空气中挥动着我们的帽子，热烈地欢呼起来。船员们弹起绳

① 当船员们在波士顿得到了报偿，业主回了订单，却慷慨地拒绝从工资中扣除金额，他说道，此交易是被迫进行的。他们还允许S兑换钱。

索和链条，向我们大喊了三声，这是航海规矩。当他们越过横杆时，我最后看了他们那熟悉的面孔一眼，看见年迈的黑人厨子将头伸出厨房，在头上方挥动着他的帽子。船员们飞向高空去松开桅船帆，两位船长向一个又一个王室成员挥手。十分钟后，当帆绕着船顶部缠绕时，我们看到了它那最后一寸白色帆布。

当看到这艘船情况很好我就放心了。（我感觉自己像是刚从靠近自己的铁陷阱里面跳出来一样）我感到很遗憾，因为我只看到了我花了一年时间学习的古老工艺最后一眼，我进入这个新世界的第一个家生活的第一年，有很多与我相关的事情——第一次离开家，第一次穿越赤道，好望角，胡安费尔南德兹，死在海上，及其他危急常见的事情。然而，这一切，以及我对同船老水手们的感情成为了加利福尼亚生活的另一个术语。我们会干完它的想法以及一周多的时间就会看到我们在去往波士顿的路上，这可以治愈一切。

5月6日，星期五。

我们完成了卸货，这一天在日历上是值得纪念的一天。在我们取下我们最后一批兽皮时，我们已经等了十六个星期，这是我们第一件高兴的事。当最后一张兽皮被收藏好，舱口关好了之后，帆布铺在上面，长长的小船被调了进来，保护好，晚上甲板被冲倒了，大副跳上长长的小船，叫所有的人叉腰，他在头部上方摆动他的帽子向我们发信号，我们从心底大叫了三声，这声音再一次在丘陵和山谷中回响。顷刻间，我们也听到了三声那些看见我们拉着长长的小船及听到我们那意思明确的来自加利福尼亚船员的叫喊声。

上周，我们已经开始了回家路上木材和水的供应工作，将备用的帆桅杆和帆带到船上等。我被一群印第安人驱逐，去将离船舶大约三英里的城镇附近的泉水边的水桶装满水，我离开了三天，住在城镇里，白天给水桶装水并用牛车将水桶运到码头，船员用小船将水桶运到船上。一切都做好之后，我们用了一天的时间折叠帆。晚上，每一艘船，从路线到天帆，都被弯曲了，每一柱辅助帆翼帆为固定做好了准备。

出航前，一名加利福尼亚船员所作的一次不成功的尝试影响了与我们之中某个人之间的交易。他是一个十五六岁的小伙子，被称为“收帆的人”，是东印度公司的一名海军学校学员。自船进港以来，他那奇异的人物形象和故事就激起了我们的兴趣。他是一个娇弱、身材纤细的小伙子，有着美丽又如珍珠一般的肤色，相貌端正，前额像大理石一样白，黑色卷发，圆润纤长的手指，小脚丫，柔和的声音，文雅的举止，事实上，这些都是天生的和后天培育而成的。同时，在他展示出来的轻微的智力缺陷的表情里有什么东西。多么好的缺陷啊，是由什么造成的呢，不管是不是天生的，不管是不是由疾病或意外事故造成的，还有一些说法，不管是不是大脑疼痛引起的，在航海期间，我也说不清楚。从他的自述中及所知的与他故事有关的许多情况来看，他一定是有钱人的儿子。母亲是意大利人。他也许是自然之子，因为，他早期生活所发生的事件并不能用任何一种方式解释清楚。他说，他的父母并不生活在一起，他似乎被父亲虐待过。尽管他受到了精心的培育，并且沉溺于各个方面（那时，在家，他就玩那些不值钱的小玩意儿），但他的教育受到了严重的忽视，年仅十二岁的他就被送到了东印度公司做海军军官候补生。他自己的故事就是，后来他因为和父亲之间的矛盾离家出走了，去了利物浦，他乘着福尔摩斯船长开的里亚尔托船前往波士顿。福尔摩斯船长尽力搭他一程，但是一会儿就没有船航行了，他离开了福尔摩斯船长，寄宿在安街一个普通水手的寄宿公寓里，在那里，他通过变卖自己的贵重物品支撑了几周。最后，据他自述，因为很想回家，他去了一家船舶业务代理行，在那里，加利福尼亚的船员契约对外开放。一问到船要驶往何处时，海员契约监护官员就告诉他说，船定会驶往加利福尼亚。他不知道加利福尼亚在哪里，他告诉他说他想去欧洲，并问加利福尼亚是否在欧洲。海员契约监护官员以一种小男孩不明白的方式回答小男孩，并建议他上船。小男孩签了条约，收到了预付款，放了一些钱在衣服里，花掉了剩余的钱，准备上船，早上船出航的时候，他听到船要去西北海岸，有两三年的航程，而不会去欧洲。前景让他感到害怕，当船员正在上船的时候，他悄悄溜走了，在城镇的另一部分游荡，整个一上午都在普通的、附近的街道流浪。没有钱，所有的衣服和其他用品都在船上的箱子里，身为一个外地人，他感到又累又饿，时不时就去船舶看看船是否已经出航了。当一直在寻找他的海员契约监护官员突然撞见他，抓住他并将他带回船上时，他正好转到一条街道的拐角处。小男孩叫喊着、挣扎着，并说在船上他是不会走的，但是上桅帆已经在顶端了，抛弃斋戒，一切都匆匆忙忙，混乱的出发时间，因此，他几乎没有被注意到；询问这件事情的几个人被告知，他只不过是个花掉了预付款并试图逃跑的小男孩而已。如果船东知道这件事，会立即介入的。但是他们像其他人一样，都不知道这件事，也没有听说过他只是一个厌恶契约不守规矩的小孩子。当这个小男孩发现自己竟然在海上，还会进行长达两三年的航行的时候，他的精神崩溃了。他不工作，变得如此悲惨以至于阿瑟船长将他带进了船舱，在那里协助膳务员，偶尔被拖下甲板。当我们看到他的时候，他就在这个岗位上。尽管这个岗位好过甲板上的生活，不用辛苦的工作，监守及他那柔弱身躯承受不了的暴露室外，但是，加入到黑人朋友中，与他一起侍候一个也许有一点点看得起他们的人，说到教育和礼貌，他父亲的仆人，几乎都能忍受他的情绪。如果他开始自己自由意志的处境，他本可以忍受的，但是他被欺骗了，此外他还是被硬逼的，因此他无法忍受。他竭尽全力要坐我们的船回家，但是除了交易的方式和他没有用外，他的船长不愿卖掉他。如果我们从男孩那里得到的这整件事情的解释及所有船员能确认这件事，那么，这件事就是正确的，我不明白。阿瑟船长本应该不让他离开的，特别是身为一个有名誉的船长，不仅是那一队船员，而且是所有他曾经指挥过的船员，他是一个非常善良的人。事实就是，商船船长有无限的权力，在陌生的海岸进行漫长的航行，带走责任感，而且常常，即使是正常人都会有好感，用权力和其他人的感觉取代无视。小伙子被送到了岸上，加入到了兽皮仓库的那伙人中。

后来，我高兴地听到，在那里，他逃跑了，乘坐一艘小型的西班牙纵帆船去了卡亚俄。他可能从卡亚俄回到了英国。很快就到达加利福尼亚，我和阿瑟船长谈话说到了霍普，因为在船航行之前他就听说过霍普，很喜欢他，很快，他就去看他了，给了他适当的药，在这样的照料之下，霍普很快就开始恢复了。我们起航之前的周六晚上，我在烤炉边待了一个小时，向我的肯纳卡朋友告别。事实上，这是唯一一件与离开加利福尼亚相关而不开心的事情。我感受到了对这些单纯、真挚诚恳的人中的许多人的兴趣和感情，比如，我之前从未感受到的一种亲近的关系。当我作为下一次航行的船长去海岸时，霍普用手摇了摇我，说他很快就会康复的，并准备好为我工作。他告诉我当我成为船长的时候不要忘记怎样善待病人。老“宾汉姆”先生、“曼尼尼国王”和我一起到了船上，用手热情地摇了摇我，并祝愿我们一路平安，回到了炉边，高唱着一首低沉没有抑扬顿挫变化的歌曲，聚集了关于我们及航行的负担。

5月8日，星期日。

这一天有希望成为我们在加利福尼亚的最后一天。除了几只装有水獭和海狸皮的水桶外，我们那四万张兽皮、三万个角制品，都存放在下面，舱口被填了。我们所有的备用帆桅杆都被捆绑好拿到了船上；我们的水桶已被妥善保管好了，我们的牲畜——四头公牛、十二头羊、十二头乃至更多数量的猪，三十六只或四十只家禽都被各就各位地安置好了。公牛住在小船上，羊住在前方舱口的围栏里，猪住在小船船头的猪圈里，家禽在鸡笼里；小船里装满了供牛羊吃的干草。我们那异常巨大的货物以及可供五个月航行的备用品将船的水槽没到了水里。此外，船完全地倾斜了，受到货物的压缩弹了起来，受如此强有力的机械作用以至于船就像身穿紧身衣的男子、一个呆滞的水手，直到船自身让自己变得宽松起来为止。

加利福尼亚号已经卸完了货，同时，与我们一起控制船的重量。我们冲洗了甲板，吃了早饭后，这两艘船并排搁浅着，准备好出航，旗悬挂在高处，高高的帆桅杆折射在从日出以来就是连绵不断涟漪、波光粼粼的水面上。最后，几艘小划艇划过水面，到十一点的时候，定期的西北风平稳地到来了。没有必要叫所有的人，因为整个上午我们都一直在前甲板徘徊，准备迎接第一缕微风的到来。所有的眼睛都投向了在船尾正在散步并时不时地看看风向的船长。他向前来站岗的助手打了个手势，故意站在支撑杆之间，瞟了一眼船尾，大声叫喊道："啊，水手们，搁置放样间，松开帆吧！"在命令传来之前，我们在离绳索距离一半的位置，自从离开波士顿以来，我们就绝不是远离帆横杆的垫片，在较短的时间里，进行装备检修。"长官，向前准备！""主帆准备！""桅横杆升降准备，长官！""放下，每根桅横杆只需要一个人！"杆臂和方帆的束帆索被解开了，每张帆都挂在后桅上，由一个人站立用绳子将它系住，随风飘扬。同一时刻，我们都越向了船尾，十二个人都跃进了加利福尼亚号的配帆里，很快就将桅横杆弄好了；奉命准备降帆。在此期间，我们将船首炮装满弹药，并把弹药用完了，弹药量将会是降帆的信号。我们的船头冒出了一团烟雾，枪的回声扰乱了我们在加利福尼亚丘陵中的告别声。两艘船用白色的帆布从头到尾都遮盖好了。几分钟后，到处都是骚乱及明显的混乱状态。水手们像猴子一样在绳索上悬吊着，绳索和木头悬挂着，水手们一唱一和，大声地唱着，混乱地怒号着。桅杆伴随着水手们的欢呼声"加油，水手们！"升到了桅顶。短短几分钟，就扬起了所有的帆，因为风是柔和的。顶部的帆向后扬，卷扬机转向了水手们的叫喊声"滑动——拍击"。"矮个子霍夫先生，"一个水手说，"举起他！""是的，是的，先生。”几根绞缆，锚露出了它的顶部。吊索沿甲板被拉伸，所有的人都占满了。“为最后一次欢呼。”那个水手说。锚伴随着一个大声的合唱队“是时候我们要起程了”的曲调到达了锚头。一切都快速地做好了，好像这是最后一次一样。顶部的桅横杆乘风而行，我们返航回家的船开始在水中行进。

与此同时，加利福尼亚号已经在控制自己的船重，我们沿狭窄的海湾并排顺流而下，恰好离开河口，发现我们自己正在逐步地超过它，向他们大呼了三声，突然，我们发现自己的船停了下来，而与我们并排的加利福尼亚号却快速驶向了我们前方。障碍物跨越港口，要有足够的水才能使船舶漂浮起来，但是，这里是低水位区，又是背风面，尽管我们要南下，但是我们无法前进，然而，加利福尼亚号因为重量轻而漂过去了。我们继续航行，希望越过去，却失败了，我们的船向后拉，搁浅等待着洪水般的、将我们带回通道的潮水。对于我们来说，这有点像块挡板，但船长看起来一点都不感到苦闷和焦急。“这是与罗莎上岸的同一个地方。”一个急躁的水手注意到最坏的提议。他得到的回答是既中伤了罗莎也中伤了他自己的坏话，他溜到了下风处。几分钟后，风力和上涨的潮水让我们的船后退到了溪流之中，我们在驶往旧的锚位的路上，潮水很快就涨起来了，致使船在微风中也难以控制。我们回到了兽皮屋对面的，从前的泊位，他的居民看到我们返回一点也不惊奇。我们感觉自己就好像和加利福尼亚号绑在一起一样，一些船员发誓，他们绝不会清洗血腥的海岸。

大约过了半个小时，接近了高水位，下令锚机水手再一次将锚吊放在锚架上。但最后却一个字也没说。加利福尼亚号返航了，当发现我们早已归来，便在安全处顶风停船，等着我们。这一次，我们安全地通过了障碍物，很快便和乘风前进并且与我们一同出航的加利福尼亚号并驾齐驱了。它似乎想努力加速，我们的船长接受了挑战，尽管我们给螺栓的链板减负，水像深海吸沙船一样深，我们如此运用货物，以至于我们没有比一个受束缚的人更适合的比赛了，然而，我们的敌手正处于最佳状态。通过这一点，微风变得狂烈起来，我们帆下面的顶桅弯曲了，但是我们不会将帆收进来，直到我们看到三个男孩正向上跳进了加利福尼亚号的绳索上。所有的帆被立即收拢，但是一声令下，他们不得不待在上桅帆桅顶上，奉命再一次松开帆。我的职责是一边折叠前顶桅，一边待命将它再一次松开，我看到了一幅好景象。从我站的地方，看到两艘船似乎只有远低于的帆桅杆的帆，而他们那狭窄的甲板，随高空风力倾斜，几乎不能支撑起凸在它上面的巨大的构架。加利福尼亚号处于有利地位，并拥有一切优势。然而，当微风变得狂烈起来的时候，我们却泰然自若。当开始减缓的时候，它在前方漫游，并下令松开顶桅帆。瞬间，束帆索脱掉了，帆腹落了下来。“收紧前顶桅的帆脚索，安全绕过帆脚索”“吊起来，长官！”从高处大声喊。“详细检查你们的绞帆索。”一个水手大喊道，“是的，是的，明白！”“里奇教授！拴住！避风的支柱良好，将教授拉到上风面去。”顶桅被固定了。我们遭遇了这些，但是风仍很柔和，加利福尼亚号固定好了。很快就很明显了，加利福尼亚号正在远离我们。我们的船长欢呼着说，他应该远离他的路线，此外，如今，她已不是阿勒特号了。如果我们的船处于正常状态，此时将已经在远处看不见的地方了。这是来自加利福尼亚号和善的回复，它强烈地拉牢了，沿海岸方向迎风前进。当我们迎风扬帆时，它向西南南部顺风驶帆。加利福尼亚号的船员给加利福尼亚号装配了露天绳索，在空气中挥动着他们的帽子，热烈地欢呼了三声，我们也热烈地回复了，通常，喊一声就会从水里传来回声。它按原来的方向继续航行，沿着那不喜欢的海岸注定会有十八个月甚至两年的艰巨任务，然而我们正在返航途中，所度过的每一小时及所航行过的每一英里都让我们离家更近了。

当我们与加利福尼亚号分别的时候，所有人都到了高处，降下辅助帆翼帆。吊杆装备好了，方针和吊索还没有固定好，一张张的帆将船塞满了，直到帆布可利用的每一寸都被展开了，我们也许就会呼吸到和风了。现在，我们可以看到船被货物弄得有多么拥挤和沉闷。因为尾舷上有微风，所以每一张帆布都展开了。我们不能从它上面获得六个以上的结点。如果船舱灌满水它也不会有更多的生命。测程仪被抛起过几次，但它却一直全力以赴。我们几乎已经没有耐心了，但是年长的水手说："支持住！再过一两周的时间你就会看到船自己自由地航行，然后像一匹赛马一样奔向好望角。"当降下所有的帆，清洗了甲板，加利福尼亚号在天边显得格外渺小，海岸就像是沿着东北方向的一朵低云。日落的时候，船和海岸都看不见了，而我们再一次接近了天水相接的大海。

第三十章　开始漫长的返程——一场惊慌

八点的时候，船上所有人员都被召集到船尾，值班人也为航行做好了准备。虽然船上有一些变化，但我很高兴地发现自己仍然在左翼值班。我们的人员减少了一些；一是因为一男船员和一男孩去了朝圣者号；另外是因为阿亚库乔的二副；三是因为艰苦的工作和不断地在海岸航行中暴晒，我们船员中最年长者体力已透支，身体因麻痹而中风，所以被留在兽皮仓库由船长阿瑟照料。这个可怜的同伴非常希望再回到船上的这个家，其实他本该已被他妻子带回家。但活狗总比死狮强，一个生病的水手不能拖累其他船员，所以他被随伐木一起送往了岸上，这也是唯一的办法。由于这些人员的离去，我们在死一般沉寂的冬天里绕着合恩角航行就缺乏人手。除了S和我以外，在前甲板上就只有五人。我们和船上的四名男孩以及修帆工、木匠等组成了整个船上人员。此外，当船上最年长、最好的水手因中风且对剩余的航行没有用处而被带走时，我们才仅仅航行了三四天。在各种天气下不断地在水中艰难航行，老人及任何体质差的人要脱去兽皮和进行其他的劳力活动是不可能的。加利福尼亚的第二官员和木匠的朝拜者在这种工作下都倒下了，木匠在圣巴巴拉市就死了。和我们一起航行的那个年轻人——来自波士顿——也倒下了，由于他来到海域不久就感染了风湿病，我们不得不把他从在艏楼的铺位上抬走，然后让另外人替换他的位置。到我们失去修帆工时，值班人就减少到了五人，其中两人还是小男孩，他们只有在好天气时掌舵；所以其他两名和我就不得不整天各四小时地轮流站在方向盘边导航。而另一名值班人只有四个舵手。对于一切事物，“没关系，我们开始起程返回”就是回答。若不是想到我们将在死一般沉寂的冬天离开合恩角的话，我们应该不介意这件事。现在是5月初，两个月后就能离开合恩角，那时是7月，也是合恩角一年中最恶劣的一个月。当太阳九点升起，三点落下时，夜晚就有十八个小时。合恩角有大量的雪、暴风。

若遇到这些情况，对于一艘装有一半人且负载很重的船来说，每一个巨浪都会把它冲得前摇后摆，绝不会让船平静。警惕号在仲夏2月绕合恩角行驶，而我们在10月的后半部分乘朝圣者号绕好望角航行，我们认为这糟透了。我们中只有一人曾在冬天在那儿航行过，当时他乘的是一艘又轻又高的“鲸鱼”船，然而他说他们连续有二十天遭遇致命的天气，他们的甲板两次被冲击，当结束这种天气时，他们都十分欣喜。“白兰地酒”护卫舰也绕着好望角航行了六十天才航出，由于巨浪他们损失了几艘船。所有这些船的经历都是为了安慰我们，但我们必须航出合恩角，所有人一致同意尽最大努力克服恶劣天气。

在我们值班人在下面的期间里，我们彻底检查了所有衣服，制作和缝补一切在坏天气时能用上的东西。每人都为自己做了一套油布衣服或防水衣。我们拿出这些衣服，用涂油和沥青彻底涂料，挂着使其晾干。

我们结实的靴子也被涂上了厚厚的混合融油脂或沥青，然后使其晾干。因此我们利用太平洋温暖的阳光和好天气来为它的另一面作准备。

上午值班人员在下面，我们的前甲板看起来像一个车间，每个水手都在忙着干活。厚袜子和内裤都被修补，连指手套也从箱子的最底层拽出并修补好。被子用于脖子和耳朵，旧法兰绒衬衫被剪成了紧身短上衣，水手防水帽镶有法兰绒布。一桶涂料被偷偷地藏在外套里面带给他们。一切都需要用手做。所以，尽管两年前只留下了很少的衣柜，但教会了一个水手勤俭节约以及发明创造，且他们很快使我们每个人为迎接恶劣天气有很好的状态，即使在好天气结束时也是如此。甚至鞋匠的艺术也是精湛的。几双旧鞋子被修补得相当好，我用有蜡的末端、锥子和一双旧靴子的上端为我的刀做了一个相当好的护套。

然而，我们还是有一个不能弥补的困难。那就是前甲板的渗漏，这使得前甲板在恶劣天气时非常不舒服，导致一半的床铺不能使用。由于不断地对船首斜桅拉紧，最紧实的船在漫长的航行中也会或多或少绕着船首斜桅和揽住渗漏，然后漏到前甲板。但是除此之外，在靠近舰首锚架右斜首方向还有无数个渗漏，这使得我们不得不到那边的前铺位。的确，当船在左右舷抢风时，来自全部的前铺位。其中一个后铺位在这恶劣的天气下也被渗漏。以致在一艘其他方面都紧如一个瓶子的船上，带着船上的货物到波士顿时已相当干，在尽全力通过堵缝和引导来阻止后，我们七人只有一个带有三个泊位的前甲板。然而，由于一直是只有一个水手在下面，通过“轮流”的方法，我们做得相当好。最后，我们只有三人活下来了，在恶劣的天气中，我们每人都有一个干铺位。

然而，所有这些都是预感。我们仍然在北太平洋的好天气中，顺着东北交易航行，交易是在离开圣地亚哥后的第二天进行的。

5月15日，星期日。

我们航行一周了，我们在北纬14° 56′，西经116° 14′。舰首锚架，经推算，在七天我们已航行了一千三百英里。事实上，自从离开圣地亚哥，我们就已经有了顺风，而且足够我们利用。

船到达波士顿后，我们移去舰首锚架，舰首锚架下被发现有两个洞，为了转动木栓才造就了这两个洞。意外地，当舰首锚架被放到洞边时，木栓没有被堵住。这足以解释泄漏的原因以及为什么我们没能发现并阻止它。

七天以来，低桅和中桅翼帆都被安上了测距仪和上桅的翼帆，不管什么时候船可以在他们下面摇动。的确，从我们到海上那一刻，船长就表明船必须尽可能装载许多货物，他也将通过挤压船来弥补，从而使船宽松些。用这种方法，我们每天频繁地变换3个纬度和一些经度。我们每天的时间都花在做一些平常的船上工作。变松弛的设备在长舷窗被建立，胸后索也被提高，翼帆被装在主区上，极好的翼帆为轻交易而准备，主帆增幅装置和新设备被安好，帆也作好向合恩角出发的准备。有了船的齿轮和全部的衣服，好天气必须更好，为即将来的坏天气作准备。正如我说的那样，我们上午的值班人为我们自己的工作作出了牺牲，晚上的人花在了平常的事情上——在舱轮观察向前甲板望望，然后在围栏的避风处靠着一圈装置小睡。一条绳子绕着绞车尾或者如我平时用的方式一样，在中部上甲板绞车之间，在主要纵帆当风面的上下角索间，来回从船头走到船尾。船每一次推动让我们离家更近，每天中午的观察表明如果一直这样前行，还有不到五个月就可以航出，把我们带到波士顿海湾。那就是海上的快乐生活——有好天气，日复一日，没有打扰，顺着足够的风向回家的路行驶。每个人都处在欢乐之中，一切事情也都正常，一切都由意志所成。所有人都到甲板上，站在前甲板边处于天气之中，靠着绞车坐着，唱着海歌和关于海盗强盗的歌谣，水手们就像在家里那样高兴。到家后我们该做什么，什么时候及怎么样到达已不是常谈的话题了。每天晚上，在小孩睡去，收好锅后，在舢板我们点燃烟斗的烟聚集在绞车周围，第一个问题是：

“汤姆，今天处的纬度是多少？”

“为什么是北纬40° 呢。船已走了七海里。”

“这将使我们在五天内到达。”

“是的，但是那些交易不会持续二十四小时之久，”一名船员用手指尖指着背风面说，“观察云就可以知道了。”

于是关于风的持续时间、在行驶路线下的天气及东南交易等，我们有各种计算和猜测；以及船在合恩角行驶时间的粗略猜测。有些就更大胆地说让船到波士顿还有很多天，所以打赌说船将不会航过合恩角。

“你最好等到绕过合恩角。”一个老者抱怨道。

另一人说：“是的，你可能看到波士顿，但在那天到来前你必须和地狱作斗争。”在船室说过的谣言像往常一样继续着。厨工听到船长说了些关于麦哲伦海峡的话。在船轮的那个人回想着说他听到船长对“乘客”说，如果他发现前方的风和天气非常恶劣的话，他将让船航向纽荷兰，绕着合恩角回家。

我们拥有的第一个也是唯一一个乘客，据我所了解的日子里，他在岸上是一个绅士，但在船上，他只能在舱门之间走动。在加利福尼亚海域上，我最不希望见到的人——剑桥的N教授。我当时静静地离开时，他是哈佛大学，植物学和鸟类学的教授；再看到他时，他正徘徊在圣地亚哥沙滩上捡石头和贝克，他穿着水手短外套，戴着一顶大草帽，赤裸着脚，裤脚卷过膝盖。他曾由陆地到西北海岸，然后乘一艘小船到达蒙特雷。他航行得很慢，参观路过的港口以及观察树、植物、泥土、鸟等。在圣地亚哥我出发前不久就加入了我们。朝圣者二副告诉我船上有个老绅士认识我，他来自我以前上过的大学。

他想不起自己的名字了，但他说自己是个“有点老气的人”。白发的他一直在丛林里或沿着沙滩捡花、贝克及桅冠，并且装满了十二个盒子和桶。我思考着每个可能到那儿的人，但却一个也没想到。正当第二天我们准备离开沙滩时，他来到船边，像我描述的那样，手里拿着鞋子，口袋里装满了东西。我立刻就认出他了，尽管我十分惊讶地看到来自兽皮仓库的尖塔形头巾高耸起；他很可能不会辨认出我。由于我们差不多同时离开家，互相也没什么交谈的；由于在船上我们有不同的处境，在回家的路上我几乎没看到他。有时，在一个平静的晚上，当我在船轮边时，也不必注意掌舵，值班长在前面，他会回到船尾来和我小谈一会儿；但这是违反船上的规定的。事实上，所有乘客和船员间的交谈都是不允许的。水手们迷惑地知道他们的存在方式及听他们猜测着他们自己和事业会让我觉得好笑。他们像在船内和船长的工具打交道的老补帆工一样迷惑。他说有三样东西——经线仪、气压计、温度计。朝圣者号的船员给N先生取名为“老好奇”，因为他对事物很好奇，有些人说他很疯狂，他的朋友们让他四处走动，用这种方式来使他快乐。还有什么原因说明一个富人（水手们称不用双手工作且穿着长外套带着领带的人为富人）应该离开一个基督教徒国家来到像加利福尼亚这样的地方捡石头和贝克，他们不明白这一点。然而，他们中的一名看世界的海岸看得更多的老船员把一切都归于权利，因为他认为“那里多宽广啊！你对船舶一点都不懂，我见过大学，知道绳索。出于好奇心，他们保留了所有那些东西并且进行研究”。他们有目的地得到这些，这个老家伙知道有关他的事。他不是你想带来的孩子。他会把所有东西搬到大学去。如果这些东西比任何以往他们有的都要好，那么他会成为大学的校长。于是渐渐地又会有人去取更多东西。如果他们打他，他就不得不再次离开，又或者放弃他的铺位。那就是他们做事的方式。这个老家伙知道绳索。他曾做过导线测量的工作，然后到这个没有人来过的地方，人们从来也不会想到要来这里。这个解释使杰克很满意，由于这提高了N先生能力的信誉；为了普遍的目的，这几乎就是事实。我也不会去反驳这个解释。

有了N先生这个例外，我们只有平常船上的人员和活牲畜。因为这件事，我们已造成了很大的损失。每四天我们就杀一头小公牛，以保证在航行时它们不会拖累我们。我们更准确地说是他们开始杀羊和家畜，因为这些从来不是杰克的过错。猪被留到航行的后部分，因为他们是水手，能够忍受各种天气。在船上我们有一头母猪，它是无数头猪的母亲，曾两次绕过好望角，一次绕过合恩角。当最后一次航行时，它已快死了。在连续下了几个小时的大雪和冰雹后的一个黑夜里，我们听到它在猪圈里嚎叫呻吟。我们发现它几乎快被冻死。我们给了它一些草、一张旧翼板等，把它裹在猪圈的一角，就这样一直等到我们又处于好天气。

在所有美国商船里，关于食物的补贴的传统几乎都一样。一头猪无论什么时候被杀，水手都要其中的一块。其余的都留给船室。他们从不吃小的家畜或牲畜等。的确，他们也不会对此有抱怨，因为供养小猪花费很大，况且没有附属物（它们不可能配有），相比之下盐牛肉就好得多。但就是盐牛肉也很少会被很好地处理，无论什么时候打开一个桶，在任何一块牛肉被放入装置前，服务员都会来为船室挑选出最好的牛肉块（那些没有肥肉的牛肉块）。在我所乘的两艘船里都是如此，他们说在其他船里也一样。的确，这也不是什么秘密，但是一些船员经常被叫去挑选和搬运牛肉。通过这样，水手们就能享用到被他们称为“老马”的又硬又干的牛肉。在水手的传统中有一首非凡的韵歌，在享用那种牛肉时，他们就会唱。当我坐下吃那种牛肉时，我还不知道那首歌还没有成文。

5月18日，星期三，北纬9° 54′，西经113° 17′，东北交易已结束，像往常一样又有了变换的风，夹着一些雨，把我们推向航线。只要我们在这些纬度中，晚上在甲板观察就很少休息，因为风很轻又变化多端，我们不可能松一口气，我们拉紧船，做帆，用我们飞行的风筝“瞒骗”。一阵风吹向左舷部分，然后又向前部。翼帆驶帆杆被安装在外部，翼帆安在船内和桅杆高处，船上被规划好，船首三角帆和后樯纵帆在里面。当恶劣天气像鸭子水塘一样安静地到来时，在船轮站着的人会举起手掌去感受风，前甲板的一个人叫道：“让它晚来些吧！全部向后退！”转帆索再次向下降了，翼帆跑了进来，全部都一团糟，起码半个小时也弄不好。支撑大幅上升，船在右舷纵帆当风面的上下角索被紧紧拉着。翼帆必须马上被清理，安在顶端和吊杆上。把这件事做完后，你就可以找一个软的支撑物来小睡。“躺在船尾这儿，睡在宽敞的船上！”翼帆又全被安在了右舷那边。就这样，直到八点的钟声——叫值班人——用测程仪测船速——减慢航速，到左舷下方去。

5月22日，星期二，北纬5° 14′，西经166° 45′，我们已航行两周了，两天的微风将我们带到北纬5° 的航线内；

在桶周围如果发现一块特别坏的牛肉，其中一个就拿起来，重复说道：“老马！老马！什么把你带到这儿的？”

“多少年来，我一直在沙卡拉普到波特兰码头之间装运石头：
直到被鞭打和伤痛所杀，
他们把我腌制好让水手使用。
水手们看不起我：
把我翻过来诅咒我的眼睛；
切我的肉，剔我的骨，
把我其他部分喂给海魔。”

现在在水手中有这样一个故事，一个卖牛肉的人在波士顿被定罪，因为他把“老马”卖给供船商店，而不是卖牛肉。他被判刑进了监狱，直到他吃完所有的“老马”。现在他正躺在波士顿监狱。除了在我们自己国家的船上外，在其他船上我也经常听说这个故事。大家普遍相信和高度评论说这是一个很快速的报复审判。

但是，最主要的是，我们面临水手称为“爱尔兰人的飓风”——上下波动的飓风。这一天几乎下了一整天的雨，正好是星期日，我们无事可做，便去阻止排水口，把甲板装满水，把所有衣服都拿到甲板上，在船头船尾进行了大清洗。当完成清洗后，我们拿出了我们的衣服，取很多块肥皂和用来当毛巾的画布条，我们翻着先用肥皂洗，再互相擦洗——我们称为洗去加利福尼亚灰尘。在盐海水里普通的清洗没有什么效果，与其说盐水是拿来使用的，还不如说是用来吃的。但我们只有盐海水而不是作为奖励的淡水。船长整个下午都在下面。比起任何我们见的东西，我们有一些像接近纵情狂欢那样的东西；因为二副和几个男孩来到排水口，他们把水排出。他们拔去洞口障碍物让肥皂水流出甲板，很快便有了新的雨水。在雨水里我们进行了冲洗。我们洗去的肥皂和清水，让我们觉得洗去了棕黄色和海水黑，这些多得让人惊讶。第二天，太阳渐渐升起，船头船尾都被各类衣服盖着，等着变干。

当我们接近航线时，风变得更像东风，空气也更清新。从圣地亚哥二十天以来，在5月28日大概下午三点，我们跨过了赤道。并且在二十四小时后才冲过终点线，这是很不寻常的，因此，我们在东南部采取了常规交易模式。一切都很正常，我们进行着平常的东南交易。东南方向的东边吹来了一些风，风直接由东南东方向吹着。我们很幸运，因为我们的路线是由南到西，因此我们还可以有点自由。船被支撑着，所以每一个帆被拔掉，从后樯纵帆到船首斜桅帆；过了一会儿，上层区域被整顿好，前部和主要的上桅翼帆被安好；在十二天里，微风吹得很平稳，没有变化多端，很清新，因此我们可以撑起我们的顶桅帆。在这段时间里，我们几乎没有开始转帆索，我们取得了很大进步。

从有微风的七天以来，在6月5日，我们处在南纬为19° 29′，西经118° 01′，在七天行驶了一千二百公里，几乎只要了一个帆脚索。我们的船自从离开圣地亚哥后再次渐渐地提高了超过三分之一的航速。船上人员不再对船有抱怨，高级船员满意地每两小时用测程仪测一次船速。这是一次辉煌的航行。平稳的微风，光信风区的云彩飘浮在我们头上方，太平洋无与伦比的温度，不冷不热，每天都是明媚的阳光，每晚都是清晰的月亮和星星，新群星在南边升起，在北边类似的群星渐渐下落，我们继续着航行，“在夜晚航向极端”。在北地平线北极星和大熊座已经落下，所有人都向南望去寻找麦哲伦云，接下来的每一个夜晚，我们都期望能够制造这种云。“我们再次看到北极星时，”一人说，“我们将站在朝北的合恩角另一端。”这确实是事实，无疑这将会是一个受欢迎的景象，因为水手们说从合恩角和好望角回家，北极星指引我们登上第一块陆地。从费尔南德斯一直持续到航线尽头，连续三周风都很平稳地吹拂着我们的右舷方向，而不用开转帆索，甚至都不用降低顶帆。尽管现在我们有着同样的风，并且和朝圣者号的航行处在同一纬度，然而我们处在它航行的西边近两百公里位置。在冬天的月份里，船长充分利用从高南纬度盛行的西南信风，向西方向稳稳地前行；到目前为止，我们通过了达西岛近两百公里。

就是这种天气和航行让我想起了曾在同一纬线上发生在朝拜者号上的一个事件。当时我们快速地前进着，两边上下翼帆都撑开着，在吹风前死一般寂静，在一个黑夜里，刚好过了半夜时，除了水打在船上的冲撞声外，一切都如同墓穴一样安静。在吹风之前，海水平静，双桅方帆船覆盖着帆布，大家正在做着大事情，几乎没有喧闹声。另外一个人在船下层，除了我和在船轮上的那个人外，其他所有人都在船的避风处睡觉，来到桅杆前的二副总是和我交谈，他曾和我小谈，才回到他船尾后甲板上的位置。我再次像平常一样在绞车来回走动，突然，我听到从前面传来的一声响亮的惊叫，很明显叫声是直接来自船首下面的。黑暗、完全寂静的夜晚、与外界隔绝的海洋，全都使这个叫声带有恐惧而几乎超自然的效果。我站着纹丝不动，我的心跳得很快。这个声音吵醒了其余的人，他们站着互相望着。“天啊，那是什么？”二副说道，并慢慢地向前走去。我第一想到的就是可能是一艘遇难的船和船上的人员，或者是某个鲸鱼船在黑夜里翻倒了，在黑夜里我们行驶着。另一个比先前要小声的叫声使我们开始了行动，我们跑向前去，仔细检查着船首和四周，直到下风处，但是什么也没看到或听到。该怎么办呢？叫船长向后拉船？就在这时，其中一人跨过前甲板，看到下面有一人，向舷窗下看去，看到船员都没在铺位上，正与一个穷伙伴发生冲突，他们把他拖出铺位，摇动着他，使他从噩梦中醒来。他们刚从睡眠中醒来，和我们一样对尖叫声感到恐惧。当第二声叫声直接从其中一个铺位上传来，说明了恐惧的来源时，他们犹豫着是否把他搬上来。这个同伴由于自己造成的麻烦而被摇得很厉害。我们拿这件事来开玩笑，我们可以开怀大笑，因为对这荒谬的结局感到非常欣慰。

我们现在接近南热带线，如此和煦的微风，每天的太阳在我们身后落下，我们离合恩角更近了，这些都宜于让我们作出每一个准备。我们检查和修补了所有装备，或者在必要的地方换成了新的，坏了的锚链被换成了又新又结实的船头斜桅支索。斜杠帆区域和第二斜桅的下方支索以及后绳被打好了结，把麸皮色的新的前帆和转帆索穿入孔结牢；上桅帆和轮线由绿色兽皮制成，以绳索的形式被搓好、延长和安好。新上桅帆等被穿入孔结牢。前中桅和后支柱被固定好，其他的也准备好了，在我们进入寒冷天气前，可能有时间把绳子延长使其更柔软。

6月12日，星期日，南纬26° 04′，西经116° 31′，我们失去了常规的贸易，风也变化多端，主要是从西边吹来，到这周周末，靠南的航行中，我们一直航行到很接近一条子午线。

6月19日，星期日，我们处在南纬为34° 15′，西经116° 38′ 的位置。

第三十一章　糟糕的前景——第一次接触合恩角——冰山——戒酒船——停航——冰——船上困难——航线的改变——麦哲伦海峡

现在外部事物开始有了确定的变化。白天变得越来越短，每天太阳出来的位置更低，发出越来越少的热量，夜晚如此冷以致我们不能在甲板上睡觉；在晴朗的夜晚，可以看到麦哲伦云，天空看起来又冷又气愤；有时候，一条又长又重且丑陋的海浪从南涌起，告诉我们即将到达的地方。一股强风仍然一路伴随着我们，但我们的船能够承受得住。在这一周中间，风向转向，使船几乎一直向前与从那方向直接翻滚而来的沉重海浪相撞。船与海浪的撞击方式一点也不振奋人心。沉重的船在大海深处想拥有可以使它绕过海水的浮力，船重重地跌入海水中，水冲洗着甲板。时不时地，当不寻常的大海浪遇到船首时，船与海浪冲撞得如死一般，而且沉重的声音如双手用大锤打在木桩上一样。而且海水把前甲板全部吞没，海水高高地冲入船尾的排水孔里，装备被冲脱，甲板上所有松动的东西都随之冲走，整个上午都是如此。我们能通过在我们谁的头上冲洗来进行辨别，海水重重地打击着船首（那种声音就如同船正敲打着石头一样）。当我们躺在铺位上时，只有我们头上方厚厚的木板紧靠在船头。在八点钟时，我们来到甲板上，一个水手到船尾去拿船轮，另一个到厨房去拿蛆蛴螬做食物。我站在前甲板上望着海浪，海浪涌得很高，足以让人看见，它的顶端是白白的泡沫，身体部分是靛蓝的颜色，反射出了太阳明亮的光束。我们的船翻过了一些最大的海浪，直到一股巨大的海浪翻卷过来，威胁着要覆盖整个船，作为水手的我通过脚下的“船的感受”知道船不会越过这一巨浪。我扑向骑士头，用手抓住前桅支索，使自己固定。当船恰好撞击在巨浪中时，我的脚刚好离开支柱。巨浪冲击着船头船尾，要把船淹没在水中。船一越过巨浪，我就向船尾望去，除了被扭紧和双重捆扎在带环螺栓上的长船外，大桅前端的所有东西都被冲走了。厨房、猪圈、鸡窝和建在舱口的羊圈在一眨眼的时间里全都消失了，使船干净得如刚修理了的下巴，这些事物曾存在的地方连一根木棍也没留下。在排水口那躺着底部朝上的厨房，一些船只漂流着，羊圈的失事处还有六只悲惨的羊漂流在里面，它们全都湿透了，对发生在它们身上的这突如其来的变化感到非常恐惧。海水一离开，所有人都冲出前甲板去看羊。在片刻之后，厨子和老比尔从厨房里爬出来，厨房在他们的上面，他们在水中几乎窒息。幸运的是海浪只停留在舷墙边，否则他们的一些骨头都会被折断。当海水全部流去时，我们把羊抬上来放在长船上，把厨房弄回原来位置，使事情稍微好转，但是船已经没有最高的舷墙和围栏，一切都被冲出了船外，老比尔和厨子也不例外。比尔曾站在厨房的门边，手里拿着供前甲板人使用的牛羊肉，突然羊肉、牛肉、所有的东西都不见了。他紧紧地抓着羊肉，就像抓着自己的好伙伴，但是牛肉不见了。当水流走后，我们看到它干巴巴的躺在高处，就像低潮中的石头——没有什么可以伤害它。我们轻易地拾起地上坏掉的牛肉，安慰自己说比起我们能回忆起来的船舱其他损失，这并不算什么，大家都有同感。在范围不到一千英里的合恩角，我们的甲板被不足一半高的海浪冲刷了。一些人抱怨说：船上载的货物太多了。而其他人说：风总是在出合恩角时向南的，并且在航出之前就是这样，所以我们不该如此在意海浪。当我们来到前甲板时，有点悲观的老比尔——曾在海上遇到过很多事故——说："如果船就是以那种方式航行，我们不妨马上写遗书，把遗书放好，穿上一件干净的衣服。""世界如此大，你这个老鹰！你总是那么悲观！你被在排水口得到的鸭肉吓到，而且不能接受玩笑！总是期望着海魔又有什么用？""站一边去！"另一人说道，"在这种困境下我们将让下午的值班人到下面。"但是他们感到失望了，因为在两点钟时所有的人都被叫去工作了，绑扎住甲板上的所有物体。船长说把长上桅弄下去，但是到晚上时海水沉下去了，风拉着正横，我们让正横竖着安置翼帆。

第二天，所有人去取下坚硬的旧帆，竖起新帆。不像岸上的人们，船在恶劣的天气中要穿上了最好的衣服。旧帆被放下，三支新中桅帆被安在船头和主要位置。船首三角帆和前中桅支索帆，带着一套全新的耳索、系帆绳索和缩帆，都是在海岸上的时候制造的，还从未被使用，是弯曲的。樯帆部装备被提到航行方向和逸风索被提到高帆。在船头船尾的转帆索和帆耳给了我们一套好的流动设备。

风继续向西方向，自从遇到沉重的海水以来，天气和海水都平静很多。在所有轻帆被安好的翼帆下，我们取得了巨大的进步，保持着稍许向南部的西边方向的航行。由于船长依靠西风航出合恩角，到目前船一直向西方向，尽管我们在合恩角纬度大约为五百公里内。我们已接近西边的一千七百公里。在这一周的剩余时间，我们在和风中继续前行着。渐渐地，我们越向南航行，就越保持着向东方向的路线，使风吹向左舷位置，直到6月26日星期日，那天天气晴朗，船长通过观察月亮和子午圈的高度，计算出我们到了南纬为47° 50′，西经为113° 49′的位置。根据我的计算，合恩角在东南偏东1/2且1800英里以外的地方。在6月27日星期一前半天，风仍然缓缓地吹着，当我们在风中航行时，感觉风一点也不冷，因此我们穿着平常的衣服和夹克在甲板上继续工作。自从离开圣地亚哥我们第一次由下午的值班人员在下面，三副询问了在中午的纬度后，计算船到达合恩角需要的时间，我们去小睡了一会儿。我们以“海里的速度”睡去，当三次敲击舷窗时，从我们铺位传来喊叫“所有水手”的声音，发生什么事情了？风似乎并不大，大家向舷窗望去，可以看到晴朗的天气，然而值班人正在收船。我们认为肯定可以看到一艘船，正准备减慢速度和“它”讲话，恭喜我们遇到它——因为自从我们离开海港后就再也没有看到其他船和陆地——当我们听到甲板上三副的声音（他全神戒备，一直站在甲板上观察四周），他对着正在收翼帆的人大吼，询问值班人在哪儿。我们不会等到第二次被叫，但是摇摆着走上梯子。在右舷的船首是一团雾，覆盖着海水和天空，直接扑向我们。在朝圣者号航行时，我也遇到过同样的事情，知道这意味着什么。我们没有时间可以浪费。我们只穿了厚衣服，一刻也没耽误就去了。

另一值班的男孩们在上面，收上桅翼帆、低翼帆和高翼帆通过滑行到了下面。除了“向下拉和向上提”就没其他什么，这样直到所有的翼帆被收进来。顶桅帆、伸开的三角帆、后桅上桅被收卷起，船稍微被偏离来承受狂风。前部和主要上桅帆仍然在船上，船上的老船员没有被此吓退，并且下决心要航行到最后一分钟。当第一阵疾风向我们表明它不会被击倒时，我们站着等待着它的到来。雨、雨夹雹、雪和风足以要我们的命，我们拼命地顺着风向拉！船位于接近船梁末端的位置，圆杆和设备被拉断和破裂。船的上桅桅杆被扭曲得如鞭子棒。“船上人员到船头和上桅船！”船长叫道。于是所有人都拥到了帆耳线。甲板以近45°的角站立着，船在水中像疯子一样航行，船的整个前身浸在泡沫之中。吊索被放下来，帆桁被绕成球形，起用帆片，短短几分钟使帆窒息并存放转帆索和卷帆索。——“卷起他们，先生？”一个同伴问。“放下船头船尾的上帆帆桁！”船长以最大声回答。上桅帆被放下，缩帆绞辘被全面检查，我们向风向爬去，撞到天气装备。狂风的暴力、冰雹或者雨夹雪，几乎水平地跨越海洋，似乎真的要把我们定在装备下。用头撞击装备是艰苦的工作。我们一个接一个地从帆桁里出来。我们有工作要做了，因为我们的新帆，它没有办弯曲成足够的长度，我们没办法拿出它们，帆如同船一样坚硬，新耳索和缩帆索因雨夹雪变得坚硬，绞得如同铁丝。由于只穿了圆形夹克和戴了草帽，我们很快就湿透了，那时每个时刻都变得更冷。我们的手很快就变得僵硬、麻木了。其他一切也变得僵硬，在缩帆索让我们暖和了一些，在我们检查了缩帆索的帆后，我们不得不长时间等着迎风耳索被穿过。但是却没有发现故障，因为法国的约翰在耳索那里，一个更好的水手从来没有在帆桁工作。所以我们俯身在帆桁里，弯着手去拿帆以使帆不被冻僵。最后传来了话——“拖到背风面”。我们抓住缩帆索，把它往避风耳索方向拖。“解开结”，我们迅速地抓到了首帆。我们正准备躺下，突然听到同伴叫道：“两个收帆，两个收帆！”用同样的方式，我们得到了第二个收帆。这一切都很迅速，我们躺在甲板上，载人的升降索处于背风处，在水里近膝盖处，系好上帆，然后放在主要的上桅帆桁顶端，用同样的方式缩帆。正如我之前提到的，我们在人数上减少了很多，更糟的是木匠在两天前被一把斧头砍伤了脚，因此他不能到高处。这削弱了我们的力量，所以在像这样的天气下我们不能一次操纵很多上桅。当然，我们就要加倍努力。从主要的上桅帆帆桁，我们在主帆桁走了一圈，拿了主帆里的一个收帆。

我们刚到甲板上，就听到“放在上面那儿，纵帆高处，缩后桅的纵帆！”这句话叫住了我，处在离装备最近的地方，我首先到高处，远离迎风耳索。英国人本刚好在我后面的帆桁，拿起避风耳索，其余的联轴很快就在帆桁。当大副周到地派厨子和服务员来帮助我们后，我们便开始握紧帆。现在我可以解释通过其他耳索为什么要很久的原因了。因为为了做得最好，眼前有最强壮的水手帮助，直到我听到他们开始在顶撞抱怨，我才使它通过耳索。当我们下来在吊索升起时，我们收进一个又一个收帆，直到帆被紧紧收住。同时，船首三角帆被卷起，支索帆被安好。由于船上少了帆变得正直，在操纵之内。但是两前桅绳索帆仍然挂在拢帆索，震摇得就像要失去桅杆一样。我们向上望去，知道事情还没结束。果然，大副一看到我们在甲板就再次喊住了我："你们四个到上面卷起上桅帆！"我们中的两个到上面装备前，另两个到主要的上桅帆帆桁。侧支索被冰盖着，在树立的装备上雨夹雪形成了坚硬的外壳。在桅杆和帆桁的情况下，当我们到帆桁时，我们的手冻得很僵硬，其实我本可以不解开束帆索的结来救我的命。数秒内我们躺在帆桁，用手打着帆，直到血开始流到指尖。接下来我们的手就像燃烧一样热。在帆桁的同伴是个小伙子，他来自波士顿的一所学校，在船上是一个弱小的男孩，他"没有斜杠帆的结大"，也没有"一包油烟重"，更"不足够强壮去拖烤架上的鲱鱼"，但是他现在"有一多余的中桅的足够长度来撞到一头牛并热心地吃掉它"。我们一起紧紧握着帆，在六到八分钟的艰难拖拉和敲打帆后，帆坚硬得如一张铁，我们成功地卷好了它而且必须紧紧地卷好。因为我们确信如果帆再次脱离的话，在晚上的任意一个时间里，我们都会被叫去卷帆。

我一直在寻找一个时刻跳下甲板，穿上厚夹克。但是当我们到甲板时，发现已经八点钟了，其他的水手都走下了甲板，因此我们必须值两小时的夜班，做大量的工作。由于来自西南方向平稳的大风，船现在已经在航行，但是我们到南方还有很远距离来使风变平稳，因为我们必须给南美洲南端的火地岛一个广阔的泊位。甲板上满是雪，而且雨夹雪连绵不断。事实上，合恩角已经很热诚地迎接我们了。在它的中部，在天黑之前，我们制作并收藏了所有的翼帆，然后把帆作为装备装在船头船尾的所有吊杆上，并卷走钉子、板片、升降索。对于四五个水手来说这是一项非常艰难的工作，在面对几乎要把我们吹出帆桁的大风时，绳子因为冰块是如此僵硬，以致我们几乎不可能让它弯曲。我在前帆桁末端有近半小时，尽力卷走并停止上桅翼帆大头钉和低升降索。完成时天已黑了，听说已经四点了，我们非常高兴，这意味着我们将在甲板下待两小时，喝一壶热茶，吃冷牛肉和面包。我们的薄衣服湿透了，现在还冻得僵硬，能有一套又厚又干、适合这种天气的衣服来替换，还有什么比这更好的呢！

我们为这突然的转变没作什么准备，比起其他事情，我对此不太能接受，因为我已经连续七天被轻微的牙痛所困扰。牙痛，这种冷天气、又湿又冷的环境在世界上不算好事。很快我便发现牙痛得更厉害了，疼痛已经遍及我的整个脸。在值班人离班前，我到船尾去找掌管着药柜的大副拿药，但是药箱只有一些保存好作急用的鸦片酒，仿佛漫长的航行就快结束，因此我只有尽可能地忍受痛苦。

当八点到甲板时，已经不下雪了，空中有一些星星，但仍是黑云一片，大风也稳稳地吹着。在午夜前，我到高处放下装于后桅上的帆桁，有幸做得让大副很满意，他说这件事完成得“井井有条”。接下来在甲板下的几小时我几乎没有放松，因为脸部的疼痛，我在铺位上一直没有睡着。我听到每一声钟响，在四点的时候，值班人出现了，对于艰难的任务他感到精神低落。如果一个人有精神和健康，在海上恶劣的天气中艰难的工作也能做好。在那时没有能什么让一个人垮下，比如身体痛和睡眠的需要。因为有太多事情要做，所以没时间来思考。因为昨天的大风和前些天我们遇到的大浪，尽管我们还有十多度向南，我们已让船长相信前方有很棘手的事情要发生，并发出通知放下上桅顶桅的桅杆。上桅顶桅和顶桅的帆桁相应地被打结，飘动的船首三角帆吊杆被捆上绳索，上桅桅杆被放下到甲板。所有的都被困在一起放在长船的旁边。然后放下绳索，卷好放在甲板下，一切都在上端顺利完成。没有一个在船上的水手看到这些棍子下来不感到喜悦。只要帆桁在顶上，至少就给我们暂时平静的迹象。高桅帆变得松散，于是我们不得不再次在暴风雪中卷好它们，从盖满冰的单绳上爬上爬下，不顾来自南极的大风，放下顶桅的帆桁。我们宏伟的船被高处的重长锥形桅杆和帆桁覆盖着，吊杆指向在港内装饰的长矛头。所有帆布现在都消失了，前些天它们像云一样从桅杆帽到水岸把船覆盖，沿着船体两边远远展开。船就像一个战斗中的摔跤者在搏斗，船也在它那种情况下作孤独的反搏——在世界的极端几乎夜夜船都独自和暴风雨、风、冰战斗。

7月1日，星期五。

我们现在接近合恩角的纬度，而且将超过以东40°。在一股强烈的西风下我们扬起帆桁，摇动上桅帆的收帆，站在东到南方向，期望着七天或十天后能到达好望角。至于我自己，我已四十八小时没有睡觉。休息的需要和不断的潮湿、寒冷让我更加水肿，以致我的脸肿了一倍，并且我发现要张大嘴巴吃东西也是不可能的事。在这种情况下，服务员向船长申请为我煮一些米饭；但是船长只说了一句："不行！你敢！叫他像其他人一样吃咸肉干和硬牛肉。"当然我对服务员非常感激，事实上我也料到了这样的结局。然而，我并没有挨饿，因为和水手一样好的大副总是对我很友好，他偷偷地带了一锅米到厨房叫厨子为我煮饭，这没有让"老人"看到。如果是在好天气或是在港内，我可能已经到甲板下躺着直到脸变好。但是在这样的天气下，我们缺乏人手，所以我要离职是不合适的。因此我仍然在甲板上站岗，尽可能地做好我的事情。

7月2日，星期六。

这天天气转晴，但是太阳很低，在空中发出热，使帆和设备都解冻了。这景象让人很愉快，并且我们处在来自西边的"收缩上桅帆微风"中。这种先前晴朗寒冷的空气在后来的几小时变得潮湿，带着令人不舒适且潮湿的寒冷。在船舱的人说他听到船长告诉"乘客"说温度计自从早晨到现在已下降了几个刻度，他只能以冰块离我们很近来解释，尽管在这个纬度这个季节这样的事从来没有听说过。在十二点，我们走下甲板刚用完餐，厨子就把头伸到天窗叫我们到甲板上去看我们见过的最美好的景象。“在哪儿？厨子。”第一个上甲板的人问道。“在左舷船首。”在远处几里外的海上漂浮着一团巨大的不规则的东西，它的顶端和尖端覆盖着雪，中间呈现出一种深靛蓝色。这是一座巨大的冰山，正如我们的一个曾到过北冰洋的人所说。视线所及之处，大海在每个方向是深蓝色的，浪花很高很清新，在阳光下闪烁。这个巨大的山岛位于中间，它的空洞和峡谷陷入深深的阴暗中，尖端和顶峰在阳光下闪闪发光。很快所有水手都在甲板上看这座冰山，用不同方式赞美它的美丽和壮观。但是这种神奇、壮丽、确实崇高的景象是难以描述的。它十分巨大——因为它的周长肯定有两三公里长，高有几百尺。——由于冰山的底部在水中上下慢慢地移动，它的尖端在云端随之摇动。浪花急速地冲打着冰山，溅起水泡，它的底部形成一片白外壳。冰山裂开时如雷鸣一般的声音、冰块的破裂和倒塌以及它的临近和到来增添了些许的恐惧，所有这些结合起来让冰山显示出了它真实的高尚气质。我说过冰山的主体是一种靛蓝色，底部被冰冻的水泡包围着，在边缘和顶部它变得薄而透明，它的颜色渐渐褪去，由深蓝到雪白。它似乎正慢慢地向北漂去，所以我们远离着避免与其接触。整个下午我们都看到这个景象，当我们到达背风面时，风减弱了，所以那夜大部分时间我们都离冰山很近。不幸的是，那夜没有月亮，但是个晴朗的夜晚。由于冰山的边在星空下移动得很慢，我们可以清楚地标出这个长而规则的巨大冰山的高度。我们值班时听到过几次破裂的声音，听起来就像整个冰山都破裂了一样，而且有几块冰块如雷鸣般倒塌，重重地陷入海水之中。

早上的时候，吹起了一股强烈的风。我们乘风前进，把冰山留在了船后。在白天时我们就看不见冰山了。第二天，这是7月3日，星期日，微风持续强劲，空气非常寒冷，温度很低。在这天我们看到了几座不同大小的冰山，但是前一天看到的冰山离我们最近。根据我们所在的距离判断，其中一些冰山肯定比先前看到的更大或者一样大。中午时分，我们处在南纬55° 12′，推测的以西经度为89° 5′ 的位置。到晚上风吹向南边，让我们有点偏离航线，那时吹着巨大的风。但是我们并不在意这个，由于既没有雨也没有雪，我们也已即将结束航行。

7月4日，星期一。

这天是波士顿的“独立日”，在我们国家的每个地方都要举行开枪、响铃和各种欢乐的活动！女士们（为了凉爽的空气和海洋的景色来到纳罕特撑着太阳伞在街上行走，喜好打扮的男士们穿着白马裤和丝袜！吃了多少冰激凌！有多少冰从远方通过英镑被买进！如果老杰克在波士顿已有财富的话，今天我们看到的最小的岛屿都可能让老杰克得到一笔财富。我敢说他是不会拒绝在那儿拥有一笔财富的。当然，这不是有着独立日的地方。让我们自己保持温和，让船远离冰才是我们做的事情。然而，没有人忘记那天，所有水手许下愿望，作出猜测和比较，既严肃又好笑。太阳明媚地照耀，只有那黑云从空中飘过。中午时分，我们处在南纬为54° 27′，西经85° 5′ 的位置，已向东行驶了很久，但是由于风的方向，我们不在我们的纬度范围内。在白昼到黑夜——也就是在九点到三点之间，我们看到了三四十座不同大小的冰岛。有些冰岛比我们的船体小，其他的明显和我们第一次看到的冰岛差不多大。然而，随着我们的前行，冰岛越来越多，也越来越小。在这天日落的时候，在桅顶的一个人看到东南方向大块的冰漂浮着，这种冰被叫作“浮冰”。这种冰比大冰岛要危险得多，因为那些大冰岛可以在远距离看到，从而避而远之，但是这种浮冰数量众多地漂浮着，以各种大小冰覆盖海洋数公里，有的大，有的扁，有的像破烂的蛋糕状；这些冰岛高二三十尺，与船体一样大，而且到处都是。也就是说要偏航绕过这些浮冰很困难。有一个一直观察的瞭望员是必须的，因为任何一块这些浮冰随着巨浪都大得足以把船撞一个洞，从而结束我们的生命。因为没有船能够在那样的海洋中生存下去（我们可以有一艘船幸免），没有人能在那样的天气下生活在一艘船上。使我们的情况更加糟糕的是，风从正东方吹来，刚好在日落之后，在死一般寂静的前方吹起了大风，并夹着冰雹、雨夹雪和浓雾，以致我们连船体的一半也看不到。我们的主要依靠盛行的西风也因此被切断，我们处在海角西边近七百公里的位置。大风死一般地从西边吹来，天气是如此沉重，以致直到冰就在我们的船下时我们才看到包围我们的冰。在下午四点（那时天已很黑了），在冰雹和雨的狂叫中，所有水手都到高空去收紧帆。我们现在全都穿上了“合恩角装备”——厚靴子、厚裤子及夹克衫。西南风吹拂着我们的脖子和耳朵，有些人全身都穿着油布衣服。我们也在甲板上戴好了连指手套，但是戴着它们上高空去也没有用，因为戴着它们是不可能做好事情的。它们又湿又僵硬，又只有绳子支撑，大有可能让人滑倒从船上掉下来。因此，我们不得不赤手做事情。我们的手和脸经常被厚大的冰雹石割伤。我们的船现在到处都是冰——船体上，帆桅杆上，固定绳索上到处都是。活动吊索很僵硬，所以不能被弯曲拴牢或打结。帆几乎坚硬如铁皮。因为事情繁多，需要很多人手，我们一次只能一人去卷好路线、装于后桅上的上桅帆和前中桅支索帆，收紧船头船尾的主要上桅帆，通过帆耳索和帆脚索迎风行驶。如果我们发现有必要航向冰山的上风面，就准备收紧帆脚索。像往常一样，一个瞭望员被安排观察变化，每个人轮流起来观察直到早上。那是一个沉闷而令人担忧的夜晚。风一直疯狂地吹着，雨、冰雹或者雪几乎不停地下着。除此外，风就像淤泥一样重，我们身边到处都是冰。船长几乎整晚都在甲板上，厨子在厨房燃烧着熊熊大火为船长煮咖啡。每几小时船长会一两次地把咖啡分一点给官员们，但是水手们一点也喝不到。船长白天睡觉，晚上随时到甲板上来。他在船内可以喝白兰地、水和在厨房里的热咖啡。然而在潮湿冰冷环境中掌管一切事情的杰克什么也没喝的，连润润嘴唇或暖暖肚子都不行。这是一艘“戒酒的船”，像很多那样的船一样，这种戒酒全在前甲板上。水手只喝分给他的一杯都有可能有喝醉的危险，然而掌管一切的船长可以任意喝。所有人都依靠着他的沉着和冷静的判断，而他却随心所欲想喝多少就喝多少。把朗姆酒从水手那儿拿走，然后给长官们，水手永远不会相信朗姆酒是危险的东西。他们也不相信拿走他们拥有的、什么也不给他们的节欲是他们的朋友。看到他们的长官也被允许喝酒，他们不会相信不给他们酒喝是为他们好。他们在这位置上什么也没得到，所以他们不会相信这是出于好心。相反，他们中很多人把这种管理看成是一种暴政的新工具。他们不是偏好朗姆酒。我一生中从未见过一个在海上不喜欢热咖啡或巧克力而喜欢朗姆酒的水手。他们都说朗姆酒只是暂时暖和他们。然而，如果他们没得到更好的东西，他们就会想念失去的东西。喝酒能短暂地使人暖和发热，一个漫长无聊的值班中的休息和变化仅是通过叫所有在船尾服务的水手出来。仅有一些盼望的事情和聊天是一件重要而有用的事情，没有人会感激那些没有站在船首值班的人。在绕合恩角航行前，我曾待过的船没有这些戒酒条款，在每一个中间或早上的值班人中，在每一次收紧上桅帆后，大家都有烈性酒喝。尽管以前从没喝过朗姆酒，也不打算喝，于是我像其他人一样把酒拿到主动轮，仅仅为了暂时用酒给全身温暖及值班时情感的期待。同时，像我已说过的一样，船上没有人会倒掉朗姆酒给狗喝，他们喜欢一壶热咖啡或巧克力，或者普通的饮料——“淡水和羡慕的茶”。戒酒改革是为水手作出的最好的事情，但是当把烈性酒拿走时，水手应该得到替补的东西。就像现在一样，在大多数船上都是如此，这仅是拥有者的仅有储存。这就解释了戒酒船突然增加的原因，这个原因甚至让最好朋友感到吃惊。如果每个商人把烈性酒从船的费用划出，他们都会对足够的咖啡或巧克力作为替代感到高兴，因为为我们制作的茶的成分的分量是一品脱茶和一品脱半的糖浆和三加仑水（正如我之前说的那样，这是美国商人喜爱的品种）。这些材料全部被放到铜器里煮，在品尝之前会用一根小棒搅拌，这样就能让每个人公平地分享糖和茶叶。当然，船内喝的茶都是用平常方法制成——用茶壶煮，喝的时候加糖。

当他在暴风雨的晚上来到上桅帆帆桁时都会给每个水手一满壶——我害怕杰克可能在老路上毁掉。

但是这并没有绕过合恩角。晚上的八小时里，我们的值班员在甲板；在整个期间我们一直清楚地观察到：一人在每个船首，另一个在前帆桁的帆腹，三副在天窗，每一刻钟一人总会站在船轮边。大副到处查看，当船长到甲板下时他掌管着船。当看见一大块冰在我们的航线上或向我们漂来时，指令就会传下去，设法让船转弯。有时候需要调整或固定帆桁。除了仔细观察就没有别的什么事情可做。在船前甲板上我们有最犀利的眼睛。唯一的变化就是前方瞭望员单调的声音——“又有一座岛！”“冰岛！”“冰在背风面！”“努力地掌舵！”“慢慢地远离它！”

同时，湿润和寒冷重重地吹拂着我的脸，以致我既不能吃也不能睡。尽管我整夜站在外面，然而当天亮时，我的状态很不好，所有人都叫我必须下甲板休息一两天或躺一长段时间睡一觉。当轮换值班时，我走进操舵，脱去帽子和羊毛围巾，出现在大副的面前。大副叫我马上到甲板下去躺在铺位上直到肿胀减轻，他吩咐厨子给我制造膏药，并说会给船长讲。

我回到甲板下的铺位上躺下，用毯子和夹克盖住自己近一天，由于隐痛我半醒半睡，十分乏味。我听到值班人叫喊，大家走上走下，有时候听到甲板上的嘈杂声以及“结冰了”的叫喊声。

我不希望谈论这些，只要是他们提到的关于要节省装备的费用问题，因为船上有大量的储存，而最好的种类给水手，尽管分发工作是由船长承担。的确，“雇主”的名声在水手和长官中是非常高的，因为他们船的特征和用具和他们在航行中的慷慨。所以当水手们知道有船只准备出发时，在某个时间——出发前半小时，所有水手都准备好了；一个船员告诉我很多水手都转向了码头，希望像羊群一样越过障碍。

但是我没有在意任何事。在二十四小时后疼痛减轻了，我睡了很久，这让我回到了正常的状态。然而我的脸非常肿胀脆弱，以致我被迫再在铺位上待两三天。在甲板下的两天里，天气仍然和以前一样，有顶风、雪、雨，或者如果风变平稳的话就是大雾，且漂浮着厚厚的冰。一阵雾峰笼罩着船。一阵夹着雨雪的大风从东而来，很有可能这是一个非常危险和劳累的夜晚。晚上，船长把所有人员叫到船尾说那夜人人都必须在甲板上，船处在最大的危险之中，任何如蛋糕大的冰块都可能把船撞一个洞，或者船撞上冰岛成为碎片，在第二天没人能辨别船还是不是船。于是瞭望员被安排好，每人都各就各位。当我听到这些事情，准备穿上衣服到外面和他们一起。当大副来到下面时，他看着我的脸，命令我回到铺位上去，并说如果大家要下甲板，大家都会一起，但是如果我到甲板上去我可能就永远躺在那儿了。这是我在船尾听到的第一个命令，因为自从我到甲板下后船长什么也没有做，也没有问我的情况。

依照大副的命令，我回到了自己的铺位，但这是一个我很不愿度过的夜晚。我一生中从未这么强烈地诅咒疾病的感觉。如果我可以回到甲板上，和其他人在甲板上一起经历、目睹、倾听，并且在义务和危险中和同伴一起面对就好了——但是独自紧闭在一个同样面临危险的黑洞中，而又无能为力，这是最严峻的考验。在这个晚上，我好几次起床决定到甲板上去，但是寂静表明一切都正常，我可能变得更严重，而什么也没做，所以我又回到铺位上。我的头直接靠着船首，躺着也很难睡着，船首可能刚好被下一次的海浪撞击而带来的冰岛撞破。自从我离开波士顿以来这是我唯一的一次生病，并且是最严重的一次。如果那一晚上我身体很好且强壮，我感觉自己几乎愿意在剩下的航行中承受埃及的灾难。然而在甲板上发生的那一切却让那晚变得糟糕。在又湿又冷并且不断焦虑中长达十八小时的值班使他们筋疲力尽，当他们九点到甲板下吃早饭时，他们几乎栽倒在胸前睡着了，有些被冻得僵硬，连坐下也困难。在那晚期间他们没有得到任何喝的（和往常我在甲板上一样，尽管船长每四小时就会喝一次咖啡），除了大副在提防船长下偷了一壶咖啡给在厨房后守卫的两人。每个人都有自己的岗位，并且不允许离开。除了一次安置清除迅速飘来背风面的大岛的主要上桅帆外，没有其他什么事情打破夜晚的单调。有些男孩非常困倦呆滞，以至于在岗位上睡着了。年轻的三副僵硬地站在前天窗，当僵硬减轻时，他已不能弯曲膝盖蹲下了。

在不断的观察下，舵转动得很快，随着岛和冰块出现在视野中，船清除了障碍，只撞到了一些小冰块，尽管阳光暗示海洋数里都被覆盖着。在黎明时，海水非常平静，太阳使雾散开了一些，西边吹来了一阵风，很快就变成了大风。现在正是顺风，白天相对晴朗的天气，然而，使每个人都奇怪的是继续被抛起，这是怎么回事呢？船长是干什么的？每个人都这样问。先是发问，之后很快就变成了抱怨和责怪。当白天很短暂时，它就变得很宝贵，大家一直都在祈祷的顺风也是如此宝贵。一小时又一小时地过去了，船长仍然没有指示航行，船员们变得焦虑，在前甲板大家一起讨论起来。他们已被坚守岗位和艰难所吞噬，急切地想摆脱。这种不可理解的拖延是他们在安静而又兴奋、躁动不安的状态中无法承受的。有些人说船长害怕了，说他是绝对的胆小鬼，在包围大家的危险和困难面前害怕航行。然而，另外一些人说他在担忧和悬而未决的状态下做了免费的白兰地和鸦片，已不适合承担他的责任。木匠是一个聪明而考虑周到的水手，在船员中有巨大的影响力。他来到前甲板试图诱导大家到船尾问船长为什么不航行，或者以全体水手名义请求他航行。这似乎是一个很合理的请求，船员一致同意在中午前如果船长不航行的话，大家就到船尾去。中午时分，船仍然没有起航，大家再次讨论起来。大副对大家建议说把船从船长那收回，然后由他来掌管。如果他可以这样做的话，无论有没有冰，船早已在晚上之前离合恩角只有一半的路程了。船员们变得十分烦躁不安，甚至这种应该惩罚入狱的公开叛乱的建议也被拿来当成了娱乐，木匠回到他的铺位，让大家明白如果很久以后事情还是这样的话，他们就会做一些后果严重的事情。当木匠离开后，我坚决反对这个建议。另外有一些人知道发生在另外一艘船上同样的事情，那也是船员对船长不满，造反的人结果导致了严重的后果。S很快下来加入我们，我们决定不参与这件事。通过这些方式，他们很快就放弃了，尽管目前在不知道原因的情况下他们不会继续坚守岗位。

这件事就一直这样直到四点钟时，所有水手接到命令到船尾后甲板。大概十分钟后他们再次回来了，整件事就这样平息了。木匠在船员中没有权威，并且过早地响应大副是否应该掌管船，并暗示替换船长的意图。义不容辞做事情的大副把整个事情告诉了船长，船长马上就召集所有船员到船尾。船长没有采用暴力措施，或者甚至都没有在后甲板爆发一场恐吓、威胁和辱骂，这些都是他们理应想到的，一种共同的危险和受难感似乎驯服了他的精神而产生了一种仁慈的同伴感情，因为他得到了船员安静而又友好的相待。他告诉他们他听到的事，并说不会相信他们会做所暗示的那种事情，因为他们一直是顺从的好水手，知道自己的任务，所以对他们无可挑剔。船长还询问了他们在抱怨的事情——说没有人会说航行太拖延（事实的确如此）。他认为在船安全的合适情况下他就会起航。船长还说了在他们目前情形下一些关于他们的任务的话后就让他们回到前甲板，并表示不会再提到这件事，但是，他同时告诉木匠去思考自己在谁的掌管之下，如果他再听到木匠发出暗示的话就会让木匠直到死也记住他。

船长的这些话对船员很有用，他们安静地回到了自己的岗位。

接下来的两天，风大多来自南边和东边，天气转晴时，偶尔没有风。冰块太厚了而不能运动，然而天气并不是如此可怕的糟糕，船员们不断地巡视着。我仍然躺在铺位上，虽然恢复得很快，但还是不能安全地走到甲板上去。我本应该完全没用的，因为近一周时间我除了吃了点米饭，就没有吃过其他东西，米饭还是我前一两天强迫自己吃的，我就像婴儿一样虚弱。在前甲板生病的确很悲惨。生病是水手生活最糟糕的一部分，尤其是在恶劣的天气下。前甲板被紧紧关住以阻止水和冷空气；值班员要么在甲板上，要么在铺位上睡觉，没有人和他们说话；唯一的油灯发出的暗淡的光线前后摇晃，光线十分暗淡，以至于几乎看不见，更不要说通过它来阅读了。水从光线和弯梁滴落下来流在边上。前甲板又湿又黑，毫无生气，箱子和湿衣服混乱在一起，以致躺在铺位上比坐着更糟糕！这些是坏事情的一部分。幸运的是我不需要任何人的帮助，也不需要药物。如果需要帮助，也不知道从何而来。水手们很愿意，但是像常说的那样，这是事实——没有人在船上管家装运船。我们的商船一直在操纵下，如果一人由于疾病而丢失，他们不会让另外一人专门照顾他。水手总被认为身体很好，但如果他生病就是一只可怜的狗。必有一个水手站在船轮，另一个观察，他越早到甲板越好。

相应地，一旦我可以回到岗位上，我就会穿上厚衣服、靴子和水手防水帽，出现在甲板上。尽管我在甲板下只有几天，然而一切看起来都很奇怪。船、甲板、四周、桅杆、帆桁和装备都盖上了冰。两个缩得很小的上桅帆就是船所有的帆。所有帆和绳子都被冻僵了，似乎要开始做任何事情都不可能。船的顶端桅杆也减少了，总之船现在有最绝望和残废的外表。太阳明媚地升了起来，甲板上的雪被扫除了。在甲板上撒上灰尘，让我们能够在甲板上走动，因为之前甲板滑得像玻璃一样。当然，天气太寒冷了，我们不能进行任何船上工作，我们只有在甲板走动以保持暖和。前方仍然有风，整个海洋的西边都被岛和浮冰覆盖着。在四点时，指令传下让我们扬开帆桁，掌舵的人说船长使船航行到了东北偏北的位置。这是什么意思？有人说他将在冬天使船进入瓦尔帕莱索，其他人说他将走出冰块，跨过太平洋，绕过好望角回家。然而，很快我们就发现我们正在前往麦哲伦海峡。消息很快在船上传开，所有的人干活的时候都在谈论这件事。船上没有人曾穿过麦哲伦海峡，但是我知道几年前纽约的达纳逊A. J.号曾渡过这些海峡的原因。这个是从船长那听来的，他的陈述尽可能让人很赞同。很快船上每个人都懂了，各自都有不同的观点。船长的这个决定至少有好的影响，它让每个人都有所思、有所论，打破了我们的生活，让大家的思绪从单调可怕的前景中得到释放。顺着和风，我们以一个极好的速度前行，把厚厚的冰块留在了后面。至少这是有意义的。在甲板下很长一段时间后，我的手已经变得暖和且灵活了。第一次触摸绳子时很艰难，这几天来绳子已变得坚硬。我尽力张大嘴巴吃咸牛肉和硬面包，我已再次全好了。

7月10日，星期日，纬度为54° 10′，经度为79° 07′，这时候正是中午。阳光明媚，冰块全在我们后面，一切都令人很高兴。我们把湿圆夹克和裤子拿到甲板绳子上晾好。微风和几小时的阳光让衣服干了些。在厨子的允许下，厨房几乎到处都挂满了长袜和手套。靴子也被拿了上甲板，抹上一点沥青和水泥，给了它们一层厚厚的“外套”。晚饭后，所有水手开始给弓上锚，在链条上使其弯曲等。钓鱼工具被拿上来，装备好钓鱼竿，两三个小时的艰难和寒冷的工作后，两支锚都可以马上使用了。几个小锚被拿上来，系船绳在前船舱口被卷成圈。深海的导线被彻底检修，准备使用。通过做事情，我们的精力恢复了，当索具被弄来吊起锚时，尽管当时凄凉，我们还是全部高兴地合唱，这让大副十分高兴，他搓着双手，大声叫道：“那就对了，伙伴们，永不言败！这才像老船员！”船长听到歌声也出现了，在舵轮的那个人也能听到的范围内，他对船员说：“那听起来才像有生气的水手。只要他们有足够的精力，他们就会唱！”

电缆和锚是为穿越海峡准备的，因为电缆十分弯曲，并且有各种电流，经常抛锚是十分必要。无论如何，这绝不是一件好事，因为在这么冷的天气下水手做的所有事情都没锚泊装置糟糕。沉重的将被检修的链条电缆被水手赤手拖到甲板上。湿系船索、滑动绳索和浮标绳索在船上将被检修，放在水中，还会跑上你的袖子，冻结在弓下的锚链孔。整晚都在航行中，不断地观察岩石、沙和浪的转弯——这些都是航行中普通水手不喜欢做的事情。无论好坏，他都想与港口间的锚泊装置无关。其中一个水手也不幸运地弄坏半张写有关于波士顿双桅帆船航行通过海峡的旧报纸，我认为他们是秘鲁人，在航行中，他们的船失去了电缆和锚，两次触礁，在困境中到达了瓦尔帕莱索。这是反对达纳逊A. J.号的解释，让我们在航行中更没信心，尤其在船上，在船长没有非常完整的图标的情况下，没有人曾通过这些海峡。然而，我们没有在这一点上有更多的经历。当我们已临近海峡口西南点的好望角支柱时，一阵东边方向的大风和浓雾袭来，以致前面船体的一半都看不见。当然这结束了现在的计划，因为浓雾和大风死一般地在前方吹着，这是在充满艰难和危险的海峡中航行的最不好的环境。这种天气似乎也要持续一段时间。在一两周内我们没有想到航行到海峡口，而是等待着适宜的机会；因此我们下定决心在左舷上使船头朝正东行驶，再次向合恩角出发。

第三十二章　再遇冰山——一个美丽的下午——合恩角——“见到陆地！”——向家前进

我们第一次试图加倍海角是在航到海角纬度时，我们那时在西方向近一千七百公里。但是在麦哲伦海峡航行中，我们位于很向东边的位置，所以第二次加倍海角是在距离不到四五百公里的位置。用这种方式，我们对清除冰充满了希望，认为盛行很久的东风会把冰赶到西边。风在两点间自由吹着，帆桁稍稍拉紧了一点，两个收紧的上桅帆和收帆前桅帆在船上，我们艰难地向西航行。几乎我们每一次到甲板上观察时，空气似乎都变得更冷，海浪也更高。我们仍然没有看到冰，充满着巨大希望把冰全部清除。一天下午四点，正当我们在甲板下午睡时，我们听到响亮而又可怕的声音：“水手们快上来！大家快上来！上来！不要穿衣服，我们靠近冰山了！”我们迅速起床匆忙跑到甲板上；不等向前看去，也不愿失去每一分钟，船长立刻用响亮尖锐的声音发出犹如生死关头的命令。舵出现紧急状态，后帆桁摇动着，船正在灾难中。慢慢地，我们用僵硬的绳子和冰冻的装备摇动帆桁，一切都很艰难，嘎吱声和破裂声就像拖拉冻在冰块里的木板一样。船平稳的前行，帆桁稳定下来，我们站在另一个在左舷的船板上，把一大个冰岛抛在了后面；透过薄雾望去，我们的顶端朝向船尾；在岛的两边很多浮冰可以隐约地看见，它们在海洋中起伏、翻滚。现在我们安全了，正站在朝北方向，但是几分钟内，要不是瞭望员敏锐的观察力，我们很可能已经撞上冰山，剩下船的残骸漂向西边的海洋了。在朝北站了几小时后，我们起航，风改变了方向，我们朝南和东站着。整个晚上，甲板的每个地方都有精干的瞭望员站岗，无论在哪边出现冰山都可以看得见。舵被更换了，帆桁撑着船。通过在船上的快速工作，船畅通无阻。同样的语调不断地喊叫："前方有冰岛！""船首背风面有冰！""又是一座冰岛！"这似乎把我们带回了一周前大家的原位置。从十二点到四点我们在甲板值班期间，前方吹着风，夹着冰雹和雨雪的大风，我们全部瞭望员都位于收帆的主上桅帆。在下一轮值班时天气变得平静，下着细雨，直到黎明。当风从西吹来，天气变得晴朗，整个海洋都看得见。要不是风平浪静的天气，我们航行的路线就会完全被冰阻挡。而后我们的前进又被阻止了，我们把船再一次航在北边和东边的位置，不是为了到达麦哲伦海峡，而是又一次试图加倍海角，仍然是东边更远方向；因为如果有毅力可以使其成功，船长决定前行。他说第三次绝不能失败。

顺着和风我们很快绕过了浮冰，到中午的时候海洋中仅仅远近漂浮着一些离散的冰岛。阳光十分明媚，深蓝色的海洋夹着浪花的白泡沫，在一股强烈的西南风前翻涌。我们孤独的船扯开海水，就像高兴地脱离海水的禁锢一样。不同大小形状的冰岛到处分散在海水中，反射出明亮的光束，在大风面前向北慢慢地漂去。这和我们最近见过的形成了对比，这不仅是美的奇特现象，更是生命的象征：因为只需要稍微的想象这些岛是有生命的东西，它们从"厚厚的可怕冰区域"中破裂，由于风和洋流自由自在地漂流，有些是单独的，有些是成群的，到更温和的气候。没有什么书面的描述能够写出冰山的真实景象。在一幅画中，冰山是巨大的、笨拙的块状物，立在海水中，然而它们的美丽和壮观——它们慢慢而庄严地移动，在岛峰雪的旋转，以及可怕的咆哮，冰层的裂——这些都不是图画能表达的东西。这是一座巨大的冰岛。而小冰岛和远处的大冰岛在明媚的阳光下漂浮在平静的海水中，就像漂浮的小蓝宝石仙岛一样。

我们从东北方向航线渐渐地航到东边，在航行约两百公里后，我们安全地接近特拉德尔火西海岸，冰状完全消失在视野中——这是第三次我们使船头朝南，尽力在海角航行。天气仍然晴朗而又寒冷，随着西方向的强风，我们很快就到了海角的纬度，盼望着很快可以反向航行。一天晴朗的下午，一个人站在前桅楼那里大声地唱歌，显得十分高兴，“有船咯！”自从离开圣地亚哥后我们既没看见陆地也没看见其他船。任何独自穿过整个海洋长度的人都能想象在船上产生的那种兴奋。“有船咯！”厨子叫着从厨房跳出来；“有船咯！”扔回天窗滑梯的人叫道；甲板下的人很快从铺位到了甲板上；“有船咯！”在下舱梯去船内路上的船长叫道。除了在那样荒凉的地方看到一艘船和人的喜悦外，我们和另一艘船上的人员交谈以了解东边是否有冰和确定经度也至关重要。因为我们没有航海经线仪，而且已经漂流了很久，所以几乎不能计算出经度，在合恩角那样的地方采用月球观测的机会很少，也不精确。由于这些原因，我们这个小团体十分兴奋，大家作出了推测和一切船长也会为之欢呼的事情，高空的人喊：“在上风首舷又有船！”这有点奇怪，但是越多越好，它们的出现也不会动摇我们的信心。最后在高空的人欢呼着说他相信终究能到陆地的。“眼中的陆地！”大副透过望远镜说，“如果我在梯子上看到一个洞，它们就是冰岛。”片刻之后，结果证明大副是对的，大家所有的期望都消失了。我们面临的不是最希望看到的，而是最可怕，我们也最不希望看到的。不过在穿过冰山约两百公里内后我们很快就航离了那些冰山。在日落时，四周的地平线都很清晰。

随着晴朗的风，我们很快就超过了海角的纬度，航到南边足够远处以保持远距离，我们开始在东边航行，怀着在几天内航行到北边另一边的美好期望。

但是我们似乎碰上了坏运气。我们航在这条路线上还不到四小时，天气就变得十分不平静了，不到半小时就被云笼罩了，一些零散的强劲气流，带着雨夹雪从东边袭来。过了一个多小时，我们不得不留在关闭收帆的主上桅帆下，在从东边来的最强烈的暴风雨前我们的身体向背风面飘动，感觉就要被吹死一样。这就像这个地方的精灵发现我们快要从其手指尖溜过而被唤醒，以十倍的狂怒来袭击我们。水手们说当每一次攻击摇动侧支索和吹动装备时，它们都在对老船说："不，你不能通过！""不，你不能通过！"

如此我们漂流了八天。有时大概到中午时，它变得平静。太阳犹如一个圆铜球偶尔显露出来片刻。一两阵喷烟从西而来，让我们希望最后和风会到来。在前两天里，我们向这些喷烟航行，把礁群摇出上桅帆，用木板盖住航线的地方，但是我们发现当大风再次袭来时这才有用，于是很快就放弃了，并且留在关闭的收帆下。

现在雪和冰雹都没有西边那么多，但是我们面临在冷天气下对水手更糟的大量暴雨。雪令人眩晕，当它袭击海岸时就更糟糕。而真正的不舒适，是让我们在冷冻的天气下又遭受雨的袭击。暴雪虽然很猛烈，但是不会打湿衣服（这对水手很重要）；而连绵不断地下雨使我们没有逃离之处。雨淋湿了全身，一切防护都没用。我们很久前就穿完了所有的干衣服，由于水手只有用阳光使衣服干燥，我们别无他法只有穿上比较不湿的衣服。在每一次观察结束，我们来到甲板下面脱去衣服来拧干，两人握住裤子，两端各一人。夹克衫也用同样的方法拧去水。长袜、手套和所有衣服都被拧去水，然后晾着或在隔板上摩擦使其干燥。然后，我们触摸所有的衣服，挑选出那些最不湿润的穿上，为执行命令作准备，我们回到铺位盖着毯子睡觉，直到天窗响起三次敲击和沉闷的声音慢吞吞地从甲板上传来：“甲板下所有的水手！八点了！听到了吗？”甲板下阴沉地答道：“收到，收到！”我们再次走上甲板。

在甲板上一切都像在口袋里一样黑暗，雨平稳地下着，或者，前方疯狂的大风夹着在水平冲击一般的雨和偶尔变幻的冰雹和雨雪，一切都死一般平静。海水冲刷着甲板在侧面来回漂动，不断地打湿脚，因为靴子不能像裤子一样被拧去水，没有哪种材料可以承受不断地被浸湿。事实上，在那种天气下，脚又湿又冷是不可避免的。在那些小事中，脚在冬天绕海角航行中最不舒适。当两个值班员换班时不会说什么话，掌舵室也换班了，大副在后甲板替换他的位置，瞭望员在船舱。每个人都有狭窄的空间在船头船尾走动，或者更精确地说是在船前船后来回摇动，从一个系索栓到另一个系索栓；因为甲板有冰和水变得很滑而不能过多走动。走动对于消磨时间绝对必要，我们中的一人偶然发现站在甲板的权宜之计。后来无论什么时候雨冲刷船不是很猛烈时，后甲板迎风舷、腰的一部分和前甲板都被撒了沙，在船上沙是为甲板磨石准备的。因此在漫长而无聊的值班时间里，我们半个小时接着半个小时，一小时又一小时地在船头船尾来回散步。钟声似乎相隔一两个小时，而不是半小时，在八点这个令人愉悦的钟声敲响前，一个时代似乎都过去了。这唯一的目标使时间不断过去。寻找任何可以打破单调的时间的变化，甚至船轮上每人每两小时一次的轮流值班都被看成是一种安慰。每次发生在一个人身上。甚至原来引起过我们很大兴趣的，永不缺乏的故事资源，似乎现在也缺乏了，因为我们在一起很长一段时间了，我们反复不断地听彼此的故事，直到记住了这些故事。每个人都知道其他人的全部故事，我们都诚实地逐字讲出来。我们没有心情唱歌和开玩笑，事实上，任何欢笑都会奇怪地进入耳朵，就连吹哨或管乐器都不会被容忍。推测未来的最后方法似乎现在对我们不管用了，因为我们的令人消沉的情形和实际陷入的危险，（正如我们每天都期望发现自己漂回冰山之中）“撞上”所有冰山。我们以前说“当我们到家”，而我们开始不知不觉地改变成“如果我们到家”，最后这个话题都被默认遗弃了。

在这种状态下，产生了新情况，通过值班员的改变这个新的领域打开了。其中一个值班员由于手伤卧床两三天（因为在寒冷的天气下砍伤或摩擦会导致溃疡），木匠代替了他的位置。这是一场意外，关于谁和木匠一起成了一个争论。由于“这个缺口”是一个学识浅薄的人，他和我之间交谈最多，所以在我的散步中我们俩碰见了。他是一个芬兰人，但是英语说得很好，他对我说了很长时间关于他的国家的事情，包括习俗、贸易、城镇和他不太了解的政府（我发现他不是俄国的朋友），以及他的航行、第一次到达美国的经历、婚姻和法庭；他曾和一个做衣服的乡村女人结过婚，他是在波士顿遇到她的。关于我在家安静不变的生活我没有太多的事告诉他，尽管我们尽最大努力在五六个值班员中延长这些故事，我们清晰地讲出来，我把他留给另一个值班的人，然后独自寻找话题。我开始系统的讲述一些可以消磨时间的话题，把繁忙时的欢乐和一些益处结合起来。我一到甲板，替换自己的位置，和常规的步行，我就开始按顺序对自己重复讲述记忆中一连串的事情。首先是乘法表、重量表和度量表；然后国情及首都、英国及其城镇、英国历来的国王、一大部分我在船上从历书中学到的贵族；然后肯纳卡数词。这让我度过现实的情况，我故意重复这些在很长的间隔中经常尽力维持到第一个两击钟。而后又是十大戒律、《约伯记》三十九章和一些《圣经》的文章。接下来从不改变的就是我十分喜爱的考珀的《荒岛余生》。那严肃的文风、忧郁的主人公以及发生的一系列的事件都使它很适合在海上孤独的值班员：他到希伯来的航行，对寒鸦的演讲，以及一段来自《席间漫谈》的摘要；芬兰人，因为心中有大量他的诗歌；出自贺拉斯的《荷马史诗》和歌德的《爱尔兰国王》。在完成这些后，我用诗歌和散文的形式，让自己用更普通的方式来安排我所记得的任何事。用这种方式，通过换班掌舵，用测程仪测船速，以及到舷窗喝口水等偶尔休息一下，最长的值班结束了。我在沉寂的朗诵中十分有规律，以至于如果没有船上职务的干扰，我可以通过自己的进步几乎可以说出击钟的数量。我们在甲板下不如在甲板上那样变换。我们放弃了洗漱、缝补和阅读，除了吃、睡和站岗观察就没什么事情，过着我们可能叫作合恩角的生活。坐在前甲板熬夜十分不舒适，所以无论我们什么时候在甲板下都在铺位上睡觉。为了阻止雨水和海水冲破船，我们不得不关闭天窗，所以前甲板几乎不通风。我们住宿的环境十分恶劣，既小又漏，我们的油灯在横梁中间摇摆着，有时候干脆就烧成蓝色，被一大圈污浊的空气包围着。在这种生活的三周后我身体状况比以前更好。我长了很多肉，我们像马一样吃。在每一轮观察后我们到甲板下，在睡觉前都会彻底检查面包船和牛肉桶。每人晚上和早上喝四分之一的热茶，得到热茶大家十分高兴，因为对于在甲板上观察后的我们来说一壶热茶、硬饼干和一片冰冷的咸面包比起美酒佳肴更香甜。我们确信自己仅仅是动物，这种生活会持续一年而不是一个月，我们本不比船上的绳子状况更好。一直袭击我们的是雨水和泡沫，而不是剃刀、毛刷或一滴水，因为我们淡水供应有限，在有雪和冰的零摄氏度天气下谁愿意脱去衣服在甲板上用咸水洗呢?

大约八天不断的东风后，风偶尔偏向西南，风力更大更猛，但是，由于我们正向南行驶，与风向保持一致的航向，这令人振作了一点。这种情况只持续了很短的时间，风早晚会从老方向吹过来，我们做事情时船会逐渐向东移动。一天晚上，在风改变方向后，我们所有的水手停留在甲板上观察了很长时间，主帆挂在拢帆索，如果必要就可以被安置。风越吹越大，冰雹和雪像复仇者一样打击着船，天气就像晚上一样黑暗迷蒙。主帆飘动着，调板发出如雷声般的噪声。当船长来到甲板时，命令大家卷起主帆。大副正准备召集所有水手，但船长阻止了他，说如果水手们经常被召集做事他们会筋疲力尽，并说由于我们必须待在甲板观察，不妨像其他事情一样做。相应地，我们走到帆桁，我永远不会忘记那份工作。由于疾病，一些人离开到了加利福尼亚，我们的值班员减少了，以致在船舱我们只有三副和我旁边三个要到高空的水手。我们只有尽量试图每次卷一个桁端。我们配备了露天桁端，开始卷桁端。我们的下桅很短，帆桁很正直。帆有将近五十英尺的顶端，短过滤器由于里面的深收帆变得更短，这把船员带到帆桁的船尾，制作和装于后桅上的顶桅桠一样方形的短钉。除了这个困难外，我们所在的帆桁覆盖着冰，束帆索、绳的底部及船的过滤器像软吸水管一样僵硬，而帆本身很柔软，像是由铜皮做成。暴风吹得猛烈，偶尔夹杂着雪、冰雹和雨水。我们不得不赤手握着帆。没有人会把自己的命运交给手套，因为如果他滑到，就送了命。所有的船都在甲板上被升高，就没有什么可以降低来救他。我们需要上帝给我们的每一根手指。我们好几次把帆弄到帆桁，但是都在使其稳固之前就被再次吹走了。每个人都需要在帆桁使每一束帆索通过，当它们通过后几乎就不可能打结来支撑了。我们不得不频繁地一起离开，不断用手打在船上以使手不被冻僵。过了一段时间——似乎是永远——我们试着将衣服晾在迎风口，之后又在背风面试了一次，结果更糟糕。因为船被吹向了背风面，由于帆桁是船上的吊锚，我们不得不使它向风的方向。当船桁端被卷好，短钉都再次漂浮，增加了我们的工作。最后我们使一切都变得安全，但是我们在帆桁已经近一个半小时，这似乎是一个世纪那么长。我们走上甲板时刚击过五下钟，我们下去不久就是八下钟了。这可能是漫长的工作，但是考虑到一切的状态，在只有一半帆布帆桁的情况下，我们一船只有五人，和独立号的主帆一样多。回到甲板我们十分高兴，走下甲板仍然更高兴。值班的最年长水手下甲板后说："我永远不会忘记主帆桁——它阻止了我所有的钓鱼的想法。娱乐仅仅是娱乐，但是要独自一个人使出合恩角，那无疑与自杀差不多。

在接下来两天的大部分时间，来自南边的风相当平稳。显然我们已经取得巨大进步，如果我们已经没有在海角的话，就很有希望很快到达海角。对于我们的推测只有很少的信心，因为没有机会仔细研究，我们已经就推测距离图标的任何位置苦思冥想了很久。如果能有一次充分的机会仔细观察，或如果我们可以制造陆地，我们就应该知道自己在哪儿了。除了这些，连偶然遇到一艘来自东边的船的机会也没有，我们几乎全部要靠自己。

7月22日，星期五。

这天有平稳的南风，我们站在收缩的帆下，用露天吊索使帆桁放松了一些，云高耸了一些，有散去的迹象。下午，三副、其他两人和我在甲板下装船里木桶的面包箱，那时一束明亮的阳光破云而出，照到舱梯，穿过上光线，照亮了甲板下的一切事物，给每个人的心里传送进温暖。我们很多周都没看到这样的景象了，这是一个预兆，一个意外之喜，甚至是最粗糙最艰苦的脸都觉得如此。就在那时我们听到一声传到甲板各个方向的叫声，大副叫着跑下船梯喊坐在船内的船长。我们不清楚他说了什么，但是船长踢翻了椅子，马上就到甲板上来了。我们不知道发生什么事情了，而且船上规定我们不允许离开自己坚守的位置，所以很着急。然而我们没有被召集，所以可以说是没什么危险了。我们迅速地干着自己的工作，当看到服务员从储藏室露出青色的脸时，三副问他发生什么事了。“陆地，十分确信，先生！你没听到他们叫‘陆地’吗？我们已经航出合恩角了！”

这是我们新的开始，很快我们就完成了工作，在甲板上左舷侧梁位置有陆地正慢慢地向船移动。所有水手都在看这块陆地——船长和大副们在后甲板看，厨子在厨房，水手们在前甲板，甚至那个叫N先生的乘客都像蝴蝶一样跑出来看，像一只快乐的小鸟；其实他已经近一个月没有出来过了，所以大家几乎都没见过他，几乎都忘记他还在船上。

这块陆地是斯塔恩岛，正好在合恩角东边。这是一个我从不希望看到的更为荒凉的地方——贫瘠，破烂，到处都是岩石和冰块，在岩石和破山丘之间有一些灌木上长着矮小的植被。这是个刚好在两海洋连接点的地方，远离了人类文明所及之处，遭遇着永久冬天的袭击和暴雪。尽管这是个荒凉的地方，但对我们来说是一番美好的景象。不仅是因为这是我们看到的第一块陆地，更是因为它让我们知道了我们已经出了海角，处于大西洋的位置——让我们知道二十四小时的微风可能与南大洋对抗。它比任何一次观察都要好地让我们知道我们的经度和纬度，船长现在已经知道我们的位置以及我们是否离开了长码头的末端位置。

在大家的喜悦中，N先生说他想登上岛，研究是否有人类曾登上过这座岛。但是船长说在他下船或延迟开船时间前，可以看到岛上的一切。我们渐渐向船尾方向离开了这座岛。在日落的时候，大西洋就清楚地浮现在我们面前了。

第三十三章　继续航行——回家的途中——一个愉快的星期日——一番美好的景象——戏剧

从合恩角到太平洋的航行中没有什么不寻常的事情，船一直向福克兰群岛东边航行。但是现在有强烈、稳定而明朗的西风，很可能会一直持续。我们有足够的高纬度，船长决定马上向北以行驶在福克兰群岛内。相应地，当船轮在八点转向时，船长指示船保持正东方向行驶，所有水手都开始扬帆起航。一会儿后，消息在船上传出说船长使船远离，让船头指向波士顿方向，合恩角在船尾方向。这是大家狂热的时刻。每个人都警惕起来，甚至两个生病的人也出现在吊索帮忙。现在风向为正西南方向，风十分大，所以迎风航行的船不得不用很多收帆航行。但是当我们航行在大风前时，我们可以坚持。相应地，水手到高空摇动收帆脱离上桅帆，安置前帆的收帆。当我们来到上桅帆桁桅顶，所有水手都在吊索上，我们喊唱着“加油，伙伴们”，这是在斯坦恩陆地半路上可能听到的合唱。船增加了帆继续在海水中航行。然而船能承受，船长从后甲板大声地说：“把另外一个收帆也弄出前上桅帆，安在船上！”两个水手迅速到了高空，冻僵的收缩端和耳索被抛出漂流，吊索被操纵，帆上增加的帆布被大风吹走。所有水手都留在甲板观察这种变化的影响。船装载得很多，一阵向后的海浪袭来，两个在船轮的水手控制着船。船用它的身体挥动着泡沫，水花溅到船尾直到船舷。船以惊人的速度在行驶。然而，一切都正常。障碍物的支架被绳索穿过，全面检查；索具被拉到后支索上；所有人在做每一件事情时都感到舒适强壮。船长快步走到甲板上，向上看看帆，然后望着风向。大副站在船舷，搓着双手，对船大声说着“好哇，老水桶！波士顿女孩抓住了船缆！”之类的话。我们在前甲板上，希望看看前桅杆怎样站立，猜着船行驶的速度。当船长叫道：“老布朗，抬起上桅船翼帆！船不能搬运就会拖拉！”大副看了一会儿，但是他不让任何人比他有胆量。他迅速向前：“好哇，伙伴们！快装备上桅船翼帆吊杆！到高空去，我把绳索扔给你！”我们迅速爬到高处到了顶端，降下我们修检装备的桅顶吊索，漂泊在头钉和吊索，放掉吊杆，迅速猛击，然后放下作为障碍物的低吊索。这是一个有星光的夜晚，天气寒冷，吹着风；但是每个人都意志坚定地工作着。的确，有些人看起来好像在思考“老人”已经疯了，但是没有人说一句话。我们已经做了一个用收帆做成的中桅翼帆——这是几乎没听说过的事情，也是水手们曾经常嘲笑的事情——收翼帆的时候就把它也收进来了。但是现在我们发现它的一个用处了，因为上桅帆有一个收帆，翼帆也就不可能被安好。有收帆上桅帆的翼帆相当新奇，然而这是有原因的，因为如果我们把它搬走，我们应该只失去一个帆和吊杆，但是整个上桅帆就可能移走桅杆和所有东西。

当我们在高处时，帆已经脱掉，弯向了帆桁被收帆，准备吊起。等到好时机我们操纵吊索慢慢地把帆桁升到障碍物，但是当大副带大家走出收帆索时，我们开始吊起帆，这使整个船体都在摇动。吊杆被系紧，然后像鞭子一样弯曲，我们每时都在看着一些东西消失；但是，由于缺乏粗糙高地的云杉，它像鲸须一样弯曲，没有什么可以折断它。木匠说这是他见过的最好的木棒。所有水手的力量很快就把头钉安在了吊杆末端，薄板向下移动了，障碍物和露天支柱被拉着释放张力。每一根绳线似乎都延伸到了顶端，每一根帆线都增加了这种帆，所以船疯狂地穿过海水。船几乎全速向前行驶，抬着船体航出海水，它似乎真的是从一个海洋跳到另一个海洋。自从平底船被拴住以来，就从没这样行驶过了；要是它与每个人生死攸关相连，它就不可能承受另一个缝合的帆布。

他们被送下来了，我们的值班员仍然在甲板上。两个人尽力使船保持着离航线三点以内的距离，因为船航行得像一匹小马一样狂野。大副在甲板上走去看看帆，然后到那边上去看溅起的水泡，两手拍着大腿，对船说："好哇，你这匹老马，你已经了不起了！你知道你将去什么地方！"当船倾斜出海水，几乎要出水面了，船抖动它的船底，帆横杆和桅杆强烈地晃动着，嘎吱叫着。"船前进着！船前进着，非常强大！只要它叫着，它就在航行！"——如果有什么发生的话，我们就站着把装备放下，准备收帆和清除帆。在四击钟时，我们举起伐木，伐木刚好有十一个结，要不是来自使船向家方向行驶和使船继续航出路线的船尾的海水，伐木跑得快得多。我和一个来自克利伯的年轻小伙子一起走到舵轮，他是一个优秀的舵手；连续两小时我们一直掌舵。数分钟后我们必须脱下夹克衫；尽管很冷，我们还是穿着衬衫站着，非常高兴可以到八击钟时使舵轮放松。我们回到甲板下尽可能地睡觉，尽管海水在船下不断地咆哮，像一场小暴雨一样冲击着前甲板。

四点的时候，我们再次被呼叫。船上还是那张帆。如果大风有所变化，就是增强了一点儿。我们没有试图把翼帆收起来，事实上，现在这样做太迟了。要是我们早已开始采取一些收帆措施，抢风行使或者拉起升降索，那么帆就不至于粉碎成一小块一小块的，同时卷走一些东西。现在唯一的办法就是让一切都坚持，如果狂风减弱，那么很好；如果风力不减，注定一些东西要失去，首先就是最脆弱的桅杆和绳子，接下来我们可以再次拥有它们。实际上，船似乎以把海水挤成一堆的速度前进了一个多小时；海水涌向斜衍帆衍，就像涌向堤坝一样。接近黎明时分，狂风稍微缓和了一点儿，船航行得更容易了，解除了压力，这时布朗先生决定趁着大风平息，太阳升起，船只以现速继续航行，并让我们照料好低处的翼帆。这是一张巨大的帆，承载的风力足够强大，最终顶风停船。很快一切准备就绪，帆杆扬起，拿防喷设备的伙计们环顾着四周，闲暇的人叫嚷着去操控吊索；然而这一切仍处于狂风中，以至于我们用了近一个小时来设置翼帆；在这过程中，海水冲走了驶帆锁，几乎折断在空中晃悠着的帆杆。帆一扬好，船就又再次摇晃，就像一个人疯了，并像疯狂的老鹰一样向前行驶。在舵轮旁的人们骄傲自大，吹嘘他们的工作，掌舵者却一刻不停地努力着。此外，当一天来临，狂风没有减弱，但是太阳在云层里升起来了。来自上风舵的一个突然倾斜让掌舵者横穿甲板，直滚向船舷边。助手掌控好舵轮，那个掌舵者收回他的腿，抓住轮辐，他们掌控好舵轮及时挽救了船只的突然横转，尽管差不多一半的翼帆都没入了水中。随着船的前进，帆杆以四十五度的倾斜度扬起来了。显然船超过了能承受的范围。然而试图把帆收起来是徒然的——纹帆索是不够坚固的，他们正在考虑割断它。当另一个偏航较大的决定性时刻，拉索没作用的情况下，摇晃着的帆杆升起来了，撞向低处的缆索，使帆索阻挡了帆杆，中桅翼帆上的帆脚杆弯曲成了我以前从未见过一根棍子所能弯曲的程度。我看见拉索分开了，形成了一条裂缝，并紧紧扣住两端。

帆脚杆弯曲成了近似半圆，再反弹回原形。纹帆索阻碍了初始的拉力，缆墩上系的升降索扭曲着，船帆吹向撑杆帆衍和船头的拉索，这让我们掌控起来很困难。我们用半个小时来排除所有的阻碍，船依靠中桅上的翼帆航行着，翼帆尽可能地斜着。

在这一整天和次日的晚上，我们航行都使用同一张帆，狂风毫不减弱；两个水手一直都待在舵轮旁，不停地观测着，除了掌控好船舵，盯好船只，顺风行驶，我们别无选择——这样一直持续到第二天中午。

7月24日，星期日。

我们在南纬27° 8′ 2″，西经13° 10′ 2″，昨天就跨过了四个纬度。此时此刻我们朝着福克兰群岛的北端行进，船向着东北，朝着赤道行进，却被阻碍了，船驶出合恩角，继续光荣地前行；船只在波涛起伏中驶离好望角。每行进一小时，我们就离目的地更近一点，离风和日丽的天气更近一点。很多次，我们都被冰山搁浅了，一切都显得凄凉，让我们很消极，就如我们所说的——如果我们的一切都很圆满，却站在另一端看问题，我们不应奢求更多。现在都有了，一个水手能祈盼到的风平浪静的海面。如果要说航海中最好的部分，那就是最后一部分，当然现在我们拥有了曾期望的一切。每个人都精神饱满，船似乎也和我们一样兴奋，无拘无束。每隔一段时间，水手们就来到甲板上，询问以下的问题："船行驶得怎样？"答案都是速度和习惯性的回答："啊！波士顿女孩迫不及待地等着咱们了！"每天太阳升起都离地平线更高一点，夜晚更短一点；每天清晨来到甲板上都能感受到气温的明显变化。缆索和帆桅上的冰也开始融化，除了顶部和低处桅杆的圆桅肩，不过很快也会融化。当我们乘风破浪过后，身后的珊瑚礁崩塌了。

中桅帆和船帆让船尽可能地快；每次所有的水手都被派去拉升降索，歌声在召唤，我们怀着一种信念拉起它。

不停地航行，我们进入了一片好天气中；离开合恩角一周后，长顶桅升起，并和顶桅帆衍交错，让船平衡。

在第一晚过后，我们没有再看到南十字星；麦哲伦云在地平线上越来越低；每成功航行一个夜晚，越过一个纬度，是如此美妙：在南方看不见的一些星座，在北方的地平线上又升起。

7月31日，星期日。

中午时分我们在南纬41° 6′，西经8° 6′ 2″。在九天时间里已经曲线航行了两千英里，并且航线有所变化。相当于四天半一千英里——这是在全速航行。

八点过后不久，船的表象让我们知道这是我们在好天气中度过的第一个周末。太阳升起，阳光明媚，祈盼中的晴朗温和的好天气，就像平常的周末，不用上班，所有的水手都放下手中的工作来清理艏楼。上个月堆积的脏湿衣服拿出来堆在甲板上；箱子移开，扫帚、水桶、拖把、刷洗工具、刮刀都拿出来，清洗甲板，直到甲板和粉笔一样白，一切都干净有序。船舱里的床上用品摊开在甲板上，干燥，通风；甲板槽里放满了水，开始清洗带来的所有衣服。衬衫、工作服、内裤、长裤、夹克、长筒袜，各种尺寸和颜色，又脏又湿——许多都因长时间待在肮脏的角落里而发霉了——全部清洗刷干净，在海水中冲洗半小时，然后在绳索上晾干。湿靴子和鞋子都铺开在甲板有阳光的地方晒干；整条船就像洗涤日的后院。洗完了衣服，我们开始整理自己。我们把从有限的淡水中节约出的一点水倒入桶里，加入肥皂，放入毛巾。

我们的清洗被水手们称为淡水洗。当然，同一个水桶得经过几个人洗，按说好的，一个接一个，但是我们得在海水中漂洗清洁，淡水仅仅用来清除最初五周内累积的污垢，但这样的作用微乎其微。我们用毛巾和碎帆布擦洗掉肥皂；然后洗头，再把水互相泼在对方身上。之后，我们刮胡子、梳理和刷牙，以这种方式开始了一天，然后就坐在甲板上，下午，穿上干净的鸭形裤子和衬衫，清洗、刮胡子、梳理、寻找发光体来照亮阴暗处，我们在晴朗的天空下，温暖的阳光下无拘无束地看书、缝补、聊天，微风拂过左侧船舷，翼帆时而下垂，时而在空中翻飞，就像许多风筝并排在船舷上放飞——感觉我们回到了一个水手最美好的时光。日落时分，所有的衣服都从绳索上取下来——清洁又干燥——摆放整齐在箱子里；我们希望我们的过冬衣物——厚靴子、水手衫，及其他抵御恶劣天气的装备能在剩下的航程中不被用上，正如我们期待的能在秋季尽可能早地到达海岸。一艘船的全程不是都风平浪静的，实际上从来也没有过。船张着普通的帆驶进或驶离港口，也许一般说来三张翼帆中有两张是满帆；但是一艘船从不会独自航行全程，除非风速不大且稳定，正后方可靠，可以信赖并持续一段时间。挂上所有的帆，不论轻重，两侧挂上翼帆，不论高低，那么她就是世界上最辉煌的移动物体。这样的情景很少见，甚至那些曾在海上见过大场景的人，因为你在自己船的甲板上不能看见船，你就是一个独立的物体。

一天晚上，当我们处在热带地区，我来到腾空的三角帆吊杆的末端做事，完成后，转过身躺在吊杆上欣赏眼前的美丽景色。

从甲板上远远地望向船只，正如一艘独立的船——在水中浮现，仅仅靠小黑色船体，金字塔形的帆布支撑着，向四周远远地扩散，超出船体并高耸着，就像模糊的夜晚空中出现的白云。大海像内陆湖一样静止不动；来自船尾的信风轻柔而稳定；深蓝色的天空布满热带的星星；周围没有声音，只有船首的潺潺流水声；船帆展开得又宽又高；两张低处的翼帆在两侧伸展着，越过了甲板；中桅翼帆展翅迎向上桅帆；高处壮丽的翼帆勇敢地凌驾于他们之上；两张顶桅翼帆看起来就像同一条线上的两个风筝；最高处的小天帆，在金字塔形帆布的顶端，似乎要脱离掌控去触碰星星。大海如此安静，微风如此稳定，如果这些帆被雕刻成大理石，它们也不会静止不动。帆布的表面没有一丝波纹，甚至帆的边缘也没有抖动——它们被风胀大得如此完美。我在这样的景象中走神了，以至于我没感觉到了另一个人来到了我身边，直到他说（他也是个老粗人，一个战后人，盯着眼前的景象）——另一半的自己，仍然看着大理石帆——“他们扬得多么安静啊！”

晴朗的天气将让船正常驶进港口。这可以给内陆人一些在船上要做什么的概念。航行的所有第一部分都是准备出海，最后一部分是准备进入港口。正如水手们所说，航行就像一位女士的表，总是无法修整。我们在合恩角挂上去的新的、强大的帆将被取下来，旧帆仍然在好天气里可使用，在它们的位置上张扬；船头和船尾的索具都装置好，给固定的绳索涂上沥青，船头和船尾的绳梯扎好绳索；船的里外喷好漆；甲板亮漆；新的整齐的绳结扎好，遮盖物备好，一切都有序地向波士顿前去，让人看着舒服。

当然，这是一件长久的事；在剩下的航程里，所有水手每一个整天都在甲板上工作着。水手们称这为乱用人力；但是船必须航行无误，“我们返乡”是解决一切问题的答案。我们用这种方式继续航行了几天，没有什么重大的事发生；在这周的最后一段时间，遇到了东南信风，风掠过船尾部分。风力强大不减，使我们无法系上绳索，直到驶出风力的纬度位置。所有船员工作的第一天，其中一个发生了点小问题，在他们眼里不起眼，但在轮船公司眼里却是大问题，在后来的那些天里，他们为了解除乏味，全体船员聊天。那些小事通常有趣，因为他们展示了风土人情和在船上的感受。

在商船上，通常情况下船长向大副下达船航行的事宜，留待执行，而他有特殊的命令在身。这已成为一种固定的习惯，就像一部法律，从不会被自以为明智的船长打破，除非他的大幅不是一个海员，在这种情况下，船长必须时常亲自监督。当然他不会被说成是我们的大副，他非常戒备任何侵犯他权利的行为。

周一早上，船长叫大副待在前端中桅的垂直位置。他依言前去，卷起船帆，装备好拉索和背索，扎好绳索，这里拖一拖，那里系一系，一直在忙，并站在支撑杆之间观测着桅杆。当船长前来，又开始发号施令。这引起了困惑，大副发现他一直处于顶风位置，于是他离开那里，来到船尾，对船长说：“长官，如果你去船前，我就去船尾，在艄楼上一个人足够了。”得到的是尖锐的回答，话语迸发，双拳握紧，情形紧张：“我是这艘船的船长。”

“是的，长官，我是船的大副，知道自己的位置！我的位置是船前，你的是船尾！”

“我的位置我自己选择！我掌管整艘船；你仅仅是我选出的大副！”

“一句话，T船长，我完成了！我能做水手的工作！我不用经过船舱窗户！如果我不能做大副，我可以做水手等。”

对于我们，这是滑稽的，我们站在旁边，互相挤眉弄眼，欣赏更高的权利之争。船长带大副到船尾，谈论了很长时间，以大副回到自己的岗位结束。船长无理由地打破了一个制度——这是船上普通法规中的一部分——因为他知道大副是一个水手，不需要从他那里得到帮助。大副因此置气是可被谅解的。然而他错了，船长对了。事实上，船长在船上无论做什么都是正确的，任何反对他观点的都是错误的；当他们签署船规时就都知道了这道理。这是合同中的一部分。商船上已经形成了一系列的习俗，这些习俗组成了一个易被接受的系统，几乎具有规定性法律的效力。可以肯定的是，所有的权利都在船长手中，长官们的权利仅仅只在他们的职责范围内；海员有可能被命令做任何事；这些惯例打破了，船上会出现许多麻烦事，甚至对簿公堂，这对于任何一个不熟悉自然的本性和常规效力的人是难以接受的。许多挑衅事件提上法庭，一系列的琐碎压力直指海员们，这对于不相关的人是毫无效力和意义的，但法庭上确实出现了许多沿席的陪审团和法官。

接下来的一点小插曲是一天下午大副和膳务员在艄楼的一场冲突。在整个航行过程中彼此关系紧张，好几次都濒临破裂。这天下午，大副要求膳务员给他一杯水，膳务员拒绝了他的要求，并说自己只为船长一人服务，在这里他有立场这样做。但在回答时他叫了大副的别名。

这激怒了大副，唤膳务员是“黑人懒汉”，这时他们走向对方，握紧拳头，互相捶打，翻滚在地上；然而我们站在一旁，看着他们打，当乐趣欣赏着。那黑人试图用头撞大副，但大副把他按了下去，揪住了他，膳务员就大叫道："让我走，布朗先生，否则会有流血事件！"在这中间，船长来到了甲板上，拉开了他们，把膳务员带到船尾，打了他六鞭子。膳务员试图替自己辩护，但是船长听见他说流血的那些话，这足以让他遭受鞭打，何况船长不再进一步调查这事。

第三十四章　幸免于难——赤道——热带风暴——一场暴风雪

同一天，我碰见其中一个大难不死的人，这在水手生活中是常有的事。我在高空中工作近整个下午，站在仅仅是打成结悬挂着的前桅帆衔绳索上近一个小时；完成了任务，我攥紧纱线，拿上我的工具，从容不迫地抓住前桅绳索，跨过一帆桁，从另一帆桁上下来，这时绳结断开了，帆桁掉下来了。我抓住绳索，因此没事，但我的心怦怦地跳。要不是绳结断开得晚一点，或者我站在帆桁上更久一点，我将不可避免地从九十英尺或一百英尺的高度上掉下来；或许更糟，直接掉到甲板上。然而，水手们常用“差之毫厘，谬之千里”这样的说法来描述这种情况。幸免于难在船上总是一个笑话。一个海员发生了重大事故是会被嘲笑的。水手们很清楚他们的生命是命悬一线，希望总是被提醒这个事实，所以，如果一个海员经历了一次逃脱事件，他会保留在心底或者当作笑话看待。我知道通常一个人得救是在一瞬间或一个微不足道的机会——一条没人注意的摇晃着的绳子。离开合恩角时，我们中的一个男孩在黑夜里收帆，没有降下船篷，在这里掉进海里注定会被抛在后面，他丢失缩帆索，从脚踏锁滑了下去，当帆桁上挨着他的海员抓住他夹克的衣领，拉他在帆桁上并喊道："坚持，再坚持，你这青年猴子，一定能救你！"这时他已经在水里待了一会儿。这就是我们听说的整个事件。

8月7日，星期日。

今天在南纬59度4分1秒，西经0° 4′ 3″。来自加尔各答，开往巴伊亚的轮船高声叫喊着玛丽·凯瑟琳。这是我们遇到的第一艘航船，也是近一百天里，除了我们自己船上的女子，第一次看见女士或听见女声。绳子旁水手聒噪的声音在耳边响起。这是一艘老船，像面容有毁坏的工艺品，船尾突起，艏楼壮观，再锯掉直桨，船头和船尾就像本土英语里的"推车"，航行起来就像一个糖盒子。甲板上下的桅栓在轻风中显露出来，船长想着还有很长的一段路要航行，说他最多能坚持四海里。我们将在曲线平缓的帆脚索作用下再航行六海里。

第二天下午，大约三点，经过了一艘插着英国国旗的轻巡洋舰，大风将近，从船头到船尾都拉着顶桅帆和天帆。她在东南方向，可能要绕行合恩角。船的顶部和黑色桅顶上站有海员，他们正激烈地争吵，并降下船帆和人类战争的标志。船航行顺利，呈现出良好的风貌；印有圣·乔治高贵肖像，血红底色的十字架的旗帜在后桅纵帆挥舞着。我们可能成为一处美丽的风景，翼帆张开，越过两边的船舷，升到顶桅帆和天帆的顶端，隐藏在船帆布后，看起来像岸边的捕鲸者，站在残缺的桅杆下，这被叫作"云下航行在合恩角"。

8月12日，星期五。

白天到达特立尼达拉岛，位于南纬28° 3′ 2″，西经8° 4′ 5″。中午时刻到达西北偏北1/2，有27英里的路程。这是美好的一天，海面几乎平静无波，那岛看起来就像从海平面升起的蓝色小土墩。这样一个看似和平的集会地点已经存在很久了，是一群糟蹋热带海洋的海盗的地盘。

8月18日，星期四。

下午三点到达费尔南多-纳洛恩，位于南纬55° 30′，西经35° 5′ 2″；星期五午夜十二点到星期六凌晨一点，穿过赤道，自从离开波士顿，这是第四次经过西经35°，离开史泰登已经航行了二十七天，走过了四千多海里。

现在我们朝北航行，每天都向更高的纬度前进。南纬度地区最后的标志——麦哲伦云在地平线上消失，北纬度地区熟悉的标志——北极星、大熊星在天空中升起。接下来看到的地方，那些景色没让人们意识到离家近了，而是看到出生之地的同一片天空，夜晚在头顶闪烁着。气候极其炎热，通常是热带的火辣辣的太阳和暴风雨交替着；不是一个词就能抱怨天气的炎热，因为我们记得仅仅在三四个星期前我们几乎所有人都知道了此时此刻会在哪里。我们也有充足的水，这水是靠天篷通过锚链滴进凹处收集的。暴风雨通常是在热带地区出现。——晴朗的天空，火辣辣的太阳直射着，船员在甲板上只穿着短裤、格子衬衣，戴着稻草帽，懒散地工作着；船懒洋洋地在水中移动；船舵旁的男人靠着舵轮，戴着的帽子遮挡了他的视线；船长在下面午休；乘客斜靠在船尾栏杆上，看着海豚慢慢地跟在船后；修帆工在后甲板的背风处修一张旧上桅帆；木匠在中部甲板上修整凳子；男孩子们在编绳；纺纱声不断地嗡嗡响，男人们手拿纱线，从船头慢慢地移向船尾。一团有点昏暗的云迎风飘动；天帆收卷着；船长把脑袋探出舱梯，看着白云，走向甲板。——这朵云继续散开并向前推进；——纱线桶，船帆和其他东西抛了下来，灯光和活盖小舱口被打开，打上影线，拉伸滑梯被拉到了前甲板。——“放在顶桅帆的吊索旁；”——在舵轮边的男人掌控好船舵，使船顶风前行。暴风袭击船只。

如果重力太轻，顶桅帆纱线就拉下船帆，船继续航行；但是如果暴风太强劲，从船头到船尾的顶桅帆都得收起来；熟手在高空中卷起他们；上桅帆帆桁和三角帆都收下来，船在做这之前得停止航行——掌舵者发挥他的长处，让舵轮迎风行驶。

同一时间，大雨来袭，顷刻间就淋湿透了。没有人穿上夹克或戴上帽子，因为如果天气温暖，水手是不介意淋湿的，太阳很快会再次出来。暴风一过去，通常就会看见船似乎又恢复了，“继续航行，请回答！”“收到，长官！”（回答）“升起上桅帆帆衍！”“挂上三角帆！”“你们几个，去高空处，松开顶桅帆！”在船完全脱离风暴前，所有的帆再次挂上去了；船将继续航行。太阳又出来了，比之前更热，晒干了甲板和水手们的衣物；船舱打开；船帆挂上，在后甲板上张开；纺纱重新转动；绳索卷好；船长走下去；一切中断迹象不复存在了。

风平浪静的场景，偶尔会持续几个小时，有时也会几天，这会成为大西洋热带地区的范本。夜晚平静，我们忙碌了一天，到了在甲板上睡上一觉的时候了，除了掌舵者和在艏楼的瞭望员。这与其说是明确同意的，不如说是故意忽略的。如果我们不要求离开就得做它。如果瞭望员被抓住打盹，所有的值班人员都不得睡觉。在大部分的情况下，我们藏在索具后面，迎风处的栏杆下，帆衍桅杆上，起锚机下，所有舒适的角落偷懒，除非我们有一个舵轮或者瞭望员；值班人员也常常不在值班处。我们很欣慰可以休息了，因为在“全部水手待命”的系统下，每隔三十六个小时，我们仅仅只有四个小时的休息，甚至有一个小时的睡眠时间也不会浪费。有些晚上，船员睡觉时这样想着并看着值班员，中途就下起了大雨。我们常常来到甲板上，决心找一个遮风挡雨的地方继续睡觉，于是就躺在绳索下，防止甲板上的水流打湿。

调整好自己，盖上夹克，就像荷兰人睡在两张羽毛床上一样踏实。

穿过那条航线的一个星期或十天里，我们经历了一系列的平静、暴风、逆风和顺风。一次，风力强劲，拉紧帆脚索，一个小时后，船才平稳航行，微风拂过船尾栏杆，翼帆在船的两侧张着，直到我们到达东北信风的区域。这是在8月28日，星期日的下午，位于北纬12°。一两天前就预计会遇到信风积云，我们每时每刻都在准备迎接它。来自南方的微风在清晨缓缓地吹拂着，在中午完全平静下来，取而代之的是来自东北的雾气，这让我们集中精神，收拢翼帆；几个小时后，我们沿着航线平稳快速前进，冲破雾气，迎风行驶，在寒冷风力不减的东北信风袭卷海面，我们尽所能地收卷顶桅帆。当我们向西北偏北航行时，信风强劲，风力不减，一直吹动着帆脚索；有时航线也稍微偏东一点，主上桅帆就引领我们顺利向北前进。

9月4日，星期日。

在北纬22°，西经51°，也就是在北回归线上，信风停止。在马纬度区域，我们瞎扯着各种大风和天气，当到达西印度群岛时，偶尔我们也谈谈雷雨天气。这也是飓风频繁的一个月，此时我们在1830年大飓风所在地，这次的飓风横扫了北大西洋，摧毁了那里的一切。离开信风区域的第一个晚上，我们来到了古巴岛，这里是典型的热带暴风雨天气。上半夜微风从船尾吹来，渐渐减弱，到了午夜时分，完全平静了下来，黑压压的乌云笼罩了整个天空。当值班人员在午夜十二点来到甲板上时，整个天际就像阴阳两界中的黑暗界；翼帆，顶桅帆收拢；大家都屏住呼吸。

船帆在帆衔上垂落着，静止不动，明显感觉到四周静悄悄的，黑暗无比，实在可怕。不是用言语能形容的，每个人都站着，仿佛等待事情的发生。几分钟后，大副来到前面，用低沉的声音，小声地叫我们降下三角帆。在同样的沉静中收好前后的上桅帆；我们在海面上一动不动，极度不安，长期以来的担心，如今成了现实。在伸手不见五指的黑暗中，我们看不见任何东西，只能听见船长在甲板上的踱步声。过了一会儿，大副再次来到前面，低沉地叫我们扯下上桅帆。恐惧和寂静渲染着四周，以至于拖起绳子上的帆耳索和拢帆索都没有发出惯有的声音。我和一个英国小伙子一起去卷帆。我们刚爬到帆腹，就听到大副在叫我们，但没有听清他说什么，想着可能是要我们帮忙，就迅速地摸索着绳索下去。当我们下来后，发现所有人都看向空中，我们刚爬到的位置，也就是主上桅帆的桅杆顶，那里有一团火光，水手们称为放电光球（书名：圣爱尔摩火），这就是刚刚大副叫我们所看的。他们都在认真地观察它，因为水手们都知道如果桅上电火在索绳上上升，那么就会有晴朗的天气；如果下降，就意味着暴风雨即将来临。很不幸的是作为预兆的它下降了，下降到上桅帆的桁端。苍白的光映射在大家的脸上，这种致命性的标志让我们都尽快地远离了帆桁。那电火离英国小伙子那么近，就在他头顶上，让他感到不安。几分钟过后，桅上电火消失了，却再次出现在船前的上桅帆帆桁上；过了一会儿，当艏楼的海员指向三角帆吊杆末端时，又消失了。桅上电火的出现，让我们密切注意着周围，随着雨滴的落下及黑暗的增加，似乎突然为夜晚笼罩了一层阴影。

几分钟以后，闷雷声响起，偶尔一些闪光在西南方出现。暴风即将来临，除了上桅帆，其他的帆都收起来了。一阵阵风吹起上桅帆，又落到桅杆上，一切都一如既往。片刻后，闪电和雷鸣同时袭向我们，一团云出现在头顶，瓢泼大雨，我们就像落入了海洋里。我们一动不动地站着，几乎呆滞，似乎不受影响。轰隆隆的雷鸣声在头顶一声接着一声，震颤得我们几乎心跳停止，闪电使整个海洋一片通亮。暴雨只持续了几分钟，继之以偶尔的雨滴和阵雨；但是接连不断的闪电却持续了几个小时，打破午夜的黑暗。在这期间，我们屏住呼吸，一动不动，像连绵不断的海洋里的测标一样。我们站了一个小时又一个小时，直到四点钟，当班的海员出来，才松了一口气。这期间，我们没有说一句话，没有响钟，似乎舵轮也在默默地喘息着。雨越来越大，大家都淋得湿透了，耀眼的光芒打破了漆黑的夜晚；雷声滚滚，冲击着整个海洋。船不会常常都被闪电击中，因为电流会被船上大量的铁器分散到各个角落。电流经过锚，顶桅帆的脚索和连接处，但并没有给我们造成伤害。

四点的时候，我们都回船舱了，让一切保持原样。但是根本就睡不着，紧接着的闪电可能会把船劈成两半，或者让船着火；死一般的寂静可能被爆发的飓风打破，卷走船上的桅杆。但是如果一个人在他该睡的时候不睡，在他被呼叫的时候不出现，那么他就不能称之为一个水手。当七点的钟声敲响，惯例的“啊嗬，所有人到船左边集合”的声音把我们呼叫到甲板上，天气晴朗，阳光明媚的一个早上，船在微风中，张满所有的帆，缓缓前行。

第三十五章　一个双礁前帆微风——恐慌——患难之交——准备前往港口——墨西哥湾流

从西印度群岛，一直到我们进入百慕大群岛，我们遭受西风和西南风的袭击，在初秋时分的英国沿海地区经常出现这种天气。我们经历过各种天气两或三级的微风，或者被水手们称为双礁上桅帆的微风，这些比较常见的天气，并且成为此地的一个标志。一个顺畅的下午，所有海员都在忙碌着，有的整理索具，有的在甲板上；一阵强风吹来，卷落了天帆。后来风力增加，吹散云层，船顺风航行。水雾向艏楼扩散，打湿了男孩们正拉的结绳。大副比以往更早地停止工作，清理起甲板来，命令一个正下来的海员去把顶桅帆帆索拉向迎风的位置。其中一个男孩收拢后桅上的顶桅帆。炊事员认为将有一项“令人讨厌的工作”，何况晚餐早已备好。大副像往常一样，下令让值班人员吃饭而不是所有的海员。吃饭的时候，听见当值人员在甲板上收顶桅帆。来到甲板上，发现风吹得更大了，巨大的顶头浪整翻涌着。所有的海员都在艏楼值夜班，吸烟，唱歌，讲故事，一个值班人员下去了又上来，说今晚会是一个不平静的夜晚，两小时的睡觉时间不能浪费掉。云看起来黑压压的，到处乱窜着；风力在增大，船很难在破涛汹涌的海洋里航行，巨浪涌向艏楼，再从泄水管流出。不过，没有收起更多的船帆，因为船长在掌舵，像所有的掌舵者一样，他喜欢张着上桅帆航行。上桅帆也可以在微风和大风之间发挥不同的作用。

仅仅是在微风的时候，船会掌起上桅帆，我曾有过当船首的斜桅一半都浸泡在了海水中，排水管里的水到了人的膝盖处时，收起上桅帆的经验。但直到八点，我们也没有接到收上桅帆的任何命令，值班人员带着“随时待命”的命令回到船舱。当交换值班人员，我们回到甲板上时，船长在咆哮，不是因为没有收帆，而是想把所有的海员都叫起来，打断船舱下整体值班人员的休息。要值班就得保持清醒，睡熟了又醒来是没有用的。风呼啸着吹过甲板，船咯吱咯吱地在巨浪里前行，波浪拍打着船首，就像鼻子撞到了石头。暗淡的灯光在艏楼上来回晃动着，船上的物体到处滚动，直到滚到背风面。“这不是先前大副叫去收上桅帆那傻子吗？很快他就会取下桅杆的。”老比尔说着，他总是喜欢大声嚷嚷，而且像所有水手一样，看不惯船员被侮辱。不久以后，从艏楼上传来回答：“哎，哎，长官！”——索具扔在甲板上。当拉帆耳索时听见船帆在空中飘扬的声音以及水手短促、急切的呼叫声。“这是前上桅帆！”我们非常清醒，知道将要发生什么，似乎就在甲板上。值班员拉露天转帆索的熟悉声音从桅杆处传出“喂！高空中的帆要卷起来！”接着，索具直接从我们头顶扔下来，拖长的口号声和嘎嘎的帆眼圈声表明三角帆已经挂好。二副紧紧握住主上桅帆，直到一个大浪冲上船来，洗刷着艏楼，仿佛整个海洋都要涌向船来；船尾的嘈杂声表明上桅帆也收起来了。在此之后，船暂时前行得容易些了；到了两点，我们试图休息片刻。后来，砰砰声在舷窗上响起——“所有人员，集合！”——我们急急忙忙地起来，穿上紧身短上衣，戴上防水帽，爬上楼梯。大副在我们前面的艏楼上像咆哮着的公牛一样嚷嚷；

船长在后甲板上说话，二副在甲板中间像土狼一样大叫着。

整艘船已濒临险境，背风处的排水管浸泡在海水里，艏楼充斥着令人窒息的泡沫。——移开索具，清洗甲板；从桅帽上取下上桅帆帆桁，船帆拍打着桅杆；在右舷班拉出上桅帆收帆用具。值班员拉出船首的用具，摆放在其顶上，拿出两件，收好前帆，面向观望挂桅帆状况的右舷班。所有人员都在清理着主钉，还有一些在折叠三角帆，升起支索帆，后桅守望员用两组缩帆索缩顶桅帆，把它升起。很快就做完了所有的事——“值班人，下去！”我们回去，也许还有半小时可以休息。但是，早班时刻，风刮得和以往一样大，接近黎明时，风小了很多，我们抖开每张顶帆，挂上上桅帆，当瞭望员在七点钟出来吃早餐时，抖开其他的帆，所有人员集中于升降索，把轻便绞辘系在上桅帆和升降索上，挂好三角帆，再次满帆前进。

我们的船长离开波士顿时才结婚几个星期；在婚姻里缺席两年多后，他可能不希望再出海。大副也没有被任何人打败；二副尽管恐惧扬帆出海，但是他更害怕船长会死于这次航行，他在这两种恐惧情绪里犹豫了很久。在一天时间里，我们折断了三根三角帆的吊杆，又尽可能快地安装好；撑杆帆帆桁裂开了；并没有给翼帆吊杆造成影响。除了自然而然地希望回家外，还有另一个原因迫使船前行。坏血病已经在船上开始出现。一个海员已病得失去能力，不能值班了，那个英国小伙子本，也处于糟糕的状态，而且每况愈下。他的腿肿胀、疼痛，以至于不能走路了；他的肌肉失去了弹性，如果按下去，就不会恢复到原来的样子；他的牙龈肿胀而不能张开嘴。他的呼吸也变得非常急促；没有一点力气和精神；吃不下任何东西，一天天变得越来越糟糕。实际上，除非他可以医治，不然一个星期后，他将以下沉的速度死亡。几乎所有的药都用光了，但即使有一整箱药物也没有用处，因为只有新鲜食品和陆地环境才对坏血病起作用。这种病现在不像从前那么常见，通常归结于咸货、不清洁、大量食用脂和脂肪

（这就是坏血病在捕鲸人中那么普遍的原因）。到最后，人就无精打采了。我们船不可能是因为后者，也不可能是第二个原因，因为我们是一个干净的团体，保持着艄楼的整洁有序，比岸上穿着更好的人更勤洗澡，换衣服。那么就可能是因为咸货，经过长时间的严寒后，在酷热的天气里，我们吃得特别快。在秋季里，我们凭着西风，沿着海岸航行，船长坚持向西前进，进入百慕大群岛，希望沿固定的航线进入西印度群岛和南方各州。坏血病没有再在船员中传播，但传播的危险性仍在；这些就是糟糕的案例。

9月11日，星期日。

在南纬4° 5′，西经23° 10′ 3″，百慕大群岛在西北偏北的方向，还有一百五十海里。第二天十点左右，“嗬，船！”陌生人在甲板上吆喝起来。所有人员都看向她。靠近一点了，才看见是一艘外表普通的，不知种类的双桅横帆船，位于东南偏南的位置，可能从北方的某个州来，去往西印度群岛，却被困住了。这正是我们所乐见的事。对方看见我们想交谈就顶风停船了；我们跑下去，对方吊杆的末端挨着我们的翼帆，我们跑回到顶帆，招呼道：“嘿，双桅横帆船！”“你好！”“请告诉我们你从哪里来？”“从纽约来，前往库拉科。”“你有什么富余的新鲜食品吗？”“是，是的，有很多！”我们立即降下船尾的小艇，船长和四个海员跳了下去，很快就划到了双桅横帆船的旁边。大约半个小时后，他们载着半条船的土豆和洋葱回来了，每艘船都乘风前进，继续航行。他们是普利茅斯的议员，来自康涅狄格河畔，载着新鲜的食品、拖鞋、骡和其他物件，从纽约前往西班牙大陆美洲。当双桅横帆船的大副搬货物时，告诉小艇上的人，洋葱是天然的，新鲜的；女孩们把食品绑起来就是为了如今的航行。在船上我们以为新一任的总统已经选出，去年冬天，正当我们乘风前行时，船长欢呼地问道谁是美国的总统。他们回答道是安德鲁·杰克逊；但是考虑到这位老将军不可能第三次当选，我们再次欢呼起来，他们说是——杰克·唐宁。这答案就留待以后我们空闲时再来纠正吧。

我们乘风航行，正好是晚餐时间；膳务员把几捆洋葱拿到船舱去，剩下的给了我们，并留下一瓶醋。我们把洋葱拿到前面，堆放在艏楼上，不想把它们煮熟，就拌着牛肉和面包生吃。它们受到了极好的待遇。新鲜的、酥脆的生洋葱，带着泥土的气息，让长期吃咸货的人极有食欲。我们极其渴望洋葱，就像一只猎犬闻到了血的气味。我们每顿餐吃一打；值班时就装在口袋里在甲板上吃；一捆捆洋葱堆放成锥形，底部最大，顶部最小，还没有草莓大，很快就吃完了。然而，新鲜食品主要给了患有坏血病的人。其中一个能够吃东西，通过吃生土豆很快就恢复了；但是另一个，现在张嘴几乎都很困难；厨子就把土豆去皮，捣烂成泥，喂他汁喝。这样他能咽下了，每次一茶勺，顺着牙龈和喉咙流下。最开始，强烈的泥土气息和生土豆汁的味道让他全身发抖，喝了之后，身体各处都极为疼痛，但是知道这样做的功效后，他坚持每隔一个小时不等就喝一勺，这一勺在他嘴里要存在很久；这样的喝法一直到有了功效，他重新看到了希望（因为他几乎快要放弃，绝望了）。他恢复得如此好，能够走动了，嘴也能张开，吃下捣成糊状的生土豆和洋葱了。这样很快就恢复了他的食欲和力气。十天后，当我们再次谈到那位海员，以及他躺的铺位时，他已经从无助和无望中如此快地恢复过来，此时他正在桅杆顶端，收拢顶桅帆。

西南风和煦，我们穿过了百慕大群岛；情不自禁地想起一对老对句，这对句不断地被一些人引用，在我们出海前，他们就认为我们会遇到很多次暴风雨——

“如果你过了百慕大群岛，就必须小心哈特拉斯！”

我们朝着哈特拉斯的北部前行，有着好天气，开始计算着，不是一天一天地计算，而是一个小时一个小时地计算着何时我们会停靠在波士顿的港湾里。

我们的船，状态良好，所有人员每天除了周末从早到晚都在努力地工作，这样的状况从我们离开合恩角的边缘，进入好天气就开始了。

新水手有一个普遍的观念，就是船以最好的状态离开港口，开始航行，再经过很长一段时间，回到出发点，

“饱受风吹雨淋的船肋拱和破破烂烂的帆布；被狂风扫得歪歪扭扭，破碎不堪，再也无法使用。”

但从那之后，船发生了一些意外，隆冬时节，靠近海岸，索具无法正常使用，在航程的后期，船已算是最好的状态了。当船离开港口时，绳索一般是松弛的；桅杆需要固定；甲板和船舷因装运过货物，又黑又脏；吊杆操作人员拿着绳索像熟练的水手一样打结；在水手的眼中，一切都是捉摸不定的。但在回去的航程里，热带地区的好天气让船保持了最良好的状态。经过长时间的航行，没有哪一艘商船比印度商船或者合恩角商船看起来更好了。当船进入码头，许多船长和大副会以船的外表状态进行打赌，看谁的航海技术略胜一筹。

船首和船尾所有的索具都安装上，涂上沥青；固定好桅杆；低一点和高处的桅杆嘎吱嘎吱地下降着（或者照现在这方法上升），长官们小心翼翼地拉直缆绳，我们负责高空的绳索和截断桅杆，索绳快速地滑动着；直到我们靠近海岸，这些都作为应急设备。完成这之后，船里里外外，甲板、桅杆、吊杆，其他所有的都擦刮干净；一艘趸船已备妥，放入吃水线下，并敲掉了链条槽、螺栓、挂钩上的锈。然后，在这条航线上，过了两天风平浪静日子，我们油漆船的外部，给舱口打上条纹，在船尾绘上乘着神车、手拿文有海马三叉戟的海神；用烫金和五颜六色的聚宝盆装饰铺位。接着粉漆里面，从天帆到排水沟——帆桁为黑色；桅杆顶为白色；后甲板栏杆为黑白黄相间；船舷墙为绿色；剪切板材为白色；排水沟为铅灰色；等等。船锚，带环螺栓和其他铁器用煤焦油刷黑，膳务员忙碌着，抛光铜轮、响钟、绞盘等。船舱也擦刮干净，刷上油漆；艄楼刮掉赃物，擦

洗清洁；没有必要给船的中间部分清漆和喷漆。再接着清理甲板，把无用的东西动扔进海里，包括点燃空沥青桶扔下船，在漆黑的夜晚里，照亮了船后左侧数海里。做完了这些，清理任务轮到了索具——绳结、铰接物、绳索、遮盖物、指向标、涂画，这些都混乱地摆放在船上。最后的准备工作，更像是为进入港口而做，把锚调整到船首，弯曲锚链，从甲板间拉上系船绳，仔细检查深水铅线。

9月15日，星期四。

这天上午，独特的海水表面，浮动着大量的马尾藻以及一团团云出现在我们面前，表明我们来到了墨西哥湾流的边缘。

这种不寻常的水流，向东北而去，几乎横穿了海洋，时常笼罩着云层，这也是风暴和大浪的源泉。船经常从晴空万里，微风和煦，张着满帆航行进入到波浪滔天，乌云密布，收起上桅帆的海域。一个水手告诉我，他们的船从直布罗陀海峡前往波士顿，接近墨西哥湾流时，吹着轻风，天空晴朗，翼帆张着，一切顺利；然而在这之前，一团团低沉沉的乌云像浅滩一样压向水面，船收好两张上桅帆，撤下顶桅帆帆桁，从乌云中蹿出来。当他们靠近了，开始一张帆一张帆地收起，直到状况好转；在狂风大浪中旋转倾斜了十二或十四个小时后，暴风到来前，他们从另一边走出了困境，再次拥有了好天气，张着顶桅帆和天帆航行。当我们靠近时，晴天变成了阴天，海面升高，所有的状况都变了，暴风雨即将来临。强风刮起，来自东北的风直接阻碍着船的前行，并带动起令人厌恶的“三角坡”，使船颠簸着，我们被迫撤下顶桅帆帆桁和轻布帆。中午，温度计多次被放入水中，显示的温度是“70”，这远远高于空气的温度——总是像处于水流的中央位置。一个小伙子一直在顶桅帆帆杆上工作，从甲板上下来，调转大艇；看起来脸色苍白，他说他非常虚弱，不能再待在高空中，但是又不敢向长官报告。他再次爬上去，却很快筋疲力尽滑落了下来，靠在扶手上道：“我病得像一位女乘客了。”他说他已经航海多年了，从来没有像现在这样病过。他遭受着船的不规律摇晃，且船体摇晃的高度不断增加，就像一个杠杆支点。一个在上桅帆帆桁上工作的老水手说他一直都感觉到不舒服，很高兴现在完成了任务，可以下来回到甲板上。另一个人员被派到桅杆的桅顶，他在那里待了近一个小时，最后还是放弃了。大副派给我的工作必须完成。在一段时间里，我完成得很好，但长时间会感觉到非常不快，尽管我从离开波士顿，陷入各种天气和境遇里的头两天里从未病过。我仍然坚守岗位，并没有下来，直到任务完成，这花了两个多小时。船再也没有摇晃得像之前那么厉害了。之前船以各种形式颠簸，似乎船帆对船的稳定性无能为力。桅杆的顶端成各种曲线和角度直指天空，有时在晃动的瞬间，桅杆成四十五度角或更大，使船猛地一动，人们不得不用双手握住桅杆，然后桅杆又以长长的、不规则的曲线弹回来。我是不怎么生病的，下来的时候神情漠然，还不愿意回到堪比陆地的甲板上。几个小时后，我们在左船舷那侧看见太阳朝北美大陆落下去了，此时，在暮色中，我们已经走过了黑压压的乌云地带。

第三十六章　试探——来自家乡的景象——波士顿海港——9月16日离开船

9月16日，星期五。

在北纬38°，西经69°。西南风每时每刻都使我们离陆地更近一点了。不管是否能在星期五之前到达，去做礼拜，看看波士顿的变化、朋友、薪资状况等，我们所有人员都在甲板上瞭望着，一句话也不说，直到登上陆地。每个人都精神饱满，航行即将结束，纪律的严谨性也松懈了，因为这时没有必要再用刻板的语言命令大家努力做事。远航过程中，船上出现的小分歧和争执都忘记了，船员之间彼此友好和睦，两个曾在半途中差一点打架的海员共同制订出一个岸上巡逻的计划。大副来到船前对大家说，明天中午之前我们应该到达乔治浅滩。还和男孩子们开玩笑承诺，一定会去看他们，带他们乘客车去马布尔黑德。

9月17日，星期六。

整天轻风荡漾，对我们的航行有所阻碍；但是傍晚时分，微风吹起来了，我们向陆地狂奔而去。我们预计会在六点钟试着顶风停船，前方有浓雾，而我们正向它靠近，可是没有接到命令，只得继续航行。到了八点钟，瞭望员下去了，整整一个小时，船首和船尾张着副帆，在像帆桁袋一样漆黑的夜里颠簸前行。两点船长来到甲板上，和大副说道，翼帆拉到顶端或吊杆尾端，收起帆桁，拿出深水铅，一切为测量准备就绪。

一个人带头在斜桁帆桁上，一个在吊锚杆上挽着少量的线盘，还有一个在前链，一个在船中部，一个在主链，每个都在解着手里的线盘。“一切就绪了吗，前面的？”“是，是的，长官！”“顶风停船！”“小心，喂，小心！”随着斜桁帆桁上那人的叫喊，重金属铅掉入了水中。“小心，喂，小心！”在吊锚杆上的那人大叫道，因为线盘从他手中滑落了。“小心，喂，小心！”纱线从他们手中脱落，每个人都大喊着，直到大副首先到后甲板去抓住纱线。八十英寻，没触底！有圣彼得的身高那么深！纱线在绞盘杆围索上用一个滑轮紧扣着，三四个人拉着，把它缠起来。后桅桁完全支撑起，翼帆也再次拖出来，几分钟后船进入航线。四点，再次回来，拿起铅测量！六十英寻！万岁，美国土地！我们一把一把地把铅拖拉上来，船长拿到光亮的地方，发现铅底部有黑色泥浆。翼帆收起，帆桁撑开，船整晚都航行顺畅。风渐渐消失。

在美国海岸的测量是如此有规律，让航海者通过测探就可以知道哪里能着陆，能看见陆地。黑泥浆代表着布鲁克岛。往南塔基特岛走就变成了黑色的沙粒，接着就是黑沙和白贝壳，到了乔治浅滩就成了白沙，等等。离开布鲁克岛，向东航行，到达南塔基特浅滩和南航道。但是风渐渐停了下来，让我们整个周末都在浓雾中停滞不前。18日，星期日中午，通过计算布鲁克岛的波涛，西北偏西1/4，还有十五海里；但是整天雾都很大，我们什么也看不见。

完成了船上的工作、冲洗和修整，我们就下去了，有充足的时间来翻整我们的箱子，拿出准备带上岸的衣服，扔掉穿破的、一无是处的衣服。

扔了在加利福尼亚海岸戴在头上已六个月的羊毛帽，以及给缆绳涂沥青穿的羊毛紧身衣，磨破、缝补过的手套和在合恩角拖拉时补过的羊毛裤。我们怀着良好的祝愿把它们抛入水中，因为没有任何东西喜欢成为噩运时期的附属品和残余物。我们为上岸准备好箱子，吃掉最后剩余的在船上救急的“水果干布丁”；自信地谈论着岸上的事情，好像我们的锚已触底。

“从今天开始，谁和我一起去教堂一周？”

“我去。”杰克答道。他这人会同意一切事情。

“滚吧，海水！”汤姆说，“只要我的双腿一着陆地，我就穿上鞋，捂住耳朵，向灌木丛直线出发，直到我再也看不到海水！”

“噢！确定是那样！瞎掰的，没人知道你的心思！如果从始至终，你一旦待在一家老字号小酒馆里，身前有炭火，身后有吧台，你将有三个星期不会出来。”

“不是的！”汤姆说，“我会喝光格罗格酒，去家寄宿，看看是否不把我交给助祭的！”

“还有我，”比尔说，“我将买一个象限仪，拿给欣厄姆班轮的一个驾航员！”

大家开这些类似的玩笑话用来打发时间，我们躺着等风把雾吹散，让我们航行。

接近晚上，和风吹起，不过雾还是和之前一样大；我们继续向东前行。大约在第一个值班点的中途，在艏楼上的一个人以一种刻不容缓的声音大叫道：“上风满舵！”一艘大船在浓雾中赫然耸现，向我们直奔而来。那艘船同一时间也调转船首，迎风行驶，我们刚好擦肩而过；我们的后桅纵帆吊杆错过它的尾舷。甲板上的长官只来得及打声招呼，随着它再次没入浓雾中，它回答了和布鲁斯托尔有关的话，可能是从布里斯托尔到罗德岛州去的一个捕鲸人。在我们向东，可以看清航路之前，一整晚都是大雾，一丝丝轻风。

铅每两个小时测探一次，慢慢地从黑泥浆变成了沙，表明了我们正向南塔基特岛南浅滩靠近。周一早上，海水深度加深，海水颜色加深以及测探时带上来的贝壳和白沙，都说明我们在航道上，临近乔治浅滩；于是，船头直朝北行驶，我们因测探结果而信心十足地站着，尽管我们有两天没有记录一个观察数据，没有看见陆地；第十八个海里的不同之处在于会把我们带上岸。一整天都吹着令人讨厌的轻风，八点的时候，我们经过一艘捕鱼的纵帆船，他们告诉我们，我们离与之并列的查塔姆的地方很近了。午夜前，轻轻的陆风吹起来了，让我们顺风而行；四点，考虑到要向种族点朝北的方向去，就迎风前进，进入西北偏北的海湾，向波士顿出发，并开始射击空中海鸟之类的东西。我们的瞭望员在这个时间也下去了，但是没有睡觉，因为在甲板上的值班人员每隔几分钟就乒乒乓乓地开枪。事实上，由于我们在波士顿海湾，并不关心这个；如果运气好，明晚我们就能够安然入睡，没有人每隔四小时来叫值班。

我们想要在黎明时分看见陆地。在灰蒙蒙的早晨，一两艘渔帆船从薄雾中蹿出来；白天来临，在我们左尾舷的是科德角低矮的沙丘，我们的前面是马萨诸塞湾宽阔的海域，到处都是帆滑行而过平静的海面。当我们接近港口，朝一个点而去，船开始多起来了，海湾似乎因船向各个方向行驶而变得有活力；一些船顺风行驶，其他的则超过风速，他们将要去或来自商场、海湾中心。这对于在海上数月，只看见两艘孤帆，在几乎荒凉的海岸，只看见三四个贸易者，其他什么也没见过的我们来说真是激动人心的场景。

很少有航海者前往或来自沿南海岸的各个港口，顺着小海湾而下，向东航行；到处都有横帆船起航；远处安角外围有一艘轮船正冒烟，烟在水面上延伸成狭窄的、黑色的云。每个景象都充满美丽和乐趣。我们将回到家园；保留如此长久的文明、繁荣、快乐也将继续丰富我们。安角的高地、科哈赛特的岩石和海岸都完全暴露于眼底，灯塔耸立着，就像港口前穿着白色制服的哨兵，甚至看见欣厄姆平原烟囱上冒出的烟在清晨的空中袅袅升起。我们当中的一个男孩是水桶制造商的儿子，当他看见环绕在他故乡的熟悉山顶时，他的脸都亮堂了。十点左右，一艘小船在水面上摇晃而来，船上只有一位领航员，小船避开了其他追逐中的船只。此刻，在电报站的范围内，我们的信号在前面充足，半个小时候后，信号后移，打电报者不断改变位置，在他的账房里，我们知道他的船在下面。在安街的房东、接待员、海关官员都清楚在海湾有丰厚的奖赏等着他们。一艘环非洲之角的船，带着全体船员和他们两年的工资将来这里消费。风依旧很小，所有的人员都派到空中去撤下保护网；扣板、包扎的绳索、碎单板、铁环、垫子和皮革也从上面扔下来，除掉所有的航行附属物，让索具整洁干净。最后的步骤是油漆天帆杆；我被派到前面，带上一桶油漆和一把刷子，从桅杆帽刷到顶桅帆索具的索眼。中午，我们安静地停靠在较低那个灯塔下面。水流不动，我们无法前行。我们听见一声来自欣厄姆方向的枪声，领航员说那儿有检阅。那个欣厄姆男孩听见这个，就说如果船早到十二个小时会处在士兵中间，在岗亭里会有一个难忘的时刻。其实，在夜晚来临之前，我们不大可能到达这里。两点左右，来自西方的微风吹起来了，我们开始与他对抗。

同一时刻，一艘装备齐全的双桅横帆船出现了，我们抢风行驶与之错过，有时和这一艘，有时和另一艘，迎风前行，风起风逝，潮涨潮落。从两点到四点该我在舵轮值班。我站在最后的舵柄旁，在我们的两艘船上我已经度过了九百到一千个小时。潮水开始与我们背道而行，使我们航行缓慢，在点燃内心之光之前，下午的时间几乎消磨殆尽。同时，几艘船驶出来了，其中一艘精良的大型船只，张着帆桁，顺风顺潮，像一匹赛马经过我们，人们纷纷跑到帆桁上装配翼帆的吊杆。接近日落，风减弱，有时完全停止，因此领航员收起顶桅帆，不一会儿，风渐渐消失了。为了在潮水太大之前到达，顶桅帆再次挂上。因为这个，让我们一直在上上下下地装配索具，一个海员执行命令，被派到桅杆顶去松开并卷好船帆。我在船前执行任务，在雷斯福特岛和卡斯德之间就松开卷好顶桅帆五次。在一段抢风航行中，我们离雷斯福特岛如此近以至于从顶桅帆帆桁上看下去，可以看见岛上的医院建筑、漂亮的碎石走道、绿色草地，这些似乎就躺在我们帆桁臂下。航道与其中的一些岛屿是那么近，我们跑到三角帆吊杆末端俯看到乔治岛上其中一个防御工事；有机会看到作为强化地点的优势。在航道上船航行平稳，只倾斜了三四次。

在夜晚和上岸之前，我们备好所有进入城镇的设备，但是潮水开始凶猛地与我们逆流而行，风吹拂着，除了向潮水屈服，我们无能为力，领航员下令吊起船锚，详细检查主链。两次长久的全帆航驶把我们带入了航道上，在安全地带的背风面，领航员扯帆上桁，降下船锚。这是一百三十五天里，自从离开圣地亚哥后，我们的船锚第一次触底。

半个多小时后，我们终于舒适安全地停在波士顿港口，所有的帆收起——我们的远航结束。看见那些和我们有关的熟悉的场景——西边正衰落的圆顶州议会大厦，夜晚降临，城市的灯光进入视线。九点铿锵的钟声，习惯性地洪亮响起，波士顿男孩们努力区分旧南方众所周知的音调。

当一艘漂亮的游艇逆风行驶在我们尾舷下时，我们刚好卷起船帆，我们船的公司新合伙人就跳上船来。我从后桅上帆帆桁看见他，也熟知他这个人。他和船长握手，走下船舱，片刻后上来了并向我询问大副。上一次我见到他，我还是哈佛大学的一名应届毕业生，现在，令他惊讶的是我像一只从天而降的“流浪猫”，穿着紧身裤和红衬衣，留着长发，脸晒得和印第安人一样黑。他握了握我的手，向我的返回和健康表示祝贺，并告诉我，我的所有朋友都好。我感谢他告诉我我不敢问的事；如果——

“第一个带来不受欢迎的消息；

“一旦失去职位；

“以后他的言语听起来像一个闷闷不乐的钟。”

理所当然，现在我很乐意记住这个男人和他的话。

船长和H先生乘船去了市镇，留下我们再在船上待一个晚上，在领航员的带领下，度过明早的涨潮。

我们强烈地感觉到自己已经在家中，期待着普通晚餐即将吃到的硬面包和盐牛肉；还有许多在船上的人是第一次航海，几乎不能睡觉。而我，所有缘由引起的感觉异常变化中，我发现我处于冷漠的状态，因为我绝不计较它们。

一年前，当我们栖身在海岸，保证一年后可以看到波士顿，这让我乐疯了；但是现在我真正到了这里，看见了家乡，我没有找到长久以来期待中的感觉，取而代之的是几乎完全的冷漠。一个与我有相同经历的水手，他的第一次航行是历时五年的西北海岸之行。他一个人离开家，经过数年的艰苦历程，发现返航了这种兴奋的感觉在整个航程中让他不能说也不能想任何事，除了归程及怎样，何时跳下船去，直接回家。当船快速地进入码头，船员解散，他似乎突然失去了关于这件事的所有感觉。他告诉我他下到船舱，换了衣服；从水桶里倒出水，从容地清洗。然后整理箱子，把他的衣服叠放整齐。又拿出烟斗并装满，坐在箱子上，最后一次慢悠悠地吸着。在这里，他环顾着他在其中度过这么多年的艏楼，他的船员们解散了，就他一个人了，他开始感到很不开心。回家几乎成了一个梦。直到他的弟弟（听说这艘船回来了）来到艏楼，告诉他家里的事情和正在等着见他的人，他才能够意识到他在哪里，浓烈地感觉到他向往已久、梦想已久的地方。可能在长久的期待中有太多的兴奋，到了安静的现实中，感觉和工作就产生了短暂的停滞。对于我，这是一件好事。准备工作，船快速航行，第一次着陆，进入港口，旧场景打破视线，引起了精神上和身体上的运动，从运动变成完全静止，当期待和劳动的必要性都不复存在，只有沉静，几乎冷漠时，我必须要一些新的兴奋的东西来激发我。第二天早上，当呼叫所有人员时，我们正忙于工作，清理甲板，为进入码头作准备——装上枪，松开船帆，控制锚机——精神和身体似乎都一起复苏了。大约十点，海风吹起，领航员下令让船保持平衡。所有人员都在操控着锚机，最后听见拖长的“哟，喂，嚯”渐渐消失在圣地亚哥荒凉的群山中，很快就把锚机拿到了船首；顺风顺潮，一个晴朗的早上，顶桅帆和天帆张好，舰旗、横幅、船标和信号旗在空中飞扬，枪上膛，我们快速地大大方方地向城市前进。我们绕过码头的尽头，放下船锚，不一会儿就触底了，甲板上挤满了人：海关官员、代理商……他们都是来探听消息的；其他人，在船上打听朋友，或者离开海岸；油脂经销商围着浆帆船和厨子讨价还价；一般都是无业游民；寄宿公寓的老板们也在招揽着客人。没有什么能够超过那些老板的殷勤招呼以及他们从一个远航归来的有钱水手那里得到的利润。他们中的两三个在不同的时间段与我握手，清楚地记得我，非常确定我出航之前在他们那里寄宿过，并很高兴看见我回来，还给我他们的名片。还有一辆在码头等着的手推车，目的是给我推东西，帮我把箱子推上岸。如果我们不立即拖拉就带一瓶船上的格罗格酒——诸如此类。事实上，我们几乎记不清楚他们，我们得到高空卷船帆。在晴朗和恶劣的天气里，一次次卷帆，第一百次了，现在我们最后一次一起卷帆，一起下来，一起拽船上岸，一起操控起锚机，齐声对着北边呼喊，喊声响彻在码头的建筑物之间，我们把船拖进码头。这里，老板和经营者都积极活跃，把酒带到起锚机旁，单手扶着绳子，有说有笑地讲着新情况。当我们拐过最后一个弯，城市的钟声敲响了，船员们分散开去。五分钟后，船上一个人也没有了，除了那位从会计室来负责船的老守船员。

结束语

相信他们已经在读我的故事，并会把注意力放长远一点，看到我向他们呈现的结束语。这一章是在航程末期大量的时间流逝后，回到从前的追求写的。在这一章里，我打算呈现可以为海员们做些什么和已经在做的观点，这是从我的经历和欣然注意到的事件中总结的。

在海上发生了许多浪漫有趣的事，经历过这些的人会兴奋地关注着一点，尽管我不能看见，但是可以明显感觉到读我故事的人会相信，水手们的日常生活是没有浪漫可言的，不过都是些艰难困苦的平凡事，这在岸上也可体验到。如果我没有产生这一信念，那么我就不能劝服别人相信，我的经历给我留下的深深印象。

在大海上存在一种巫术，可以听见歌声和故事，看见船只和水手的衣服，特别是对于一个年轻人，海军舰队和商船就比欧洲的抓壮丁队见得多。我认识一个年轻人，他酷爱大海，缓慢运转的物体也能激发起他的想象，让他几乎不能在干燥的陆地上生存。在每一个海港，许多男孩子都被吸引，就像来自他们学习和校园里不可抗拒的力量，他们心怀喜爱，徘徊于甲板和带帆桁的船上，清楚上面的一切。然而，年轻的水手一开始认真地生活，所有的状况就变了，他清楚那毕竟是工作和困境。这是真实存在的，在一个水手的生活中可以见到的。如果在我们的书中，周年纪念日的演说中，我们会省去很多，像“蓝色海水”“蓝色夹克”“敞开心扉”“看着深处上帝的手”，等等，代替的是一些其他实际的东西，我十分确信我们将会得到我们想要的。问题是能为水手们做些什么，正如他们需要食物、衣服、住宿，法律必须为他们执行这些。还有，谁来指导他们有用的知识，最重要的是在宗教影响和约束下，谁将带来知识？我希望对这些话题给出一些见解。

首先，在船上我没有幻想平等。这是一件不可能的事情，当然，在人类目前的状况下，这是不被期望的。我从来不知道一个水手会认为服务的次序和等级有误。如果我打算在桅杆前度过我的余生，那么，我不希望船长的权威来侵犯我一丝一毫。绝对有必要的是一位领头和表决权的人来掌控一切，对每一件事负责。有紧急情况需要立即作出决定的极端能力。那些紧急情况不允许咨询；那些船长的顾问可能是一些非常人士，会要求行使自己的权利。人们发现归属于其中的一个政府是很必需的，最民主的政府，一些临时的政府，或是，乍一看，扰乱人心的政府都是一样的；要相信公众的意见，以及随后的责任可以修正政府的运行方式。政府成立的目的是使其能够应对紧急状况，大家都希望紧急的事件永远不要发生，但是它们发生的可能性还是存在，如果它们发生了，政府又没有能力立即应对它们，那么这个政府就应该马上被推翻。这就是船长的权威。船长不会对他将永不作这个或那个给出回答，因为对应该做的事是没有必要的，也不合理的。他对每一件事都要持关心负责的态度；对公众中可能发生的紧急事件行使权威。然后让他尽可能地提出相应的要求；仅仅为了让他对船员严格负责。其他一些事件上可能会有不公正和糟糕的策略。

在他权力范围内处理事情，船长会像其他人一样，遵循普通法。他有对谋杀，攻击和殴打，和其他犯罪行为普通法规定的责任；此外，美国有一项特殊的法令，这项法令让船长或其他长官在监禁时不超过五年，罚款不超过一千美元，即使他们用残酷的惩罚、扣除食物，或其他方式虐待一个海员。这是在这问题上的法律现状。党派间的关系，特殊的必要性，借口和挑衅都需要在不同情况下进行考虑。对于限制船长的行使权力，整体上看，法律本身是足够的。我觉得现在我们没必要在这方面立更多的法律。困难存在于管理方面的法律；这是一件值得考虑的事，一点也不难堪。

首先，法院已表示国家政策要求船长和长官的权力应该支持。许多人的生命和大量的财产都握在他们的手中，因此，他们应该严格负责。为了维护这些，船长应秉公办事，还不能畏惧责任，然后密切协作，重要的是维护纪律；第二，要极大地容忍海员的随便咒骂和浮夸之词以及联合抵抗长官，要记得后者通常没有人站在他们那一边，为他们作证。这些都是严肃的、真实的观点，不应该被海员的朋友们所忽视。另一方面，水手应多投诉，其中一些是很合理的。关于证词，海员和船长有着一样大的困难度。众所周知，当船上有乘客的时候，他们通常会有更好的待遇。乘客的存在是对船长的一种约束，不仅是从感受和尊重上，而且因为他知道如果他受到审判，他们将会影响对他的证词。

尽管有时官员会在乘客面前炫耀官职和权力，但是他们几乎不敢得罪乘客。长期的远航过程中，船长没有受到约束，只有船员作出对他不利的证据，而水手最需要法律的保护。这样的航行中，记录了许多耸人听闻的残酷事件，足以让人感到悲痛，耻于见人。还有很多，很多从未曝光的、从未让人知道的事件，直到大海吞并它的踪迹。其中的许多事件都导致叛乱和偷窃——互相用鞭抽打，血流不止。如果海员描述的航行中的证据得不到另一方的支持，或者因为海员的身份，推断性太强，那么他们的立案将无效。船长知道这一点，没有朋友的公众舆论的限制，很容易造成欺压的加剧，绝对权力的占有。

大家认为水手会和船长在极为不同的环境下走进法庭。水手会被扔到业主中间，受到恶劣的待遇，通常自生自灭，靠自己站起来，还会受到对他性格和诚实的怀疑。另一方面，船长会拥有业主和保险公司的支持，受到更大的尊重，毕竟他得到的教育比水手好一点，有时，（特别是那些我能够提到的航行中）却有一个平凡的良知。

这些是在海员的证据中，提出的最频繁的想法，而且我认为对这里的每一个人，它都是显而易见的，积极立法是毫无用处的。没有法律制度来佐证海员的证据。它必须记在法官和陪审团的心里，在任何一个案例中，没有法令或法庭上的有效制度能够改变一点点。在判定一个案例的过程中，水手证词的影响力一定会取决于他所属的阶级声望，以及他的行为举止给法庭的印象，那些一贯正确的特殊标志总是会影响到陪审团。

总之，在所有的出于好意且貌似有理的方案已经提出后，我们似乎就回到了信仰时代。为保护海员、确保一个公正的法律机构的最好方法，也是唯一能够作出更好重要改变的方法就是逐渐提高水手的知识和宗教品行，以至于作为一个独立个体和一个阶级中的一员，他可能首先要求尊重长官，如果出现一些麻烦，正义的一方会得到较低阶级中明智的、受人尊重的人士的支持，这些人总是和陪审团周旋。我知道当一些巨大的苦难发生时，显然这些苦难发生在一个不幸运的地方，许多人认为必须立即作出一些安排、通过一些律法或者开办一些社团来消除困苦。在这种问题上，人们没有发起任何此类的运动；相反，我完全相信任何公众的强有力的行动都会有坏处，那么我们必须更轻松、更沉着地逐步解决麻烦，相信艰难困境会慢慢地好起来。

相同的是，抉择不当会影响船事经济。虽然改变更好状况的能力有限，但是住宿、食物、睡眠时间等必须得到调节。我确信那些会实现的，而且如今在所有这样的项目上已有一个逐渐的改进。我们的大多数船上的船员舱都狭小、黑暗而且潮湿，很少有陆地上的人愿意组织一支十人或十二人的船队去航海数月或数年。事实上，供应品不够做出一顿日常生活中必需的饭。

我不确定在我的记叙过程中是否阐明过水手在船上的饮食方法。船员舱里没有桌子、刀具或盘子，但是在地板上置有小木盆（一种木制的浴盆，用铁丝加箍），船员们围坐在它周围，每个人用随身携带的普通折合小刀或插鞘小刀来切给自己吃。他们用锡壶喝茶，每个人不到一夸脱。

这些细节是不会被当成困难的，实际上可能会看成是与选择有关的问题。在我们的商人中，水手用他们自己的食具，许多食具都是在船上工作时使用的，比如刀具、棕榈、解缆钻、橡胶等。考虑到他们在其他方面的生活方式，他们在短时间里会用设备布置和清理出一张桌子，占据着水手舱，和由一块肉组成的便餐风格一样——这当然是一个方便的做法，正如小山羊肉和平底锅总是保持得极其干净又简约。我希望这些事广为人知，几个月前，我听说一名有声誉的律师在处理一件海事案例，他问一名水手当事件发生时，船员是否有“从桌子上跳起来”的行为。船上也没有提供足够的睡眠时间，我完全相信，航海人士的生命是短暂的。我不是指那些必须中断的时刻，但是好几个月的好天气，许多商人看来，所有人白天都在忙，每晚有一个人在甲板上守夜八小时。因此经常是好天气、无灾难的航海结束时，海员们都呈现出一副衣衫褴褛的景象。他们从没有一次性超过四个小时的睡眠，也很少要求休息，除非真的需要更多的休息。没有一件事比水手梦想一整夜的安眠更重要，即使是岸上的奢华生活也不能比。然而，所有的这些事必须通过环境逐渐改变。无论何时发生困难的事情，他们有权得知，而且毫无疑问船长和当事人应及时给予他们答复，这会影响到他们的安排和纪律，这些安排和纪律是水手在公众中应多多考虑的。绝对恰当的是，人们应该住在一个与官员所住不同的位置。假如水手舱做得宽大舒适，没有理由让船员不住在那里却非得到其他地方。实际上，水手们更喜欢住水手舱。那是他们住习惯了的地方，在舱里他们既隐蔽又能听见长官的呼叫。

对于他们的食物和睡眠，法律明确规定，要求船上有一个固定的、安全的储藏室；剥夺船员非必要的食物和睡眠，船长会遭受基本的法律惩罚，和我们之前提到的法规一样。在这之前，实施起来是不可靠的。当一定要叫醒船员时，船长必须作出判断。有时是节约开支，节约并不是必不可少的，但是他们的许多东西并不怎么精细，比如，星期日揉面可能是一种惩罚的形式，即使我大体上认为这是不明智的。

我不能够公平对待没有注意到的那一部分船规，现在议论已经迟了，它已经带来了强烈的愤慨——我的意思是施加在身体上的惩罚。那些看我叙述的人会记得我曾目击过一起极为残酷的发生在我的船友身上的事件。老实说，简单提及这个词——鞭打，就让我产生难以控制的感觉。当提出建议来立即彻底废除它，以禁止从那以后船长在任何境遇下，处以肉体上的惩罚时，我不得不踟蹰，我必须说，我极其怀疑那作出任何积极有效的法律的权宜之计。如果那些写出这种方案的人纯粹是为了吸引公众的注意，是为了鼓励施加鞭打，那么就会使他声名狼藉，这样很好。而实际上，无论他们的未来会变成什么样，问题的加剧会有什么影响，目前都必须把它做好。或许我不应该寄希望于得到一个明天出海的命令，把握作为一名船员的机会，正如大多数船长一样，我知道，也让我的船员知道，在任何情况下，我不能接受施加的一点点惩罚。我相信我可能永远也不能付诸实践；确实我几乎不知道我不能经历什么风险和承受什么样的不如意，而不是一贯地做。或许不必要拥有所有的力量，但确实要保护自己，所有的一切都在我的掌控之下，如果发生了一些极端的案例，通过它，我不希望自己自私，或者让别人承担责任。

事实上，船长和长官对困难负有责任，他们却不会充分地考虑容易激起许多人的同情的事情，滥用权力，足以让人憎恶。记得在我们的商船上，多于四分之三的海员是外国人。他们都来自世界各地。除了法国人，西班牙人、葡萄牙人、意大利人以外，很大一部分人来自北欧，大家来自地中海的各个部分。他们与东印度人、黑人，或许最糟糕的是英国军舰上的被排斥者，和来自我们国家、因不想住在岸上而出过海的人聚在一起。

现在的事实是，直到船出海，很多船长对他们的船员都是一无所知的。他们中可能有海盗，或者叛徒，一个坏人很可能影响其余所有人。几乎可以确定的是他们中可能有一些无知的外国人，这些外国人几乎听不懂一句我们的语言，他们习惯被强迫而不是被影响，正如习惯于把刀当解缆钻使用。无论形势多么平和，任何一个谨慎的船长都会在出海的时候带上手枪和手铐。即使有我所假设的船员，友好和气是最好的政策，也是每个有良知的人应该做到的；而施用体罚可能是危险的也是备受质疑的。但问题不是一个船长一般情况下应该怎么做，而是在任何情况下，实施惩罚，即使是最温和的惩罚也是不合理的。正如法律所规定的，父母可以温和地纠正孩子的错误，师傅可以温和地纠正徒弟的错误，船长也可以温和地纠正船员的错误。根据法院决定所阐明的以及评论员的书所记叙的，人们普遍认为如果理由充分，船长可以对船员实施温和的体罚。如果体罚过度或者体罚的理由不够充分，船长则将对此负责，而陪审团也将就各种情况作出裁决，看惩罚是否适度，惩罚理由是否合理。

我认为这样的规定对所有的人都很好，我的意思是，这样的情况，没有任何一条法令能像这条一样让船主和船员都受益。这也将是一条能在它的实施过程中越来越好的法令。当船员素质提高了，惩罚就会变得越来越没有必要；当船上管理者的素质提升了，他们也就会更少地实施惩罚。渐渐地，对充满智慧而且值得尊敬的船员实施体罚将是公众舆论和陪审团所不能容忍的暴行，没人会比我更痛恨实施这样的体罚，也没人比我更确信对船员采用坏的政策是多严重。而我也会问任何一个公正的人他是否相信这样的实践变得不必要，变得声名狼藉。他是否相信这种温和体罚的衡量标准以及一个合理的缘由被很好地理解，因此，这样的措施是危险的，最后，它将会被认为是空前的暴行，必须用积极的法令禁止它，立刻，在任何情况下，在任何程度上吗？

还有关系到对海员公正管理的一点，对此，我希望能严肃地号召那些代表自己的海员的注意，还有，如果可能的话，号召那些关心海员管理人的注意。这一实践是对法官和陪审团的强烈的诉求，希望能减轻赔偿损失，当一个诉讼被船长或是船上长官提出的时候，能作出一个宽大的裁决，基于他们之前好的品性，以及他们的贫穷，还有那些需要他们支持的家人和朋友。这些诉求的重量几乎是难以想象的。比起法律中的任何事或者这些法律条款的执行，我认为这些让海员们面临着更大的困难。固然船长比船员在证据上有着的优势，比如朋友、金钱以及能干的法律顾问，很明显他一定会在自己的辩护中失败。对于以上我提到的两种情况，如果这是一个民事诉讼行为，就会上诉陪审团，而如果是刑事诉讼，就会上诉给法官，请求法官从轻判决。一般，任何一个案件通过形式都是相同的。首先，对于当事人之前好的品格，将请他所居住的镇子上的见证人来证实，以证明他在海上行为也不例外。他们说他是一个好父亲，一个好丈夫，一个好儿子，好邻居，他们还说他们从来不曾看到他的任何残暴或是暴虐的迹象，甚至有证据证明他还是个孩子时在学校就厌烦这样的性格。船主和其他商人甚至保险公司的董事长都被介绍来。他们将证实他的正确的行为，表达他们对于他的诚实的信心，说明他们从来不曾见过他的行为中有任何能说明他是个残暴暴虐的人。这些证据放在一起，将给极好面子的人巨大压力。他们是船长的同伴以及船长的邻居。就是说，那些在生意中认识他，在家庭关系中认识他，在他年轻的时候认识他的人。他们也是有着最高社会地位的人，他们作为船长的雇主，也应该知道他的性格，律师不会忘了将这些证词和大概六个匿名船员的证词进行对照，这些船员很生船长的气，因为他认为温和地处罚船员是必要的，如果他们没完全编造一个故事，至少也夸大了它，以至于他们所说的话没什么可信度了。

接下来要做的是把这些事实呈示给法庭和陪审团：船长是个可怜人，老婆、家庭，或其他一些朋友都要依靠他的支撑。如果他被罚了，这无异于是从无辜且无助的人口中夺取他们的生活来源，给他们增加了负担甚至使得他们的整个生活都不能继续进行；如果他被捕入狱，可以确定的是他将不得不忍受监禁的惩罚，但这样随之而来的困境是切断了他的劳动力，这就意味着丧失了他的工资，所有的负担都将落在可怜的妻子、无助的孩子，甚至体弱的老人身上。这两点，若能好好利用，敦促家中认真对待，将减小败诉的影响。

这种诉讼模式的弃用，我相信在不少男性代表中每天都有人被其误导，我将会强调一些我总结出来的想法。

首先，以船长在岸上维持了良好品格为证据。应该记住的是船长通常是站在前甲板上领导、指挥所有人，尤其是那些在下级阶层的人，而绝对授予的权力使人很容易就发生巨大变化的。我所知道的是很多船长在海上都是残忍暴虐的人，但在他们的朋友、家人之间，从来都没有失去他们从童年就一直保留的声誉。事实上，船长很少在家，他在时，停留也总是短暂的，而在这存续期间，他总是被那些待他亲切和善的朋友围绕着，他拥有的一切都令他快乐，同时也抑制住了他。如果在几个月或几年的离开之后，他的确可能成为一个残忍的人。并且他短暂的停留是如此短，以至于新奇和兴奋很短时间便消失殆尽，而且他所受到的参观者和陌生人的关注也很少有时间放松。如果在这样的循环之下，一个同乡或者是邻居将可以合理地来作证反对他正确并且和平的形象。关于船长，也就是他所附属的人，和一般在商人和保险公司之间时，他非常不同于他在海上时的样子，他是他自己的主人，也是每个与他相关的人与事的主人。他了解依靠这样的人和他们对他好的看法，他依靠那作为他的生计。到目前为止，从他们的证词中，任何决定性的价值都在于他在海上行为是什么样的，可以预料到的是船长会滥用他的权力并且强加于人，这对他的船员来讲可以使他们合规和恭敬。

对于以自己很贫穷，而且还要依靠自己养活家人为由寻求支持，为船长的利益辩护的案例而言，其主要而致命的缺点就是它会掩盖这类起诉，而且几乎所有船长和官员都会免于法律给他们的惩罚。我国的船长或其他商业人员，他们都不贫穷，父母健在、有妻子、儿女或者有其他亲戚，他们很少主要或全部依靠他们的努力去维生。很少有人为了生存选择出海。如今假如这种感染力在降低刑罚上对法庭有分量，法律就不会那样严苛，在一种程度上，难道不是整个特权阶层用干坏事来保护它？它不是发生在现在和未来的事。它是不变的感染力，当每个努力失败后，它是最后的商议手段。我知道最罪恶昭著的人的症结所在，在为船长做了一切的努力后，还对他作出一个判断，而且所有的希望落空，这种感染力受到鼓舞，和一些名义上的事情一样，这样的成功减少了刑罚，法庭似乎没考虑到几乎每个这样的案例都会随之发生。他也有点奇特，看起来被限制在船长和官员的案例中。没人听说过一句话：对一个在岸上犯法的人来说，陆上法庭会因被告的贫穷减轻惩罚，也会因犯人可能主张的第三方的关系而减轻。相反，有人认为确信耻辱和苦难会像他一样使人成长，这是主要的在刑事处理上的制约措施之一。另外，这个过程对水手来说特别困苦。他也有朋友，对他们来说，他的艰难所得可能是一种救助，且加诸他身上的任何残酷行为和侮辱行为会使他们的心受伤。此刻我从不知道，那件在这样的争论中一度提到的事的这一面，被法庭温和处理了，那件事现在仍然很热门；当然当一名水手因反抗而遭受审判或伤害了一名官员时，他们从不允许有一刻的思考。尽管有许多困难拦在对海员的审判途中，姑且认为他们仍会及时改正，不需要抱怨什么，这不是为了这两种呼吁。

没有原因抱怨海员与官员作对的证据是猜疑的观点，那个大津贴是为平衡和夸张而制定的。相反，在这些点上，坚决掌管陪审员是法官的职责。但是反对的原因是，当在一场对证人严密的全面检查后，在无数的商议争论后，法官的指控，一场会对船长作出裁决，法庭必须遵守听从民声的宽大行为，逐渐有证据表明船长在岸上的善行（特别是那种没有证据、只有水手能提起控诉的案件），然后，人们在妻子或家人的立场上一再地要求，社会引导法庭从根本上削减被法令欺骗的刑罚，特别是为船长和商业官员制定、不是为其他任何人制定的刑罚。

许多特殊的事情与船舶的人员配备有关，船长给工作人员规定，在海上时给他们的治疗，上述提到的可能有很多要说。然而我已经说过，大多数我的讲述是根据他们的叙述，现在我不会再提更多的东西，除了在船员的举止这一点上。众所周知，通常对于船主来说这是完全左派的，是造成许多困难的原因，如果船主对海员有若干的认识，亲自处理，那一些问题是可能被船长或船主补救的。商会的成员S先生是我们的船主，他曾是船长，他通常从航运办公室派给他的人中选择船员，所以几乎总是找到健康有用的，而且相当数量的人。对于见过如此多的海员的人，通过看一个人的衣着、面容和举止，一眼就能看出好坏，就知道这个人在甲板上是什么样。上述的这位绅士也习惯看着他的海员们在一起说以前的航海经历。在我们的船出海前，船员们已经在船上，他走进水手仓，告诉海员有关航行的事情，需要的衣物、食物，他已经为他们准备好，海员们还有一盏灯和一点其他的便利。如果船主或船长更普遍地接受与船员同等的待遇，他们将经常为他们的船员减少许多不便，除了创造出一种满足感和感激，使航海在好的预兆下开始，还能使船员在之后的航行中保持一种更好的情绪状态。

航海的经历对于我来说，它唯一的残余就是现在去谈论为了海员晚年的利益产生的联合的公众的努力，这是一个比发现错误更适合我的任务，即使是挑剔的。综合的社团——美国海员们的朋友社团的努力，还有美国其他的较小的社团的努力，已经成为海员真正的赐福；投标集会，正是去改变他所处环境的所有的本质的时候，给它一个新名字，还有一个新的特性。这些协会受到正确的约束，他们目的在于既让海员的生活更舒适更受人称赞，又给予海员精神上的指导。

通过这些努力，戒酒在海员中传播着，用他们自己的海上行话来说是通过社交方式，有“迎风锚”团队的贡献，还有书的贡献；水手之家的成立，使他们可以舒服又便宜地上岸，安静舒适地居住，有宗教服务、阅读和社交，也有海员储蓄银行；道义和《圣经》的普及；所有的东西都正默默地为这一阶级的人们做着伟大的工作。这些社团为海员们杰出的目标作出宗教的指导。如果这是可获得的，除了所有其他必需的东西将增加，没有什么是可怕的。一个海员，如果他之前不知道怎么阅读，也没有立即学习阅读，是永远不会变得对宗教感兴趣的；一贯的习性，在红尘俗世中的节俭（如果是我，可能会用这个单词），从懒惰和荒淫中索回的时间，伴随着一个转变的人的觉醒，确保他将指导自己认识到自己的职业必需的和相配的东西。宗教信仰的改变是伟大的目标。如果这是安全的，除了对世界事物的认识将足够快速地变化，没有什么可怕的。对于海员来说，事实上对于所有人来说，思维逻辑领悟力的培养，在传播中通常被称为有用的知识，然而宗教的教导是被忽略的，也很少能使一个无知的罪人变成一个聪明的强大的人。那么上述的海员，或者其他人，宗教的劝诫至少的可能会起点作用，当船员的理解已经被教化时，可是他的心却一直任其自生自灭。

我完全相信那些努力在海员的智力培养上达到了目标；给予他们系统的知识；把知识加入他的能力中，去阅读所有的一切。首先，一颗正直的心将引导他判断；在给他政治信息时，使他对报纸感兴趣。一个更深远的结果是，他会在淑女面前和公共会见时表现出来，他的勇敢和慷慨会受人称赞，很多忠诚的人的劳力不能破坏，否则就全部都成了伤害。

在大多数我们自己的海港和许多外国海港上，水手的教堂常常由船舰建成。那些教堂不断地传播福音和开设“水手之家”，与这个原因有很大关系，那里常有宗教服务和其他的好影响，这我以前提及过。但是人们把水手之家铭记在心底最深处。几乎终其一生他都必须在船上度过；在船上获得一个宗教的影响，会是伟大的目标。《圣经》和道义在船舱和甲板上的传播将会向这方面靠近一大步。没有什么会比道义更快引起水手的注意或使他特别感兴趣，特别是一个故事含有的道义。纯粹的随笔和论点难以吸引他们的注意，但是最简单和最简短的故事往往会打动最粗暴和最邪恶的人的心，这故事是关于谈及家庭、善心的朋友、一个祈祷的妈妈或姐姐、一场猝死，诸如此类的话题。《圣经》对水手来说是一本神圣的书。它可能埋在水手的胸膛最底层，航海复航海，但他从不用明确的不敬对待它。我从不知道《圣经》中是上帝的旨意，但是有个水手怀疑；而且除了他没有受任何早期宗教影响长大，他是唯一一个受了特别好的教育的人。在我们船员中最邪恶的那个人在一个星期日早上，向船员中的一个少年借《圣经》。那个少年说他愿意，但是少年担心那个最邪恶的人是开玩笑的。“不！”那个男人说，“我不开上帝的玩笑。”这是普遍存在于水手之间的情感，而且这对宗教影响来说是一个好的基础。在一个关心永久繁荣的船长的带领下，一个更为巨大的收获随时都会发生，这样正规宗教活动能取得成绩，而且一个船长具有的对善或对恶的努力，在宗教方面都有强大的影响。海上事件会使水手的思想发生重大转变——一场猝死或死里逃生之类的事件，是对危险的忧虑，所有的这些都需要感恩和信仰。另外，事件的状况改变着所有船员和他们的长官之间的现有感觉。他的权威看起来更带有父母的特征，而且感觉更亲切了。戈德温，虽然是一个异教徒，在他的其中一本小说中，描写了一个导师在学生中所处位置的关系，明确说到导师处在低层，他和他的学生都在同样地等待永恒的幸福或苦难，而且他们必须一同出现在审判席前，解决那些自然存在于他身上的乖僻性格，以至于对他的学生产生一种亲切和温柔的感觉，不会产生其他的感觉。这种现象也能起作用于船长和普通水手的关系中。

现在有许多船在这种精神支持下航行，这样有很大的好处。可是我从没遇到过他们那样的人。在一年零三个月中，我既没有当众听过任何一次作祈祷、一回读经篇，也没亲身看过任何宗教服务。在航海历程中有许多偶发事件，在那时，一系列能使我们转危为安的想法会浮现在脑海。但是没人把握这个机会，而且他们没有帮助，常规地返航早该使某些情感常存在我们心中，可他们失去了这种优势，对一些人来说可能是永远失去。

一个单身的笃信船长可能很难能成为一个精于计谋的人，这是一件好事。首先，像我所说的，情感善良的状况在船上是存在的。不允许渎神。没有人用无礼的名字称呼别人，这对水手来说是一件好事。水手们一直在遵守安息日。他们即使不用别的方式度过安息日，也能休息一天。船长也和水手们相同，不会留下船上一名不信宗教的水手；只会教导信奉宗教的水手书写、计算和航行；只要他可以轻松地实现这种方法，他就处理好了现有的时间观念。船长也会有规律的宗教服务，而且实际上，以他作为有力的范例是非常明智的选择。在船长的权威作用下，可以在船上形成一种特性。在国外海港中，船只因它们的船长而出名，因为在商业服务中没有全面的规则，每位长官可能都有自己的一套计划。据记载，在大多船只中，有些稚嫩的男孩形成了他们一生的品性，老人们的生命也必须在船上得以终结。水手死在海上更为光荣，而且如果不是按常理，当他们发现生命即将毫无预警地终结时，他们会忽视他们不能如同在岸上一样，请求一名教士或一些教友去告诉人们那种想获得拯救的希望，如果没有忽视，就会存活；但是如果小船上没有指南针，他们势必迷失人生的方向从而走向极端。

正如我所描述的，当这样的长官和这样的船只变得更多时，海员朋友们的希望将会变得更强大；铭记水手间的努力会使这个阶级崛起，这是振奋人心的。对于他们中的那种在这些影响下长大的人来说，这些影响必然会成为成功处于信赖和权威地位的因素之一。假如世界上存在一种小因素引起大效应的情况，那就是虔诚的船长。对于海员间的工作的进步，我们必须用最大的信心来看待，纠正这些常见且数量庞大的小恶和小错。这会提高水手个人和水手阶层的品质，使公正的法庭上的证据更有分量，船上的水手能够得以更好地使用，而且能增加他们的岸上和海上的生活舒适度。有些法律可以通过消除他们人生路上的诱惑，来帮助他们进步。有些人可能且很可能会改变法庭的权限，来阻止拖延。但是一般来说，特别是在关于船只的规章制度上，我们最好在这伟大的事业上辛勤工作，在新法提案上小心观察、大胆调整，谨记大多关心新法建立的人必定是少有资格断定新法的运行的。

在我的叙述中没有任何正式的关于那些人的献身，那些本应蓝图似锦的人，我还在准备记住他们。在他们的帮助下可能碰巧失败，但我除了相信他们别无他法，我的书将会到达这些人的手中，他们将会在其中发现他们想要以怜悯和善意祝福的任何表达来报答我是没有必要的。有个读者“把他的双手放在头顶”与我们一同下海，在我与他分别时，我会用自由来称赞他善意的祝福和他努力的善报，因为跟他们这一阶层的人在一起的短时间内，我的命运改变了。我相当希望这样做，自从我感觉无论这本书能得到什么样的关注，无论这本书能获得什么样的支持，我几乎都会完全地把它归功于我对航海的兴趣。所有我们当中关注这本书的人会很容易激情澎湃。

二十四年后

那是1835年的冬天，阿勒特号船为了兽皮而起航，前往偏远且几乎无人知晓的加利福尼亚海岸，飘进了广阔而荒寂的旧金山湾。周围的一切都是静寂的。我们停留的这段时间里，除了一艘俄罗斯船停泊在此之外，没有任何船航行至此或离开。我们与遥远地区的布道所做交易，这些印第安人用小艇给我们运来兽皮。我们的停泊在有两个突出道岔的小岛之间，这个小岛被叫做芳草地，它与一个拥有一些弧形和山谷的碎石海滩拥有相同的名字。除此之外，往登陆地点的西方看去，是一座沉寂的山丘，你仅能看见稀疏的草地与树木，而较高的山丘则陡峭而贫瘠，被雨水冲出了道道沟壑。往右看，离此处五、六英里外是一个破败的普雷西迪奥，而往左三四英里外则是多洛雷斯的布道所，它几乎和普雷西迪奥一样被破坏了，更确切地说，它几乎被荒废了，唯有一些牛群作为他们财产的印第安人还留恋于此。在一个远远超出了我们视线的地方，除了一个积极进取的美国人外，再没有其他人居住在此了。他来到这后，随着时间的推移以及登陆点地平面的上升，他在此处搭建起了一个简陋粗糙的棚户，在那里，他在那些停留在此的兽皮船上和印度人进行一些小的零售贸易。大雾从北太平洋向我们涌入过来，它穿过这个峡口，覆盖了整个海湾。当这些雾散去之后，我们看到了一些树木繁茂的岛屿，岛屿的西边是山丘，东面是拥有茂盛树木的山坡，而且海湾广阔的海域一直向南延伸出去，我们被告知那里是圣克拉拉和圣何塞的布道所。同样，在这个岛屿的北方与东北方，众多小海湾向外延伸出去，使其他河流汇集于此。没有人在这些海湾和河流区域生活，而那些大牧场与布道所也只是零零散散地分布在远处。不仅是我们的停泊处，整个海湾都呈现出一片寂静。整个加利福尼亚海湾都没有一个灯塔或一个浮标，而这些航海图全是之前由英国、俄罗斯和墨西哥的旅行者断断续续汇编而成的。飞禽向我们俯冲过来，野兽徘徊在橡树林之间，当我们随着潮汐慢慢驶出这个港湾时，看见一群鹿来到水边，在朝向北面的海湾入口处凝视着眼前奇怪的景象。

在1859年8月13日这个星期六的晚上，豪华的蒸汽船金门号，满载着欢乐的乘客和辉煌的酒吧与客房，从巴拿马海峡行驶而来，那是一个接近繁华的世贸中心旧金山的一个地方。这艘船上红、绿、白的信号灯照亮了几英里范围内的海域。这世界上最昂贵、最有效率的灯塔之一，坐落在离海面几英里外的旧金山法罗岛那些荒凉的岩石上，从那里射出了强大的射线。当我们超越金门号，进站时，另一个灯塔出现在我们眼前。伴着加利福尼亚清澈的月光，我们能够看见在它的右边，一个巨大的设施保护着它那狭窄的入口，而在我们面前的这个属于恶魔岛的小岛，是一个完整的堡垒。我们艰难地绕过这个点向兽皮船只原来的锚地靠近。这里是一座覆盖着沙丘和山谷，并且从水的边缘一直延伸到山丘，从旧的要塞一直延伸到布道所，并拥有数十万居民的城市。这里灯火辉煌，街上和房屋里的灯光闪烁着。半夜的钟声敲响了，但从那欢迎的枪响中可以发现整个城市仍然富有生机。这些枪响仿佛散播着消息，那艘两周前出发的船带着邮件与乘客已从大西洋来到了这里。这艘很大的快速帆船停泊于此，或许他曾想停在码头。这个宽敞的大轮船，犹如哈德森和密西西比州的船一样宽大艳丽，整个轮船发出耀眼的光芒，停泊在贝尼西亚和美国的海军基地，等待着……然后再汇入巨大的支流——萨克拉门托，圣华金河，和羽毛河这三条河流，最后流到遥远的内陆城市萨克拉门托、斯托克顿和马里斯维尔。

我们停靠的这个码头和街道，密密麻麻地挤满了运货的马车和手推车，准备为到达的旅客提拿行李，大巴车和出租车也聚集于此，等待着下船的乘客。也有人在这数百名乘客中寻找着自己的朋友。报社的代理商和众多的人群，急切地想从这遥远的大西洋和欧洲到来的乘客中了解一些不一样的消息。从这些拥挤的人群中，我为自己找到了一条出路，沿着这些精心修建的和与白天一样光线明亮的街道，我看见那些男孩们已经开始高声叫喊着卖纽约报纸了。在凌晨一两点间，我发现自己舒适地躺在东方大酒店一间宽敞的房间里。尽我所知，这个酒店坐落于这个被填充的海湾上，而且离我们之前从阿勒特船上拖放我们小船的地方并不远。

8月14日，星期日。

当我早晨起来，望向窗外旧金山这座城市。这座城市拥有仓库、塔楼、教堂的塔尖以及法庭、剧院、医院、日报、大量的博学专业人士、堡垒，灯塔。那天在它的码头和港口上停泊的上千吨的快速船，比在伦敦或利物浦停靠的要多。旧金山，不仅是美利坚合众国最重要的城市之一，而且是对于这个新世界来说，坐落在太平洋上唯一的商业中心。当我向东面的海湾看去，我看见一个美丽的小镇坐落在肥沃而且树木茂盛的康特拉科斯海岸上。那些大大小小的汽船和渡船，还有宽敞的客机与旅客机都驶向康特拉科斯。这些船所留下的一道道烟雾留在了远处的地平线处。眼前所看到的所有的这些景象，使我回忆起以前的自己和在这看到的情形。相比起现在身边的一切，我几乎不能相信眼前的这些现实情形，或者身边任何事物的真实性。对我来说，就像住进了一个“不真实的世界”。

我不能抱怨没有地方让我崇拜。罗马天主教有大主教、大教堂，有五六个小教堂，有法国人、德国人、西班牙人和英国人，还有圣公会教徒、主教，大教堂，和其他三个小教堂。卫理公会和长老会都各有三个或四个，此外还有公理会教友，浸礼会教友，唯一神论者以及其他社会团体。在去教堂的路上，我遇到了我两个哈佛的同学站在教堂的门口，他们现在一个是律师，一个是老师，我们约好了将来下一次的会面。稍远处，我碰见了另一位哈佛同学，他是一个很好的学者，充满智慧、机智与幽默感。他邀请我在他法国式房子里一起吃早餐，他是一个单身汉，同时也爱在周末睡懒觉。我让他给我说怎么去奇普主教所在教堂，他显得很迟疑，而且看起来比较迷惑。他承认他对于某些类别事物的认知，并没有他所知晓的其他领域那么好。但是，他猜了一下后，指向了这条街下面的一幢木质结构的建筑。也许任何看见那幢建筑的人都觉得不会是它，结果证明，他所指的建筑是非洲浸礼会教友的会议室。但我的朋友有很多很好的性格特点，而我也很高兴我的拜访能够引起他的注意。

在主教教堂里的聚会跟你在纽约、费城、波士顿所见的聚会完全一样。可以肯定的是，这里做礼拜的特点让你立刻有一种在家的感觉，尽管来自于这个国家的不同地方，但会让你感觉到几乎所有的英国人种族都显得一样。最新款的法国帽子戴在重要人士和商人的头上。这里的音乐没有特色，但由于这有一个启发性的布道，教堂被坐得满满当当的。

我发现，任何一个新教的教堂，都不在下午做礼拜。在周末他们有两场礼拜，一个是在中午十一点，而另一个是在天黑以后。下午我通常都待在家里，或者接受友好的邀请，或在周末学校里上课，或者做一些人文或社会工作。

这跟国内被称为对其他任何人最严格的教派的做法差不多。事实上，我发现个人和公共机构，都明显程度地受到海洋和加利福尼亚的生活改变的影响。一个星期日的下午，我很惊讶地收到一张卡片，后来我才知道这个寄卡片的人，是十五年前，在新英格兰公理会的一个严格且正式的执事。他也是旧金山的一个执事，所有神教工作的一个领导人，献身于他的教派禁欲学会——相同的内在，但外在，却有多大的改变啊！过去，他那低垂的眼睛，屏住的呼吸，庄严而不自然的声音，警惕的步态行走，就仿佛要对人类精神世界的平衡负责的他已经消失了！现在，他走路大步流星，面孔向上打开，满脸胡须，他的声音，强大而自然——总之，他已摆脱了新英格兰执事，成为了人类。在访问的一个小时里，我从他那里学到了很多关于宗教社会、道德改革、“冲撞”——总禁欲学会的事情。总禁欲学会曾经被年轻人和社会中很大一部分人支持，其后得到了警惕委员会的支持，他是其中的一个成员，最后得到了对其感兴趣的更世俗对象的支持。

在酒店的其中一个休息室里，我看到一个年约六十的男人，他的脚被包扎起来并放在椅子上休息，人们都称呼他为里斯。我想，他一定是那个穿越了整个国家，从肯塔基到蒙特雷的人，当我们1835年在朝圣者号和阿勒特号上航行时，他用他的步枪来射击挂在从上桅帆到翼帆吊杆末端的瓶子。他娶了美丽的多纳罗萨莉娅瓦列霍——多纳瓜达卢佩的妹妹。这里有一个五官很高及沙质头发的老人。我把我的椅子放在他旁边，就像任何一个加利福尼亚人可能做的一样。是的，他就是里斯先生；当我告诉他我的名字时，他马上就声称他记得我，并且谈到了我的书。我发现几乎——或者可以说——在加利福尼亚的每个美国人都读过这本书；因为1848年，在加利福尼亚“爆发”，正如整个短语一样，如此比例之大的盎格鲁-撒克逊种族蜂拥地去读它，在加利福尼亚，除了我的书，还没有什么书有这样的情况。当时许多人都住在这本书所指的海岸上，后来都读了它，并记住了朝圣者号和阿勒特号，我以为他们也把我记住了。但我首先更倾向于相信他们记得我，是因为大学生出来在桅杆前工作的新颖性吸引了更多人关注我，比我当时自己意识到的更受关注。

下午晚些时候，因为在天主教堂有晚祷，所以我去了德维克特瓦尔圣母院。会众都是法国人，并且布道是由阿贝用法语讲的；音乐很棒，所有的事都很轻快而雅致，让人觉得好像在一个巴黎的小教堂。这与我后来访问的由爱尔兰人参加的圣玛丽大教堂，确实形成了一个对比，后者更像我们在波士顿或纽约的一个令人窒息的爱尔兰天主教教会，在这些人中，智者占的比例很小。在旧金山的三个星期日里，我参观了三个英国国教教堂、公理会教堂和一个中国传教教堂，以及在安息日（星期六）参观了一个犹太会堂。这里的犹太人属于富裕和强大的阶级。中国人也有许多，从事着很大一部分的手工劳动，开一些商店且拥有一些富裕的商业住宅。

值得注意的是，欧洲大陆的时尚在这个城市普遍盛行——法国的烹饪，中午吃午餐以及一天结束时吃晚餐，餐后喝黑咖啡，而且在很大程度上，似乎所有来自美国和英国的这些移民都适应欧洲的礼拜天。一些我在法国的餐馆吃到的晚餐，它似乎对我——一个穷人——来说，无可否认，菜和酒都跟我在巴黎吃过的一样豪华美味。而且一个调味制作商——我的朋友们吃饭时也没有怀疑——这让我回想起是二十四年前，在这里的水手仓吃晚餐时情形。

8月17日，星期三。

一些对我的书有些了解的人，会对我说加利福尼亚的海关是免费的。报纸已经公布了老水手的到来，他们都是先驱者。每次我都会遇见或者结交朋友。我已被邀请去为先锋社团递交周年致辞来庆祝旧金山的开拓。在1853年前来加利福尼亚的人都有入选社团的资格。他们是多么有思想的人啊！我告诉他们时间是1835年，那时查理森的棚屋——而不是1836年他的土坯房，在米申和普雷西迪奥之间充当人类唯一的居住地。当广阔的海湾集它所有的支流和壁龛于一体时是荒僻的——而我不过是个已过不惑之年的人。他们道明了查理森土坯房的所在地，并且告诉我第一个法庭和第一个议会，以及对第一个新教徒的崇敬都是在这里形成的。治安委员会的第一次资本审判是在这里进行的。我被有着十到二十年左右历史经验的古董商人带到码头，去鉴定形成耶尔巴布埃纳岛的克拉克和林康。在那里我们过去常常把我们的船拖上岸，而现在这个地方已被建筑覆盖。我们称之为“木岛”的那个我们熬过12月份无数个寒冷昼夜的地方，我们下水起航之前，以木头作为我们的供应物，而现在树木消失殆尽，阿尔卡特拉斯岛只剩下裸露的岩石和一个完完全全的堡垒。我已经看到了这个城市，这个水和岛屿的城市，但是我却看不到任何能使我回顾从前日子的东西，除了庄严的米申和破损的普雷西迪奥，以及城镇背后的高山和延升至各个方向的海湾。

今天我骑了匹老式加利福尼亚马——以亡命狂飙的步态来到了充军地。高墙如从前般耸立，只是为了适应美国军队的卫戍部队而有些改变。它处境优越，我看见一艘最大规模的快速帆船纵向穿过大门。然后我骑到了将完工的、位于大门南海岸的堡垒处，并做了一番视察，它款式新颖、造价昂贵。这里的建筑师之一是卡斯蒂斯·李，他离开了在阶级的头领地位的西点军校——作为墨西哥战杰出陆军上校罗伯特李的儿子。

第二天早上我骑马到了米申多洛雷斯，被周围与之不很相宜的环境和不断涌现的现代主义所环绕；灰色年代被最刺眼的、最纤细的、最迅速的现代发展所环绕，它显示出一种怪异的孤寂。古老的钟楼由于被当做南部城市做礼拜的地方，它的哐当声伴着人们的话语声与不协调的铃声一同响起。

在所经过的码头船舶的旁边处，我发现了一堆干燥的兽皮，这使我强烈地回想到旧时，一个对我而言稀缺而又可信赖的时光。我在沉思中迷失了自己，那些兽皮是什么？——它们不是兽皮吗？——对我们，对我，24年前的一个小男孩？它们是我们永久的劳动力，我们主要的对象，甚至是我们的习惯思维。他们把我们带到这里，他们让我们在这里扎根，只有得到它们，我们才能逃离沿岸的航行，回到家乡，过上体面的生活。如果事情不是我所看到的那样，我本应抓住它，把它悬挂在我的头上，带走它，并用古老的方式把它丢在地上——但是我还不认为这是一种抛丢艺术。他们怎么唤起我在圣地亚哥数月的记忆，那些可以在海滩玩冲浪和自由操纵驶向家乡的船的时光。我在圣地亚哥做了一个梦，圣佩德罗——由于山太堵峭且很难携带货物，而光秃秃的石头也让我们的赤脚非常难受——这就是圣地亚哥的悬崖陡壁！而所有这些，都已物是人非。整个兽皮也成为过去，对现在的加利福尼亚居民而言是种昏暗的传统。淘金热使得所有的人不再群居或者加工处理兽皮，不断涌入的人群导致了牛牧生活的结束，而这些并不是船舶业所追求的：曾经在海岸积聚的兽皮业务繁荣不再，圣地亚哥的海滩被遗弃，兽皮仓库也随之消失。在码头上遇见一个面带尊荣的人，我问他兽皮业是如何进行的？“哦”他说，“其实很少，所有的都在这里。在冬天少数带到这里来的兽皮被安置到棚屋里或者被丢弃在码头上，或者被从码头装载去船舱。它们构成了其他货物的材料。”我真的感慨良多，在那一刻，很想去表达我对这个主题感兴趣的原因，只能补充说，“海岸交易古老的兽皮加工业已成为过去了？”“哦，是的，先生，那些我们读到的关于朝圣者号、阿勒特号和加利福尼亚的旧时光都已成为过去。”

8月20日，星期六。

轮船的参议员经常来海岸参观，旧金山和圣地亚哥之间成了他们的中间港口。这是我重游老区的机会。我上了船，她在今天扬帆远航，在港口停泊的船只中发出起航的蒸汽声，在海上快速翱翔，经过了阿尔卡特拉斯岛，灯塔，以及金门大桥，并向南方前进——所有这些在两到三个小时内完成了。而在阿勒特号上，我们张帆，经历了逆潮、烈风、雷电，这些总共花费了我们两天。

在人群中我注意到了一位体瘦、发黄的老人，而且看上去有些面熟。他脱掉他的手套，露出了一只长满皱纹的手。肯定是他！我走近他说，“威尔逊船长，我确信。”是的，那是他的名字。“我认识你，先生，当您在1835年掌管阿亚库乔的时候。”他很快对此作出了回应，我也问了他很多问题，我们谈及了朝圣者号、阿勒特号、阿亚库乔号、罗瑞塔号、加利福尼亚和拉戈号。我发现他对于我在我的书里对他船艺的赞颂有些受宠若惊，特别是对他把朝圣者号带回圣地亚哥港口的事迹，在他连续行驶到拉戈号和罗瑞塔号后，目的地距他很近，我很喜欢他的双桅横帆船，阿亚库乔带给他的欣慰就如同我记忆中他的新娘和他的婚礼一样。蕾蒙娜小姐现在是一大户人家的母亲，而且距圣路易斯奥比斯波很近，我应该会发现她还是貌美如昔，看见我也会如从前一样开心。我们曾经一同一次又一次走过甲板，并乐于彼此谈话，还有那些船、船长、船工、贸易商、女士、代表团、南部复活节人员！是的，我们该在哪里停下，由于船舶战争他在智利卖掉了阿亚库乔，放弃了他的海域，并成为了一个牧场工人。（我从别人那里了解到他成了全国最富有和最受欢迎的农场主之一，而且他的牧场很值得参观。）汤普森说，他是个了不起的水手，在圣地亚哥他从来不会向失败低头，他被布拉德肖认为是了不起的水手和领航家。除了在卡亚俄离开了他之外，他不知道乔治马什发生了什么，他也没有说关于比尔杰克逊的任何事情，以及罗瑞塔号的船长尼尔。我告诉他我在那时所知道的所有关于船、掌航者、船工的故事。我发现他对我所讲的事有所了解，只要略加解释即可。他告诉我，圣巴巴拉市的西尼尔诺列加、唐卡洛斯和唐圣地亚哥都已经死了，但是我应该去找他们的孩子，它们应该都已经是中年人了。他说，因我赞美唐纳奥古斯丁的美丽和她的舞蹈，使她出了名，我本应该享受她的盛情款待。但她成了个寡妇，而且再婚了。而且她还有个和她一样美的女儿，诺列加的后代取了祖传的名字，他们出生就是古西班牙的贵族；还有那个叫保罗的男孩，他过去还在阿勒特航行过一段时间，而现在成了大卫保罗达纳噶瑞——一个在圣巴巴拉郡国家立法机构的参议员。

他注意到，重点是在这个国家，他通过了——圣克鲁兹、圣路易斯奥比斯波、阿布尼尔达、蒙特雷。而令我失望的是，这些地方我们都没有去过。蒙特雷是海岸最漂亮的城市，而它的都城和海关席位在巨大的变化中并没有显示出优势，在贸易方面，矿山和河流的交通上都落后了，似乎已经没有停留的价值。关于观念性的东西，我们在晚上也认同了。一丝愉快的光线从灯塔里射过水面，停留在它最外层的水峰里。关于观念，那个词足够唤醒我们所有的经历，对狂风横扫甲板吹走中桅的恐惧，以及冬天冰雪滑坡的苦难。但是威尔逊船长告诉我气候已经变化了，东南的强风不再如从前一样是海岸上的人们的痛苦之源，而且船舶现在已经被全年固定在圣巴巴拉和圣佩德罗的巨藻里。我想这应该归功于他在牧场棚屋里度过他的冬天而非阿亚库乔的甲板上，而我已再没有听到关于此地其他的任何消息。

绕过坡因特康塞普申，朝东方驾去，我们开拓了圣巴巴拉市的大陆运河。圣克鲁和兹圣罗莎它们就在那里，还有圣巴巴拉市所在的布埃纳文图拉平原，包括被高丘和远山环绕的圆形竞技场。古老的白色教堂和钟楼，单一的土砖房形成的城镇，以及后来构建的木房，几乎没有再经历任何改变，在这样极好的气候下和金色的阳光下睡眠，被重山保护，而且比其他任何东西都能让人过目不忘。那些在海滩上的怒吼和摔跤，和在天气极好的日子在太平洋尽情冲浪一样美好。朝圣者号航行了五个月后，在这里疲惫地锚抛。而现在同样的蓝色的海，冲浪却让人觉得如此单调乏味。忧郁的吼声，以及同样梦幻般的城镇，白色的布道所存在于此，当我们第一次将我们的船拖上岸时，我们和夏威夷土人一起乘风破浪，另外三个兽皮商人躺在海面上的锚上。但是现在只有我们这一个船只，以及和那些乏味的很少航行，很少抗争，很少发动的废船。

我以古老的方式冲浪到了海岸，但是浪不足够高，我们觉得不够痛快，唯一的变化是我成了一个过路人，没有跳出去固定船只并通过舷缘使它运转起来。

我在圣巴巴拉市收获了一点点，从我所看到的东西里我得知，它现在成了美国的一个港口城市和蒸蒸日上的美国佬民族的一部分，也不再是一个毫无生气的墨西哥城镇。同样古老的房子是倪瑞勾曾经所居住的地方，在庭院的走廊里，那里是罗宾逊先生和安妮塔小姐结婚的场地，也是唐璜班迪先生和沃哥斯特小姐跳舞的地方，在那里，大卫保罗达纳噶瑞威严地接纳了我。我和他的家人度过了一天，旧地重返并共进晚餐，一起享受当地的橄榄、葡萄和酒。

他因我的善良而感谢了我，大大恭维了我对他的称赞。他的女儿告诉我，所有来到圣巴巴拉市的人被叫去看她的母亲，而且她从来不希望自己的生命如同贝拉一样长久。

这个地方的阿尔弗雷特·罗宾逊先生，是我们1835年的代理人，那时他和他的家人在一起。我不知道他将如何接纳我，只记得我已经把他写在了这个世界的人都会读到的书里，但我那时并不知道全世界的人将会读到这本书。在我们之间，没有地位尊卑之分。

这里的人们将他们的注意力集中在饲养羊群、造酒和其他饲养业上，只要不让这个城镇倒退就行。

夜幕降临，我们的船在夜晚中航行，我拒绝了坐马车或骑马而选择了步行，我想留给自己足够的时间在海滩上自由漫步，并观看那些岛屿和景点，以及已经咆哮和翻滚的海浪。海滩如此的柔软，这得益于时间的沉淀，它们似乎是因为喜爱而抚摸着我们。我感觉我在为一些爱的人或物的逝去而哀痛——船，南太平洋诸岛土人、动物和同船水手。死亡、改变、距离，使它们具有一种独特的特性，不同于任何粗俗的、无趣的、强迫的劳工。

当我们出海的时候，风是如此的清鲜，汹涌的波涛和灿烂的阳光在太平洋广阔的地平线上卷为一团，但是这是夏天，在加利福尼亚的夏天，是没有坏天气的。每天都是美好的，没有狂风也没有暴雨。

第二天早上，我们发现我们在圣佩德罗海湾的船上。这是个让人深恶痛绝的地方，尽管我们离它很近，我还是依稀能认识到我们在这座山上抗过、推过并翻滚过重物。我们从这座山上投掷兽皮，光着脚扛着它们到我们船上。而现在它不再是个栖息地，小溪的源头已经成为人们的劳作地，人们从安全的远离东南风的防波堤或者码头处卸下货物。一艘拖船把从事贸易的乘客从轮船带到了码头，而洛杉矶足够支撑这样的船舶。我秘密地登上了另外一艘小船，到了那座我所熟悉的小山。之后，我抛弃了船，独自寻找去高地的路。我说我找到了自己的路，是由于忽视和不确定自己是否在这条陡峭的山路上留下了痕迹。这是我们过去常常扔兽皮的悬崖，也是我无数个夜晚观看它们的地方，它也极易被发现。而现在这个地方的人口增加了，换句话说，在山上现在是两座房子，而不是一个。我站在顶点，从海面望去，圣卡塔利娜岛和它附近的岛屿都充满了忧郁的情调。拥有着痛苦传统的亡灵岛，唤回了那些在海上受鞭打的朝圣者黑暗的时光。但是拖船正朝着我们的轮船驶来。我必须苏醒和离开，我沿着海岸线朝新着陆点走去，那里有两到三个储备房和其他的一些建筑共同构成了一个小仓库。另外我发现有个公共马车，每天都会从普韦布洛和这个地方来回穿过。我坐在马车上面，这辆马车栓了6匹加利福尼亚小野马。每匹马头上都带着头套，当马夫拉紧缰绳发出命令时，所有马立刻一起奔跑，像喷泉喷涌一般，撕裂着大地。马夫只需让它们走正确的道路，因为他们要走整整30英里的路，穿过广袤的南美大草原到达普韦布洛。这个平原几乎没有树木，没有草，至少在干旱的仲夏没有。地面上布满松树洞，里面住着松鼠。尽管我们换了2次马，在我们走到普韦布洛的街道上之前，我们都没有降低速度。

在洛杉矶的普韦布洛，我发现了一个大且繁华的城镇，大约有2万居民。镇上有石砖人行道、石质楼群或者说是石砖房屋。当我们通过朝圣者号和阿勒特号，为了兽皮来到这里时，三个主要的贸易商仍然是这个地方的首要贸易商。他们是斯特恩斯、坦普尔和沃纳，前面两个被大家认为很富有。我和斯特恩斯先生一起吃饭，他是一位老者，在这里我见到了唐璜·班迪尼。在我的书中，对于他我提到了很多。我从他那里，事实上是这个镇上的每一个人那里，得到了最友善的关注。当我们在海边的时候，看见唐璜年轻漂亮的妻子跟他在一起，他依旧帅气。他妻子是唐·圣地亚哥（圣地亚哥指挥官）的女儿。这是我提到过的众多事例中保留了加利福尼亚好气候的例子。这里还有亨利，他跟我一起来的，走在朝圣者队伍的前面，将帆船停靠在岸边，给相关机构的员工看管。他在这里拥有各种资产，他和一个墨西哥女人结了婚，组成了一个家庭。我和他吃饭，下午他带我去了葡萄园转悠。这个葡萄园是本地的重要建筑。去年的葡萄收获期，估计有50万加仑的产量。每年，葡萄园都要开辟新的地皮。普韦布洛承诺成为世界最大葡萄酒制造中心地区之一。葡萄在这里是滞销货，我发现了大量的无花果、橄榄、桃子、梨子和瓜。

这里的气候非常适合种植这些水果，对于小麦农作物的生长，就显得太热和太干了。傍晚，我们坐着马车出发了——6匹一起飞奔的马。在天黑之前，我们到达了港湾，尽管我们登船之前已经很晚了。船缓缓开动，驶向圣地亚哥。

当我们倚靠船边，威尔逊和我都意识到，或者说是我们想到，在皎洁的月光下，这个粗鲁的从圣胡安来的白人使者是一个男孩，他不谨慎，巴不得抓住每一次冒险的机会。还有悬崖，在那里，我用一对吊索使自己从悬崖下摇摆地往下掉，确保些许安全。

当我们到达圣地亚哥的制高点——坡恩特洛马时，灯塔里的人们欢呼着迎接我们。当我们在早上环顾四周时，我们眼前出现了圣地亚哥的小海港，海港的水非常深，我们听到沙子发出的声音。对面的平原是阿勒特回家要经过的。低矮的山丘没有树，也几乎没有灌木；安静的小海滩；但是，主要建筑兽皮仓库，我都没有看到。它们全都消失了，没有留下一点痕迹。

我想单独待着，所以我让其他旅客进城去了，我就静静地待在已经靠岸的船上，只有我一个人。回忆和情绪都是悲伤的，只有悲伤。

过往是真实的。而现在于我，是不真实的，不自然的，排斥的。我看见几艘大船停靠在水中，还看见阿勒特、加利福尼亚、罗莎和与她一起的意大利人们。然后看见了我最喜欢的美丽的阿亚库乔，穷困却可亲的朝圣者号，困苦且无望的家园；船只来来回回；轮船边，水手在哭泣；满是人的海滩；深藏的有一大群人的大房子；到处都是夏威夷人。这一切都消失了！没有一处遗迹留下用来辨认那些藏起来的房子。烤炉也消失了。我找寻那些遗址，在那些我觉得可以找到的地方发现了一些破碎的砖和少量的灰泥。我孤独地被所有人抛弃，我在这里是多么的奇怪呀！我怎么了？他们都去哪里了？为什么我要关心他们呢？贫穷的夏威夷人和水手，对文明的抵制，罪犯和太平洋的拾荒者！时间和死亡似乎在美化他们。一切都死了，这是无疑的。但是，他们是怎么死的？——死于医院？热病区？洞穴？从桅杆掉落？

“片刻，他像一滴雨水，

陷入你的深渊，伴随声声叹息，

没有坟墓、没有丧钟、没有入殓、无人知晓。”

赤子之心的男孩们现在变成了中年男人。如果，海洋、岩石、热病、及海岸上困扰水手生命的致命敌人们已经摧残了他们，那么这些勇敢的男人们已经俯首，大地或者海洋已经覆盖了他们。

甚至是动物们都消失了——殖民队伍里的狗群，一窝家禽，可用的马群；但是，土狼的嚎叫依旧回响在森林里，因为他们不属于人类，不为人类的改变而受影响。我慢慢地走上山，在灌木丛中寻找我的路，因为这条路已经很久没人走了。

我坐下来，在我们以前挑木头时经常休息的地方。远眺可能会迎风而来的船只，尽管这种情况很少。通过回顾有关我的财富和高贵，家庭中珍贵的事物来调整我自己是不可能的。

忍受着失落，已经到了一天的中午了。太阳也高过了之前的位置——离普雷西迪奥镇还有四英里。我经常这么走，可以再走一次——我路过熟悉的建筑物，比起以前到过的地方的建筑物，我似乎更记得清这些。打开的窑洞；我们曾砍树和捉响尾蛇的小山丘，我们的狗在那里追逐土狼；那黑色的大地，许多船员和拾荒者在忙碌了一天后返回这里，在木星号潜水艇上度过夜晚。

无论我是否看见，这个圣地亚哥的小镇都没有变。它当然也没有成长。它仍然是一个墨西哥小镇，像圣巴巴拉。但是，我相信所有的绅士和他们的家庭都消失了。费奇——本土的大超市拥有者及贸易商，已经死了很久了。拥有很强竞争力的杂货店的老板汤姆，喝醉酒之后从他的马上摔落。他被人们发现的时候几乎被土狼吃完了。我只能记得少数几个人。我走进了一座一层的土坯房，这房子有走廊和泥土地板。它的主人叫做木卡多，来自下层社会家庭。我问到家里的人是否都在时，一位热情的中年妇女认出了我，因为她听说我曾经在轮船上待过。她告诉我，她和我们船上的船员——杰克·斯图尔特结了婚。她丈夫本该在下次航行中担任副驾驶，但他离开了船，和她结婚并定居在这里。她说她丈夫很想见我。几分钟后，她丈夫进来了。与我见面时，他真诚的欢乐是极度让人愉快的。我们谈论旧时光，追溯到我能记得住的那时起。我很高兴他是清醒的，他做得很好。我和唐纳交谈。她是旧时上层社会唯一留下的人，如果我没记错的话。我在这里发现了一个美国家庭，我跟他们一起吃饭——道尔和他的妻子，一对友好的年轻人。道尔是代理商，代理大批发大量的马车，业务扩展到加利福尼亚边境。

我必须完整、虔诚地回忆一次，所以我骑了一匹马去了旧米申的喷泉。那里是我和本斯廷森离开波士顿后第一个自由日去的地方。所有一切都已经消失。房屋被废弃，成了废墟。大的园子只有一些野生的仙人掌、杨柳和橄榄树。快速的奔跑带着我回到过去，向那些我熟知的和认识我的人们告别，然后回到轮船行驶之前。最后一眼——对的，生命中最后一眼——望向海滩、山丘、低地、偏远的镇子，当我们环绕诺马角，当灯塔的第一束光照射向落日的时候。

8月24日，星期三。

黎明前，我们的船在桑·佩德罗抛锚泊船。但是我们没有从水手仓里面被叫起来去把船划上岸，也没有在早饭前被叫去移开这大量的兽皮；相反，我们在客舱里用的早餐，再次骑着我们的野马去了普韦布洛，并在那儿待了一天，见到人跟以前几乎都一样，也是天黑前才回来。我们又前往了圣巴巴拉，在那里，我们只待了1个小时，然后就穿过其运河，绕过坡因特康塞普申，停在了圣·路易思·欧比斯勃，目的是为了让我的朋友登陆，同他一起经历了这段长途旅行后，我可以真正地称他为威尔逊船长。他很诚挚邀请我在这里停留并去参观他的牧场，但我不得不拒绝他。

8月26日，星期五傍晚。

我们驶入了金门，穿过灯塔、堡垒和快速帆船后停靠下来，来到我们的码头。这个地处高山和周边环水的伟大城市，在我们面前闪耀着，热情洋溢，充满了生活气息。

把旧金山作为基地，我游览了这个州的很多地方——从海湾到圣塔克莱拉，这里有活橡树和枫树，还有为男孩提供的耶稣会学院，以及由圣母院的修女捐助的圣何塞学校——这个州最好的女子学校。圣塔克莱拉镇现在因而一年一届的“一千杯酒的州议会”著名。之后，我又去了富饶的圣荷西水银矿山，从康特拉科斯塔返回时，经过了这个富饶的农业乡村，这里有卡斯特罗和索托家族的大牧场和广阔的土地，在这里农作物和水果都是被大规模种植的。另外一次短途旅行是从圣华金到斯托克，一个有近一万居民的在默塞德浅滩上的城镇，距离旧金山有一百英里，跨越了图奥勒米、斯坦利斯诺斯和默塞德，挨着霍尼托斯的一个西班牙小镇——斯内灵的泰温尔。这里曾经发生了很多重大的战役。从那里，我去了马里波萨县和上校费利蒙的矿山，并对这个所有人都称之为“上校”的人和他的夫人，做了一次有趣的访问。费利蒙夫人既代表财富，是巴黎画廊，纽约和华盛顿画室的女主人，又是马里波萨偏远及荒凉挖掘地区，跟充满活力的家人和聪明的孩子们一起过平淡生活的代表。在这里稍作休息后，我们去了克拉克营地和大树林，我测量了其中一棵树的周长，不包括其树皮，就有九十七英尺，而树皮，通常是十八英寸厚；穿过另一棵躺在地上，脱皮后完全暴露了内部的树木后，我跨上马背，坐在了高高的马鞍上；然后前往了美妙的约瑟米提山谷，这个山谷本身就是一个惊人的自然奇迹——其圆顶，其卡匹顿峰，以及其三千英尺垂直高度的岩壁。但这个山谷中像新娘面纱闪耀的溪流和瀑布，仅仅足以映射一个彩虹，伴随着瀑布急跌二千五百英尺，或较小幅度地降落八百英尺，在谷底除了形成浓雾，慢慢散开，然后流下，最后汇入到蓝色默塞德河里以外什么也没有，默塞德河是沿着该山谷中心流动。从科尔特维尔的小径回来，内华达山脉的高峰尽收眼底，穿过默塞德的北叉口，贵族峡谷，跨越一些小山和裂谷后，再次到达弗里蒙特，并相继到达斯托克顿和旧金山。这整个旅途都是在八月底完成的。这里已经连续四个月没有下雨了，空气很清新炎热，地面异常干燥；当我们经过数平方英里炙热尘土时，用于小面积人工灌溉的风车随处可见。他们告诉我们在这片土地上，在冬季和初春时，我们就会真正处在没膝的花丛中；在一个挖金现象如此普遍的国家里，没人会注意到我从史塔克顿前往霍尼托斯所用的六匹马的驿马车，会在大路上撞倒一个中国人。这个中国人，正带着他的淘金盘子和洗涤器，在一个美国人已经遗弃的空洞里工作着。在这个需要谨慎和耐心的行业里，这个中国人平均每天的收入就几美元。

这些游览非常有趣。全部都很宏伟、幽默，以至于我强烈地想要描述他们。但我知道我不是在写关于加利福尼亚访问日记，而是简要地描述1835、1836年时的这些古迹，与我现在看到的这些古迹的不同。

旧金山这个奇妙城市的简要历史是多么奇怪和多变啊！1835年，这里只有一个简陋的小棚屋。1836年，在同一地点有一个土坯房子。1847年，人口达到四百五十人，他们组织了一个镇政府。然后有了城市，许多基督教认为的最坏的聚集在了一起；这个突然诞生的由帆布和木板形成的城市，在十八个月内被火完全烧毁了五次，损失了一万六千美元，并经常被重建，直到它变成为一个由砖和石头砌成的城市，拥有近十万居民，并伴随着所有的财富和文化，现在（1859）它是美国最平静也是管理最好的城市。但它也经历过其有着滔天之罪、暴力和血腥的日子。后来，庄严且激励人心的警戒会和最严肃且负责任的公民把它拯救回来，使其变回成一个有节制、有道德和有良好管理的城市。当恶习、欺诈和暴徒行为在法律、选举和投票这些形式背后有自己堡垒，这些有思想和善良的人最后的依靠就只有一个，那就是使用有组织的武力，除此之外再无希望。这些武力行为必须立即且彻底杜绝，否则其状态会比以前更加糟糕。这个城市的这段历史通过这些考验，并通过其难以置信的财政极端，应该值得一写，不仅要精确描述，还需要激发想象力。

我不可能停下来写我关注到的许多文明，以及我遇见过的来自这个联盟各部分受教育的男子和妇女社会；在这里，新英格兰，北卡罗来纳，弗吉尼亚州，和新西部地区一起使用英国、法国和德国文化。

在加利福尼亚逗留期间，我有近四个月不在那里，而是跟着波士顿帆船马士提夫号驶向了桑威奇群岛。这艘船在驶向水边缘时被烧毁了；我们通过小艇逃生，并被一个友好的英国人带到了火奴鲁鲁。我在那里进行了三个月非常有趣的游览，看到了最迷人的岛屿群，以及自然和道德的奇迹。之后，我乘坐美国捕鲸船回到旧金山，并发现自己回到宿舍时又已是1859年12月11日星期日的早晨了。

我回来后的第一次访问是萨克拉门托，一个约四万人的城市，从旧金山到这里有超过一百英里的内陆。萨克拉门托是这个州的首都，是河船的舰队，也是一个大型的商业内陆。在这里，我见到了州长拉萨姆先生的就职仪式。州长是一名来自马萨诸塞州年轻男子，比我还小。我还见到了一个参议院的成员，他是个木匠，大约十年前还修过我父亲的房子。另外2个参议员来自加利福尼亚南部，属于另外一个年代——从圣迭戈安德烈斯峰，以及我提到的在圣巴巴拉遇见的唐巴勃罗德拉格拉。我和这些先生们有很多的谈话。他们有些人在一群美国人中独树一帜，有些已经征服了他们的国家，取代了以前的中流砥柱。1846年，唐安德烈斯曾在桑帕热奎和瑟普尔维达的牧场和我们决斗。他勇敢地战斗，这是墨西哥人所没有的。拥有自豪的西班牙心对唐安德烈斯很重要，能在美国参议院的人面前发言，他就满意了。他赞成保留一个在桑帕热奎中受伤的人，一些卑劣的党团想要取代他开展政治工作的军官的办公室。然而，唐安德烈斯的度量和愤慨获胜了。

我在这个国家的最后一次游览是去了新的、丰富的农业区、纳帕谷、马雷岛的美国海军船坞，开采过金矿的河流和间歇泉，以及约翰扬特老先生的牧场。在轮船上，结识了成为我旅行途中大部分时间的同伴——爱德华斯坦利先生，他原是北卡罗来纳州的国会成员。我还遇到了瓜达卢普瓦列霍——二十年前的当场相识重新上演；我可以说我们是熟人，虽然当时我只是一个水手，但他知道我的故事，而且，他英语讲得好，不论在船上或岸上都和我有许多的谈话。他很认真地接待我，而且不允许我经过他的地方却不去拜访他。他让我想起我们之前的一次谈话——把他从船上拉上岸的时候，当他在普雷西迪奥当指挥官的时候。我了解到，在早期的时候，2个瓦列霍人，瓜达卢普和萨尔瓦多几乎拥有整个纳帕和索诺马。但他们都没剩多少了。在与这个国家的交涉中，他们几乎毁了。如果首都被设在瓦列霍的话，他们应该会修公共建筑，并承诺修建一个城镇。他们花了100000美元迁都，并在两年内通过另一项合同，搬到了圣何塞。该镇成了废墟。这些房屋主要都是木制的，因此都被拆掉然后搬走了。我接受了老绅士的邀请，可以顺便在瓦列霍吃早餐。

马雷岛的美国海军船坞，在瓦列霍附近，很大且在深淡水里被放置得很好。旧的独立村、迪凯特号单桅帆船以及2艘轮船还在那里，并且他们尝试用加利福尼亚木材修建一艘快艇——萨吉诺。

我没有理由试图去描述我通过美丽的纳帕山谷的旅行，它甚至也不比我访问老约翰扬特和他的牧场有趣。在他那里，我从他嘴里听到了一些他关于狩猎诱捕和印度战斗的最有趣的故事。这些故事都发生在他四十年的冒险生活里。他的工作就是像我们这样在密苏里和阿肯色州，以及被科罗拉多和吉拉包围的加利福尼亚山中的定居点之间来回穿行。他还重复三次地讲了他那个促使他组织一群人上山的著名梦想，这次行动确实拯救了因饥饿而濒临死亡的可怜的残余唐纳党成员。

我不能为了间歇泉枯燥的农村，蒸汽发出尖叫声，硫黄，沸腾的黑、黄、绿色锅状盆地，和静静流淌着一股纯净水的焦热地带而停顿；也不能为了公园的景色和纳帕山谷迷人的农场而停留；这里的农场都是大规模耕作。我在那里见过一个人犁田的时候，旁边插了一根绑了红旗的棍子，以便于他可以沿着棍子所在的直线犁田。他在农场里面一直犁，直到几乎消失在视线范围内。在那里，智者告诉我们，他第二天又反着从那边往回犁田；圣诞节的时候，我在那里看到原来的草莓还在藤蔓上，而藤蔓的边沿，下季作物的花已经完全盛开了，葡萄也是一样。打开窗户，就可以在一大清早看到壁炉中那令人愉快的火焰；也不为水力表层采矿的采钛工作而停留。在这里，巨大的山流被从他们古老的河床中偏离出来，用来工作，这是其他所有人没法做到的。这些洗涤了山谷，带走了山丘并改变着整个乡村面貌的山流，使几个世纪以来深埋在地球黑暗深处的大量金子暴露出来。

1860年1月10日。我又到了旧金山，我对加利福尼亚的重游就结束了。在我上次访问内地的时候，我是很轻、很快地提及了一下，没有给读者很多的印象。但是，正如我说的，作为一部叙述海边航海生活的续篇，我只是让读者和我一起去参观这些公众一直表现得很感兴趣的场面，但在我看来稍微提及这些国内的全新地区没有什么不合适，因为他们将提供1835、1836年时，这些地区与现在发达内陆强烈对比的写照。1835、1836时，这里还是人迹罕至的地方，只有矿山和农业财产，而现在，这里已是拥有教育、宗教、艺术和贸易，快被人口填满，远离沿海的大城市了。

1860年1月11日上午，我第八次通过金门，穿越宜人的太平洋前往东方世界。东方世界的文明比我身后离开的地方要古老三千年多年。随着加利福尼亚海岸逐渐消失在远方，海岸顶点沉落在蓝色地平线下，我向它告别了——是的，我永远都不会怀疑，对这些场景，无论它们如何改变或保持不变，我都肯定有一种妙不可言的兴趣。

到了我跟我的旅伴分别的时候了。但许多人已经向我提出要求：让我把随后发生的一些船只和船员的历史也告知他们。我试图让以下的描述能符合这些建议和要求，但不希望由于我的叙述而引起对总体兴趣的任何过度评价。

我从阿勒特回来后不到一年，我的眼睛恢复了，于是我又回到了大学生活中。一天早上，我在前一天收到的报纸上发现，“朝圣者号双桅船，福肯号，从加利福尼亚的圣地亚哥来了。”几个小时后，我就去了安街，前往哈克施塔特的公寓，我知道汤姆·哈里斯和其他的人会在那里住宿。进入前厅，我就听到有人在一群穿蓝色夹克的男人中间叫我名字，另外几个被晒黑了、沥青色皮肤的人走过来跟我说话。他们刚开始还因我的衣着和打扮感到有点窘迫，因为他们从来没有见过我这样的穿着，并且他们中的其中一个称呼我为达纳先生；但我让他们不要这样，我们曾经都是同船的水手。首先，汤姆·哈里斯在这里，他的职业很有特点。当我们在圣迭戈分别的时候，我叫他答应过来看我；他有一个波士顿的人名地址录，在上面找到了我父亲房子的街道和号码，然后，通过对这个城市布局的研究，他知道了该怎么走，并且牢牢记住了。他说他不用问任何一个问题就可以直接去那个房子。而且他确实可以做到，因为我把书从他那里拿开后，他仍可以指出他的路线，说出每个街道的名字，然后该向右或左转，直接到达门口。

汤姆一直是朝圣者船上的二副，而且肯定已经存了一笔钱。他的决心是要去英国找到他的母亲，而且他考虑比较了优势，通过黄金或票据把钱带回家——这个有时也是一个问题，因为这个时候处于1837年，灾难性的财政年。他似乎把自己的想法都安排好了，但我带他去见了一个资深的银行家，他采纳了这个银行家的建议。他谢绝了让他再去见见我的朋友的邀请，因为那天下午他要去纽约，第二天要航海去利物浦。我最后一次见到汤姆·哈里斯是他走在唐人街人行道的时候，他旁边有个男人，在街上拖着手推车，车里面是他用旧了的航海箱子、床垫和一盒航海仪器。

山姆似乎变得更有趣了，他和瑞典人约翰得知汤普森船长在指挥前往一艘苏门答腊海岸的船之前有几个月时间，也知道他们想通过法律起诉他的机会很渺茫了。山姆后来在一艘驶往巴西海岸的船上遇难，全部人员都沉下去了。至于约翰和其余的人，我就再没有听说过。那个马布尔黑德男孩——山姆的结果是很糟糕的；而且，尽管他有一些有影响力的朋友，但他们也绝不会帮他改善环境。其中厨师无比敬畏的老木匠——芬，他生病后，死在了圣巴巴拉，并被葬在岸上。从肯纳贝克来的吉姆·霍尔，曾经与我们一起在桅杆前工作，已经取代福斯特成了二副，后来又成了朝圣者号回程的大副。从那以后，我经常看见他。他的命运很好，就像是他应得的一样。他指挥过最大的船只。我上次见到他时，他正准备前往美国南部的太平洋海岸，负责一个邮件轮船的路线。我见过两次可怜的、不幸的福斯特。在我已经成为一个律师以及我的叙述已出版后，他来过我在波士顿的住所，告诉我他是一艘大船的大副；并告诉我他在我的书中听到我说了一些不利于他的事情；而且他已经买了这本书，当天晚上就要读，如果我说了一些对他不公平的话，只要在美国街上看到我，就要对付我。我从头到脚地打量了他，并对他说道："福斯特，我上次见到你，你就不是一个难以对付的人，我相信现在的你也不是。"不知道他是同意了我的观点呢，还是觉得我把他写得很好，因为下次（上次）见到他时，他很礼貌并且很高兴。

我相信我把对安得鲁·艾默仁的陈述给遗漏了，他是朝圣者号的大副，一位值得尊敬的、善良的且可靠的人，跟福肯船长有纠葛。他觉得福肯船长懒散，不负责任，并在阿勒特把他跟我们一起送回家了。汤普森船长，也没有得到一个不值班的大副位置，而是被安排在一个狭窄的两个甲板之间的地方，这里的高度不超过四英尺，而且已经被人们遗忘了。在这里，他被迫只能过一个无聊的航行，通过了信风和热带地区，绕过凯普·霍恩和合恩角，他都没事儿可做，他不允许和上级交谈或结伴行走，他必须把自己的食物和厨房分开，放在普通水手的锡罐或者小山羊制品里面吃。我曾经只要一有机会，就找他谈谈，但他的命运是悲惨的，且他的感情在每个方面都被伤害到了。我们抵达后，汤普森船长不得不为此次待遇作出补偿。但碰巧，从那以后，我再也没有听说过他的事情。

亨利·米留斯，原来在波士顿的一家会计事务所里工作，离开船以后，做了一个代理商。1859年，在洛杉机遇见他时，他已经结婚了。几年前，他在洛杉机去世，并没有在商业领域取得成功。本·斯廷森离开海洋后，去了有淡水和草原的地方，并在底特律定居，成为了一个商人。1863

年，当我参观这个城市的时候，我很高兴地发现他是一个富裕且值得尊重的人，跟做水手时一样，还是很慷慨大方。

朝圣者号最初的成员记载，除了她的第一主人汤普森船长以外，就到此结束了。他没有被同一家公司再次聘用，而是航行到苏门答腊海岸运胡椒去了。我的一个表兄兼同学，钱宁先生，去做押运员了，他没有向我咨询关于他船长的任何信息。首先，汤普森船长在岸上就与另一艘美国船只有了纠纷，后者控诉他采取了一些优势手段来获取胡椒；然后又跟当地居民也产生了争论，当地人指责就船的重量而言，他胡椒装的太多了。一天下午，当他登船的时候，当地人把他抓住，并要求他对押运员下命令，用西班牙元支付给他们由于被关押在岸上而受到伤害所应得的钱。他从来就不缺勇气，他现在命令他的船起航，留他一个人在岸上，并命令官员告诉押运人不要服从除了他以外的任何人的指挥。连续几天几夜，他的船，艾尔西奥普，暴晒在伴随着雨飑和越过高山的雷雨云的烈日下，等待着他发出命令。第四或第五天之后的黄昏时分，看到他在海滩上向小船打信号示意。当地人发现把他关更久，也不能迫使他拿更多的钱，就让他走了。他像老虎一样跳上船，突然发动船，并急忙地开船，他的眼睛在发光，脸上全是血，他下令锚离底，上桅帆，装上四个喷射器，一边两个，整个船都填满了一切邪恶的东西，掉头绕了一圈，他最大可能地接近竹村，从两边打出舷侧炮，轰地打在了房子和人的中间，然后驶向海上！随着他兴奋地逐渐消失，头痛、倦怠、发烧——由于岸上的雨水、露珠以及他火爆脾气综合导致的致命的海岸高烧开始出现了。他下令把船开到槟榔屿，此后人们就再没有在甲板看见过他。他在途中死去，并葬于海上。钱宁先生，在他生病和神智昏迷的时候照顾他，也从他那儿染上了高烧，但是，我们记得，令人感激的是，他是直到船抵港后才死的，死在槟榔屿一个热心人的家里。大副也感染了高烧，二副和船员都幸免于难，存活下来；后来，虽然大副康复了，并把船驶向欧洲，最后到家，但这次航行就是一个令人悲伤的灾难。1859年至1860年，在一次首站是加利福尼亚的环球旅行中，我去了槟城。在这个海洋中拥有童话般的场景、天空、海岸、水果和花朵，可以跟大陆媲美的四季如夏的地方，仍然潜伏着致命高烧。我找到了我的亲人、同学及朋友的坟墓。站在他的坟墓旁，我尝试不去想他的生命是另一个人缺点和暴力的牺牲品；我试着不要把那个人想得太坏，他毕竟已经死了。

亲爱老朝圣者号在本次航行结束后，被出售给了一个在新罕布什尔州的商人，用来做短途航行，而且，几年后，我知道它在北卡罗莱纳州海面上由于火灾，全部损毁了。

福肯船长，把朝圣者号带回家后，把阿勒特号带出去了，有很多年都在印度和中国海域指挥船只，并在战争后期参加志愿海军，以海军上尉的军衔在北卡罗来纳州封锁区指挥一系列的大型船只。他现在虽已不在海上，但仍然在他位于波士顿郊区最美山上的屋内广场上关注着海洋。我很高兴能与他经常见面。一次，在谈到阿勒特号一群绅士中的一名船员时，我听到他说，这名船员是非常优秀的，他说他的一生都是在海洋中度过的，无论是在船头还是在船尾工作，无论是作为指挥官还是拥有者，他从来没有遇到这样一个船员，也从没有期待过；他还说到阿勒特的2名指挥官，很久以前他们是船长，对于智慧，对职责的了解以及对职责履行的意愿，为船的外观、航行和绝对可靠方面都跟他意见一样，再也找不到跟他们一样的人了。尤其是他说到他最喜欢的水手，法国的约翰。约翰在海上经历了几年后，成为了一个船夫，并把他那干净的船停在格拉尼特码头的末端，准备接所有人，但更乐意把我们老阿勒特的任何一个船员送到下一个港口。有一天，福肯船长走到码头的末端，登上河中的船，并跟约翰打招呼。可是没有回应，他的船不在那里。他问附近船夫约翰去哪里了。人人都有的那么一天时间来了！那里不再有应对熟悉呼唤的忠诚回音了，舱门对他永远关闭了，他的船将会出售给另一个人，他没有留下任何痕迹。

我们都不能找到他被埋葬在哪儿。

来自马布尔黑德的理查德·布朗先生，我们阿勒特号的大副，指挥了许多我们在欧洲贸易中的宏伟的船只，我们人人都喜欢他。几年前，当他从码头步入船上时，从木板上掉到货舱里，死了。即使他实际上并不是在海上死去的，也至少是作为一个水手死去的——他死在了船上。

我们的二副，埃文斯，就没有人喜欢或关心了。我对他的了解，除了在法庭上，由于对他的下级副官有一些所谓的轻微施虐而被审，见过一次，其他的也一无所知。

我们的三副，哈奇先生，是其中一个老板的侄子。虽然刚登船时，还只是一个小伙子，但在第2次航行的时候就升为大副了，然后在加利福尼亚和印度的贸易中，很快被提升去指挥一些最优秀的快速帆船，用新秩序下的手法管理事情。他是一个性格好，判断力强，有修养的人。

阿勒特号上其他在桅杆前工作的人，我就没有什么特别兴趣想知道了。当与一批女士先生们访问一个我们最大的战列船只时，我们由一个海军军官护送到甲板上，当一个同伴过来找我并告诉我说有个脖子上挂着口哨的老水手在看着我时，这个军官正在解释船上发生的各种各样的事情，他说道："他不能给你解释任何一艘船舶。"我找到这个老水手，看着他那晒黑的脸，全被头发盖住，他的眼睛眯成一条缝，仅允许光线通过——像是在穿越成百上千的东北暴风一样。他就是阿勒特的旧"帆"，曾荣获过水手长的各种赞誉。我们站在一旁，远离那个军官，好好地谈了一下旧时光。我记得当这个海军军官（一个成熟的青年人）不能告诉女士们一英寸的长度具体是多少，而是说它要取决于环境时，他把脚后跟提起来以示轻蔑。他在"危急关头"的劝告和安慰很有效，除了讲了些在阿勒特号上操陀时，他妻子跟别人私奔的故事以及他的菖蒲底的椅子以外，他还坦白地给我说了他试图再婚，并且在院子大门外面拥有一个小公寓。

中风的哈里·班尼特，在阿勒特号起航时，被无情地留在了岸边，后来搭乘朝圣者回到家中。我很高兴能帮助他入住马萨诸塞州总医院。他在那里住了一个星期后，我去他的病房看他，并问他康复得怎么样了。“哦，一流待遇呢，先生；不用你动手去做，所有的东西都会给你送来，先生。”这是一个水手的天堂——不用你动手去做，所有的东西都会给你送来。但人间天堂也可能很无聊。班尼特厌倦了室内寂静的日子，很快就又出来了。他在桥头摆了一个地摊，上面用帆布遮盖了一下，在那里他可以看到所有的路人，然后卖蛋糕和麦酒赚钱。没过多久地摊就不见了，我不知道他最后是怎么死的，如果他已经死了的话。

除了我之外，对于这艘船上的船员，除了其中一个我不了解，其余的我都了解一些。我们眼睛明亮且机智的小舵手——叫作哈利·梅或哈利·布拉夫，来自波士顿公立学校，带着他所有的歌曲和嘲笑，就像平日里运送他的船一样快速地堕落了。纳特这个沉闷且严肃“猛划船员”，离开了海洋后，我相信，在他老家，做了一个出租马车司机，虽然自从阿勒特号停泊在了北端港口后，我就无缘再见到过他。

一个寒冷的冬天的晚上，铃声被拉响，一位不幸的女人想见我。她可怜的儿子乔治，乔治·萨默比——“你还记得他，先生；他曾经是阿勒特号上的一个男孩；他总是谈及你——他马上就要死在我贫民院里了。”我与她一同前去，小房间里，家具很少，地板上的床垫上躺着——瘦弱的、苍白的、声音空洞、眼睛凹陷的男孩乔治。我们将他带出去时，他是一个矮小但聪明的来自波士顿公立学校的十四岁的男孩，且在船上为自己谋得一席之位，带回家时，他是一个可以令她守寡的母亲感到骄傲和有支撑的高大的、体格健壮的年轻人。他躺在那里，还不到十九岁，就被水手生活所招致的各种疾病给毁了。他用消瘦无力的手指握住我的手，并用他那空洞且病危的声音说了几句。我第二天就要离开这个镇，并且要离开两个星期，又让谁去照料他们呢？母亲叫了她的房东，她知道没有人能给予他们很多的照料。听说在市里有位财富和社会地位都很高的医生，他拥有许多的小公寓，但他苛刻且严格地收取他认为应得的钱。无论怎样，我对他的记忆都只与他准备积极行善联系在一起。自从他成为刑法记录里，遭受过最酷刑法之一的受害者后，他的名字就已经被文明社会众所周知。我尝试去拜访他；把他从豪华客厅里令人愉快的炉火、沙发和窗帘中拉离出来后，我告诉了他这个关于一个他甚至都不知道名字的租户令人悲哀的简单故事。他没有犹豫；我清晰地记得很晚的时候，他如何在那个充满寒冷和急切的天气里，把他的斗篷套在他那瘦弱而弯曲的身上，和我一同穿过公地，到达南部末端，徒步走了近两英里才到达这个不幸之地。他提供了他的全部股份以及更多的善行和物质援助；后来在我回来的路上，乔治的妈妈告诉我，有了医疗援助、商店和牧师的帮忙，男孩最后的日子最大限度地充满了舒适和希望。

阿勒特号还额外对加利福尼亚海岸做了2次跟往常一样成功、没有意外的航行，并在1843年被布莱恩特和斯特吉斯先生出售给了托马斯·威廉姆斯先生——一个康涅狄格州新伦敦的商人，并把她用来在太平洋做捕鲸贸易。跟在商业服务业一样，它还是非常幸运而繁荣。1860年，当我在桑威奇群岛时，有人向我介绍了一个男人，他已经指挥了阿勒特的2次航行，且他的朋友告诉我，指挥阿勒特令他感到很骄傲，就好像他是他在指挥一艘护卫舰一样。

后 记

我从阿勒特的主人处获得允许，发表以下这封信函，提供了她随后的记录和它的历史结局——被叛军阿拉巴马捕捉并烧毁：

理查德·达纳先生：

亲爱的先生，我很高兴本月十四日函敬悉，并乐于回答您关于优秀船只阿勒特号的询问。我于1843年，从布莱恩特和斯特吉斯手上将它买下，用于给我的威廉姆斯和黑文公司做捕鲸船，直到1862年九月被叛军货轮阿拉巴马俘获之前，它的业务很成功，被使用了十九年多。在此期间，它在新伦敦取得并交付了超过二万五千桶鲸鱼和鲸油。1862年8月30日它最后一次由本港出航，前往赫德岛（新发现克尔格伦南部的土地），由埃德温·丘奇指挥，仅仅十天后，也就是九月九日，就在亚述尔群岛附近，被抓获并被烧毁。当时，虽然它的小艇都去追鲸鱼了，但是船上还有三十桶鲸油。

所有跟它有任何关系的人，无论是业主、官员还是其他人，都特别喜欢阿勒特；对于喜欢它的人，我还可以加上所有几乎听过它名字的人，他们会问那个是不是写名为《两年水手生涯》这本书的作者上过的船；因此我们跟你一样，毫无疑问，对于它的灭失都感到很痛心，同时，对于我们的同胞采用这种邪恶的行为和方式感到惋惜。

我的伙伴，海文先生，今天下午从他办公室给我送来一张纸条，说他刚找到最后的航海日志，并将于今晚给我发送一个关于最后进入情况的副本；如果这里有任何重要的东西，我将随信一并附上，如果你需要任何进一步的询问，我都会非常高兴地努力对他们做出应答。

此致　敬礼

托马斯·威廉姆斯

新伦敦，1868年3月17日

写完信件以后，我收到了航海日志的摘录，并附在文下。

阿勒特号航海日志的最后入场情况：

“船遇到风后不久，主帆的帆架就被往后吹，我们靠边行驶，然后就被提了起来，那时我们发现自己成了战俘，而我们的船成了阿拉巴马货轮联盟的战利品。我们被要求放弃所有的航海仪器和附属于我们中的任何标志。之后，他们向我们提出他们认为的特权，就是加入他们的轮船或者签署光荣的释放宣言，即不在美国的陆军或海军中服役。感谢上帝，没有一个人接受了前一个提议。我们都被命令赶紧准备好我们的东西，然后上岸——这艘船一直都在岸边行驶。我们被允许由四艘艇送上岸，当我们正准备把能带走的东西都放进船里时，就奉命上船，驶向岸边——离我们最近的陆地大约有十四英里远——我们安全达到岸边，不久之后，就看见船燃烧了起来。

“这样，我们所有的光明前景就被一伙歹徒给终结了，毁灭了。只要他们继续推崇他们所谓的正在破坏我们国家的黑奴制度，他们肯定不会考虑人道问题。”

我喜欢回忆我们那艘伟大的船，由于它服务好、一直成功、有吸引力和被人爱长久纪录，应该在它死后，进入国际法学高级领域，并经过辩论，组成“亚拉巴马索赔”团体的一部分；就像一艘真正的船只，无论是组件还是整体都致力于下水工作。它在海里毁灭，因此，我们可以毫不过分地说，它为国捐躯了。

理查德·亨利·达纳

波士顿，1869年5月6日